KB268470

중국
주영신
교육문집
3

溝通與融合

소통과 융합

중국 근현대(近現代) 교육사상사

주영신 지음 ● 최영준 옮김

어문학사

수저우(蘇州) 출신 유명 교육자 예성타오(葉聖陶) 선생은 신중국 성립 이래 출판총서 부서장과 교육부 부장관, 인민교육출판사 사장을 역임하고, 민진중앙 주석과 전국정 치협회 부주석을 역임한 바 있다. 2001년 2월 예성타오 묘 앞에서 쉬자루(許嘉璐) 부위원장과 함께.

2000년, 중국교육학회 부회장겸 예성타오 연구회 회장인 장화이시 (張懷西: 現 전국정치협회 부주석)와 함께.

2003년 7월, 존의의무지도(遵義義務支導) 기간 중 전국유명애국주의교육기지
존의회의장을 방문했을 때.

2001년 12월 22일, 저자의 은사 옌구오차이(燕國材, 앞줄 왼쪽에서 두 번째),
쭝치촨(鍾啟泉, 앞줄 왼쪽에서 네 번째), 학생들과 함께.

강의 중 휴식시간에 조용히 명상에 잠긴 저자.

2003년 7월, 윈난(雲南)성 안닝(安寧)현의 한 중학교 내 태극서원(太極書院) 앞에서.

출간에 즈음하여

우리 출판사는 '교육에 이바지하고 학술을 발전시키며 문화 인프라를 구축한다服務敎育, 繁榮學術, 積累文化.'는 목표 아래, 《차이위안페이 연보장편蔡元培年譜長篇》, 《예성타오 교육문집葉聖陶敎育文集》, 《우바이쑤 문집吳伯簫文集》, 《류정 문집劉征文集》, 《량형 문집梁衡文集》 등 여러 권의 중점 도서를 기획 출판하여 사회에 커다란 영향을 미쳤다. 이 가운데서 많은 도서들이 국가도서상, 중국도서상, 국무원 각 부와 각 위원회급 우수상 등을 수상하였다. 이를 바탕으로 본 출판사는 다시 《十五》 출판 계획의 중점 프로젝트로서 중점도서를 기획하였는데, 《주영신교육문집朱永新敎育文集》이 바로 이 중 하나이다.

주영신朱永新 교수는 일찍이 쑤저우대학蘇州大學 교무처장, 교육과학부 주임, 중국심리학회 상임이사 겸 이론심리학·심리학사 전문위원회 부주임, 대만 잡지 《본토심리학 연구》의 학술고문, 일본 조치대학上智大學 연구원 등을 역임했다. 지금은 중국 인민정치협상회中國人民政治協商會議의 전국위원회 상무위원, 중국 민주건국회의 중앙위원회 상무위원, 쑤저우시蘇州市 인민정부 부시장, 쑤저우대학 교수, 박사학위 지도교수, 북경사범대학 등의 겸임교수, 교육부 교사교육 전문가위원회 위원, 고등교육기관 심리학 교수지도위원회 위원을 맡고 있다. 주영신 교수는 교육정책, 중국교육사, 중국심리학사, 일본교육 등의 영역에 관한 연구가 깊고, 그가 추진한 신교육 실험은 이미 중국의 수백 개 초·중고등학교에서 전개되고 있다. 이렇게 바쁜 업무 가운데서도 그는 집필 활동을 멈추지 않고, 《중화교육사상 연구》, 《곤경과 초월－당대 중국교육 논평》, 《영혼의 자취－중국 본토심리학 초고》, 《나의 교육이상》, 《신교육의 꿈》 등 영향력 있는 저서를 저술하였고, 《당대 일본교육 총서》 등 30여 권의 편집을 주관하였다. 이 밖에도 《신세기 교육문고》《교육과학 우수교재 번역집》의 편집·출판을 주재하면서, 중국 및 외국 학술지에 300여 편의 논문을 발표했다. 또한 주영신 교수는 일찍이 여러 차례 유네스코에서 위탁한 연구 프로젝트, 국가 자연과학기금 프로젝트, 국가 사회과학기금 프로젝트, 성급省級, 부급部級 연구 프로젝트를 진행하였다. 이러한 저서들은 국가도서상의 노미네이트상, 중국도서상, 중국 우수 대중정치이론 도서 1등상, 장쑤성江蘇省과 산시성山西省의 《오개일五個一》 프로젝트상, 국가 자연과학기금 프로젝트 우수성과상 등을 수상했다.

《주영신 교육문집》은 전 10권으로 구성되어 있다.

1. 1권은 총론으로, 작가가 교육에 대한 거시적인 사고와 이상적인 교육에 대한 청사진을 그린 것이다.
2. 2권~4권은 작가의 중국 교육사상에 관한 연구로, 상고시대부터 당대까지의 중국교육과학의 성과와 공헌을 논술하였다.
3. 5권, 6권은 중외中外 교육문제에 관한 작가의 분석과 논평으로 이루어져 있으며, 교육 정책에 대한 연구와 건의가 포함되어 있다.
4. 7권, 8권은 중국 심리학과 교육심리학에 대한 작가의 연구 성과를

담은 저작물이다.

5. 9권, 10권은 작가의 교육수필과 중국 각지 교사들의 답변, 기자와
   네티즌의 다양한 물음에 대한 기록 등을 담고 있다.

인민교육출판사

2004년 1월

추천사

쉬자루許嘉璐

주영신朱永新 교수 문집 출판을 앞두고, 주영신 교수는 제게 문집의 서문을 써달라고 부탁했습니다. 아마도 제가 교육에 관심이 많아 자주 교육에 대한 견해를 발표하는 것을 보았거나, 혹은 우리가 마쉬룬馬敍倫, 저우졘런周建人, 예성타오葉聖陶, 뢰이졔충雷潔瓊 등과 함께 중국 민주촉진회의 후진들이기 때문일 것입니다. 우리는 중국 민주촉진회의 회원입니다. 주영신 교수가 어떻게 생각할는지 모르지만, 저는 그의 학술적 성취에 탄복하였고 또한 젊은 학자에 대한 사랑과 교육에 대한 관심으로 그 제안을 응낙하게 되었습니다. 하지만 제가 직접 서문을 써도 좋겠다는 생각을 한 것은 단지 이것 때문만은 아닙니다. 교육 분야에 줄곧 관심을 가진 비전문가의 안목으로써 이 문집과 작품에 대한 견해를 말하는 것이, 어쩌면 더욱 냉정하고 객관적일 수 있기 때문입니다.

저는 누구나 중국교육에 대해 말할 수 있다고 이야기한 적이 있습니다. 왜냐하면 교육문제 자체가 너무 복잡하고, 특히 중국의 교육문제는 더욱 심각한 수준이기 때문입니다. 중국이 개발도상국가로서의 미약한 실력으로 세계에서 가장 규모가 큰 교육을 실시하고 있다는 사실은 차치하고라도 지금 중국이 시대적 전환기를 맞아 도시와 농촌, 동부와 서부 사이에 불균형이 심각하고, 몇 세대 간의 사상과 관념이 서로 부딪히고 요동치고 있는 것 자체만으로도, 오늘날 세계에서 찾아볼 수 없는 유일무이唯一無二한 현상이 벌어지고 있다고 말할 수 있습니다.

교육 보급률이 향상됨에 따라 교육에 대한 평론을 발표하는 사람들도 당연히 증가하고, 거의 집집마다 항상 논의할 정도로 많아지고 있습니다. 이렇게 교육과 유관한 연구에 많은 것을 제기하는 것은 어쩌면 다른 나라에서는 별로 부각되지 않는 문제일 것입니다. 저는 이 가운데서 두 가지 문제가 가장 시급하다고 생각합니다. 하나는, 교육에 관한 일은 머리카락 한 올만 뽑아도 몸 전체가 움직이는 것처럼 교육만을 가지고 교육을 논할 수 없는 일이며, 교육의 일부분만을 논하고 다른 부분을 고려하지 않아 사람들의 일상적인 담론에서 벗어나서는 더욱 안 된다는 것입니다. 다른 하나는, 교육학이 어떻게 하면 협소한 교육이론의 틀을 벗어나 더욱 많은 사람들이 그것을 이해하고, 평론하고, 실천하게 하며, 더욱 큰 범위 내에서 일반 대중들에게 받아들일 수 있을지를 검증함으로써 전문가와 사회가 쉽게 공감대를 형성하도록 하는 것입니다. 주영신 교수의 이 문집은 바로 이 두 가지 문제에서 저에게 큰 기쁨과 위안을 주었습니다.

주영신 교수는 이 문집에서 국내외 정치·경제·사회·문화, 고금古今의 넓은 시각으로 중국의 교육 문제에 대해 면밀히 고찰하고 생각하였습니다. 주영신의 논술은 교육을 받은 사람이면 누구나 경험한 전반적인 교육 과정에 두루 걸쳐 있습니다. 크게는 교육이념과 원칙, 그리고 작게는 수업시간의 개혁 및 방과 후 활동에 이르기까지, 그는 이 모든 것에 대해 진지하게 생각하고, 체계적으로 조사하고, 성실하게 실험함으로써 언제나 체계적인 이론적 과정까지 끌어올렸습니다. 심리학은 교육학과 밀접하게 관련되어, 중국교육을 연구할 때 동시에 전개되는 국제교육에 대한 인식과 분석을 필요로 하는데, 이러한 내용 또한 그가 언급한 범위 내에 있습니다.

주영신 교수는 결코 '순수한' 학자는 아니지만, 교육이론연구만큼은 그가 진행하는 많은 업무 가운데서 언제나 머릿속을 맴도는 핵심 내용입니다. 주영신 교수는 교사, 고급공무원, 그리고 연구자로서 일인 삼역을 해오다, 아이가 태어남에 따라 학부형이라는 또 하나의 신분을 갖게 되었습니다. 이를 계기로, 그는 교육체계를 연구할 때 어느 한 단락 혹은 어느 한 방면만을 관찰할 수 없게 되었으며, 반드시 전면적이고 다각적이며 과정적인 연구를 해야만 했습니다. 나는 그가 극도로 지쳤을 때의 모습을 보고서 '이것은 하늘이 장차 이 사람에게 큰 임무를 맡기려는 시험인가, 아니면 그의 '운명'이 이와 같아서 어쩔 수 없는 것일까?'라고 마음속으로 생각한 적이 있었습니다. 그러나 사실 이것은 바로, 다른 사람은 얻기 어려운 절호의 연구 환경과 조건을 그에게 제공해 준 셈입니다. 언제나 역할이 바뀌게 되면 생각의 방향과 방법도 바꾸고, 오랫동안 거시적 안목과 미시적 안목을 자연스럽게 접목시켜야 하는데, 그만의 독특한 연구방법과 스타일도 이렇게 해서 만들어진 것입니다.

우리가 어떤 사물에 대해 연구할 때 이성적인 추진력은 있으나 그 사물에 대한 깊은 인식에 기초하여 나오는 지극한 애정이 없다면, 즉 연구 대상에 대한 폭넓은 애착이 없다면 사물을 창조적이고 특색 있게 만들어 낼 수 없습니다. 주영신 교수의 교육연구의 특징 중 하나는 바로 전심전력으로 몰두한다는 것입니다. 몸은 하나의 신분으로서 세 가지 역할을 맡아야 했기에, 그는 자연히 역할을 완수하기 위해 모든 시간과 정력을 쏟아야 했습니다. 마음은 볼 수 없는 것이지만 그의 모든 일에 꿰어져 있고, 그의 모든 논저에 표현되어 있는 선명한 사랑은 가장 좋은 증거라 할 수 있습니다.

그는 "교육은 한 편의 시다"라고 말하고, 그의 교육문집 제10권을 '시의와 이성詩意與理性'으로 명명하였습니다. 그는 시적인 언어로 교육을 노래하였으며, 그의 교육사상을 표현하였습니다.

교육은 한 편의 시
이 시의 이름은 열애.
모든 아이들의 눈동자 속에
어머니의 마음이 있듯이,
교육은 한 편의 시
이 시의 이름은 미래.
문명을 계승하는 긴 강 위에
파도 헤치는 한 척 배처럼.

만약 너무도 이성적이기만 하고 넘쳐흘러 억제할 수 없는 감정이 없다면, 어떻게 이러한 시적 정서를 뿜어낼 수 있겠습니까? 그러나 그는 낭만주의자는 아닙니다. 그는 원래 매우 바빴습니다. 하지만 오히려 솔선수범하여 자비를 들여서 교육 웹사이트를 개설하고, 여기저기 교육 개혁 일선에서 분투하는 많은 네티즌의 친구가 되었습니다. 그는 날마다 피곤한 발걸음을 이끌고서 집으로 돌아온 후에 인터넷 사이트 쪽지와 메일을 한 편씩 차례로 검색하고 일일이 리플을 달아주었습니다. 사실 이것은 사서하는 고생입니다. 그러나 그는 이것을 "시적 감성이 이성과 함께 하는 동행"이며 "즐거움이자 행복"이라고 여겼습니다.

그는 '인간 세상의 천당人間天堂'이라 불리는 쑤저우蘇州에서 일하고, 생활하며, 이곳에서 이미 12년 동안 교육을 널리 펼쳤습니다. 지금은 대학교육을 보급하는 목표를 추진하고 있는데, 전체 도시의 문교사업을 주관하는 부시장이면서도 마음은 오히려 서부 지역에 가 있습니다. 그는 어떻게 하면 동·서부 간의 교육 격차를 축소할 수 있을지 숙고하며 끊임없이 외치고 있습니다……. 그는 어떻게 이렇게 오랫동안 활동할 수 있었을까! 저는 그 가장 큰 원동력은 바로 '위대한 사랑'이라고 생각합니다.

감성과 이성을 빈틈없이 연결하려는 노력은 교육사업과 교육이론 연구를 오로지 돈벌이 사업으로 간주하는 태도와 구별되는 가장 큰 차이점이며 또한 성공의 요소입니다.

교육은 인류사회가 끊임없이 발전하게 할 수 있는 근본적인 보장입니다. 사람이 사람답고 다른 동물과 구별되는 까닭은 어떤 의미로 말하자면, 서로 다른 경로를 통해서 서로 다른 수준과 내용의 교육을 받은 결과입니다. 한 국가로 말하자면, 교육은 바로 국가가 발전하고 강대해지는 것을 보장하는 기초적인 프로젝트입니다. 이러한 견해는 이미 우리의 공통된 인식입니다. 그러나 교육은 지극히 복잡하고 방대한 시스템으로서 많은 교육이론 전문가와 관리 전문가를 필요로 합니다. 왜냐하면 교육에 몸담고 있는 사람은 그 안에서 즐거움을 찾겠지만, 제3자의 입장에서 볼 때 교육이론연구는 무미건조하고 어려운 것이기 때문입니다. 지나치게 많은 교육학 저서도 사람들의 이러한 느낌을 더욱 확실히 강화시켰습니다.

관리업무가 사람들에게 주는 인상은 번잡하고 자질구레합니다. 이러한 느낌과 인상은 종종 교육이론연구가, 관리자와 포괄적 교육 참여자(학부모와 학생, 그리고 방관자를 포함함)가 서로 거리감을 느끼도록 만드는 원인 중 하나였습니다. 우리 사회는 이론 연구와 관리를 한 몸에 집중시키고, 자신의 교육에 대한 애착심을 사회의 학자들에게 전달함으로써 사람들과 함께 교육이라는 바다에서 노니는 즐거움과 행복을 누리기를 바라고 있습니다. 그러나 오늘날 이러한 저서와 학자는 너무도 적습니다.

우리는 교육이론과 같은 인문사회과학의 이른바 '학문'에 대해 오해하였습니다. '오로지 특정한 전문 용어를 사용하고, 산더미 같은 술어와 독자들이 반복적으로 음미해야 알 수 있는 문장을 포함하고 있어야 학술인 것일까? 아니면 가장 명확한 언어로 복잡한 사물을 표현하는 데 뛰어난 사람이 그다지 많지 않아서일까? 그렇지 않으면, 교육이론은 확실히 오묘하고 깊어 예측하기 어려운 학문이기 때문에 반드시 사회관습을 '초월'하는 언어를 사용해야 분명하게 말할 수 있어서일까?' 라고 생각했던 것입니다. 하지만 나는 진리는 언제나 매우 소박하고 지극히 간단하다는 이치를 굳게 확신합니다. 진정한 '대가大家'는 분명 심오한 사상과 복잡한 법칙을 쉽고도 생동감 있는 언어로 표현할 수 있는 능력을 갖추고 있으며, 역사상으로도 그러한 예는 적지 않습니다.

주영신 교수는 젊은 교육이론가로서 이러한 목표를 향해 노력하고 있으며, 게다가 이미 자신의 스타일을 만들어냈습니다. 논술, 서정, 문답의 병용, 논리적이고 엄밀한 이성적 언어, 보통 사람들이 듣고 말하는 것에 습관화된 통속적 구어, 생각이 통통 튀며 열정이 넘치는 시구 등을 구비하여 생각이 이르는 곳, 감정이 머무는 곳, 글이 필요한 곳에 그것들을 펼쳐냈습니다. 어떤 문장은 읽을 때에는 엄숙하고 경건해지고, 어떤 것은 감탄을 금치 못하며, 어떤 것은 반복해서 음미해야 했습니다. 더욱 값진 것은, 이러한 글들이 결코 그가 고심하여 쓴 것이 아니라 천성이 이러하여 자연스럽게 드러난 것이라는 점입니다. 이러한 천성은 바로 그의 교육 사업에 대한 사랑이며 그 귀결점은 바로 국민에 대한 사랑인 것입니다.

어떤 스타일이 이미 사회에 만연하고 많은 사람들에게 익숙해져 그들의 잠재의식 속으로 스며들 때 또 다른 종류의 스타일이 출현하게 되는데, 초기에는 그런 스타일이 언제나 '다른 종류'(나는 잠시 '이단'이란 말을 쓰지 않겠다)'로 간주됩니다. 주 교수도 이러한 경험이 있었는지는 모릅니다. 저는 진정 설사 누군가 "이것은 논문이 아니다."라고 하더라도 그가 흔들리지 않기를 간절히 바랍니다. 왜냐하면 학술적 생명력의 강하고 약함은 최후에 가서 사람들이 판단하는 것이지, 결코 작은 학술 그룹에 의해 단정 지어지는 것이 아니기 때문입니다. 저는 또한 그가 이 방면에서 끊임없이 단련하여 교육이론계에 신선한 바람을 계속 불어넣기를 바랍니다.

사람들의 생활과 밀접하게 관련되어 있는 다른 모든 사물과 마찬가지로 교육은 민감하게 시대의 흐름을 바짝 따르고 사람들의 수요에 찰싹 달라붙어 시대에 따라 달라지고 지역에 따라 맞춰집니다. 주영신 교수의 문집은 주로 그가 교육학 분야에 발을 들여놓은 때부터 2003년까지 발표한 논문과 저서들을 수록하고 있습니다. 이것은 중국 개혁개방 이래 교육영역의 이론연구와 실천과정을 반영한 것입니다.

"전투는 어려운 시기에는 일어나지 않는 법이다." 기본적으로 먹고 살만한 수준小康의 사회에서, 대체적으로 먹고 살만한 수준의 사회로 접어든 20여 년 동안 한도 끝도 없는 교육문제가 대량으로 나타났습니다. 이를 해결해야 했기 때문에 끊임없이 관찰하고 생각하고 연구해야 했습니다. 중국의 교육학은 이러한 과정에서 발전하고 성장하고 있습니다. 중국만의 특색을 지닌 교육학도 이러한 시기에 형성된 것입니다.

주영신 교수는 한창 나이인데다 이름인 '永新'처럼 영원히 새로울 것입니다. 백 년에 한 번 있을까 말까 한 이 기회를 절대 놓치지 말고 반드시 자신의 연구를 심화하고 넓혀 나감으로써 중국교육 사업을 위해서, 그리고 중국의 교육이론을 위해서 자신의 모든 재주와 지혜를 바쳐서 더욱 훌륭하고 많은 글을 써내길 바랍니다.

우리는 기대하고 있겠습니다.

이것으로 서序를 대신합니다.

2003년 12월 14일

日讀一卷(날마다 책 한 권을 읽는) 서재에서

흔히 교육은 '백년지대계百年之大計'라고 한다. 인재 양성은 '백 년 앞을 내다보는 원대한 계획'으로서 국가와 사회 발전의 근본 초석이 되며, 그 영향 또한 지대하기 때문이다. 그래서 어느 나라, 어느 사회, 어느 가정에서든지 교육에 대한 관심과 열정은 그만큼 뜨겁다.

중국은 유구한 역사만큼이나 교육의 역사도 깊고 그 내용도 매우 풍부하다. 특히 교육에 대한 문제의식과 문제의 해결 방법도 우리와 놀라우리만치 비슷한 점을 많이 갖고 있다. 이러한 중국의 교육제도, 교육철학, 교육이론, 교육현황 등을 살펴보는 것은 우리의 교육을 되돌아보고 가다듬는 데도 매우 유익한 일이 아닐까 여겨진다.

역자는 대학에서 '중국어교수법연구' '중국어교과교재연구 및 지도법' '중국어교육론' 등을 강의하면서 우리 사회에 중국의 교육에 대한 전문서적이 매우 드물다는 것을 늘 안타깝게 생각해왔다. 이에 대해 고민하던 중 중국 교육학 대가인 주영신 교수의 《교육문집教育文集》을 접하게 되었고, 중국교육 연구에 대한 서광을 발견한 기쁨을 느꼈다. 그의 저서는 교육 철학, 교육 사상, 교육 역사, 교육 심리, 교육 평론, 교육 수필, 교육 상담 등 중국교육 전반에 대해 체계적이고 일목요연하게 기술하여, 중국교육 연구에 대해 충분한 내재적 가치를 포함하고 있었기 때문이다.

저자 주영신 교수는 중국 쑤저우대학苏州大学 교무처장, 쑤저우시 인민정부 부시장 등을 역임하였으며, 심리학자이자 교육학자 그리고 교육 실천가로서 중국에 널리 알려진 저명인사이다. 지금은 중국의 전국정협상위全国政协常委 민진중앙상위民进中央常委의 부위원장으로서 정치활동뿐만 아니라 교육 관련 활동으로 각계의 주목을 받고 있다. 그는 《주영신교육문집朱永新敎育文集》10권외에, 《당대일본교육총서當代日本敎育叢書》, 《교육온라인문고敎育在線文庫》 등 30여 종을 주편하였고, 《신세기교육문고新世紀敎育文庫》 편집과 출판을 주관하였으며, 국내외 학술 간행물에 200여 편의 논문을 발표하기도 하였다. 이 가운데서 역자는 주영신 교수의 《주영신교육문집朱永新敎育文集》10권을 번역 텍스트로 삼았는데, 그 내용은 다음과 같다.

1권: 《신교육의 꿈—이상적인 도덕교육》은 도덕교육, 지식교육, 체육교육, 심미교육, 노동기술교육에 대한 이상理想과 해법을 제시하고 있으며, 이상적인 학교·교사·교장·학생·학부모 등 상호 유기적인 역할 관계를 분석하고 있다.

2권: 《근원과 찬란—중국고대교육사상사》는 중국고대교육사상의 기원과 주요 특징, 이론적 기초, 고대 덕육관, 고대 교학론, 고대 교사론, 과거제도, 고대의 독서법, 서원, 몽학 등을 다루고 있다.

3권: 《소통과 융합—중국근현대近現代교육사상사》는 중서中西교육사상의 교류와 융합, 양무교육사상, 유신교육사상과 중국 현대의 개성 교육, 직업 교육, 평민 교육, 농촌 교육, 생활 교육, 산 교육 사상, 그리고 혁명교육사상을 다루고 있다.

4권: 《변천과 구조—중국당대當代교육사상사》는 당대 교육사상의 변천

과정, 마오쩌둥, 덩샤오핑 등 지도자의 교육이상, 당대 도덕교육사상, 당대 교육심리사상, 당대 교육개혁이론, 당대 교육발전전략, 당대 교육 과학 등을 다루고 있다.

5권: 《곤경과 초월─중국교육문제 분석》은 중국교육의 성과, 학업에 대한 심리적 분석, 가정교육 문제점, 의무교육, 독서, 시험, 인터넷 등 교육문제를 분석하고 있다.

6권: 《반성과 배움─중외中外교육 평론》은 중국교육 평론에서 거시교 육 정책, 중국교육 주제 연구, 지역교육 발전 연구를 다루었고, 외국교 육 평론에서는 비교교육 연구, 일본교육 연구, 교육사상 연구 등을 다 루고 있다.

7권: 《마음의 궤적─중국심리학 연구》는 응용심리에서 중국 고대 교육 심리, 인재심리, 범죄심리, 군사심리, 의학심리, 관리심리, 꿈에 관한 학 설, 근대 교육심리 사상을 다루었으며, 인물학파에서는 이정二程, 주희 朱熹, 육구연陸九淵, 왕정상王廷相, 왕부지王夫之, 안원顔元, 현학자玄學者의 심리 사상을 다루었다. 그리고 종합평론에서는 지의志意의 본질, 중국 인의 사회 정치 심리분석, 중국인의 '파리스 콤플렉스', 중국 고대 학자 의 대뇌 연구, 중국 사회개혁 심리 연구 및 중국심리학사 연구를 다루 고 있다.

8권: 《교정의 파수꾼─중국교육심리학 논문》은 '학교 심리 상담'에서 학교 심리 상담의 정의·준비·실제, 학습 심리, 진로 선택, 정신 건강, 상담의 원칙, 심리 측정, 심리 치료 등을 다루었고, '학생들과의 서신 상담'에서는 올바른 자기 인식을 위한 조언, 강한 의지를 기르는 방법,

원만한 관계 형성법, 능률 학습법 등을 다루었다. 그리고 '주영신 교수의 연구 논문'에서는 현대 학습 이론, 학습동기 소고, 협동 학습과 집단 심리학, 대학 커리큘럼의 심리적 기초 등을 다루고 있다.

9권: 《누림과 행복—중국교육수필 선집》은 성장과 깨달음, 교단에 대한 평가, 과학적 연구에 관한 이야기, 명사들과의 대화, 인터넷에 대한 단상, 교육의 법칙 등에 관한 수필들을 다루고 있다.

10권: 《시와 이성—중국교육 문답록》은 교사와의 대화, 교사의 새로운 사고, 이슈 토론, 초점 토론, 교육 방침에 관한 토론 등 질문과 응답 방식을 통해 교육에 관한 문제를 알기 쉽게 다루고 있다.

이처럼 주영신 교수의 《교육문집敎育文集》 10권은 중국교육 전반에 대한 이론과 실제, 그리고 담론을 거시적인 안목으로 총체적으로 망라하고 있다. 이러한 이유만으로도 그의 저서는 중국교육 연구의 중요한 지침서가 되기에 충분하다고 생각한다. 따라서 중국교육에 관심 있는 사람이라면 누구나 일독해 볼만한 책으로 망설임 없이 추천하고자 한다.

역자로서는 중국교육에 대한 역사성, 이론성, 현실성 등을 분명하게 전달하고자 하는 원저자의 저작 의도를 최대한 존중하면서도, 이념적 배경과 사회적 환경에 의한 정서적 충돌을 줄이기 위해서 부득이하게 일부 선역과 우회적 번역이 불가피했음을 밝혀둔다. 또한 짧은 시간에 방대한 분량의 책을 번역하여 충분한 검토를 거치지 못한 상태에서 출판에 임하여, 번역의 오류와 역주의 미진한 부분들이 발견될 가능성이 높다는 점을 부인할 수 없다. 앞으로 발견되는 문제점들은 향후 철저한 수정 보완 작업을 통하여 보다 완벽한 역서로 재출간한다는 계획으로 위안을 삼고자 한다.

끝으로 이 책을 번역하여 세상에 내놓는 데는 많은 분들의 도움이 있었다. 우선 중국어 교육 등을 공부하면서 번역 수업에 함께 참여했던 교직이수 학부생, 교육대학원생, 그리고 직 간접적으로 참여했던 여러 번역자들에게 진심으로 감사드린다. 아울러 번역 교정에 수고를 아끼지 않은 성은기, 조아라, 서조원 석사생과 이경훈, 이은영, 이승매, 김영 선생에게 깊은 감사의 마음을 전한다. 또한 훌륭한 저서의 번역을 허락해주신 주영신 교수님, 중국 인민출판사 관계자에게 감사드리며, 특히 여러 가지 어려운 상황을 무릅쓰고 중국교육 관련 역서를 정성 들여 출판해주신 어문학사 윤석전 사장님과 편집부 직원 여러분께 심심한 감사를 드린다.

2009년 11월

최영준

차 례

출간에 즈음하여 7

추천사 10

역자서문 19

선현의 발자취를 쫓아(서문을 대신하여) 28

01 중서교육사상의 교류와 융합 31

　　1. 서학동점西學東漸과 근대 교육학의 탄생 32

　　2. 근대교육사상의 변천 39

　　3. 현대교육사상의 발전 57

02 중국 근대 양무교육사상 85

　　1. 양무교육사상적 연기緣起 87

　　2. 양무교육사상의 체계 96

　　3. 양무교육사상의 평가 104

03 중국 근대 유신교육사상 115

1. 초기개량파의 교육이념 117

2. 짧았던 교육개혁과 개량파의 교육청사진 126

3. 자산계급혁명파의 교육사상 150

4. 유신교육사상 개관 167

04 중국 현대 개성교육사상 173

1. 신문화운동과 개인의 해방 175

2. 과학 현학 논쟁과 인생관 추구 183

3. 사회개조와 개성 형상화 190

4. 청년 마오쩌둥과 인격주의 교육 210

5. 개성교육사상의 투시 217

05 중국 현대 직업교육사상 223

1. 직업교육사상의 형성과 발전 225

2. 직업교육사상의 주요 내용 237

3. 직업교육사상의 의의 251

06 중국 현대 평민교육사상 257

1. 평민교육의 취지와 사명 259

2. 평민교육의 내용과 방법 266

3. 평민교육사상의 지위와 영향 277

07 중국 현대 농촌교육사상 289

1. 향촌교육운동과 향촌건설 291

2. 향촌교육이론의 구축 302

3. 농촌교육사상의 분석 325

08 중국 현대 생활교육사상 339

1. 생활교육운동의 과정 341

2. 생활교육이론의 진수 358

3. 생활교육사상의 가치 379

09 중국 현대 산교육사상 385

　1. 산교육의 준비와 제기 387

　2. 산교육이론의 체계와 원칙 393

　3. 산교육사상의 공헌과 한계 415

10 중국 현대 해방구의 혁명교육사상 423

　1. 해방구의 교육방침 425

　2. 해방구의 학교운영사상 430

　3. 해방구의 인성교육사상 440

　4. 해방구의 교수이론 447

　5. 해방구 혁명교육사상의 계시 455

선현의 발자취를 쫓아(서문을 대신하여)

선현의 발자취를 쫓아

동서 교육문화가 교류하는 원류를 찾아 먼 길을 떠돌았다.

격변의 투쟁사와 새 문화가 침투한 흔적을 찾아 사방을 헤매며

나는 소용돌이 속에서 피땀을 흘렸던 선현의 고난과 아픔을 느꼈다.

선현의 발자취를 쫓아

산해공학단이 있던 옛터에 섰다.

"지행합일"과 "천하에 사랑이 가득하도록 하라."는 도행지 선생의
교훈을 기리니

"마음 하나만 가지고, 풀 한 포기조차 가져가지 않는다."라던 말씀이
귓전에 울린다.

선현의 발자취를 쫓아

옌양추晏陽初가 '가난, 우매함, 허약함, 사심'을 치료했던 하북정현에
도달하였다.

미로와 같은 어지러움과 혼란 속에서

그의 기독교인으로서의 평민교육 신념을 읽었다.

선현의 발자취를 쫓아

호남의 농민운동 강습소 터를 찾았다.

만개한 꽃과 울창한 수풀 사이에 자리 잡은 정밀원에 들러

위대한 문헌을 읽고 그들로부터 나는 숭고한 세례를 받는다.

선현의 발자취를 쫓아

황옌페이黃炎培, 예성타오葉聖陶, 천허친陳鶴琴에게 다가갔다.

행동과 실천을 누구보다 중시하던 그들의 투쟁을 통해

중국교육사의 우여곡절과 그 안에 숨은 희망을 본다.

선현의 발자취를 쫓다

진흙탕 속에서도 소신을 굽히지 않았던 집념과 노력을 보았다.

그들이 품었던 이상과 열정.

나는 그들이 머물렀던 성지를 향한 여행을 영원히 멈추지 않을 것이
다.

01

중서교육사상의
교류와 융합

아편전쟁이 일어난 1840년부터 중화인민공화국이 성립된 1949년까지 중국교육은 성립과 발전기를 거치면서 기본적인 형태를 갖추기 시작했다. 100여 년 동안 몇 대에 걸쳐 학자들의 손을 거치는 동안 고대 교육사상에서 근대 교육학으로, 다시 현대 교육학으로 발전했다.

1. 서학동점西學東漸과 근대 교육학의 탄생

최초 서양 교육학은 명明나라 말기와 청淸나라 초기에 유입되었다. 명나라 말기(1573~1619), 가장 먼저 중국 땅을 밟은 선교사 마테오리치는 자연과학과 기술을 전파하겠다는 명분 하에 중국에서 선교활동을 시작했다. 그의 뒤를 이은 다른 서양 선교사들도 선교라는 명목 하에 각종 과학문화지식, 중국의 전통적인 봉건교육과 현저하게 다른 서양 교육 내용을 중국에 소개했다. 당시 중국이 최초로 받아들인 해외 교육 도서는 서양 선교사 알폰세 바그노니Alphonse Vagnoni가 서양의 아동교육에 관해 저술한 『아동교육』이다. 서양의 교육제도를 상세하게 소개

한 줄리어스 알레니Jullius Aleni의 『서학범西學凡』(1623)과 『직방외기職方
外記』(1623)는 유럽대학의 인문학과 자연과학, 의학, 법학, 교육 등 전공
교육의 교과과정, 교수방법과 평가방법 등을 소개했다. 그러나 당시 서
양 교육학의 전례는 그다지 빈번하게 이루어지지 않았기 때문에 큰 영
향을 일으키지는 못했다.

18세기에 들어 외국 선교사가 청나라 조정 내부 권력투쟁에까지 개
입하자 옹정雍正 황제는 이들을 전부 중국에서 추방했다. 그 후 서학동
점西學東漸(서양 학문이 동양으로 점차 들어옴)은 잠시 중단되었다가 19세
기 중엽이 되어서야 재개되었다. 다시 중국을 찾은 서양 선교사들은 교
육활동을 더욱 강화하기 시작했다. 그리하여 1890년 신교에서 세운 학
교의 학생 수는 16,836명에 달했으며, 천주교에서 세운 학교 학생 수는
25,000명에 달했다.

이밖에 서양 교육제도를 소개한 작품도 계속 출판되었다. 독일 선교
사 에른스트 파베르Ernst Faber는 1873년 『독일학교논약論略』을 출판했
다. 수학자 이선란李善蘭은 이 책 서문에 "부르스 왕조가 군사적 승리를
거둘 수 있었던 것은 교육을 받은 병사들이 자신의 신념과 원칙을 위해
싸웠기 때문이다."라고 밝혔다. 이 책은 의무교육과 전국 각지에 많은
학교를 설립하는 것, 특히 직업학교의 중요성을 강조했다.

북경 동문관의 교사였던 미국인 선교사 마틴W. A. P Martin의 『서학고
략西學考略』 역시 서양의 교육제도를 소개한 중요한 서적 중 하나이다.
그는 일찍이 1880년부터 1882년까지 중국 정부의 명령으로 서양 7개국
을 방문하여 이들의 교육 자료를 수집했는데, 이 책은 당시 그의 연구

성과를 보여준다. 이밖에 티모시 리차드Timothy Richard의 『칠국흥학비요』, 에른스트 파베르의 『태서학교논략』(『서학학교』라고도 한다), 알렌Y. J. Allen의 『문학흥국책』 등도 있다.

1882년 성요한서원의 업무를 관장하던 안영경은 『교육과정이수 요람』을 번역했는데, 이는 사실 영국 교육가 스펜서Herbert Spencer의 명저 『교육론』 중의 한 편으로 『무엇이 가장 가치 있는 지식인가』의 최초 번역본이자, 중국 최초의 교육이론 번역서이다. 중국이 본격적으로 서양 교육학설과 사상을 대량으로 받아들이기 시작한 것은 청일전쟁 이후로, 주로 일본을 거친 후 중국으로 들어왔다.

1898년 8월 2일 청나라 광서제는 조서를 통해 "최근 신학문을 추구하는 풍조가 크게 일어나고 있다. 백문이 불여일견이라고 하니 직접 해외로 사람을 보내 배워오도록 하는 것이 필요하다. 그런데 모든 서양의 책이 일본을 거쳐 번역되고 있는데다 일본은 거리가 가까워 비용을 절약할 수 있고 문자가 비슷하여 소통이 쉬우니 일본으로 사람을 보내는 것이 훨씬 현명하겠다."라고 밝혔다.

이처럼 일차적으로 일본에 사람을 보내는 정책을 실시하자 일본으로 유학을 떠나는 사람들의 수가 순식간에 급증하여 1906년에 약 13,000명에 이르렀다. 이들은 외국교육학을 도입하는 데 중요한 다리 역할을 했다. 코메니우스, 루소, 로크, 스펜서, 페스탈로치, 프뢰벨 헤르바르트 등 저명한 서양 교육학자들의 학설과 저서는 대부분 일본을 통해 중국으로 건너왔다.

사네토 게이슈實藤惠秀가 감수하고 탄위에첸譚汝謙이 편집 출간한

『중국일어번역본 종합목록』의 통계에 따르면 1896년에서 1911년까지 이전 어느 시기보다 많은 일흔여섯 종류의 일본교육저서가 번역되었다.

그 밖에 항주대학주곡평의 통계에 따르면 일본의 다치바나 센사부로立花銑三郎가 저술한 것을 왕국유가 『교육학』이라 번역하여 〈교육세계〉에 연재하기 시작한 1901년부터 1915년 신문화운동이 일어날 때까지 중국이 출판한 교육학 저서는 일본어 번역본이나 편역본을 다시 번역하여 출간한 것이 거의 대부분이었다.

중국은 초기에 주로 일본 유학생들이 번역하거나 편역한 교육학 관련 저서나 일본인 교사가 중국에서 교육학 교과과정에 관해 강의할 때 사용했던 교재를 번역하거나 편역하여 서양 교육학을 받아들였다. 이처럼 일본을 통해 서양 교육학을 도입하는 방식은 중국에서 일어난 서학동점의 중요한 특징 가운데 하나였다.

물론 편하고 빠르게 받아들일 수 있다는 장점은 있었지만 문제는 내용 오역의 우려가 있다는 점이었다. 예를 들어, 중국이 일본에 전해진 독일의 헤르바르트 교육학을 받아들이는 과정에서 여러 차례 번역과 수정, 삭제를 거쳤고 이 때문에 헤르바르트 교육학은 원래 모습을 잃고 왜곡될 수밖에 없었다.

오스트리아의 원서를 일본의 유하라 겐이치湯原元一가 번역하고 다시 중국의 천칭전陳淸震이 번역한 『교육학』을 살펴보자. 헤르바르트의 이론적 틀을 바탕으로 저술한 이 교육이론서를 유하라 겐이치가 일본어로 번역하고 당시 일본 유학중이었던 천칭전이 다시 중국어로 번역했으니 중국에 전해진 헤르바르트의 교육학은 원래의 모습과는 다소 거리가 있었다.

이 시기 서양 교육학 도입의 또 다른 특징은 편역 강의서와 교과서가 주를 이루었다는 점이다. 당시 사범학교가 개설한 교육학과정의 교재로 쓰이거나 부국강병을 도모하고 교육의 중요성을 강조하기 위해 공리적인 목적으로 출간되었다.

그때까지만 해도 사람들은 교육학을 교육을 연구하고 원칙을 밝히는 하나의 독립된 학문으로 보지 않았으며, 교육학을 통해 미래 교육의 발전을 예측할 수 있다는 사실을 깨닫지 못했다. 이와 같은 문제는 중국 교육과학 발전 과정에서 오랫동안 해결되지 않았다.

그럼에도 불구하고 일본의 교육학 서적을 편역, 번역하고 일본 서적 일부를 참고하여 중국인이 편찬한 교육학 서적은 외국의 과학적인 교육을 중국에 전해주어 중국 근대 교육학을 성립, 발전시키는 데 매우 중요한 역할을 했다.

체계, 구성, 내용 면에서 모두 모방의 흔적이 있기는 하나, 교육학을 중국 국가 실정에 맞게 저술하고자 하는 노력을 보였다는 점은 특히 높이 평가할 만한 부분이다.

이를테면 일본 학자 마츠모토松本와 마츠우라 니민松浦二民이 강의한 내용을 바탕으로 『대교육학大教育學』을 저술한 장즈화張子和는 서문에서 "중국교육의 이상과 현실에 맞게 토론과 수정을 거치고자 한다."라고 분명하게 밝혔다.

이처럼 근대 중국의 교육이론은 두 가지 현저한 특징을 보였다. 첫째, 여전히 고대교육사상의 모습을 지니고 있었다. 대부분의 근대 학자는 실험적 연구와 실증적 조사는 거의 하지 않고 경험적 서술이나 사상적인 총론 등 고대 학자의 연구방법을 그대로 답습했다. 교육문제의 개념 서술은 대부분이 인성, 인재, 권학 등 과거의 범위에서 벗어나지 않았으며 교육목적, 교육기능, 교육방법 등을 다루는 경우가 극히 드물었다. 사회적 위기가 일어나는 상황에서 이들은 시대를 바로잡고 세상을 구하는 데만 주력했으며 이들의 교육에 대한 견해 역시 대부분 정치, 사회 등 사상과 결합해 사회 개혁을 주장하는 데 사용되었다.

둘째, 고대와 근대 교육학의 과도기적 성격이 나타났다. 중국과 서양을 포함한 여러 학문 영역에 정통한 학자들이었던 위원, 옌푸, 강유위, 양계초, 왕국유 등은 직간접적으로 서양 교육학의 저서를 번역 및 소개하는 일에 참여했다. 이들은 자신들의 저서에서 최초로 고대교육사상과 근대교육이론의 접목을 시도했는데, 이를테면 강유위, 양계초는 서양의 교육제도와 자신들의 대동大同이상을 단순히 나열하지 않고 적절히 융합했다.

당시 근대 교육이론은 내용뿐 아니라 개념과 범위, 사고방식과 관점에서도 기존과 다른 모습을 보였다. 그래서 신문화운동이 일어났을 때 중국의 근대 교육학은 이미 형태를 이룬 상태였다. 그러므로 중국교육사상이 근대 교육학으로 발전하는 데 중국 근대 학자, 일본유학생과 일본교사가 없어서는 안 될 중요한 중개자 역할을 했다고 할 수 있다.

신문화운동과 5·4운동 이후 중국에 대한 미국의 영향력이 점차 커지고 미국과 유럽에서 유학하는 학생 수가 늘어나면서 일본을 거치지 않고 직접 서양 교육학을 받아들이는 분위기가 차츰 형성되기 시작했다. 헤르바르트의『보통교육학』, 코메니우스의『대교학론』, 로크의『교육만화』, 스펜서의『교육론』, 루소의『에밀』, 셍키에비치의『교육학신론』, 킬페트릭의『교육방법원론』, 손다이크와 게이츠의『교육학 원리』, 파커의『보통 교육법』, 듀이의『민주주의와 교육』, 러셀의『교육론』 등은 독일, 영국, 프랑스, 러시아 등의 원작을 체계적으로 번역한 것이다.

특히 듀이의『나의 교육신조』,『학교와 사회』,『아동과 교재』,『사고의 기술』,『교육흥미와 노력』,『내일의 학교』,『경험과 학교』,『오늘의 교육』 등 실용주의 교육학 저서는 거의 빠짐없이 번역되었다. 그 후 듀이의 실용주의 교육학은 헤르바르트의 교육학을 대신해 중국 현대 교육이론의 주요 흐름으로 자리 잡았다.

이 시기에 중국은 왕풍기의『단계교수강의 교육학』, 서신성의『심리원리실용교육학』, 여가국의『교육원리』와『국가주의 교육학』, 장택선의『교육개론』, 범기의『삼민주의 교육의 원리』, 리호오(양현강)의『신교육 대강』, 범수강의『교육개론』, 진과미의『신교육학 강요』, 오준승의『교육개론』, 장몽린의『중국교육원리』, 전역석의『현대교육원리』, 무자빈의『움직임의 교육학』, 전학의『인격교육학개설』 등 자체적으로 100여 종에 가까운 교육학 서적을 출판했다.

이들은 중국 실정에 맞는 지도 사상을 물색하고자 많은 노력을 했다. 대다수가 실용주의 교육학 계열에 속했으나 그 외에 마르크스주의, 삼민주의, 국가주의, 심미주의, 인격주의에 관한 서적도 있었다.

이밖에 많은 교육학자들은 교육실천에도 힘썼다. 가령 타오싱즈, 옌양추, 황옌페이, 천허친, 량수밍 등은 헌신적이고 열정적으로 중국의 교육이론을 탐색했다. 이들은 근대 중국의 교육학 탄생뿐 아니라 현대 중국교육학으로의 발전을 위해 절대적인 공헌을 했다.

중국은 서학동점을 통해 근대 교육학과 현대 교육학을 탄생시키고 정립해나간 것이다. 중국교육과학도 과거의 순수한 사변적 연구 방식을 버리고 과학화를 모색하기 시작했다. 근·현대 교육이론은 아직 성숙하지 못한 부분이 많았으나 새로운 시대의 시작을 알렸으며 중국교육사 발전에서 이정표 역할을 했다.

비록 고대와 근대 교육의 완벽한 융합을 이루지는 못했고, 중국에 뿌리내리는 과정에서 일부 중국 고유의 우수한 전통이 사라질 가능성이 있었던 것은 사실이나, 교육사에 커다란 발전을 가져왔음은 부인할 수 없는 사실이다.

2. 근대교육사상의 변천

일찍이 어떤 이가 "만약 중국 고대교육사상의 발전을 유유히 흐르는 장강長江에 비유한다면, 중국 근대교육사상의 발전은 높은 산과 험준한 고개를 흐르는 급류와 같다."라고 비유한 바 있다. 전자가 완만하고 고요하다면, 후자는 물살이 세고 자유분방하게 변화하며 변화무쌍하다고 하겠다. 1840년 아편전쟁 때부터 1919년 5·4 운동이 일어나기까지 중국사회의 경제와 정치는 실로 커다란 변화를 여러 차례 겪었다. 이는 중국교육사상이 발전하고 개혁하는 계기가 되었으며 동시에 교육자의 탄생과 성장도 촉진시켰다. 이처럼 중국 근대교육사상의 발전은 중국이 서양 교육학을 받아들이고 서양세계와 '서양학문'을 깊이 인식하는 과정에서 점차적으로 나타난 현상이다.

차이위앤페이는 일찍이 중국인의 서양에 대한 인식의 변화를 다음과 같이 요약했다.

"처음 총포를 본 중국인들은 외국의 총포가 자신들의 것보다 좋다는 사실을 발견하고 부러워했다. 그 후 이들의 공예품을 보고 이들의 기술이 뛰어남을 깨달았다. 그 다음엔 외국 의사가 병을 치료하는 것을 보고 이들의 의술이 뛰어남을 알았다. 외국의 기술이 뛰어난 것은 사실이나 정치는 중국을 따라올 수 없다고 여겼다. 나중에 이들의 헌법과 행정법도 발전했다는 것을 발견하고 법학과 정치학을 배우고자 했다. 한편, 외국의 사상적 학문은 중국보다 못한가보다 했다. 그러나 이 역시 좀 더 연구해본 결과 외국에 철학이라는 학문이 있어 연구할 만한 가치가 크다는 것을 깨달았다."

중국 근대교육사상은 이처럼 사물, 제도, 문화 순으로 끊임없이 서양의 문물을 익히고 중국의 것을 개선하는 동안 세 단계의 발전과정을 거쳤다.

(1) 공즈전龔自珍, 웨이위앤魏源부터 양무파까지 :
　　근대교육사상의 첫 번째 발전시기

　명말청초, 중국이 차츰 서양학문과 자본주의의 영향을 받기 시작하면서 중국교육이론에도 계몽교육이라는 개념이 등장하기 시작했다. 계몽교육사상은 전통 실학의 경세치용을 계승했으며 근대 과학과 민주적 요소를 가지고 있었다. 특히 서양 과학의 도입을 중시하고 팔고문으로 인재를 선발하는 제도에 반대했다. 하지만 청 정부의 쇄국정책과 문화 전제주의의 억압으로 인해 이러한 계몽교육은 확산되지 못했다. 아편전쟁이 일어나기 전까지 청 왕조는 외국군이 국경까지 쳐들어오고 있는 현실을 인식하지 못했고, 국가경제와 국민생활은 봉건 관료들의 안중에 없었다. 또 지식인들은 권위에 벌벌 떨면서 책만 읽었다. 이 때문에 국가는 결국 전면적인 붕괴 위기에 처할 수밖에 없었다.

　아편전쟁의 포성은 많은 중국인을 각성시켰다. 공즈전은 먼저 뜬 구름 잡기식의 이학理學과 팔고문으로 인재를 선발하는 과거제도를 비판하면서 경세치용 할 수 있는 인재를 육성해야 한다고 주장했다. 그의 벗 웨이위앤 역시 ‘미각성’과 ‘인재부족’이야말로 중국이 낙후된 근본 원인이라고 보았다. 그는 “허위, 겉치레, 두려움, 안일함을 없애는 것이 각성하는 길이며, 실사구시하고 무모한 짓을 삼가는 것이 곧 인재부족의 근심을 없애는 길이다.”라고 주장했다. 인재 육성 방식과 선발제도를 바꾸고, 실력을 종합적으로 검증하기 위해 실용지식으로 인재를 평가해야 한다고 주장했다. 아울러 “나라의 흥망성쇠는 모두 사람에 달렸다. 훌륭한 인재가 모여야 국운도 흥성해지며 부국강병을 꾀할 수 있다.”라고 강조했다.

명말청초 계몽주의 사상가들의 주장을 살펴보면 공즈전, 웨이위앤 등이 원했던 것도 결국은 유가교육의 실학파가 강조했던 경세치용 정신의 재현이었음을 알 수 있다. 이들은 전통의 틀 안에서 전통을 통해 기존 교육을 개혁하고자 했다. 공즈전이 맹렬히 비난했던 사회의 각종 폐단의 해결은 전에 없던 인재가 나타났을 때라야 기대해볼 수 있는 것이었다. 웨이위앤은 서양 문물 학습의 중요성을 간파하고 이들의 장점을 본받아 이를 통해 서양을 제압하자고 주장했다. 그러나 여전히 중국 고유의 학문을 더 중히 여겼다. 따라서 이들은 전통의 구속에서 벗어날 수 없었다.

공즈전, 웨이위앤 등의 사상가가 교육개혁을 강력하게 외쳤던 1851년, 태평천국운동이 일어났다. 몇 년 동안 각지를 돌아다니며 정부에 항거했던 농민들은 장강 중하류 일대를 점거하고 남경에 청 정부에 반하는 ‘천조’정권을 세웠다. 태평천국이 지속되던 10여 년 동안 청 정부는 홍슈취엔이 이끄는 농민 혁명을 진압하면서 한편으로는 제국주의 열강의 도전을 물리쳐야 했기 때문에 궁지에 몰린 형국이었다. 결국 자국 영토를 넘기는 대신 이들로부터 총과 대포를 사들이고 이들의 힘을 빌려 태평천국운동을 진압할 수밖에 없었다. 이 때문에 이 시기 중국은 문화 교육에 소홀할 수밖에 없었다.

태평천국운동이 일어났던 시기에는 홍슈취엔, 홍런간 등에 의해 서양 문물의 도입이 이루어졌는데, 이들은 서양의 과학이나 민주주의 사상이 아니라 기독교 문화를 받아들여 이를 무기로 중국의 전통사상을 비판하는 데 주력했다.

태평천국운동이 비록 '다른 나라의 법을 배워 정치와 교육을 일으킨다'는 취지 하에 교육의 혁신을 꾀하는 것이었으나 그 사상적 무기는 서양의 과학이나 민주주의가 아니라 구시대적인 기독교 문화였다. 그렇기 때문에 태평천국운동은 지극히 종교적인 관점에서 중국의 유가·도가·불교사상과 전통 문화교육을 비판하는 데 그쳤고 전통적 사상의 한계를 넘지 못했으며 봉건적인 사상에서도 완전히 자유로울 수 없었다. 이렇게 낙후된 사상적 기반과 경제적 기초 위에서 추진한 정치와 교육의 혁신은 불가능한 것이 당연했다.

양무파가 활동했던 1860년대부터 90년대 중반까지는 근대교육사상이 첫 번째 발전 단계를 맞이한 시기이기도 했다. 양무파는 태평천국, 염군과 소수민족의 봉기를 진압하는 과정에서 서양의 총과 대포를 이길 수 없다는 교훈을 얻었다. 그리하여 이이제이라는 대처방안을 채택하기로 하고 군사공업, 교통을 발전시키고 신식 학교를 짓는 데 주력했다. 양무파는 "스스로를 강하게 한다." "나라를 부강하게 한다."는 기치를 내걸고 중국에서는 처음으로 기계생산 시스템을 도입한 현대식 공장, 선박 회사를 세우고 중국 최초의 철로를 부설하고 전선을 깔았으며 해국함대를 조직했다. 처음으로 신지식인, 과학기술자, 신사관생도를 양성했다.

교육사상 측면에서 볼 때, 양무파는 명확하게 '중체서용'을 강력하게 주장했으며 웨이위앤이 주장한 이이제이 요법의 변형을 한층 발전시켜 적극적으로 서양의 문물을 학습할 것을 주장했다. 장즈퉁은 양무교육에 대해 "중국의 학문은 내학內學이라 하고 서양의 학문을 외학外學이라 한다. 중국의 학문으로 몸과 마음을 다스리고 서양의 학문으로는 세상의 일에 대처해야 한다. 형식에 얽매일 필요는 없지만 그렇다고 내용에서 완전히 벗어나서도 안 된다. 마음은 성인의 마음과 같고 행함은 성인의 행함과 같아야 한다. 효도, 신의, 충성심을 덕의 근본으로 삼고 군주를 섬기며 백성을 보살피는 것을 정치의 근본으로 삼아야 한다."라고 말했다. 다시 말해 삼강오륜의 원칙을 지켜야만 중국 학문의 기초를 잘 닦을 수 있으며, 그래야 학교, 지리, 재정, 세금, 군비, 법률, 권공, 통상 등 '서양의 정치'와 수학, 회화, 광물, 의학, 소리, 빛, 화학, 전기 등 '서양의 예술' '서양의 학문'을 받아들일 수 있다는 뜻이다. 이처럼 양무파는 전통문화의 핵심인 윤리와 정치의 가치를 고수했기 때문에 본질적으로는 봉건적 교육사상의 틀에서 벗어나지 못했다. 그럼에도 불구하고 어느 정도 근대적인 면을 지니고 있었기 때문에 중국교육사상이 첫 번째 발전시기를 맞이하는 데 크게 기여했다고 할 수 있다.

이와 같은 발전은 상당히 중요한 의미를 지닌다. 봉건 교육제도의 형식, 내용의 변화를 꾀하며 신식 학교(언어학교, 군사학교, 공예와 농민학교, 사범학교)를 설립하고 '서양의 학문'을 교육실천에 부쳐 중국사회의 근대화에 기여했기 때문이다. 이는 중국 근대교육사상의 탄생을 위한 여건을 제공한 것이기도 하다. 양무 교육사상은 중국의 교육이 근대화를 이룩하는 과정에서 이처럼 중요한 역할을 했다.

(2) 양무파에서 변법파까지 : 근대교육사상의 두 번째 발전시기

청일전쟁의 패배로 양무운동 역시 실패로 끝나고 말았을 뿐 아니라 중국은 '중체서용'적인 교육 방식으로는 자신들의 문제를 해결할 수 없음을 깨달았다. 심각한 민족적 위기 앞에 중국교육은 또다시 새로운 선택을 해야 했고, 이는 근대교육사상이 두 번째 발전시기를 맞이하도록 하는 계기가 되었다.

두 번째 발전은 왕타오, 정관잉, 캉유웨이, 량치차오, 쑨원, 차이위엔페이 등 변법파의 주도로 이루어졌다. 이들이 바랐던 것은 중국에 새로운 자산계급 교육제도를 마련하는 것이었다.

변법파는 중국이 부강하지 못한 근본 원인은 튼튼한 배와 막강한 대포가 없어서, 혹은 자원이나 기술이 부족해서가 아니라 정치적 부패와 제도적 폐해 때문이라고 보았다. 양무파의 노력에 힘입어 중국은 수군, 군함, 총포를 가졌음에도 불구하고 청일전쟁에서 패배하고 말았다. 서양을 본받는다는 것에는 물질이나 기술뿐 아니라 이들의 정치적 제도를 본받아 개혁을 추진하는 것도 포함되어 있었기 때문이다. 량치차오는 "변하고자 하여 변하는 자는 변화의 주도권이 자신에게 있으므로 보국안민 할 수 있지만, 변하지 않고자 했으나 변하는 자는 남에게 주도권을 넘겨줌으로써 속박당하고 조종당할 수밖에 없다."라고 말하면서 변화와 개혁을 통해서만 중국이 살아남을 수 있음을 역설했다.

변법파는 양무파와 달리 제도와 정치적인 개혁까지 실시코자 했다. 변법파와 양무파 모두 학교를 세워 인재를 기르며, 팔고문을 없애고 과거제를 개혁하자고 주장했지만 깊이와 내용은 사뭇 달랐다.

양무파는 봉건제의 틀에서 완전히 벗어나지 못하고 이를 옹호하는 입장이었지만 변법파는 이와 달리 교육과 정치 개혁을 강력히 주장함으로써 봉건적 교육제도에 도전했다. 초기 변법파는 과거제도와 학교를 양립할 수 없는 것으로 보고 "학교를 세우지 않으면 인재를 양성할 수 없고, 설사 학교를 세우더라도 과거제가 사라지지 않으면 학교는 제 기능을 발휘할 수 없다."라고 주장했다. 자산계급 개량파는 민권과 평등을 강조하면서 봉건교육의 계급적 불평등을 비판했다. 자산계급 혁명파는 더 나아가 전통문화교육을 개혁하기 위해서는 정치적 개혁이 먼저 이루어져야 한다고 보았다.

양무파가 주도한 첫 번째 발전이 근대교육의 탄생을 위한 준비단계였다면, 변법파는 중국의 전통교육과 봉건교육사상이 근대교육이론으로 나아가도록 하는 데 큰 공헌을 했다. 이 점은 근대 교육사의 발전에서 매우 중요한 의의가 있다.

변법파가 활동하던 이 시기에는 근대 교육학의 탄생을 알리는 중요한 사건들이 있었다. 우선, 두 차례에 걸쳐 중대한 교육개혁이 일어났다. 변법자강운동이 실패한 지 3년이 지나서 청 정부는 직접 위로부터 아래로의 교육개혁을 실시했다. 1901년 1월 광서제光緖帝가 '신정新政'을 선언했는데, 교육에 관하여 학제를 공포하고 과거제를 폐지하며 교육의 취지를 밝히는 내용이 포함되어 있었다. 1901년 8월 청 정부는 「흥학조서興學詔書」를 공포하고 각지의 서원을 일률적으로 학당으로 바꿨다. 1902년에 반포한 「흠정학당장정」(임인학제)은 실제로 시행되지 못하다가 1903년 장바이시, 쟝즈퉁과 룽칭이 일본학제를 바탕으로 수정한 다음, 1904년 1월 13일 청 정부가 이를 「주정학당장정」(계묘학제)라는 이름으로 다시 반포한 후 시행되었다.

새로운 교육제도는 전체 교육과정을 크게 초·중·고등교육으로 나누고 구체적으로 7단계로 구분했다. 초등교육은 유치원 4년, 초급 소학교 5년, 고급 소학교 4년으로 구성되었고 5년에 해당하는 중등교육 기간은 세부적인 단계를 나누지 않았다. 마지막 고등교육은 고등학당 혹은 대학예과 3년, 분과대학당 3~4년, 대학원 5년으로 구성되었다. 고등교육 기관으로는 이밖에도 사범학당과 실업학당이 있었다.

1905년 8월 청 정부가 "과거제 실시를 중지하고 학교로써 이를 대체한다."는 훈령을 발표함으로써 19세기 말부터 있었던 '과거 폐지'의 외침이 20세기 초에 이르러 마침내 현실이 되었다. 양무파의 쟝즈퉁도 이를 위해 많은 노력을 했지만 무엇보다도 변법파의 공헌이 있었기에 가능한 일이었다. '과거제 폐지'는 중국 봉건교육 붕괴의 상징이라 할 수 있다.

교육의 목적을 살펴보면, 1904년 「주정학당장정奏定學堂章程」은 최초로 "학교 설립의 취지는 어떤 학당이든 충효를 바탕으로 중국을 교육하기 위함이다. 학생의 마음을 순수하게 가꾸고 이들이 서양의 학문과 예술을 통해 지식을 습득해 쓸모 있는 인재가 되어 나라를 위해 공헌하도록 하기 위함이다."라고 밝혔다. 1906년 청 정부는 중앙교육행정기관인 '학부學部'를 마련하고 '임금에게 충성할 것, 공자를 존경할 것, 국익을 우선시할 것, 병사를 강하게 만들 것, 실용주의를 채택할 것'이라는 한층 더 명료해진 교육의 목표를 제시했다. 아울러 「주청선시교육종지서」를 통해 처음 두 가지는 "중국 고유의 것이며, 다음 세 가지는 중국이 부족한 것이므로 이를 보완하여 나라를 흥하게 만들고자 한다."는 뜻을 밝혔다. 이로써 상술한 교육 목표란 양무파가 주장했던 중체서용에서 크게 벗어나지 않고 있다는 사실을 알 수 있다. 여전히 봉건적 색채가 농후하며 시대의 흐름에 상당히 뒤떨어졌다.

두 번째 교육개혁 역시 위로부터 아래로의 개혁이었으나 주도층이 자산계급으로 변했기 때문에 개혁 목표는 봉건교육의 타도가 되었다. 「임시보통교육법普通教育暫行辦法」은 남녀 모두 초등교육을 받을 수 있다고 규정했다. 또한, 교과서 내용은 반드시 중화민국 취지에 부합해야 하고 신분에 따라 교육을 달리 실시하던 것을 없앴으며 모든 학당을 학교로 바꾸어 불렀다. 이밖에 1906년에 등장했던 교육 목표를 철저히 부정하고 임시교육회의가 1912년에 새로운 학교 체계를 제정했으며 1913년에 이를 수정, 보완하여 「임자계축학제」를 만들었다. 이에 따라 청나라 말기 「계묘학제」에서 제시한 교육기간인 26년은 18년(대학원은 안에 포함되지 않고, 사실상 학제는 3년이 단축되었다)으로 줄어들었다. 또 여학교가 설립되고 귀족자제들이 다니는 학당이 없어졌으며 교과 내용도 크게 바뀌는 등 실질적인 변화도 있었다. 중국의 첫 번째 학제는 「계묘학제」이지만, 사실 진정한 의미의 근대적 학제는 「임자계축학제」라고 할 수 있다.

상술한 교육개혁을 거치면서 봉건교육제도는 마침내 역사의 무대 뒤로 사라졌으며 고대 교육제도는 근대 교육제도로 변화할 수 있었다.

다음으로 교육기구를 조직하고 교육 간행물을 발행하여 혁명교육사상과 서양 교육학설을 소개하고 중국교육이 나아가야 할 길을 탐색하는 데 주력했다. 1901년 뤄전위, 왕궈웨이는 「교육세계」를 창간하고 서양 교육학을 소개하기 시작했다. 왕궈웨이는 자신이 번역한 『교육학』과 『교육학 교과서』를 「교육세계」에 연재했다. 루소의 『에밀』, 페스탈로치의 『린하르트와 게르트루트』 등 서양 교육 명저 역시 「교육세계」를 통해 소개되었다. 1909년 상무인서관商務印書館 출판사는 교육 연구와 개혁을 목표로 하는 「교육잡지」를 발행했는데, 이는 그림, 사설, 학술, 교수관리, 교수자료, 역사와 전기, 교육인, 교육법령, 공용문서 장정, 기사, 조사, 평론, 문예, 인터뷰, 질의응답, 평론 등 20여 개의 다양한 구성요소를 자랑하는 영향력 있는 종합교육 간행물이었다.

이밖에 「중화교육계」, 「교육금어잡지」, 「직례교육잡지」, 「교육공보」 등 역시 많은 교육논문과 번역문을 소개해 교육이론 발전과 학술 분위기를 고조하는 데 많은 도움을 주었다. 이와 동시에, 여러 교육학술단체도 창립되었다. 1890년 서양 선교사들이 주체가 되어 상하이에 중화교육회를 만들었다. 이 단체의 출범 취지는 중국교육의 발전을 위해 교육 종사자들의 공고한 협력을 도모하는 것 외에, 중국에 완전한 교육체계를 마련함으로써 중국교육이 기독교의 이익에 부합하도록 만드는 것도 포함되어 있었다. 따라서 '중화교육회'의 근본적인 목적은 기독교 문화로 중화문화를 대체시키려던 것이었으며 서양 자본주의 국가가 중국교육에 영향력을 행사하기 위해 만든 단체였다는 점을 알 수 있다.

중국이 자체적으로 만든 교육학술단체는 1902년 4월 상하이에서 설립된 중국교육회이다. 차이위엔페이가 회장을 맡았으며 주요 회원으로는 장타이엔, 장웨이차오 등이 있었다. 중국교육회는 교육연구뿐 아니라 통학소를 설치하는 등 실천적 활동을 전개했으며 외국어, 물리화학, 대수기하학 등 과목을 나누고 마샹보 등이 교수를 담당했다. 1911년 4월 전국교육연합회는 상하이에서 회의를 열고 1914년 3월 '전국교육회 연합회'를 조직했다. 그 목적은 각 성 교육회에서 선발한 학식과 경험이 풍부한 사람들이 모여 함께 토론하고 깨달은 바를 공유함으로써 원대한 계획을 마련하고 교육계의 발전을 도모하는 것이었다. 이 연합회는 1915년부터 매년 한 번씩 회의를 열고 중국교육의 발전에 관해 연구 토론함으로써 각 성의 교육 발전에 큰 공헌을 했다. 그중에서 1915년 4월에 열린 텐진회의에서 통과시킨 의결안 13개로는 헌법기초회와 국민회의에 제출한 「헌법에 의무교육을 명시하도록 하는 건의안」, 교육부에 제출한 「각 성에 교육청을 설립하는 건의안」, 「군국민교육 실행방법 안건」, 「실업교육 진행계획안」, 「사회교육 진행계획안」, 「기초설치교육 강연회안」, 「학교교원전임안」과 각 성의 교육회에 제출한 「초등교육의 유의점」, 「일요일 도덕강연 실행안」, 「의무교육모집 의견안」 등이 있다.

그 후에는 전혀 다른 교육사상 유파가 나타나 교육사조를 형성했다. 명말청초에 이르러 중국의 근대교육사상은 왕성한 활동을 보이면서 서양의 각종 교육이론과 교육제도를 도입했다.

① 군국민교육사조

1902년 『신민총보』에 일본 유학 중이던 펀허성이 『군국민편』을, 장바이리가 『군국민의 교육』을 발표하여 공식적으로 군국민 교육을 실시하자고 주장하기 시작했다. 4년 후, 청 정부는 무기를 중시 여기는 것을 교육 목표에 포함시키고 "모든 중소학당의 교과서에 반드시 군국민주의가 깃들어 있어 아이들이 교과서로 공부하는 동안 이에 익숙해지도록 해야 한다."라고 규정하며 군국민주의 교육의 보편화를 촉진했다. 1911년 전국교육연합회의 상하이회의와 청나라 정부의 중앙교육회의도 군국민 교육을 중요한 의제로 삼았는데, 이 역시 군국민 교육이 청나라 말기에 이미 사회적 추세가 되었음을 보여주는 것이다. 1912년 차이위엔페이가 『교육방침에 대한 견해』를 통해 군국민 교육의 심화를 주장한 후, 군국민 교육은 중화민국정부의 교육목표에 정식으로 명시되었다. 1915년 전국 교육회연합회가 『군국민 교육 실행방법안』을 발표하고 목적, 내용과 방법을 제시하면서 최고조에 달했던 군국민 교육의 실시는 제1차 세계대전이 끝난 뒤 점차 쇠퇴하기 시작했다.

② 실리주의교육사조

청일전쟁 이후 중국 내에 서양의 학문을 연구하고 배우고자 하는 열의가 가시화되면서 실용주의 학문교육에 대한 수요가 나타나기 시작했다. 1906년 반포한 교육 목표에서 '실용주의의 숭상과 중시'를 중요한 내용으로 다루게 되면서 실업학교가 크게 발전하기 시작했다. 1912년 차이위엔페이는 청말 실용주의 학문교육의 발전 상황과 각 국의 경험을 근거로 '실리주의 교육'의 방침을 제시했다. 1913년 10월 황옌페이는 〈교육잡지〉에 「학교교육의 실용주의 도입에 관한 토의」라는 제목으로 글을 발표하여 실용주의 교육이 이미 시대적 추세로 자리 잡았음을 강조했다. 〈교육잡지〉는 또 『실용주의 교육 특집호』를 발간해서 이를 홍보했다. 실리주의 교육은 1915년 이후 직업교육의 성격을 보이기 시작했다. 천두슈는 〈청년잡지〉 제2호에 「오늘날의 교육방침」이란 글을 발표하여 직업주의 교육이라는 개념을 제시했으며 1917년에는 차이위엔페이, 황옌페이, 장멍린, 궈빙원, 첸융밍, 송한장 등 교육계와 실업계의 주요 인사들이 중화직업교육사를 설립하고 직업교육의 실시와 발전에 앞장섰다.

③ 과학교육사조

이것은 청말 서양 예술교육의 발전으로부터 온 교육사조이다. 1914년 미국 유학생이 주체가 되어 '과학사'를 조직하여 『과학잡지』를 창간했다. 이들은 중국의 과학과 실업을 부흥시키고자 교육을 통해 과학지식을 보급하고 과학기술 인재를 육성하는 데 힘썼다. 과학교육을 매우 중시했던 차이위엔페이는 과학이 발전해야만 생활 개선, 사회 개혁, 예술 및 창조 활동도 가능해진다고 보았다. 이러한 움직임에 힘입어 당시 중국 사회에 교육의 과학화, 과학의 교육화라는 새로운 움직임이 나타났으며, 교육계도 조사나 실험 등 실증적 연구 방법을 중요하게 다루기 시작했다. 1920년대 이후, 교육의 과학화를 부르짖는 목소리가 점점 높아지면서 IQ 테스트, 교육 평가, 교육현황 조사, 설문조사의 실시가 일반적인 현상으로 자리 잡기 시작했다. 이 역시 과학교육사조의 영향을 받았기 때문에 나타날 수 있었던 변화이다.

④ 의무교육사조

앞에서 살펴보았듯이 변법파는 서양을 모방해 의무교육을 실시하자고 주장했다. 1904년의 『주정학당장정』은 의무교육 기간을 5년으로 규정하고 "외국의 통례에 따르면, 국민이라면 누구나 초등소학당에 다녀야 한다. 신체에 장애가 있지 아니한데도 입학하지 않으면 그 부모가 처벌을 받는다. 소학당 설립 초기에 지방 관리들에게는 국민들을 설득해 교육을 받도록 할 의무가 있었다."라고 밝혔다. 이는 중앙에서부터 시작된 최초의 의무교육이었다. 1911년 청 정부는 베이징에서 중앙교육회를 열고 『의무교육 시험운영 장정』을 제시했다. 1912년 9월 중화민국은 초등학교 4년을 의무교육 기간으로 명확히 규정했다. 변법파가 활동하던 시기에는 의무교육을 주장하는 쪽에 힘이 실려 있었지만, 당시 중국사회가 여전히 의무교육을 보급할 만한 정치, 경제적 기반이 없었던 데다 통치계급에게도 철저하게 의무교육을 실시하려는 의지가 없었기 때문에 실제로 실시되지 않았다.

⑤ 평민교육사조

변법파가 국민을 계몽해야 한다고 주장하면서 평민교육의 싹이 트기 시작했다. 량치차오는 교육을 통해 무지몽매한 국민을 깨우지 않으면 이들의 권리 향상은 물론이요, 민주주의를 기대할 수 없다고 생각했다.

그는 "국민 권리의 보장이란 짧은 시간에 이루어지는 것이 아니다. 앎이 있어야 권리도 누릴 수 있다."라고 밝혔다. 1910년 쟝타이옌은 일본 동경에서 『교육금어잡지』를 창간하고 '평민 교육의 실시'가 창간 취지임을 밝혔다. 1915년 천두슈는 『청년잡지』에 발표한 『오늘날의 교육 방침』을 통해 '직업주의 교육' 외에 '유민주의'를 제시하고 '정치가 국가의 주인인 국민을 위해 봉사하는' 민주국가를 세우려면 반드시 국민에게 교육을 받을 수 있는 권리 등 각종 권리를 보장해줘야 한다고 주장했다. 1915년 전국교육회연합회는 빈민교육에 신경 써야 한다는 건의안을 통과시킨 후 교육부에 제출하고 각 성의 교육회에 빈민교육에 관심을 기울일 것을 요청했다. 신문화운동 이후, '평민교육'은 더욱 많은 사람들의 지지를 얻으면서 5·4 운동이 일어났던 당시 중국에서 가장 힘 있는 교육사조로 발전했다.

(3) 변법파에서 신문화운동까지 : 근대교육사상의 세 번째 발전시기

신해혁명으로 군주제가 막을 내리고 중화민국이 탄생했다. 그러나 위안스카이가 군주제를 부활시키고 장쉰, 돤치루이가 복고를 추진하면서 신해혁명 이전의 상태로 돌아갔다. 중국 지식인들은 다시 한 번 전통적인 문화교육에 대해 반성함으로써 서양을 배우려는 움직임에서 긍정적인 변화가 일어난 것은 사실이나, 여전히 문제가 많다는 사실을 깨달았다. 대다수 국민의 정신적 문화 소양을 개선하지 못하면 나라의 국력을 강하게 만드는 것이 불가능하며 현대화 역시 다만 몽상에 지나지 않는다는 사실을 인식하기 시작한 것이다. 그래서 이들은 계몽운동을 통해 무지몽매한 국민의 정신을 개조해야 한다고 강조했다. 이에 따라 근대교육은 세 번째 발전시기를 맞이하고 국민의 정신상태, 개인의 심리상태를 개선하는 데 성공했다.

량치차오는 변법자강운동의 실패에서 얻은 교훈에 관하여 "문명의 발전을 도모할 때 형식에 집착하면 막다른 골목에 다다른 것처럼 실패하고 말 것이나, 정신적인 측면에서 접근하면 순조롭게 흘러가는 냇물처럼 막힘이 없을 것이다."라고 했다. 루쉰 역시 부국강병을 실현하는 데 정신적 요소가 얼마나 중요한지 강조했다. 한편 차이위앤페이는 중국의 미래가 교육에 달렸으며 교육을 통해서만 국민성을 개조할 수 있고 진정한 인재도 양성할 수 있다면서 그 중요성을 강조했다. 중국이 유럽의 문물을 받아들인 지 60년이 지났을 때, 처음에는 군대와 병사를 강하게 훈련시키는 방법만 중요한 줄 알았는데 돌이켜보니 교육이 가장 중요하다는 것을 깨달았다며 회고했다. 이러한 인식이 형성되었을 무렵 시대적 요구에 부합하기 위해 신문화운동이 일어났다. 신문화운동의 목적은 문화, 심리적 측면에서 과거 교육을 반성해보고 이를 개선하는 것이었다. 신문화운동 참여자들은 개인을 억압하는 봉건교육의 문제점을 여러 가지 형태로 폭로하고 더 이상 억압하지 말 것을 요구했다. 이러한 주장은 5·4 운동 이후 점차적으로 힘을 얻기 시작했다. 이에 따라 점점 더 다양한 교육이론이 제시되면서 근대교육사상도 차츰 현대교육사상적 모습을 띠기 시작했다.

중국 근대 교육학의 탄생은 중국교육사상사에서 매우 중요한 의의를 지닌다. 이는 중국이 마침내 자체적으로 교육이론을 갖추고 근대적 사고방식과 실증적 방법을 통해 교육을 연구하기 시작했다는 것을 의미하기 때문이다. 그러나 아직까지는 교육근대화에 많은 문제점이 있었다. 중국에 서양의 교육방식을 접목시키는 과정에서 전통을 계승하기보다는 타파하는 데 주력했고 창조보다 비판의 목소리가 훨씬 컸다. 전통교육에서 일부 계승해야 할 부분마저 무조건 전통을 부정하는 목소리에 파묻히거나 전통의 폐해와 더불어 사장되었다. 가령 전통교육만의 독특한 요소나 자유롭게 개방적으로 학문을 논하는 자세는 예외 없이 부정하는 한편, 서양의 교육이론에 대해서는 제대로 파악하지 않은 상태에서 국민에게 빨리 전달하는 데만 급급한 나머지 이를 맹종하는 모습도 나타났다. 전에 없이 여러 가지 주장과 사조가 등장했지만 대부분 금방 사라져 버리기 일쑤여서 교육 발전에 그다지 큰 영향을 끼치지는 못했다. 불안한 정치적 상황 때문에 근대교육 사상가들도 교육이론을 정립할 여유가 없었다. 차이위앤페이가 남긴 몇몇 논문과 교육에 관해 한 연설을 제외하고는 이론 정비를 위한 성과가 거의 나타나지 않았다. 이처럼 교육이론이 정치적인 구속을 받는 현상은 그 후로도 계속 나타났다.

3. 현대교육사상의 발전

현대교육사상은 5·4 운동을 기점으로 등장했다. 1919년에 5·4 운동이 발발하여, 1949년 중화인민공화국 성립 때까지, 중국 현대교육사상의 발전은 꼬박 30년이 걸리게 된다. 이 30년의 교육사상발전은, 대략 다섯 시기로 구분할 수 있다.

(1) 5·4 운동 시기(1919~1921)

5·4 운동 시기, 중국 현대교육사상은 한편으론 계속 신문화운동 개성교육을 주제로 하고, 교육가들은 여전히 민주, 과학과 개성의 해방을 명목으로 삼아, 오래된 예법과 오래된 교육을 맹렬히 비난했다. 다른 한편으로는 이론의 다원화가 나타났고, 교육가들은 자기의 믿음을 선전하고 청년학생을 단결시켰으며, 마르크스주의 교육사상도 전파되기 시작했다.

마르크스주의 교육사상의 전파는 중국 현대교육사상 역사상 중대한 사건으로서, 중화교육 사상발전과정의 중요한 전환점이다. 5·4 운동 직전, 이대소는 「서민의 승리」와 「볼세비키주의의 승리」 두 편의 논문을 발표하고, 마르크스 학설연구회를 조직하였다. 또 러시아의 '10월 혁명'을 매우 높이 평가하였는데, 그 이유는 러시아의 '10월 혁명'이 20세기 세계혁명의 서막이라고 생각했기 때문이다. 1919년 5월, 이대소가 주관한 신보의 문예란 상에, 그는 최초로 '마르크스주의 연구'라는 칼럼의 길을 개척하였고, 천두슈가 주관한 신청년도 이에 따라 '마르크스주의 연구특집호'를 썼으며, 마르크스주의의 『공산당 선언』, 『정치경제학비판 서언』 등과 같은 고전적 저작 등을 중국에 번역하고 소개하기 시작하였고, 이대소는 또 『나의 마르크스주의관』을 발표하고 자세하게 마르크스주의를 선전했다.

마르크스주의 교육사상이 중국에서 전파되기 시작한 때, 미국의 듀이, 영국의 루소 등이 잇따라 중국에 왔다. 이에 따라 실용주의의 교육사상과 개량주의의 교육 만능론은 적지 않은 사람들에게 영향을 미쳤으며, '교육구국'은 재차 매우 많은 교육가에게 '영광스러운 꿈'이 되었다. 중국 초기의 마르크스주의자는 이것에 대하여 타협하지 않는 사상투쟁을 펼쳤는데, 역사적 유물주의의 관점으로 교육개조와 사회개조의 변증적 관계, 개성형성과 사회개조의 내재적 통일을 명백히 논술했다. 이대소는 「문제와 주의를 다시 논한다」라는 글에서, 확실히 사회의 '경제적 구조'를 교육에 내재하는 일체의 사회상층건축의 '기초'를 포괄하는 것으로 간주하고, 노동자의 연합실제운동과 경제의 혁명만이 중국 사회제도의 근본적인 개조를 강구할 수 있다고 인식한다. 천두슈는 루소에게 보내는 편지 중에서, "중국이 지식방면, 물질방면이 모두 발전하지 않았기 때문에, 발전교육과 공업의 문제에 직면하였지만, 중국은 자본주의의 길을 갈 수 없고 마땅히 사회주의를 통해 교육과 공업을 발전시켜야 한다."라고 말한다.

청년 마오쩌둥도 교육의 방법을 사용하여 중국의 문제를 해결하려 했는데, "유산계급으로 하여금 자각하게 하여야 하는데, 만약 그들의 자유를 방해하는 수준까지 가지 않으면, 전쟁이 일어날 것이고, 혁명은 유혈사태에 이르게 될 것이다. 이것은 여우에게 가죽을 벗기자고 의논하는 것과 다를 바가 없는 것으로 근본적으로 실행할 수 없는 것이다. 정권을 빼앗아야만, 비로소 현세에서 혁명이 유일하게 승리할 수 있다. 이런 논쟁은 마치 옌푸와 손중산의 교육구국과 혁명구국 논쟁에 관한 재연인 듯하지만, 실제적으로는 다른 성질이 있는데, 이것은 논쟁의 양방이 모두 자기의 사상무기를 가지고 있다는 점에서 다른 성질을 지닌다고 할 수 있는 것이다.

초기의 마르크스주의자들은 평민교육, 일하면서 배우는 교육 등 각종 교육활동에 적극적으로 참여하였는데, 이런 활동에서 그들은 마르크스주의의 방향을 지지하였고, 신민주주의교육성질의 초보적인 실천을 갖추기 시작했다.

5·4 시기에 중국교육계는 일찍이 듀이의 실용주의교육사상의 허리케인이 불기 시작했다. 1919년 5월 1일, 듀이는 북경대학, 남경고등사범학교, 상지학회, 강소성 교육회와 절강성 교육회의 공통적인 초청에 응하여, 상해에 오게 되었다. 후스의 동반 아래, 듀이는 연이어 강소, 절강, 직례(하북), 봉천(요녕), 산동, 산서, 강서, 호북, 복건, 광주 등 11개성과 북경, 상해 두 개 직할시에서 공개 강연을 하였는데, 전부 합해서 2년 넘는 시간이 걸렸다. 여론의 큰 물결을 일으켜, 듀이의 실용주의교육사상은 한때 전국을 풍미하였다. 『신교육』잡지 제1권에서 3권 각 권은 이의 학설을 모두 선전하였고, 심지어는 '듀이 특집호'를 냈다. 그가 중국 각지에서 한 강연은 따로 기록되고 정리, 집성되어 『듀이의

5대 강연』, 『듀이교육철학』, 『평민주의와 교육』, 『듀이 상해에서의 강연집』 등과 같은 책으로 출판되었고, 그중 『듀이의 5대 강연』은 뜻밖에도 인쇄 횟수가 10회가 넘었다. 듀이의 "교육은 곧 생활이다." "학교는 곧 사회이다." '아동중심주의'와 '평민주의교육' 등 일련의 교육관점은 당시 교육이론계가 사용하는 빈도수 가장 높은 개념이 되었고, 거의 매 교육사상가 모두가 정도가 다르게 듀이 실용주의교육사상의 영향을 받았다.

　당연히 듀이실용주의 교육사상이 중국교육계의 환영과 칭찬을 받고 중국에서 이러한 센세이션을 불러일으킨 것에는 깊은 원인이 존재한다. 우선, 당시의 중국은 군벌혼전으로 인해 국민들이 안심하고 생활할 수가 없었고, 봉건전제의 정치는 진정으로 변화한 것이 아니었기 때문에, 인민은 진정한 민주제도가 필요했는데, 듀이가 제기한 '진보'와 '민주'는 마침 중국 사회의 민주에 대한 절박한 요구에 적합하였다. 다음, 당시의 중국은 비록 형식상으로는 새로운 교육제도를 실행하였지만, 교수방법은 기본적으로 여전히 '교사가 강의하고, 학생이 듣는' 주입식이었고, 교사와 학생관계는 여전히 '사부의 존엄'을 존중했다. 듀이는 전통교육이 아동에 대해 속박하는 것을 반대하면서 아이들 개성의 자유발전과 가르치는 영역의 민주를 주장, 중국교육계에 신선한 바람을 불러일으키며, 교사와 교육사상계의 지지를 받았다. 당시의 독일은 제1차 세계대전을 일으킨 장본인이었고, 또 일본의 군주주의는 중국을 침략하고 약탈하는 데 박차를 가했으므로, 중국교육계는 일찍이 독일과 일본 학습에 대해, 민족과 정치의 정서 때문에 그들에 대해 철저히 실망하였으며, 이 때문에 희망을 미국에 기탁하였고, 정치제도부터 교육제도까지 모두 다 미국을 따라 그대로 실행하였다. 듀이의 실용주의 교육사상은 바로 중국사회의 미국에 대한 호감과 희망 중 전입된 것이었다. 당시의 중국은 이미 기본적으로 경험론의 철학을 받아들였고, 실용주의 교육사상이 받아들여지기 위한 길을 터놓았다.

일찍이 실용주의가 중국으로 전입되기 전에, 로크의 유물주의경험론과 스펜서의 실증주의는 양계초, 옌푸, 왕국유 등이 중국에 소개하였다. "실용주의는 경험론의 아종이다. 또 유심론에서 현대적인 경험주의로 전향하는 것이고, 어떤 사람이 듀이를 로크로 착각하고 그를 중국 강단으로 밀어서 온 것이다." 그 위에 후스 등 명성이 자자한 콜롬비아 대학 학생과 교우가 널리 보급하고 설명하였기 때문에, 듀이의 실용주의 교육학은 중국에서 영향력이 가장 큰 학설이 되었다. 듀이의 제자 킬 페트릭이 듀이의 교육사상에 근거하여 창조한 '설계교수법'도 동시에 중국으로 들어오게 되었는데, 1920~1921년에 중국에서 영향력이 가장 왕성한 교육법이 되었다. 예를 들어 1921년에 개최된 제7회 전국교육회연합회의의 결안에서는, '설계교수법'의 전국적인 연구, 실험과 일반화가 요구되었다. 결의에서 다음과 같이 언급했다. "교육 선진국의 초등학교에서는 설계교수법을 실시하는데, 교재는 순수하게 아이들의 활동으로 묶고, 아이들의 심리발달 순서에 따라서 사회 환경 접촉의 사물을 취한다. 일의 발전추세에 따라 유리하게 이끌고, 학자는 아이들의 흥미만 끌려 하며 교육은 훌륭한 교육은 없다. 현재 중국에서 시험적으로 써본 그 방법은 천천히 성과를 볼 수 있었고, 각 성省의 사범학교는 설계교수법을 연구하고 있다. 사범학교 부속 초등학교와 규모가 비교적 큰 도시의 초등학교가 선행 실시하여 모범이 되고 본보기로 제공되어 조금씩 전국에 보급되었다.”

　5·4 시기, 중국 현대교육사상은 책에 길이 남을 만한 사건이 있었다. 하나는 채원배가 북경대학에서 큰 개혁을 시행하여, 북경대학으로 하여금 새로운 사조의 요람과 5·4 운동의 수창자가 되게 한 것과, 신교육사상의 전파를 위한 좋은 분위기를 발전, 창조했다는 것이다. 두 번째는 평민주의 교육사조의 광범위한 전파이다. 듀이가 중국에 오기 전, 중국의 평민주의교육사조는 이미 대강 그 규모를 갖췄는데, 1919년 3월 북경대학의 ‘평민교육강연단’에서의 선포, 같은 해 4월 교육조사회는 제1회 회의를 열었는데, 「교육종지연구안」에서 “건전한 인격을 기르고, 공화정신을 발전하자.”는 주요한 목적을 제안한 것이 그 예이다. 듀이가 중국에 오고 난 뒤, 특히 남경에서 ‘평민주의의 교육’을 강연한 뒤, 중국의 평민주의 교육사조는 더욱더 자극받았고, 북경사범고등학교는 ‘평민교육사’를 성립하였을 뿐만 아니라 「평민교육」을 발행하고, 평민교육을 적극적으로 선전하고 실시하였다. 남경사범고등학교 학생도 「소년사회」라는 잡지를 만들고, 평민교육을 널리 보급하였다. 전국 각지는 계속하여 ‘평민학교’를 설립하고, 평민들에게 식자교육과 문화 보충학습을 실시하였다. 고학운동과 고학 사조도 나타나게 되었는데, 5·4 시기의 고학운동과 고학호조운동은 서로 어울려서 빛났고, 상당한 영향력이 있는 고학교육 사상을 형성하였다. 비록 고학교육을 주장하는 사람이 서로 다른 배경과 믿음을 가지고 주장하지만, 마르크스주의

자라고 해도, 공상사회주의자, 국가주의자, 자산계급 민주주의자, 혹은 무정부주의자라 해도 '공'과 '독'이 서로 결합한다는 점에서는 서로 같고, 지력노동과 체력노동이 서로 결합, 지식분자와 공농 군중도 서로 결합, 교육과 생산노동도 서로 결합하는 방면에 있어서의 시행은 더 없이 유익한 것이다.

(2) 중국공산당 성립부터 제1회 국내혁명전쟁 결속시기(1921~1927)

1921년 7월 1일, 중국공산당은 상해에서 성립하였다. 이것은 현대중국에서 가장 중대한 사건으로, 현대교육사상발전사의 중대한 사건이기도 하다. 성립시기 때부터, 중국공산당은 문화교육 부분을 중시하여, 그것을 혁명투쟁의 가장 중요한 구성 부분으로 삼았다. 1922년 7월, 중국공산당 제2회 전국대표대회선언에서, '교육제도 개량, 교육보급 실행'과 '여성을 구속하는 일체를 폐지하고, 여성을 정치상, 경제상, 사회상, 교육상에서의 일률적인 평등권리' 등을 선언하고, 이것을 당의 임무와 단기 투쟁목표로 삼았다.

광대한 공농 군중을 이끌기 위해 혁명투쟁을 했다. 중국공산당은 중국노동조합 서기부를 성립하고, 연이어 장신점노동 보충학교, 안원탄광노동자보충학교, 광동해륙풍지역의 농민학교 등 노동자 보충학교와 농민학교를 짓기 시작했다. 혁명의 영도를 배양하기 위한 골간으로, 중국공산당은 호남독학대학, 상해대학, 상해평민여자학교, 상강학교와 노동학원 등을 짓고, 광동과 무한에서 수기농민운동 강습소를 설립하였다. 교육사상방면에서, 중국공산당은 제국주의노예화교육과 봉건복고주의교육에 반대하는 투쟁을 확대시켰으며, 중국교육의 발전방향과 장래에 대해 사람으로 하여금 믿고 복종하게 하자는 관점을 제기하였다. 이 시기에 마오쩌둥과 윈다이잉은 많은 중대한 교육문제에 대해 자기의 견해를 제기하고, 이론을 명백히 설명하였다.

이 시기에 교육계는 학제개혁문제를 둘러싸고 일련의 토론과 논쟁이 이루어졌다. 1921년 10월, 전국교육회연합회 제7회 연회는 「학제의 구체적인 초안」을 통과시키고, 신문과 간행물에서 초안 전문을 발표하였는데, 전국에 공개적으로 의견을 구하였다. 초안 발표 후 교육 이론계는 즉각적으로 토론을 열었다. 서가국은 「시사신보」에 「교육연합회의 학제 개조안을 논한다」를 연재하였는데, 초안이 어린이의 심신발육단계를 학제의 표준으로 삼고, 그 밖에 각 방안의 형편을 고려하여 신축성을 충분히 가지는 방안을 채택한 것은 '국민 新정신 각성'의 구현이지만, 초등학교 7년을 6년으로 바꾸는 것은 '국민생활에서 필수적인 지식과 기능을 갖춘다는 목적이 달성되지 못할까 봐' 염려하였다. 서신성, 타오싱즈, 이석잠, 황옌페이, 장계, 유자이, 요세승, 주여동 등도 계속해서 「교육잡지」, 「교육과 직업」 등의 잡지에 학제 문제의 견해를 저술하고 발표하였다. 1922년 11월, 전국학제회의와 전국교육회연합회를 거쳐서 검토논의하고 수정한 뒤의 새로운 학제는, 북양정부 대총통령 공포에 의해, 이 「학교의 자세한 개혁안」은 '신新학제' 혹은 '임술학제'라고 불리게 되었다. '신학제'는 7항의 기준을 제안하는데, 즉 "① 사회진화의 필요성에 부응한다. ② 평민교육정신을 발휘한다. ③ 개성

발전을 강구한다. ④ 국민 경제력에 힘을 쏟는다. ⑤ 생활교육에 힘쓴다. ⑥ 교육을 쉽게 보급하도록 한다. ⑦ 각 항은 늘어났다, 줄어들었다 할 여지를 많이 남겨둔다." '신학제'는 초등학교 연한을 단축하고, 3년제 중학교를 세워 초등학교와 중학교 보급에 유리하도록 하였다. 중·고등교육방면에서는, 초·중·고 모두 직업과를 세워, 직업교육의 내용을 강화하였다. 대학에서는 선택과목제도를 실행하고, 학생의 자발적인 학습을 중시하였다. 이것은 중국교육사상 처음으로 교육이론계의 광범위한 참여와 토론을 거친 뒤에 제정된 학제이고, 비록 듀이의 실용주의교육사상 영향의 흔적이 있긴 하지만, 필경 교육정책제정의 민주화 방면에서의 효시가 되었다. 그리고 '신학제'의 직업교육에 대한 중시는, 중화직업교육사동인의 직업교육에 대한 선전 및 보급화와 분리될 수 없는 것으로, 그것은 역으로 직업교육사조의 전파와 직업교육사상의 발전을 가일층 촉진시켰다. 황옌페이의 '大직업교육주의'도 바로 이 시기에 제기된 것이다.

이 시기에는 교육독립, 교육실험과 반노예화교육의 운동 및 사조도 그 영향이 매우 컸으므로, 현대교육사상사에서 역시 소홀히 할 수 없는 사건이다.

1922년 2월, 채원배가 발표한 유명한 「교육독립의」에서 "교육은 마땅히 정치, 종교를 벗어나 독립하여야 한다."는 주장을 제기하였다. 그는 교육이 마땅히 일종의 공통적인, 진보적인, 개성과 사회성의 조화로운 발전을 강구하는 도구이고, 교육의 근본목적은 사람의 능력을 발전시키고, 사람의 인격을 완성시켜야 하며, "학생을 특별한 공구(생각을 하지 못하는 기계)로 만드는 것이 아니고, 기타의 목적을 가진 사람이 이용하는 것이 아니다."라고 생각하였다. 그래서 그는 "교육 사업은 마땅히 교육가에게 완전히 넘겨줘야 하고, 독립된 자격을 가져야 하며, 각 파 정당 혹은 각 파 교회의 영향을 받아서는 안 된다."고 밝혔다. 교육독립의 구체적인 내용은 다음과 같다. "교육경비의 독립, 즉 전문적인 경비를 산출하기를 요구해야 하고, 다른 용도로 사용해서는 안 된다. 교육행정의 독립, 즉 교육행정기구는 정치에 부속되어서는 안 되는데, 교육관원은 정국에 따라 변화하여서는 안 된다. 교육사상의 독립, 즉 일정한 교육방침을 집행하여야 하는데, 독립적이고 자유로운 교육을 진행하여야 한다. 교육내용의 독립, 즉 학교는 기도의 양식을 거행해서는 안 되는데, 교의의 교육과정을 선전하여서는 안 된다."

차이위앤페이의 지도 하에 교육독립은 매우 큰 사회반향을 불러 일으켰다. 전국교육독립운동회는 즉시 북경고등사범학교에서 열고, 「교육독립선언」, 「교육잡지」에 계속해서 문장을 발표하였으며, 교육독립을 주장하였다. 교육독립은 비록 교육계의 보편적인 요구를 반영하였고 또 반제 반봉건의 의의를 가지고 있었지만, 필경 그것은 일종의 비현실적인 환상이었고 교육가의 의지였다. 그래서 초기 마르크스주의자들은 질문하기를 "소위 교육독립은 사회를 떠나 교육계를 공중으로 옮겨 독립을 하든가 혹은 대양 중으로 옮겨서 독립을 하는 것이 아니냐?" 또 군벌이 제멋대로 행동하는 정국 아래, 정부가 제정한 독립적인 교육경비는, '군벌에 의해 가져가지 않는다는 것을 보장'할 수 없다고 지적하였다.

1922년부터 교육실험과 심리실험도 중국에서 흥기하였다. 비록 1920년에 요세승과 천허친이 『지능검사법』을 출판하긴 하였지만, 교육과 심리실험의 대규모적인 소개와 편성은 1922년 가을부터 중화교육개진사의 요청에 응하여 중국에 온 마이클의 선전으로부터 시작된 것이었다. 그는 중국에서 2년 동안, 50여 종의 실험을 편성하였다. 뒤이어, 육지위가 수정한 비네Binet—시몽Simon의 지능검사WISC와 유자이, 요세승, 유정방, 천허친 등이 편성한 초, 중·고등학교의 각종 실험은 각 학교에서 광범위하게 보급되고 사용되었다. 실험의 흥기는 실험을 둘러싼 학술적 논쟁과 토론을 점점 격렬하게 하였다.

실험과 관련된 논쟁은 장사석이 1923년 11월 17일「학등」상에 발표한 「터먼이 상해에 와서 '각 초등학교를 실험한' 견해」라는 글에서 야기된 것이다. 이 글은 실험의 방법과 실험문제내용의 양 방면에서부터, 학생이 지도 언어를 이해하지 못한 것, 학생의 휴식 활동을 금한 것, 아이의 추측에 주의를 기울이지 않은 것과 같은 터먼의 상해 교육실험 중에서의 실수를 열거하였다. 11월 21일, 신문은 또 주지초, 육병겸, 계인과 서검원의 4편의 문장과 「실험 토론상 편집하는 자의 서언」을 발표하고, 실험 문제에 대해 학술적인 논쟁을 전개하였다. 1923년 12월 7일, 이청송은 또『학등』상에『백격래의 지능검사에 관한 비판』을 발표하고, 실험의 역사와 W를 소개하였다. 백격래가 낸『평민교육과 IQ』라는 글의 기본 관점은, 이론의 단계부터 시작하여 실험에 대해 반문을 한 것이다. 교육과 심리실험의 논쟁은 사실 과학교육사조 발전의 필연적인 결과이고, 또 교육과학화의 일종의 시행이다. 비록 70년이 지난 후에도 실험이 여전히 아주 훌륭했던 것은 아니었지만, 20년대의 논쟁은 중국에서 실험지식을 보급시켰고, 중국의 교육과 심리실험을 완벽하게 하였으며, 실험의 효과와 믿음을 제고시켰으니, 역시 공이 없다고는 할 수 없는 것이다.

노예화교육을 반대하는 사조는 교육권을 무효화하는 운동에서 집중적으로 드러난다. 1906년 淸 정부학부(청대淸代 전국의 교육 사무를 통할하던 기관)의 「학부자각성독무위외인설학무용입안문」을 발표하면서부터 시작하여, 서양 각국은 중국에서 교회학교를 설립하기 시작하는데, 1925년 초까지 중국에 설립한 초등학교만 5,928곳이고, 학생은 160,991명이다. 중학교는 962곳이고, 학생은 22,569명이다. 고등 이상의 학교는 38곳이고, 학생은 11,790명이다. 이런 교회학교 중에선 노예화교육을 진행한 곳이 적지 않은데, 학교 내에서는 중국인의 자유를 허용하지 않았다. 예를 들어 광주영국성공회가 설립한 성삼일 학교의 영국 국적 교장은 학생이 학생회를 조직하고 애국활동에 참여하는 것을 금지하였을 뿐만 아니라, 반복하여 학생을 제적하였다. 이러한 행위는 청년학생의 의분을 불러 일으켰고, 수업 거부투쟁을 불러일으켰으며, 공개발표 선언에서 "노예주의 교육을 받느니, 학업을 중단하는 편이 낫다." "절대 제국주의자를 허용하지 않겠다."는 구호를 외쳤다. 1925년 6월 18일, 광주학생회도 〈회수교육권운동위원회선언〉을 발표하고, 중국교육주권을 침범하는 제국주의를 폭로하고 규탄하였으며, 모든 외국인이 중국에서 학교를 세울 수 있는 교육권을 회수하기를 요구하였다. 7월, 중화교육개진사 제3회 연회는 남경에서 거행되었는데, 교육원을 회수하는 문제에 대해 역점을 두었고, 저명한 학자이자 교육가인 타오싱즈, 마인초, 범원렴, 장태염, 정문강, 마군무 등은 모두 회의에서 강연을 하였으며, 교육권 회수의 제안을 통과시켰다. 동북지역도 일본침략자 식민교육의 교육권을 회수하는 운동을 광범위하게 전개시켰다.

교육권을 회수하는 운동이 전개된 후, 중국공산당의 교육사상가 윈다이잉, 천두슈, 등중하, 소초녀, 양현강 등이 적시에 운동의 진행을 추진하는 문장을 발표하였다. 예를 들어 윈다이잉은 「교회교육을 무너뜨리자」라는 글에서 "우리는 날마다 변화를 두려워하고, 당파를 두려워한다. 그렇지만 제국주의자들은 이미 교회, 학교청년회의 도움을 빌려, 중국에서 이렇게 거대한 당파를 형성하였다. 우리들은 이렇게 영원히 흩어진 모래처럼 그들이 이렇게 당파 행동을 하는 것에 굴복하기를 원하는 것인가? 우리들은 마땅히 그들에 반대하여 즉각적으로 뭉쳐야 하는 것이 아닌가?"라고 지적했다. 그는 문장의 마지막에 교회학교를 폐쇄하고, 교회교육가를 구축하며, 교회학교의 청년을 연합시켜, 안팎에서 서로 호응하여 "교회교육의 악랄한 세력을 잡아 없애야 한다."고 호소했다.

여기에서 언급해야 하는 것은 국가주의의 교육사조이다. 국가주의교육은 국가주의파가 교육상의 표현, 여가국은 1925년 중화서국이 출판한 『국가주의교육학』에서 국가주의교육을 설명하였다. "간단하게 말해서, 국가주의로써 교육에 의거한다는 것이다. 그 함의는 언제나 신축성이 크다. 가장 절박한 것은 바로 ① 자존정신을 기름으로써 국가존엄을 확립한다. ② 국가를 발전시킴으로써 국가의 명예를 천명하여 선전한다. ③ 민족정신을 확고히 하여 국가의 기본을 확실히 한다. ④ 국가의 권리를 보호함으로써 국가의 맥을 유지한다.”이다. 비록 국가주의 교육이 공산주의 교육을 반대하고 계급조화를 주장하는 방면에서는 잘못된 일면이 있긴 하지만, 만약 그것의 교육권 회수 방면에서의 이론적 공헌을 완전히 부정한다면, 그것 또한 너무 단편적인 것이다. 예를 들어 국가주의교육의 대표인물인 진계천이 “교회학교는 제3자가 중국에서 종교교육을 실행하는 침략기관이다.”라고 명확하게 단정 짓고, 교회학교는 “교육의 근본원리와 합치하지 않다.” 또 “교육의 역사 추세와 합치하지 않다.”라고 말하였으며, 교육권을 회수하기를 요구하였고, ‘본국교육’과 ‘종교교육을 포함하지 않는 교육’을 실시하기를 지적하였는데 이것은 의심할 여지없이 반노예화 교육의 정확한 언론이었다.

(3) 제2회 국내혁명전쟁 시기의 교육사상(1927~1937)

1927년 장개석의 상해에서의 정변과 왕정위의 ‘분공회의’ 후에, 중국공산당은 혁명투쟁의 중심을 농촌으로 전향하였는데, 농촌혁명근거지를 건립하고, 1931년에 중화 소유애 공화국을 성립하였다. 이렇게 중국은 동시에 2개의 정권이 존재하게 되었는데, 하나는 공산당 정권이고, 하나는 국민당 정권이다. 중국의 교육도 동시에 두 가지의 패턴이 존재하게 되었는데, 하나는 공산당이 지도하는 해방구(항일 전쟁 및 국공 내전國共內戰 시기에 홍군紅軍에 의하여 해방된 지구)의 교육패턴이었고,

하나는 국민당이 이끄는 국민당 통치 구역(항일 전쟁 시기와 제3차 국공 내전 시기 국민당 정부가 통치하던 지구)의 교육패턴이었다. 교육사상 방면에서, 상황은 약간 복잡하였는데, 두 개의 교육패턴은 약간의 차이를 드러냈다.

제2회 국내혁명전쟁 시기에, 토지혁명의 성공과 국민당 군사가 토벌하여 승리하는 것을 반대하기 위하여, 중국공산당과 소유애 정부는 '일체의 소유애 업무 복종혁명전쟁 요구'의 총 방침 지도 하에, 교육의 성질과 교육업무의 기본요구에 대해 『헌법요강』의 형식을 통과시켜 명확한 규정을 제정하였다. 중화 소유애 정권은 공업과 농업에 종사하여 고생하는 민중이 교육의 권리를 받을 수 있도록 보장하는 것을 목적으로 하였다. 국내혁명전쟁이 해낼 수 있는 범위 내에서, 완전 면제의 보급교육 실행을 시작해야 했는데, 우선 청년노동군중부터 시행하여야 했다. 청년노동군중의 일체의 권리를 보장하기 위해 그들이 각종 문화혁명 생활을 참여할 수 있도록 적극적으로 인도함으로써 신사회의 역량을 발전시켰다. 1934년 1월, 모택동은 혁명근거지교육의 경험과 교훈을 개괄하고 총괄하는 자리에서, 소유애 문화교육의 총 방침을 제기하였다. "공산주의의 정신으로 많은 노동민중을 교육하는 것에 있고, 문화교육으로 하여금 혁명전쟁과 계급투쟁을 위해 일하는 것에 있고, 교육과 노동의 연계로 흥기하는 것에 있고, 많은 중국 민중으로 하여금 모두 문명 행복을 향유하는 사람이 되게 하는 것에 있다." 이 방침은 해방구의 교육에 대해 중요한 영향을 끼쳤고, 이후에 각 역사시기 중국공산당의 교육방침의 원형이 되었는데, 이것은 모택동이 현대 중국교육사상에 대한 중요한 공헌이다.

  소유애 문화교육 총 방침의 안내 하에, 해방구의 교육 사업은 비교적 큰 발전이 있었는데, 간부교육, 공농 여가교육, 아동교육과 사범교육 모두 특색이 있고, 대중에 의지하여 학교를 설립하고, 여러 가지 형식으로 학교를 설립했으며, 새로운 길을 개척하여 학교를 설립하고, 고군분투하여 학교를 설립하는 등 체계적인 학교설립 사상을 형성하였다. 교수와 도덕이론방면에서도 해방구의 교육사상가는 매우 많은 독창적 견해의 관점을 내놨는데, 그 예로서 모택동이 제기한 10대 '교수법'은 매우 특징이 있는 교수법 이론이다.

  국민당은 정변 후 머지않아, 1927년 9월에 남경에서 국민정부를 성립하고 1929년 3월에 『중화민국교육종지』를 통과시켰다. "중화민국의 교육은 삼민주의에 근거하여, 인민 생활을 충실히 하고, 사회생존을 육성시켜, 국민생계를 발전시키며, 민족생명을 연장하는 것을 목적으로 한다. 민족이 독립하기를 간절히 기약하며, 민권이 보편적이고, 민생이 발전함으로로써 세계 대동(예기禮記 예운편禮運篇에 나타나는 국가와 계급이 없고 사람마다 평등하고 자유로운 이상향을 추구하는 세계관)을 촉진한다." 「교육종지」에 8가지 실시방침을 추가하여, 교육과정과 작업, 보통교육, 사회교육, 대학과 전문교육, 사범교육, 남녀교육기회 평등, 체육과 농업교육에 대해 구체적인 설명과 규정을 하였다. 이 교육방침은 '삼민주의'를 기치로 삼았지만, 위에 언급한 여러 교육은 정작 삼민주의와는 연관이 크지 않았다. 왜냐하면 쑨원 선생이 『국민당 제1회 전국대표대회선언』에서 해석한 新삼민주의는 민족독립, 민권자유, 민생행복과 아울러 러시아와 연합, 공산당과 연합, 농공을 도와주는 3대 정책의 삼민주의인데, 장개석의 정변 그 자체는 삼민주의의 거행을 위반한 것이므로 그의 삼민주의 교육의 종지는 아름다운 구호였던 것에 불과하다.

이 시기에 장개석은 교육문제에 대해 대량의 강연을 하였는데, 예를 들어 「중국교육의 사상문제」, 「교육과 경제만이 국가와 민족을 구할 수 있다」, 「나라를 구하기 위해서는 반드시 문학합일의 교육을 실시해야 한다」 등 교육문제에 대해 국민당 정부 측의 태도를 표명하였다. 그는 삼민주의를 교육의 지도사상으로 삼을 것을 강조하고, 삼민주의는 바로 '요, 순, 탕, 문, 무, 주공, 공자 이래의 인의도덕사상을 계승하는 것이고, 그러한 인의도덕사상을 발양시켜 한층 더 빛나게 하는 것이며, 인의도덕으로부터 발전해온 것'이라고 여겼다. 이것은 사실 봉건교육의 내용을 삼민주의의 실천으로 몰래 바꾼 것이다. 그는 반복적으로 교육의 의의를 명백히 논술하였는데, 예를 들어 "만약에 한 국가 혹은 한 사회가 좋은 교육이 없다면, 완벽한 인재와 우수한 풍습문화를 만들 수 없고, 또 新사회와 왕성한 국가를 건설할 수 없다."라고 인식하였다. 그는 또 국가의 생명력은 "교육, 경제, 군사력의 세 가지 요소가 구성하는 것으로써 교육은 모든 사업의 근본이고, 또 경제, 군사력의 관련 관계가 특히나 밀접해야 하고 서로 연관이 있어야 하며, 서로 연결되어야 하고, 또 교육은 경제와 군사력이 서로 연결되는 중요관건이다."라고 인식하였다. 그는 심지어 "우리 건국의 중요한 일은 바로 교육이다. 교육은 국가민족정신과 문화, 즉 영원한 생명의 의탁소이다. 그래서 교육의 우열성패는 국가민족의 흥망성쇠의 가장 큰 관건이다."라고 말했다. 이러한 말들 자체는 트집 잡을 만한 것이 없으나, 장개석 이론의 교육은 진정한 현대의의상의 교육은 아니고, 인의도덕, 예의염치를 기본 내용으로 하는 옛 교육, 구교육을 사용하여 현대화의 국가를 건설하려는 것으로써 그것은 연목구어(불가능한 일을 굳이 하려 함을 비유)에 불과하다. 사람들의 사상을 억압하는 데 사용하기에는 도리어 적합한 공구이다. 그래서 이런 사상의 영향 하에 생겨난 교육치국, 독서치국과 독경치국의 교육사상은, 동기가 어떠하든 간에, 당시의 부정적인 작용은 명백히 알 수 있는 것이었다.

이 시기에 국민당 정부에도 진보의의 혹은 혁명색채를 가진 교육사상과 학설이 생겨나는데, 그 대표 인물은 옌양추, 량수밍, 타오싱즈, 루쉰, 양현강 등인데, 그들의 학설과 교육실천은 침묵하는 사회 분위기에서 유난히 사람들의 주목을 끌었고, 현대 중국교육사상의 내용이 굉장히 풍부했다.

옌양추는 1923년에 중화평민교육촉진회을 계획하고 성립하는 데 참여했고, 1926년에 하북 정현을 평민교육의 실험중심으로 삼고, 1929년 많은 학자와 함께 정현에 거주하면서, 평민교육의 논리와 실천을 긴밀하게 결합시켜, 조사통계, 4대 교육, 3대 방식의 평민교육의 내용과 방법을 내놓았다. 그는 약간의 평민교육 경험을 총괄해 냈고, 중국의 농촌교육을 위해 새로운 길을 개척하였다. 그러나 평민교육은 중국사회의 근본적인 문제를 정확하게 예측하지 못하였고, 그것은 현대사회질서와 현대정치제도의 전제를 언급하지 않은 하에 개량주의의 평민교육을 시도하였으므로, 진정한 성공을 거두는 것은 매우 어려웠던 것이다.

량수밍은 1929년 하남 휘현의 촌치학원에서 그의 농촌건설실험을 시작하였다. 실험 중에 비교적 자세한 농촌교육이론을 형성하고 내놓았는데, 농촌의 교육기능, 정신도야, 조직기구에 대해 자세한 논술을 하였다. 그러나 평민교육과 같은 원인으로, 농촌교육도 해결할 수 없는 곤혹이 발생하였는데, 즉 "사회개조를 발표하고서는 오히려 정권에 붙었고, 농촌운동이라고 불렸으나 정작 농촌은 움직이지 않았다." 그것은 스스로 자기를 제한하였고, 개량의 제약을 뛰어넘기를 원하지 않았기 때문에, 결국 그의 농촌교육은 자생자멸하게 된 것이다. 량수밍의 곤혹도 교육을 통해 사회를 개조하려 하였지만, 또 정치의 교육가의 공통된 곤혹에는 관련되기 싫어했다. 이 '곤혹'은 최종적으로 중국공산당 사람에 의해 해결되었다.

타오싱즈가 이끈 생활교육운동은 이 시기에 3개의 발전단계가 있는데, 즉 1927~1930년의 농촌교육운동, 1931~1935년의 대중화교육운동과 1935~1937년의 국난교육운동이 그것이다. 이 시기에 그는 건강한, 노동의, 과학적인, 예술의, 계획이 있는 생활을 창조할 것을 제의하였고, 생활개선과 사회개선을 통해 교육을 개선할 것을 제의하였다. 또한 사회는 학교이고 생활은 교육이며 노동은 생활이고 교수는 생활교육의 기본원칙이라는 것을 지적하며, 국난교육과 보급대중교육, 쟁취민족해방의 내재관계를 제기하였으며, 생활교육으로 하여금 논리와 실천 상에서 새로운 발전이 있게 하였다.

루쉰은 이 시기에 생애 마지막 10년을 보냈다. 1927년 10월에 체포된 학생을 구하려 했지만 뜻대로 되지 않자, 그는 분노해서 사직하고 광주 중산대학에 가서 직무한 후 상해에 머물다가 1936년 10월 19일 세상을 떠났다. 이 시기에, 그는 혁명인의 사상을 배양하고 교육하기를 제기하였는데, 사회를 개조하려면 반드시 "용감하게 참담한 인생에 직면하고, 피가 홍건한 선혈의 전사를 용감하게 직시해야 한다."라고 인식하였다. 1933년, 그는 일찍이 『지식과잉』이라는 문장에서, 당시의 교육은 사람들의 지식이 너무 많아 '매서운' 연합고사제도를 사용하여, 빗자루처럼 쓸고, 쓸고 또 쓸어 대다수의 지식청년을 '민간'으로 쓸어 보내서, 당국 우민정책의 실질을 폭로하려고 할까 봐 두려워한다고 지적하였다. 그의 청년교육, 특히 아동교육에 대한 논술은 현대 중국교육사상의 중요한 재산이다.

양현강도 그의 인생의 최후의 세월에 온 힘을 다해 교육이론의 연구와 번역 사업에 종사하였다. 그는 『교육사 ABC』와 『신교육요강』 등 마르크스주의 교육관을 사용하여 지도한 저작을 쓰고, 또 『소유애 공화국 신교육』과 엥겔스의 『가정, 사유재산과 국가의 기원』을 번역하여 출판했다. 그는 중국 마르크스주의교육이론의 창건에 있어 기초자의 작용을 하였고, 청년교육의 원칙, 방법과 내용 등에 대해서도 수많은 이론상의 공적을 남겼다.

(4) 항일전쟁시기의 교육사상(1937~1945)

'칠칠 노구교 사변'(1937년 7월 7일 북경에 있는 '노구교'라는 다리에서 일어났던 사변, 이때부터 일본이 중국을 본격적으로 침략) 뒤에, 항일을 목적으로, 국용합작을 기초로 하는 민족통일전선이 형성되었다. 중국공산당이 이끄는 인민무장은 섬감녕陝甘寧지역을 공고히 하는 것 외에도, 일본인이 관리하는 지방(즉 아직 해방이 되지 않은 곳)에 깊이 침투한 후, 연속적으로 매우 많은 항일민주 근거지를 건립하였다. 항일구국의 요구에 부응하기 위해, 모택동은 제때에 "위대한 항전운동은 위대한 항전교육운동과의 상호 결합이 있어야 한다."는 전략 방법을 내놓았고, 항전교육의 4항 정책을 제정하였다. "제1은 학제를 개정하고 급히 필요로 하지 않는 불필요한 교육과정은 없애고, 관리 학제를 바꾸며, 전쟁을 가르치는 데 필요한 교육 과정과 학생의 학습 적극성을 발양하는 것을 원칙으로 한다. 제2는 각종 간부학교를 창설하고 확대 증가시켜 많은 항일간부를 배양한다. 제3은 민중교육을 광범위하게 발전시키고, 각종 보강학교, 식자운동, 희극운동, 노래운동, 체육운동을 조직하고, 각종지방에 통속신문을 만들어 인민의 민족문화와 민족각성을 드높인다. 제4는 초등교육을 의무로 하여, 민족정신으로써 새로운 후대를 교육한다." 모택동은 이 시기의 간부교육문제에 대해, 항일치국을 목적으로 하여 新교수제도와 新교육과정을 실행하고, 지식분자와 공농 대중을 상호 결합하는 문제, 학습방법과 학습태도의 문제, 대중학교 설립문제 등에 대해 항전시기 해방지역교육의 전망과 방법을 진술하여, 항일민주근거지교육 발전을 뚜렷이 가리키고 있다.

이 시기에 해방구의 교육은 많은 창조성 있는 시험을 진행하였는데, 예를 들어 고등교육기구는 신유형의 단기 훈련반을 주요로 하여, 정규대학과 같이 하지 않았다. 예를 들어 중국인민 항일군정대학, 섬북공학, 루쉰예술문예학원, 중국여자대학, 화북연합대학, 연안자연과학원 등, 기본적으로 모두 이러한 형식을 채용하였다. 초·중등교육과 대중 여가교육의 교재와 교수법 등도 모두 항일의 주제를 둘러싸고 개혁과 융통성 있는 안배를 하였다. 서특립, 오옥장 등 교육사상가는 해방구 이 시기의 교육이론과 실천 방면에서 대량의 작업을 해내었다.

국민정부에서 항일전쟁발발 후 급격한 변화의 형세에 대응하기 위해 교육상에서도 특정한 실시를 하였다. 「총동원시 교육사업방법 강령」, 「전시 각급교육 실시방안요강」과 「각급 교육실시의 목표와 교육시행대상」 등의 법령을 잇달아 공포하였다. 장개석도 여러 차례 강연을 하였는데, "평소를 전시로 대하고, 전시를 평소로 대하라."는 학교경영방침을 제시하였다. '충효인애신의화평'과 '예의염치'를 각급 학교의 훈육기준과 교훈으로 삼았다. 또 교육은 문무가 결합이 되고, 모든 것은 군사에 적합하여야 하며, 학생의 애국사상을 길러야 된다고 요구하였다. 그의 교육사상은 한편으로는 항일치국의 선진성이 있었고, 한편으로는 교육과 사상의 노예화를 규제하는 반동성이 있었다.

장개석 교육사상의 지도 하의 국민당 통치 구역의 교육은, 앞에서 언급했던 바와 같이 모순적인 특징이 나타났다. 초등교육방면에서, 국민정부는 항전 기간에 '정교(정권과 교권)합일'의 국민교육제도를 밀고 나갔는데, 입학을 강요하는 조례를 제정하여, 초등교육행정관리제도를 개혁하였고, 초등학교 교육과정 기준과 훈육 기준을 수정하였으며, 초등학교 교사의 대우를 개선하고 제고하였다. 일련의 이러한 조치는 국민정부의 초등교육사업에 비교적 큰 발전을 가져다주었는데, 1938년부터

1946년까지, 초등학교는 217,394개에서 290,617개로 증가하였고, 입학하는 어린이는 12,281,837명에서 23,813,705명으로 늘어났으며, 경비는 64,932,910위안에서 608,821,682,759위안으로 상승하였다. 중등교육, 고등교육과 사범교육, 직업교육 등에서도 약간의 중대한 개혁을 진행하였다. 마땅히 이 시기는 공동의 적에 대하여 함께 적개심을 불태우며, 함께 협력하여 외국의 침략과 압박에 항거하자는 기치 하에, 국민정부의 교육 사업은 적지 않은 성과를 거두었다. 그중 교사의 우대, 어려운 학생에 대한 보조, 직업교육의 발전 등의 방면의 경험에 관련된 것은 오늘날에 이르러서도 여전히 귀감으로 삼을 만하다.

항전 시기에 타오싱즈의 생활교육은 또 진일보한 발전이 있었는데, 전시교육(1937~1939)과 전면교육(1940~1945) 이렇게 두 개의 단계를 거쳤다. 그는 생활교육사회의 동지와 연이어 상해에서 '전시교육복무단'을 조직하고, 무한에서 '항전교육연구회'와 '전국전시교육협회'를 조직하였으며, 『전시교육』 월간을 출판하였고, 인민과 청년학생을 동원하고 교육하여 일본제국주의를 무너뜨리기 위한 자유롭고 평등하며 평화롭고 서로 돕는 新중국건설을 위해 분투하였다. 항전 중에 항전과 건국이 서로 통일되는 교육을 견지하여, 인재양성학교를 설립하고, 왕성한 창조능력과 전면적 발전을 갖춘 인재를 기르는 것에 착수하였다. 이 시기에 그는 유명한 '육대해방'의 창조교육사상을 제기하였다.

(5) 제3회 국내혁명전쟁시기의 교육사상(1945~1949)

　1945년 8월 15일, 일본은 조건 없이 투항함을 선포하였다. 중국인민은 8년 동안 피 흘려 싸워, 마침내 침략자를 내쫓았던 것이다. 중국공산당은 적시에 평화, 민주와 단결, 통일의 건국방침을 제안하였지만 국민당은 오히려 인민재건의 염원을 위반하여, 미국의 지지 아래 내전을 일으켰다. 중국공산당인은 수천 수백만의 인민군중의 지지 하에 자위自衛전쟁을 진행하였고, 최후에는 승리하여, 중화인민공화국을 건립하고, 중국교육이 새로운 발전시기에 들어서게 하였다.

　항전승리 전에, 중국공산당은 연안에서 제7회 전국대표회의를 열었다. 모택동은 대회에서 『연합정부를 논한다』라는 보고를 하고, 항전승리 후에 반드시 새로운 민주주의의 독립, 자유, 민주, 통일, 부강한 중국을 건립해야 한다고 지적하였다. 교육에서 모택동은 또 지적하기를 "중국국민문화와 국민교육의 주지는, 마땅히 新민주주의여야 한다. 즉 중국은 마땅히 자기 민족의, 과학적인, 인민대중의 신문화와 신교육을 건립하여야 한다." 그런 까닭에 반드시 합당하고 단호한 절차를 취하여 노예화적인, 봉건주의적인 문화와 교육을 완전히 없애야 한다. 모택동의 위에서 진술한 사상은 이 시기 해방지역교육의 강령성 주지가 되었고, 전면적인 내전이 발발한 후에, 해방지역은 바로 민족적인, 과학적인, 대중적인 교육을 함으로써 교육사업의 근거점이 되었다.

　내전이 발발한 후에, 중국인민해방군은 국민당 부대의 대규모 공격에 전국적인 반공을 하였고, 요심, 회해, 평진 3대 전역의 승리를 거두었다. 승리의 성과를 공고히 하기 위하여, 또 승리 후에 인재의 준비를 하기 위하여, 해방지역은 제때에 '간부교육제일'의 방침을 제안하였다. 모택동은 9월 회의의 통지와 관련하여 중앙이 초안을 잡기 위해서, 많은 수의 간부를 준비하고, 해방지역의 간부교육에 집중하였으며, 국민당 통치의 큰 도시에서 인재를 흡수하기 위하여 대책을 강구하였다. 1948년 동북행정위원회가 선포한 「교육사업의 지시에 관하여」에서 "새로운 형세 아래 교육사업의 가장 중요한 임무는, 바로 많은 문화지식, 과학기술과 혁명사상을 가진 각종 지식분자를 배양함으로써 건설의 수요를 충당하는 것이다."라고 말했다. 이 사상의 지도 아래, 해방전쟁 시기의 간부교육은 왕성한 발전을 하였다. 예를 들어 동북지역에서 연이어 동북대학, 동북군정대학, 요녕공학, 요북민주학원, 동북행정간부학교, 하얼빈대학, 철도학교, 우편학교, 농업전문학교와 상업전문학교 등이 있다. 화북지역에서 연달아 화북연합대학, 백구은의과대학, 철도학원, 화북공업교통학원, 북방대학, 내몽고학원, 건국학원 등이 있다. 섬감녕 동쪽지역에 연속적으로 연안대학, 서북군정대학, 공업, 재정과 경제, 예술 등과 관련된 전문학교를 설립하였다. 소북지역에서 연이어 소중공학, 강해공학, 소북공학과 화중대학 등을 설립하였다. 초연(화학연기)으로 가득 찬 세월에, 이런 학교는 제때에 혁명전쟁을 위한 간부를 수송하였을 뿐만 아니라, 중화인민공화국을 위해 건국 초기의 건설 인재를 양성하였다.

왕성한 발전이 있는 해방지역의 교육과 비교하여, 국민당 통치구역의 교육은 오히려 서산에 지는 해처럼 보였고, 그 운명이 이미 다한 것처럼 보였다. 이 시기에 비록 장개석도 '건국시기교육제일'의 구호를 외쳤고, 국민교육과 사범교육 발전에 힘을 쏟기를 제안하고, 중학교육을 중시하였으며, 서부지역의 문화교육 건설 등을 주장하였다. 하지만 이것은 표면적인 문장, 사람들의 눈을 가리기 위한 것이었을 뿐, 진정으로 실행한 것은 전쟁 제일이었다. 그래서 항전승리부터 남경해방까지, 국민정부의 교육경비는 심각하게 부족하였고, 교육 사업은 대폭 하락하여서, 교사생활은 아침에 저녁 일을 보장할 수 없는 상황이 되었다. 국민정부는 민주, 자유, 평화를 요구하고, 내전을 반대하는 교사와 학생에게 엄격한 제재와 잔인하고 포악한 진압을 가했다. 이것은 마침내 국민정부로 하여금 민심을 잃게 하였고, 대중을 잃어, 결국은 실패의 운명을 초래하였다.

이 시기에 국민당 통치 지역의 민주교육사조는 진일보한 발전을 하였다. 타오싱즈는 적시에 생활교육을 민주교육의 단계로 발전시켰고, 민주교육의 목적, 방법, 교사, 교재, 교육과정, 학제, 행정 등 구체적인 내용을 내놓았다. 생활교육사는 1945년 11월 1일 창간한 〈민생교육〉에는, 연이어 타오싱즈, 전백찬, 등초민 등의 문장이 발표되었고, 국민당의 당화교육을 반대하였다.

민주교육의 물결 속에, 천허친은 1946년 12월에 『산교육 이론과 실시』라는 책에서, 活교육의 이론체계를 자세하게 총괄하였고, "사람이 되다, 중국인이 되다, 현대중국이 되다."의 산교육목적론과, "대자연, 대사회 모두 살아있는 교재이다."의 산교육 교육과정론, "중등교육을 실시하라, 중등학교를 다녀라, 중학교를 통해 성장하라."라는 산교육의 방법론을 제시하였다. 그는 아동교육, 가정교육 영역의 이론을 탐색하고 실험 연구하였으며, 중국 현대교육사상사에서도 매우 중요한 위치를 갖는다.

중국 현대교육사상의 발전은 중국 현대교육이론으로 하여금 서방 국가와의 차이를 좁혀주었다. 서방교육학의 진일보한 전파, 교육이론계의 논쟁과 토론, 많은 중국인 자기의 교육이론과 실험저작의 출판, 교육연구의 학술단체와 조직기구의 형성과 발전, 타오싱즈, 옌양추 등 세계적인 영향력이 있는 교육계 대표인물의 출현, 루쉰, 양현강, 원다이잉 등 진보적인 교육가의 전투정신, 해방지역 혁명교육의 이론과 실천, 이런 것은 모두 현대교육사상이 풍부한 내용과 화려하고 아름다운 색채를 보태준 것이다. 당연히 현대 중국사회의 변화가 격렬하고, 전쟁이 끊이지 않았기 때문에, 교육의 내부규율의 연구는 상대적으로 부족하다. 현대교육사상으로 하여금 진정한 중국적 특색을 갖고, 고금의 우수한 교육사상이 융합되며, 중국과 외국의 우수한 교육사상이 하나로 합쳐지기 어려웠던 이유는 여기에 있는 것이다.

02

중국 근대 양무교육사상

1862년, 중국의 첫 번째 신식학당인 경사동문관이 베이징에서 정식으로 설립되었다. 이로써 양무교육가들이 중국교육근대화의 서막을 연 것이다.

중국 근대교육사에서 양무교육은 예로부터 비교적 민감한 화제였다. 양무교육사상에 대한 사람들의 평가는 제각각이었다. 어떤 이들은 양무교육의 봉건적 성격이 강해서 중국에 재앙을 가져왔고 반식민지화를 심화시켰다고 비난한 반면, 또 어떤 이들은 양무교육이야말로 신교육의 시작이자 훗날 새롭게 학제를 마련하기 위한 기반을 마련한 역사적 변화였다고 평가했다.

이처럼 판이하게 다른 평가가 나타나는 것은 양무교육사상의 양면성 때문이다. 보다 객관적으로 사상적 연원과 내부구조를 분석해본다면 양무교육사상의 본질과 의의를 제대로 평가할 수 있을 것이다.

1. 양무교육사상적 연기緣起

아편전쟁 이후 서구열강이 물밀듯이 밀려들어오면서 중국은 난생 처음 바깥 세상에 눈을 떴다.

당시 나라와 백성을 구하는 길을 고민하던 린저쉬, 웨이위앤은 냉정하게 현실을 바라보고 서양을 배우고자 했다. 이들은 서양의 강점을 익혀 이것으로 서양의 침입을 막고 나라를 안정시키고자 했다. 특히 린저쉬는 서양에서 일어나는 일을 관찰하고 서양의 책을 번역하면서 이들의 변화에 주목하는 동시에 외국의 우수한 것을 중국의 것으로 만들어야 한다고 주장했다. 한편, 웨이위앤은 서양의 역사, 지리, 정치를 소개한 『서주지』, 『화사이언』, 『각국열률』 등 번역서의 내용을 보완하여 『해국도지』를 펴내 서양의 과학, 정치, 역사, 지리, 경제, 기술을 보다 전면적으로 소개했다. 외국의 우수한 것을 중국의 것으로 만들어야 한다고 주장했던 린저쉬보다 한걸음 더 나아가 서양의 것을 익혀서 서양을 제압하자는 입장을 분명히 밝혔다. 웨이위앤은 "서양의 풍력, 수력, 화력 발전 방식은 중국도 받아들일 만한 기술이다. 그렇다고 해서 중국인들의 지혜가 이들보다 못하다는 뜻은 아니다. 중국도 과거 찬란한 고대문명을 탄생시켰다. 중국의 시계는 서양의 것보다 못하지 않았으며 나침반과 물시계는 오히려 중국이 발명한 후 서양으로 건너간 것이다. 그러므로 서양의 문물을 제대로 잘 익힌다면 중국은 더 큰 지혜를 갖게 될 것이다."라고 주장했다.

이밖에 아편전쟁에서 패배한 것은 인재가 부족하며 정치적 개혁이 이루어지지 않았기 때문이라고 지적했다. 그는 "가난한 나라는 재물이 부족한 나라가 아니라 인재가 부족한 나라이다."라고 말했다. 서양에 힘을 과시하지 못하는 것보다 서양에 마음대로 대처하지 못하는 것을 더 근심하면서 "관리가 재물을 탐하지 않으면 국가는 부유해지고, 국가가 부유해지고 국고를 잘 관리하면 군사력을 강화하여 강성해질 수 있다. 이렇게 된다면 서양의 침략자를 두려워하지 않아도 될 것이다."라고 말했다.

이러한 린저쉬와 웨이위앤의 주장은 양무운동의 등장을 알리는 서곡과 다름없었다. 양무운동의 사상가들은 이들의 정신을 계승하여 서양을 공부하면서 스스로 양무교육사상을 만들어갔다.

제2차 아편전쟁 이후 청 왕조의 통치집단은 보수파와 양무파로 갈렸다. 보수파는 중국을 세계의 대국이라고 여기며 서양 자본주의 국가와 교류하는 것을 거부했다. 서양인, 서양의 문물을 거부하고 배척했다. 대학사 워런倭仁은 서양의 것을 저주했으며 쉬퉁徐桐은 서양 오랑캐와 같은 하늘 아래서 살 수는 없다고 주장했다. 철도와 전신 등 근대화 설비, 신식학당의 설립 등은 보수파의 강한 배척을 받았다. 보수파들은 전통의 충효사상과 예법으로 스스로를 무장하면서 서양문명의 침입을 막고자 했다.

이와 달리 양무파는 봉건제도를 유지한다는 전제 하에 "그릇은 변하되 도는 변하지 않는다."며 서양의 기술을 배우자고 주장했다. 이들은 자신들이 주관하는 분야와 지역에서 근대적인 군사, 민간 공업을 발전시키고 철도를 부설했으며 학당을 설립했다. 또 신식 군대를 조직하고 훈련시켰다. 이들은 인재 양성에 있어 외국어, 수학, 외교, 상업에 능통해야 한다는 원칙을 주장했다. 양무운동의 대표적 인물로는 1860년대 초 총리각국사무관아의 대신이었던 이쑤奕訴, 군기대신 구이량桂良과 원상文祥 외에 쩡궈판曾國潘, 리훙장李鴻章, 쥐쭝당左宗棠, 장쯔퉁張之洞 등이 있다.

양무운동가들은 웨이위앤의 "인재가 있어야 국가가 흥한다."는 사상을 계승하여 교육을 확대하고 서학을 연구할 것을 주장했다. 리훙장은 팔고문으로 인재를 등용하는 교육체제로는 실용적 인재를 양성할 수 없다며 비판했다. 그는 '양학국洋學局'을 설립하여 자연과학, 측량, 지도, 증기선, 기계, 병법, 포법, 화학, 전기 등을 체계적으로 가르칠 것을 주장했다.

양무교육사상의 첫 번째 성과는 경사동문관京師同文館 설립이다. 1861년 총리각국사무관아를 설립할 때, 이쑤는 상소문을 통해 "사자가 외국과 교섭할 때는, 필히 먼저 그 성질을 알아야 하는데, 오늘날 언어가 통하지 않고, 문자는 해독하기 어려우며, 모든 사정에 어두워 협상이 불가능하다."라고 지적하면서 똑똑한 젊은이를 선발하여 외국어를 배우게 할 것을 건의했다. 1862년에도 "외국어에 능통해야 각국의 정세에 밝을 것이며 다른 나라들이 중국에 자문해올 것이다. 그러나 아직도 중국에는 외국어에 능통한 사람이 없어 외국의 상황을 알기 힘들다."라고 하면서 외국어학교를 설립해야 한다고 재차 상소문을 올렸다.

양무교육사상의 구체적 성과로써 경사동문관은 전통적인 봉건교육을 맹렬히 비판했다. 1866년, 총리관아는 경사동문관에 천문학, 수학, 서양의 기술을 배우는 천문산학관天文算學館을 마련하고 과거제5품 이하의 만주족, 한족 관리들이 이곳에서 학문을 배울 수 있도록 해야 한다고 주장했다. 이쑤는 '지금 상해, 절강 등은 선박 사업에 관심을 기울이고 있지만 만약 기초를 제대로 다지지 않는다면 겉핥기식이 되어 현실에 도움이 되지 않을 것'이라고 주장했다. 동문관 설립은 청의 조정과 재야에 큰 파장을 일으켰으며 천문산학관은 보수파에 대한 비판 속에서 마련되었다. 이쑤의 주장은 당시의 시대적 요구에 부합하는 것이었기 때문에 쩡궈판, 줘쫑당, 리훙장 등의 지지를 받았으며 양무파의 주장도 차츰 관철되었다.

천문산학관이 생긴 후, 경사동문관에 일부 서양의 근대 자연과학의 교육과정이 정식으로 개설되었다. 다음 경사동문관의 교과 계획을 통해 당시 상황을 알 수 있다.

제1년 : 글자 익히기, 글씨 쓰기, 천해사구, 천서해설.

제2년 : 전서淺書 해설, 구법연습, 자구字句 해석.

제3년 : 각국의 지도 설명, 각국의 약사읽기, 선집 해석.

제4년 : 수리계몽, 대수학, 공문 해석.

제5년 : 자연과학 · 기하학원서 · 평면삼각법 연구, 번역연습.

제6년 : 기계 · 미적분 · 항해측량 연구, 번역연습.

제7년 : 화학 · 천문 · 측량 · 국제법 연구, 번역연습.

제8년 : 천문 · 측량 · 지리 · 금석 · 부국책 연구, 번역연습.

특히 중국어 학습과 경서연구가 철저히 이루어졌다.

이러한 계획에는 보수적인 면이 적지 않았지만, 근대과학기술 지식을 정식 교육과정에 포함시키고, 봉건적인 전통교육의 편협한 부분은 많이 개선할 수 있었다. 경사동문관은 딩웨이량丁偉良이 저술한『격물입문格物入門』,『격물측량』,『화학기초』,『화학연원淵源』,『성학발인星學發靷』,『전리측원電理測源』,『곤상구원坤象究源』등 약 20종의 많은 기초이론 서적서를 통해 서양의 과학기술을 소개했다. 과학기술지식이 전파되면서 과학을 과거제도에 접목하자는 움직임이 나타났으나 이는 결과적으로 과거제 폐지를 부추겼다. 양무운동가들이, 양무학당 학생들이 관직을 차지할 수 있도록 힘쓰는 과정에서 과거시험에 수학, 예학, 경제 등 과목을 늘리자고 주장하면서 결과적으로 과거제의 성격과 형태가 변화했기 때문이다.

양무교육사상가들이 올린 또 다른 성과로서 공업기술학당과 군사학당도 잇달아 생겨났다. 1866년, 줘쭝당은 조선소에서 중국에서는 처음으로 조선 기술을 연구하며 장인을 양성하는 복주선정학당福州船政學堂을 설립했다. 이어서 리훙장, 류쿤이劉坤一, 장수성張屬聲 등이 강남제조국부속조포학당江南制造局附屬操炮學堂, 광동실학관廣東實學館, 복주전기학숙福州電氣學塾, 천진전보학당天津電報學堂, 상해전보학당上海電報學堂, 산해관철로학당山海關鐵路學堂, 호북광무국공정학당湖北礦務局工程學堂, 천진수사학당天津水師學堂 등을 창설했다. 이러한 학당의 설립은 "스스로 강해지는 방법은 인재를 양성하는 것이며 인재를 양성하기 위해서는 학당 설립이 우선시 되어야 한다."는 양무교육사상 정신을 잘 보여주었다.

양무교육운동이 심화되면서 양무교육가들은 국내에서 학당을 설립하는 것에 만족하지 않았고 사회의 낡은 울타리를 타파하고 서양국가에 학생을 파견해 현지에서 지식을 얻고자 했다. 당시 천진, 상해, 복주 등에서는 이미 선박, 무기를 제조하는 기관이 생겼으며 동문관은 만족과 한족의 자제를 선발하고, 서양인 교수를 초빙하였다. 상해에서는 광방언관廣方言館을 열고 문학소년들을 선발해 교육하고 있었다. 양무운동가들은 여기에 그치지 않고 학생들을 유학 보내서 중국과 서양의 과학기술 격차를 좁히고 서양 학문의 근원을 제대로 파악하고자 했다. 후기 양무파의 대표적 인물인 장쯔퉁도 유학 교육을 적극 지지했다. 그는 "외국에 1년 나가는 것은 서양의 책을 5년 공부하는 것보다 낫고, 외국학당에서 1년 공부하는 것은 중국학당에서 3년 공부하는 것보다 낫다."며, 유학을 통해 더 큰 성과를 거둘 수 있다고 주장했다. 양무파의 이러한 주장과 노력에 힘입어 1872년 중국 최초의 공비유학생이 룽훙容閎의 인솔 하에 태평양을 건너 미국유학에 나섰다. 이는 근대유학의 중국사회와 중국교육에 새바람을 몰고 왔다.

양무교육사상의 집대성자는 후에 군기대신을 맡은 장쯔퉁이다. 그는 실천의 면에서 초기 양무교육의 서양문학, 서양예술, 유학의 발전을 촉진했고 이론적인 측면에서도 비교적 체계적인 연구와 논술을 전개함으로써 양무교육사상을 새로운 단계로 발전시켰다. 그의 양무교육사상은 다음 몇 가지로 요약할 수 있다.

첫째, 서원을 학당 바꾸고 근대서원의 개조와 신식서당의 설립을 촉진하였다. 장쯔퉁은 호북, 사천의 교육행정장관과 산서 지방행정관 임기 중에 각각 경심서원, 존경서원, 영덕당을 건립했다. 양광 총독과 호광 총독 재임 중에는 다시 광아서원과 양호서원을 설립하고, 서원교육에 극대한 열정을 보여주었다. 그는 서원을 학당으로 바꿔야 할 필요를 인식한 후, 학당 설립의 엄격한 규칙을 마련하고 교육과정을 바꿔야 한다고 주장했다. 가령 세 차례에 걸쳐 양호서원兩湖書院을 개혁했다. 초기에는 교육과정을 개혁하는 것을 주요 내용으로 하여, "천문, 지리, 병법, 산학 등 나라를 다스릴 수 있는 것이라면, 모두 학자가 본분으로 당연히 해야 하는 일이다."라며 서양의 과학지식을 도입했고 나중에는 여기에 인문, 이학, 법학 과목을 추가했다. 마지막으로 양호고등학당을 양호사범학당으로 바꾸는 데 성공했다. 청 정부는 정식으로 장쯔퉁의 건의를 받아들여 1902년 전국의 서원을 학당으로 바꾼다는 내용의 조칙을 공포했다.

둘째, 각종 신식학당을 설립하고 양무교육을 실시하여 근대교육의 체계를 확립하는 데 공헌했다. 군사교육 분야에서는 광동수륙사학당廣東水陸師學堂, 호북무비학당湖北武備學堂을 설립했다. 직업기술교육 분야에서는 광동에 전보학당電報學堂을, 호북에는 방언상무학당方言商務學堂, 광무국공정학당礦務局工程學堂, 공예학당工藝學堂을, 남경에는 강남저재학당江南儲才學堂을 설립했고, 이외에 철로학당, 농무학당, 화학학당, 공예학당 등을 설립했다. 외국어교육 영역에서는 "외국어에 능통하지 않는 것은 중국만 알고, 외국은 모르는 것이다. 이는 귀머거리, 장님과 다를 바가 없다."고 주장하면서 "나는 다른 사람이 나보다 뛰어난다는 것을 믿지 않고, 다른 사람이 나를 모함하려 한데도 신경 쓰지 않으며, 다른 사람이 뭐라 하더라도 따르지 않을 것이다.”라고 하면서 서양 학문과 외국어를 주로 교육하는 방언학당을 설립했다. 사범교육 분야에서는 “사범학당은 교육의 근원지로서 매우 중요하다.”고 강조하면서 일본에서 사범 교육을 받을 유학생을 뽑았다. 또한 호북사범학당湖北師範學堂을 세우고, 후에는 삼강사범학당三江師範學堂과 양호종사범학당兩湖總師範學堂을 설립하고, 그 외에 여자사범학당 등도 설립했다. 이러한 신식학당은 거의 현대교육의 각 분야와 연결되면서 형태를 갖춘 중국 근대교육체계 마련을 위한 기반을 닦았다.

셋째, 과거제도 폐지를 추진하고 교육제도를 제정했으며, 근대 교육제도와 교육행정관리체제의 수립을 위해 공헌했다. 과거로 벼슬길에 오른 장쯔퉁은 점차 과거제도의 부패를 인식하기 시작했다. 과거시험은 때때로 현실에 적용하기 어려우며 경제 발전에 부합하지 않으므로 “문체는 훌륭하나, 실제는 쇠약하고, 형식은 오래되고, 폐해가 생겨났다.”고 말할 수 있었다. 그래서 그는 “구하려고 할 때에는 반드시 형식을 바꾸는 것부터 시작해야 하고, 형식을 바꾸는 것은 과거제도를 바꾸는 것부터 시작해야 한다.”라고 주장했다. 초기에는 장소를 나눠 시험을 보고, 시험내용에서 시문, 시부, 해서체의 한자를 중시하던 것을 바꾸는 것에 힘썼고, 중국의 학문과 서양의 학문을 모두 중시할 것을 강조했다. 중기에는 과거시험의 합격 정원을 줄임으로써, 점차 과거시험으로 인재를 등용하던 정원을 학교를 졸업하는 것으로 대체하고, 과거와 학당을 하나로 합치고자 했다. 말기에는 학교를 확충해야 하며 이를 위해서는 과거제도를 폐지해야 한다고 강조했다. 장쯔퉁은 과거제도가 없어지지 않는 한, 선비들은 급제의 꿈을 버리지 않을 것이라고 주장하면서 청 정부에『청립정과거추광학교기청제유립정과거이광학교절請立停科擧推廣學校暨清帝諭立停科擧以廣學校折』을 제시했고, 그 후 정부는 과거제를 폐지했다.

　장쯔퉁는 근대 교육제도를 마련하는 데도 힘썼다. 그는『권학편勸學篇』에서 "각 성·도·부·주현에 공부할 곳이 있어야 한다. 경사 성도를 대학당으로, 도부를 중학당으로, 주현을 소학당으로 해야 하며 중소학당 교육을 마친 사람들이 대학당에 진학하도록 한다. 소학당에서는 사서四書와 중국의 지리, 역사 및 기초 수학을 공부한다. 중학당은 소학당보다 더욱 심화된 교육을 실시하며 오경·자치통감(사마광 저)·정치학·외국어 및 문학을 배우기에 적합하다. 대학당은 이보다 더 심화된 교육을 실시한다."라고 밝히면서 체계적인 교육제도에 대한 구상을 제시했다. 1902년, 관학 대신 장바이시張百熙가 마련한「흠정학당장정」(「임인학제」)이 무산되고 나서, 주후이逐會, 장쯔퉁, 롱칭榮慶은 다시「주정학당장정」(「계묘학제」)을 입안했다. 이로써 장쯔퉁은 자신의 교육제도구상을 펼칠 기회를 얻었다. 그가 주관한「계묘학제」는「학무강요」,「대학당장정」,「통유원장정」,「고등학당장정」,「중학당장정」,「고등소학당장정」,「초등소학당장정」,「몽양원장정」,「가정교육법장정」,「우급사범학당장정」,「초급사범학당장정」,「실업교원강습소장정」,「고등농공상실업학당장정」,「중등농공상실업학당장정」,「초등농공상업학당장정」,「실업보습보통학당장정」,「예도학당장정」,「역학관장정」,「진사관장정」,「각학당관리통칙」,「실업학당통칙」,「임용교원장정」,「각학당고시장정」,「각학당장려장정」 등을 포함한다. 이 교육제도는 초등, 중등, 고등의 세 등급의 보통교육체계 외에 사범교육체계와 실업교육체계를 포함했으며, 학교의 각 등급과 종류의 성질, 임무, 입학조건, 수학연령, 시험 등에 대해 규정했다. 이 교육제도는 1904년 1월 13일 청 정부에 의해 법령으로 공포되었다.

넷째, 양무교육의 이론을 체계적으로 총괄하고, '중체서용'의 양무교육사상의 강령을 제시했다. 1898년에 『권학편勸學篇』을 저술하고 이를 통해 "중국의 학문은 심신을 다스리고, 서양의 학문은 세상사에 대항한다."라고 밝혔다. 뒤이어 『양호兩湖·경신양서원개조학당반법편經心兩書院改照學堂辦法片』을 통해 체계적으로 양무교육의 사상 강령과 양무운동의 기본특색을 개괄했다. 그 무렵 양무교육은 내용이 풍부하고, 체제가 완전하며, 사상이 체계적이고, 강령이 명확한 교육 사상으로 발전해 있었다. 그러나 그 후 변법파가 등장하면서 이들의 주장은 힘을 잃어갔다.

2. 양무교육사상의 체계

양무교육사상의 발생, 발전은 끊임없는 보강과 완선의 과정을 거쳤다. 초기 양무교육가와 후기 교육가는 교육문제에 대해 완전히 같은 입장은 아니지만, 교육의 기본문제에 대한 인식에는 결코 큰 차이가 없었고, 공통적 경향을 띠고 있었으며 '중체서용'을 강조했다. 여기에서는 주로 양무교육의 체용론體用論과 인재관人才觀에 대해 평하고 서술하고자 한다.

(1) 양무교육사상의 체용론體用論

'중체서용'은 양무교육의 지도사상이자, 기본강령이다. 양무교육사상의 이러한 체용관은, 1898년 장쯔퉁이 정식으로 제시하기는 했지만, 사실 양무운동이 일어난 날부터 양무운동가들 사이에 공통된 인식認識으로 자리 잡기 시작했다.

'중학(중국의 학문)' '서학(서양의 학문)'에 대해 장쯔퉁은 다음과 같이 정의 내렸다. "사서, 오경, 중국역사, 정서政書, 지도는 구학舊學이라 불리는 중국의 학문을 가리키고, 서양정치, 서양예술, 서양역사는 신학新學에 해당하는 서양의 학문이다. 구학위체舊學爲體, 신학위용新學爲用(구학은 체體에 해당하고, 신학은 용用에 해당한다), 어느 한쪽도 소홀하지 않도록 해야 한다."

이를 통해 전자는 중국의 봉건전장제도, 윤리도덕을 가리키며 사서오경四書三經과 삼강오륜三綱五倫이 핵심내용이라는 사실을 알 수 있다. 후자는 '서양정치'와 '서양예술'을 포함하며 그 주요 내용은 '학교, 지리, 재정, 세금, 군비, 법률예규, 권공, 통상, 서양 정치와 셈, 그림, 광물, 의학, 소리, 빛, 화학, 전기, 서양예술'이다. 이는 서양의 법제규칙과 자연과학지식을 가리킨다.

양무교육에서 '중학'의 내용은 늘 중시되었다. 초기 양무파가 설립한 학교에서는 모두 유가경전 교육을 강조했다. 예컨대 리훙장은『청설외국어언문자학관절』에서 "외국어언문자학관은 서양인을 초빙하여 외국어를 교수해야 하고, 동시에 인성과 지성을 겸비한 국내 거공생원擧貢生員을 초빙하여, 경제, 역사, 문예, 예술을 가르쳐야 한다."고 주장했다. 또한 학생이 다 배우고 난 후에는 "외국어에 능통하고 더 나아가 그 의미까지 터득할 수 있어야 비로소 외교업무에 종사할 수 있다."고 했다.

양무교육은 외국어학당 외에, 기타 군사, 전문학당도 '중학'의 내용(윤리도덕)을 강조하고 임금을 섬기고 공자를 숭상하는 봉건도덕교육을 강화했다.

예를 들면, 복주조정학당은 학생들이『성유광훈聖諭廣訓』,『시경詩經』 등을 공부하도록 규정해 놓았다. 리훙장은『천진수사학당청장편天津水師學堂請獎片』에서 "시경을 가르치는 것은 대의를 알도록 하고, 문文을 가르치는 것은 사람人을 논하는 것을 알도록 하기 위함이다."라고 말하고 유가경전을 가르침의 기본으로 삼았다.

양무파가 창립한 유학교육에서도 '중학'은 매우 중요한 지위를 차지하고 있다. 1872년, 쩡궈판 등은 유학생 출국에 관해 다음과 같이 명확하게 규정했다. "중학, 서학을 조사 고찰하고 따로따로 지도하며, 앞으로 출국하고 나서 서학을 학습하더라도 여전히 중학을 함께 강의하고,『시경詩經』,『소학小學』, '오경五經' 및『국조율례國朝律例』 등의 책을 가르쳐야 한다." 더불어 그는 외국에서도 정기적으로『성유광훈』을 강연

할 것을 요구하고, 존군친상尊君親上(임금을 존중하고 윗사람과 친하게 지낸다)의 도리를 보여주며, 어떻게든 다른 학문에 얽매이지 않도록 해야 한다고 주장했다.

유학생들이 이국땅을 밟더라도 해외에서 '중학'의 분위기에 휩싸이도록 했다. 미국 유학생들이 생활하는 유학생 아파트 지성전至聖殿에는 '대성지현선사大成至聖先師' 공자의 위패位牌가 모셔져 있었다. 양쪽에는 증국번曾國藩, 이홍장李鴻章, 정일창丁日昌 등 인물초상이 진열되어 있으며, 매월 초하루, 매월 보름이면, 사무소의 최고직관은 전체교직원과 미국유학아동의 '조궐행렬朝闕行禮─일종의 의식행사'를 인솔하여 황태후와 황제의 '만수무강'을 멀리서 기원했다. 유학생들이 '유가 사상에 대한 뜻이 아직 정립되지 않아 지나치게 서양 세력에 물드는 것'을 방지하기 위해, 유가 경전과 『성유광훈』을 해석하도록 규정하는 것 외에, 유학생의 행위에 대해서도 여러 가지 제한을 두었다.

장쯔퉁은 '중학'이 양무교육에서 차지한 지위와 역할을 이론적으로 분명히 밝혔다. 그는 교육이란 봉건통치를 위해 일할 수 있는 인재를 양성하는 것이라고 보았다. 또한 풍부한 '중학' 지식을 갖춰야만 공자의 가르침인 오륜五倫을 자발적으로 지킬 수 있으며, 상도常道에 벗어나거나 도道에 어긋나는 법이 없다고 생각했다.

그는 "중학 지식인인 것 같지만 중학에 정통하는 못한 것은 아직 제 성姓을 모르는 사람, 고삐와 재갈 없는 말, 방향타 없는 배와 같다. 서학이 깊어질수록, 중국을 질시하는 것은 더욱 심해진다. 비록 박식하고 다재다능한 지식인이 있을지라도 국가가 어찌 그들을 쓸 수 있겠는가!"라고 말했다.

양무파에게 '중학'은 곧 '중국의 종교'이자, 중국의 건국 뿌리였다. 그래서 장쯔퉁은 "중소학당은 유교 계승을 위해서 독경讀經을 중시해야 한다."고 강조했다. 그의 학제 규정은 다음과 같다. 첫째, 초등소학에서 『효경孝經』, '사서四書', 『예기禮記』 발췌본拔萃本은 필독도서이다. 둘째, 고등소학당의 경학교재는 바로 '사서', 『시경』, 『역경』 및 의례의 상복喪服 전통 등이다. 셋째, 대학당은 학생들이 주역학, 상서학, 모시학, 춘추좌전학, 춘추삼전학, 주례학, 의례학, 논어학, 맹자학 및 이학을 필히 학습하도록 규정한다. 독경수업이 전체 수업 시간의 25%를 차지했고 '중학'은 전체 수업 시간의 35%를 차지했다.

초기 양무교육가는 주로 서양의 언어문자와 과학기술을 가리켜 '서학'이라 일컬었다. 양무운동의 끊임없는 발전에 따라, 양무교육사상가의 시야 역시 부단히 넓어졌고, '서학'에 대한 이해도 더욱 광범위해졌으며, 이것이 양무교육의 내용에서 차지하는 비율도 끊임없이 커졌다. 초기 양무교육은 '서학' 학습을 제창했고, 주목적은 '서양 오랑캐의 기술을 배워 이들을 제압하기 위함'이자, '외국을 다스리고 외국에게 지배받지 않기' 위한 것이었다. 리훙장李鴻章이 무비武備학당을 창립한 동기에 대해 언급할 때 지적했던 것을 살펴보면 다음과 같다. "나는 적의 장점을 다 사용하지 않고서는 적의 목숨을 제지할 수 없다. 그러므로 그의 방법으로 그를 다스려야 한다. 만약 강적을 제압할 때 엉성한 재주에만 의존한다면 결국 승산이 없을 것이다."

장쯔퉁이『권학편』에서 언급한 '서학'은 초기 양무교육이 가리키던 내용보다 심화된 이해를 보였다. 그는 서학이란 외국 언어 문자와 선진 군사기술뿐 아니라, '수학, 그림, 광물, 의학, 소리, 빛, 화학, 전기' 등 자연과학지식과 '납세' '법률' 등 서양의 정치와 제도를 포함한다고 보았다. 그러나 장쯔퉁이 말하는 서양의 정치, 즉 '서정西政'이라는 것은 변법파가 말하는 그것과 본질적인 차이를 보였다. 장쯔퉁은 또 서양의 정치제도와 자유민주학설을 제창하는 사람들은 모두 선현을 업신여기고 실리에 급급해 올바른 도리를 소홀히 한다고 보았다.

이를 통해 양무교육가가 말하는 소위 '중체서용'이라는 것은 '중학'의 부족함을 메우기 위해, 그저 사람들이 서양인을 본받는 것을 수치스럽게 여기지 않고, 서양의 과학기술과 실업實業지식을 열심히 공부하며, 일부 외적인 관리형식을 배울 것을 요구하는 것에 불과하다는 사실을 알 수 있다. 양무교육가들은 사람들이 '서학'을 대하는 데 다음 3가지 전형적인 폐단이 있다고 생각했다. 첫째, 악습에 얽매인 사람들로, 이들은 옛것에 지나치게 집착한다. 둘째, 서양문물을 조금 아는 사람들은 견강부회牽強附會한다. 이들은 모든 중학이 탁상공론卓上空論적이기 때문에 실용적이지 않다고 여긴다. 셋째, 서양 문물을 추종하는 사람들은 중학과 서학을 뒤섞고, 차이가 없다고 여긴다. 가장 올바른 방법은 "중학은 심신을 다스리고, 서학은 세상사에 적응하는 데 도움을 준다."는 전제 하에, '서학'으로 '중학'의 부족함을 보완하는 것이다.

(2) 양무교육사상의 인재관

'중학위체, 서학위용'이 양무교육의 지도성의 원칙이라면, 양무교육
사상의 인재관은 곧 그 원칙의 구체적 전개이자, 양무교육의 기본 출발
점이라 하겠다.

'중학위체, 서학위용'의 체용관體用觀은, 곧 재능과 덕을 겸비하고 덕
을 으뜸으로 하는 인재관을 가리키며 이는 중·서학을 아울러 정통한
양무인재를 양성하고 발견하는 것을 의미한다. 초기 양무교육가 쩡궈
판曾國藩은 자신의 인재관에 대해 다음과 같이 말했다. "덕과 재능은 어
느 한쪽으로 편중될 수 없고, 상호 보완적인 관계이다. 어느 한쪽도 소
홀히 해서는 안 된다. 그러나 그래도 경중을 논하라면, 덕을 더 중요하
게 본다고 할 수 있다. 덕은 재능이 될 수 있으나, 재능은 그저 덕의 보
조적인 역할에만 머무르기 때문이다. 후덕厚德하나 무능하면 그저 미련
한 사람이 될 뿐이지만, 유능하나 덕이 없으면 소인배가 된다. 만약 덕
과 재능에 고루 집중할 수 없을 때에는, 덕이 모자라 소인배가 되느니,
차라리 무능하고 미련한 사람이 되는 편이 낫다." 이는 '중학'을 견고
한 기본 틀로 삼고 서학을 보완적인 요소로 삼은 중체서용론과 일치하
는 것이다.

장쯔퉁도 양무운동을 하는 과정에서, 재능과 덕을 겸비하거나 중·서
학에 정통한 인재를 찾기 어렵다는 것을 깊이 느끼고, 일찍이 "중국은
자원(인구)이 부족하진 않지만, 재목(인재)이 부족하다."고 탄식했다.
그런 까닭에, 그는 여러 차례 청淸 정부에 세상을 다스리고 쓸모 있는

양무인재를 보증, 추천하도록『천거인재절』,『보천인재절』,『보천경제
특과인재절』,『여거인재절』 등을 상주했다. 그의 이러한 상주문에서
인재 천거에 대한 평어를 통해, 우리는 대략 양무교육사상의 인재관을
간파할 수 있다. 예를 들면, 양강兩江 총독임기 중일 때, 그는 조정에 인
재 여러 명을 추천하고 "그 (무리) 안에서 재능과 기량이 비록 완전히
같진 않으나, 반드시 인품이 단정하고 근실하며 착실하고 쓸모 있는 자
에게 돌아가야 한다."고 말했다. 8국연합군이 베이징에 들어오자 장쯔
퉁은 또 "지금 국내외 시사의 매일의 가시들을 가만히 생각하니, 내우
외환內憂外患이 동시에 발생하여 극에 이르렀다. 언제 평화가 찾아올지
예측하기 어려우며, 군대는 미약하고, 재정은 바닥났으며, 사변事變이
나날이 많아지고 있다. 따라서 재능을 갖춘 인재가 시급히 필요하다."
는 내용의 상소문을 올렸다.

　양무교육가가 말하는 '인재'는 대부분 양무를 정통한 인재를 가리키
고, 이는 '중학'에 정통한 것을 기초로 '서학'에 정통한 인재를 말한다.
양무사업에 필요한 인재를 충분히 공급하기 위해 이들은 양무인재 천
거에 힘을 쏟고 여러 학당을 만들어 양무인재를 양성했다.

　양무운동가들은 인재 부족 문제를 해결하기 위해서는 교육을 통해
인재를 육성하는 것이 급선무임을 인식하기 시작했다. 장쯔퉁은『창설
강남축재학당절』에서 다음과 같이 말했다. "나라가 강해지려면 바른
인재가 있어야 한다. 바른 인재는 교육을 통해 양성된다. 지금 시국이
어려워 매사에 인재가 필요하다. 만약 폭넓게 인재를 양성하지 않으면
어찌 이러한 수요를 만족시킬 수 있겠는가?" 그는 이러한 인식을 바탕

으로 학당을 설립하는 데 심혈을 기울였다. 외국어 인재를 양성하는 동문관同文館 창립부터 군사인재를 양성하는 무비학당武備學堂 설립까지, 서양의 '기교의 원리'와 '제작의 기본'을 숙지하도록 배양하는 전문학당을 개설하는 것부터 '기술'에 능통한 인재를 양성하는 사범학당을 건립하고 유학생을 해외로 파견했다.

3. 양무교육사상의 평가

황신센黃新憲은 장쯔퉁을 평가하면서 "중체서용 사상에 대한 해석이 서로 달라 보수파와 변법파가 갈등을 빚었던 것에 반해 양무파는 각계각층, 여러 세력의 기본요구를 만족시켰다. 그리하여 양무파는 새로움과 옛것의 조화를 이루면서 스스로의 이익을 보호하는 하나의 범례가 되었다."고 말했다.

(1) 양무교육사상은 시작부터 사유논리의 이율배반과 동기와 효과가 맞지 않는 궁지에 빠졌고, 복잡한 다원성을 나타냈다.

1840년 아편전쟁 후, 중국은 주권을 빼앗기고 국토는 심각하게 훼손되었다. 사회적 위기의식이 형성되면서 이는 사회 각계각층을 각성시켰다. 린서쉬와 웨이위앤은 나라를 사랑하는 지식인이자 깨어 있는 사람으로서 '교육의 확대와 서양인의 선진기술을 익혀 서양에 대처할 것'

을 주장했다. 그러나 이들은 자신들의 주장이 실현되기 전에 세상을 떠나고 말았다.

총과 대포, 그리고 전쟁의 위협은 중국인들에게 인의, 도덕 등을 논하는 순수한 '중학'에만 기대서는 서양의 공격을 당해낼 수 없다는 사실을 일깨워주었다.

초기 양무파 가운데 한 사람인 쩡궈판은 "도리를 논하지 않고 무기로서 제압하려는 서양인들을 말로써 제압하려는 것은 불가능하다."는 현실의 심각성을 깨닫고, "영국과 프랑스에서 자랑스럽게 여기는 그들의 선박이나 대포는 지금까지 중국에서는 찾아보기 힘들었던 것이다. 만약 이런 것들을 계속 사들여 사용할 수만 있다면 중국은 이러한 문물에 더 이상 놀라지 않을 것이며, 영국이나 프랑스를 두려워하지 않을 것이다."라는 생각을 하게 되었다.

배를 구입하려는 꿈이 깨지고 난 뒤, 배와 무기를 만드는 것을 생각하게 되었고, 게다가 더 나아가 학당을 만드는 것을 생각해냈다. 양무교육은 바로 이처럼 이러한 중국의 전통문화가 밀려오는 외래 세력을 막아낼 수 없는 상황에서 생겨난 것이다.

이로써, 양무교육가들은 이미 머릿속에 깊이 박힌 전통의 '중학'을 옹호하면서 또 한편으로는 어쩔 수 없이 '서학'을 배워야 한다고 주장하게 된 것이다. 이들 마음속에는 민족적 자존심과 위기의식이 병존했다. 이와 같은 갈등은 결국 '중체서용', 즉 중국의 학문을 본체로 하고, 서양의 학문을 응용한다는 새로운 주장의 탄생을 촉진했다.

중국의 첫 번째 양무학당 가운데 복주선정福州船政학당을 졸업하고 계몽사상가가 된 옌푸嚴複는 일찍이 양무교육사상의 체용관의 모순을 분석한 적이 있다. 그는 "어떤 애상이 소의 모습을 하고 있다면 무거운 물건을 나르는 데 이용할 수 있고 말의 모습을 하고 있다면 멀리 가는 데 이용할 수 있다. 나는 한번도 소를 말처럼 부린다는 이야기를 들어본 적이 없다."라고 말했다.

즉 옌푸는 실체와 용도란 하나의 같은 사물을 두고 말하는 것이므로 소는 소의 용도로만 쓰여야 하고, 말은 말의 용도로만 쓰여야 하는데, 소에게 천리마처럼 빨리 먼 곳까지 달리라 한다면 어패가 있다고 생각한 것이다.

그래서 옌푸는 다음과 같은 결론을 내렸다. "중학은 중학의 형태와 용도가 있고, 서학은 서학의 나름의 형태와 용도가 있으므로 따로 떨어져 있다면 상관없지만 합치려 하면 둘 다 망하게 된다. 중체서용을 주장하는 사람들은 둘을 합쳐서 하나처럼 여기고 싶겠지만, 그 둘의 의미가 상반되어 그것이 불가능한데 이를 어찌할 것인가!"

그러나 이런 내재된 모순의 양방은 양무운동기간에 의외로 사이좋게 함께 존재하는데, '중학'을 버리지 않고, '서학' 또한 도입하는데 이는 어떠한 정도에서 당시 봉건경제 붕괴와 자본주의 경제가 싹트는 추세를 반영한 것이다.

양무교육사상의 동기와 효과 사이에 또한 명확한 갈림이 나타났다. 양무교육의 서방학습 주장은 서방의 '무기' '기술' '예술' 및 부분 '정책'의 이용을 도모하여 흔들리는 '중학'을 보강하고 다 쓰러져 가는 정세를 돌리자는 것이다.

그러나 사실은 바로 상반되는데, 서학의 전수자에 따라 서학의 '용用'은 중학의 '체體' 내에서 새로운 당원을 받아들이는 변화가 발생했다. '용'은 점차 '체'의 존재를 위협하고 게다가 자연적으로 서방민주제도의 '체'로써 봉건전제정치의 '체'를 바꾸고 끊임없이 발전하는 서학의 '용'을 적응시켰다.

그래서 양무운동의 후기에는 사회발전을 제한하는 봉건적인 '체'를 없애자는 요구의 목소리가 갈수록 고조되고 사람들은 공개적으로 '조종성법祖宗成法'을 고수하는 것을 비난했다.

또한 양무파를 "중국의 근심을 모르면 정치가 서지 못하는데 서양은 그래서 지평자가 전문적으로 지식을 얻지 못한 것이 그러하다."라고 지적하고, "중학은 '체'이고, 서학은 '용'이다."라는 단지 서방의 피상적인 것만 배우는데 그것은 본을 감추고 말을 구하는 것이라 여겼다.

양무파에서 분화되어 나온 개량주의자 또한 공개적으로 서방민주정책의 경향을 나타냈다. 순식간에 민권이 성행하고, 의회가 유행하고, 봉건전제정치정책을 바꾸자는 여론이 널리 형성되었다. 이는 결국 무술유신운동으로 발전했다. 사실, 유신운동은 양무운동발전의 필연적인 결과이다.

(2) 양무교육사상은 중국교육의 근대화를 위해서 많은 조건을 준비했고, 중세교육의 회통과 융합을 촉진시켰다.

교육영역의 핵심문제는 어떠한 사람으로 배양할 것인가 하는 문제이다. 양무교육의 하나의 큰 돌파는 바로 교육목표를 봉건사대부, 군자를 배양하는 것에서 '서학' '서예'를 이해하는 양무인재를 만드는 것으로 바꾸는 것이다. 앞서 서술한 것과 같이, 중국교육의 근대화는 양무교육에서부터 시작된 것이다.

경사동문관의 건립 및 이후의 각종 전문학당의 창립은 중국의 2천여 년 동안의 봉건교육 유형을 깨트리고 중국 신교육의 발단이 되었다. 양무교육의 근본 목적이 봉건 통치복무를 보호하는 것일지라도 아직도 짙은 구교육가 남아 있지만 결국 구교육에서 신교육으로 나아가는 이행에 있어 중요한 작용을 한다.

우선, 교육내용에서 양무교육은 '사서' '오경' 등 낡은 내용만을 공부하는 전통의 구교육을 바꾸었다. 수업에서 자연과학지식, 근대과학 기술지식과 기능의 증가는 먼저 양무파가 만든 신식학당에서 출현하게 되었다.

그 다음, 교육의 조립형식과 방법수단에서 양무교육 또한 서방의 체계를 옮겼는데, 예를 들어 완정된 교육계획, 반 등급강의제, 시험방법 등을 제정했고, 학교운영 목적의 보수성과 수단의 선진성 사이의 모순을 조성했다.

양무교육은 중국 근대화의 과학기술인재, 기업관리인재, 해군인재, 외교인재, 교육인재 등을 배양했는데, 이러한 인재는 중국사회와 중국교육이 근대화로 나아가는 과정 중 선도적인사와 활력소의 작용을 일으켰다. 제기할 만한 것은 양무교육으로부터 창업한 유학교육 사업이 중서교육의 회통과 융합을 위해 중요한 공헌을 했다는 것이다.

첫 번째, 유학생은 번역과 서방교육이론교육을 소개하고 교육학술 방면에서 적극적인 작용을 발휘했는데, 국내교육계를 위해 봉건 구교육을 비판하는 이론무기를 제공하고 또한 중국교육과학의 근대화를 위해 공헌했다.

중국 초기출판의 동서방 교육의 명저는 기본적으로 유학생들이 번역한 것이다. 영국, 프랑스, 미국, 일본의『교육론』이 이에 해당한다.

이밖에, 유학생들은『동방잡지東方雜志』,『절강조浙江潮』『직설直說』,『호북학생계湖北學生界』,『유학역편遊學譯編』등 출판물에 글을 소개하고 번역하면 게재했고, 해외 교육가들의 교육사상에 대해 비교적 전반적으로 소개했다. 유학생들은 또한 교육이론의 저자들, 예를 들어『절강조』는 내용이 비교적 풍부하고 체계도 비교적 완비된 저서이다.

작가는 교육에 대해 아래와 같은 정의를 했다. "교육자는 피교육자들에 대해 일관된 목적을 정하고 적절한 방법과 제도를 통해 이들이 몸과 마음을 도야하도록 해야 한다." 저자의 전체 상황의 핵심에서 보면, 비록 명확한 편역의 흔적을 지니지만, 필경 우리 조국의 근대에서 가장 먼저 나온 교육전문저서 중의 하나이다.

두 번째, 유학생은 각종 중요한 교육의 사조, 교육이론의 제창자, 선전자와 실천자가 되었다. 유학교육사업의 끊임없는 발전에 따라, 또한 국외교육이론의 끊임없는 발전에 따라 유학생들은 점차적으로 어떠한 교육이론을 간단하게 소개하고 선전하는 것에서 어떠한 교육사조 혹은 교육이론을 비교적 체계적으로 제창하고 실천하는 것으로 발전하고, 자신의 가치판단을 영입시켰다.

당시 일찍이 어떤 사람이 평론하기를 "오늘날의 이른바 신교육자는 다만 복잡할 뿐이다. 연습주의의 교육을 말하고, 실험주의의 교육을 말하고, 실용주의의 교육을 말하고, 인격주의의 교육을 말하고, 신이상주의의 교육을 말하고, 독학학습주의의 교육을 말한다. 하나하나가 모두 우수한데, 마치 곡예를 겨루는 장에 가깝고, 온갖 꽃이 아름다움을 다투는 화원에 들어선 것과 같다." 유학생들은 이론상의 선전과 제창과 실질적인 교육 작업 중의 개혁 실험을 결합시키고 중국근대교육 실험의 시작을 열었다.

세 번째, 유학생들은 각급 학교 주요 교사의 역량과 각급 교육행정부문의 핵심인물이 되어 근대교육 관념의 전파와 근대교육사업 발전에 대해 적극적인 작용을 했다. 초기 유학생 대부분이 기계, 채광, 철도, 전보 등의 실업 부문에 종사했던 것과 달리, 변법자강운동 이후의 유학생 대부분은 교육사업에 종사했다.

그들은 신식학교를 설립했는데 예를 들면 후위앤옌胡元倓은 호남 최초의 사립신식중학명덕학당을 설립했고, 장바이링張伯苓은 남개중학 등을 설립했다. 그들은 또한 각지의 신식학당에 초청을 받기도 하였다. 유학생은 고등교육의 기본 대오를 형성했을 뿐만 아니라 농업, 공업, 상업의 각종 실업학당의 교사자질의 근원을 형성했다. 혹은 각종 교육 행정 부문의 주관을 맡기도 하였다.

톈정핑田正平 선생의 통계에 의하면, 거우 1912년에서 1922년의 10년 간 전국 최고 교육행정기구 책임자인 교육총장은 일찍이 24번이나 바뀌었다. 그중에는 차이위앤페이蔡元培, 판위앤롄範源濂, 동홍웨이董鴻禕,

왕롱후이王龍惠, 탕얼허湯爾和 등이 있었다. 같은 시기의 교육부 부총장은 18번 바뀌었고, 그중에는 우옌셩吳闓生, 왕장요우王章祐, 마린이馬鄰翼, 천바오취앤陳寶泉 등이 있었다.

교육부의 기타 중요한 관직, 예를 들면 참사관, 사장, 과장 그리고 주요 업무를 처리하는 인원 또한 대부분 모두 귀국한 유학생이 맡았는데, 특히 업무성이 비교적 강한 부문은 예를 들면 전문 교육사, 역임사장 같은 경우는 거의 동일한 귀국 유학생이다. 그들은 다른 직위 상에서 근대교육 관념의 전파와 근대교육 사업의 창건을 위해 부지런히 노력했고, 중국교육 근대화의 발걸음을 추진하였다. 양무교육사상은 중서교육의 회통과 융합을 촉진했다는 면에서 중요한 영향을 미쳤다.

(3) 민족주체의식을 띤 양무교육사상이 민족교육 강화와 서구화 반대에 갖는 의의

양무교육가는 교육을 하는 과정 중에서 비록 봉건제도와 봉건교육을 보호하는 의향은 가졌지만, 객관적으로는 중국 전통 교육을 보호하는 가운데 합리적인 요소의 작용을 했다. 양무교육사상가의 뚜렷한 민족주체의식은, 중서 문화교육이 격렬하게 충돌하고 전통문화교육이 도전을 받는 시점에서 민족교육을 강화하고 전면적인 서구화를 반대하는 작용을 했다.

사실상, 양무교육가의 '중체서용'의 사상은 메이지유신 시기 전후의 일본에서도 이와 같은 국정과 비슷한 주장이 있었다. 그러나 일본의 메

이지 정부는 천황제도와 무사정신을 보존하는 상황 하에 봉건제도를 타파하고 서방을 향해 자본주의의 유신개혁을 배웠고 게다가 거대한 성공을 거둬 순조롭게 국가의 근대화를 실현시켰다. 오늘날까지 '화혼양재和魂洋才'는 아직까지도 일본 국민에게 충분히 받아들여지는 구호이다.

양무교육가들의 최대 문제점은 그들이 견지한 중국의 전통문화에 있지 않고, 민족의 이익과 제국주의간의 모순이 발생한 데 있다. 그러므로 이러한 주장의 견지는 외래세력을 막아내는 진보적인 의의를 가진다. 예를 들어 장쯔퉁이 말한 "외래를 알고 중국을 모르는 것은 영혼을 잃어버린 것과 같다." "서양의 법을 얻고자 한다면, 중국의 실용에 적합한 것을 기본으로 한다." 등은 그러한 자포자기와 전면적으로 서구화를 주장하는 사람들에 비해 훨씬 뛰어나다.

그들의 실책은 대부분 전통문화 중 썩고 타락한 쓸모없는 것과 휘황찬란한 보물과의 분간이 불명확함에도 불구하고, 맹목적으로 인정한 데 있다. 그들은 중학의 본체를 위한 '체'에 대한 개념이 통일되어 있지 않았기 때문에 '체'에 대해 서로 다른 이해를 가지고 있었다. 시의 적절하지 않는 쓸모없는 많은 봉건도 모두 '체'의 보호막에서 생존할 수 있었다.

반대로, 서학의 '용'을 위한 '용', 그것은 오히려 명확하게 정의되었다. 비록 초기 양무파에서 후기의 장쯔퉁까지 '용'의 범위가 끊임없이 확대되었지만 '용'은 언제나 중국의 봉건전제정책과 사상의식형태의 '체'에 종속되었고 거두는 효과가 매우 약할 수밖에 없었다.

이탈리아의 한 유명한 역사학자는 "역사 또한 일에 종사하는 개인과 같아서 한 번에 한 가지 일을 할 수밖에 없다. 당시 돌보지 못한 문제에 대해 오히려 홀시하거나 임시적으로 고치고, 자연히 앞으로 나아가도록 맡기고, 그렇지만 손을 뻗었을 때 충분한 주의를 주도록 준비해야 한다.”고 말했다.

양무교육사상은 천여 년의 봉건사회의 문화정책을 ‘중체서용’의 새로운 문교정책으로 바꾸고 중국교육과 교육사상이 새로운 발전기를 맞이하게 했다. 그러나 양무교육사상의 내재 속에 모순과 역사본질의 규정성 때문에 양무교육은 자기발전이 불가능했다.

그러므로 서방을 학습하는 초기 단계에서 양무교육은 중서문화교육의 접촉과 교류를 위해 여건을 만들었다. 이는 당시 중서결합의 유일한 형성이라 할 수 있는 것으로, 중국인이 세계를 이해하는 것에 대해 시야를 넓히는 작용을 일으켰다. 중국 근대의 과기, 교육, 관리 등은 모두 양무교육의 영향을 받았다.

그러나 양무교육사상은 항상 스스로의 한계를 넘지 못했다. 한계를 넘었을 때에는 이미 양무교육사상이 역사의 무대에서 사라져야 할 무렵이었다.

양무교육의 제창자 중에는 청나라 말기 봉건전제 통치집단으로부터 분화되어 나온 매국경향의 지주, 관료, 군벌이 있었다. 양무운동은 무너질 것 같은 봉건정권과 자신의 계급 이익을 보호하기 위해 추진한 것이지만, 한편으로는 중국 근대교육에 큰 영향을 끼치기도 했다. 이는 어쩌면 그들이 예상하지 못했던 것일지도 모른다.

03

중국 근대
유신교육사상

청일전쟁은 양무교육사상의 환상을 철저히 파멸시키려 했다. 그러나 양무교육을 전파하는 '서학'은 오히려 왕성하게 발전했다. '용用'의 '서학'은 계속해서, 형세가 점점 빠르게 '체體'의 '중학'에 영향을 미쳤다. 정치개혁, 유신변법은 새로운 역사시대의 강한 소리가 되어 신흥재산계급이익의 유신교육사상을 대표하고 있는데, 그것이 바로 유신교육사상이 탄생한 배경이다.

학술계는 일반적으로 유신교육을 초기개량파와 자산계급 개량파로 나누고 차이가 있다고 보았다. 필자는 자산계급 혁명파의 교육사상도 유신교육사조에 포함시켰다. 이렇게 하면 우리가 총체적으로 중국 근대재산계급 교육사상 생산과 발전 과정을 비추어보는 데 도움이 되기 때문이다. 또한, 우리가 문화학문의 단계로부터 중국 근대교육사상을 파악하는 데 도움이 되기 때문이다.

1. 초기개량파의 교육이념

초기개량파의 교육사상은 양무교육사상으로부터 분화되어 나온 것이다. 그 사상의 주요 인물은 왕타오王韜, 마젠중馬建忠, 비푸청薛福成과 정관잉鄭觀應, 천치陳熾 등이 있다.

초기개량주의는 서방자본주의 경제체제를 배워야 함을 인식하고 주장하던 것에서, 서방자본주의 정치제도를 배워야 함을 인식하고 주장하는 것으로 변화했다. 민족 공·상업 발전을 주장하는 데서 더 나아가 하나의 정치 법률제도로 그의 발전 과정을 보장하는 단계로까지 발전했다. 초기개량주의자들은 모두 한동안 '선견포리船堅炮利' 방안 옹호자들이었다. 왕타오는 "오늘의 급한 임무는 도둑을 평정하는 데 있고, 도둑을 평정하는 것은 병사를 다스리는 데 있고, 병사를 다스리는 데는 반드시 먼저 서양 사람의 장점을 배우고 그것으로 하여금 믿는 데가 있어 두려워하지 않게 하고, 병사를 다스리고 도둑을 평정하는 것이 정밀하고 빈틈없을 뿐이다."라고 말했다. 전형적인 양무파의 주장이다. 1870~80년대에 그들은 단지 '선견포리'에 기대는 것은 소용이 없으므로 민생을 넉넉하게 하고 국세가 확대되는 것만이 이후에 유망하다는 것을 깨닫기 시작했다. 공·상업의 발전만이 국가를 부강하게 하고, 외국의 침략과 압박으로부터 확실히 막아낼 수 있다고 여겼다. 그리하여 "상업 전쟁이 중심이 되고, 병사 전쟁은 끝나야 한다."라는 명제를 제기했다.

1884년 중기 법 전쟁의 참패는, 초기개량파로 하여금 양무파의 주장에 대해 더욱더 철저히 실망하게 했다. 마음 깊은 곳에 개혁실패의 혼미한 봉건정치제도의 싹이 자라기 시작했다. 그것과 동시에 봉건적 관료체제는 민족자본발전의 저항을 형성했고, 자본주의 경제발전도 봉건구조의 개혁을 요구했다. 그들은 마침내 봉건군주전제제도의 개혁을 외쳤고, 건립 자산계급이 대의정치제도에 참여하는 제도를 만들자고 주장했다. 정관잉鄭觀應은 저서「성세위언」에서 자신의 행적을 찾아 기술했다. 그는 이를 통해 개량파의 사상 발전과정을 묘사하고 초기개량파의 정치주장과 문화교육, 사회교육 관점을 분명히 제기했다.

(1) 인재양성에 대한 중시

초기개량파의 교육사상은 먼저 인재중시 방면을 나타내주고 있고, 이것은 그들의 교육상의 출발점이다. 양무파와 같이 초기개량파도 인재양성의 중요성을 분명히 인식했다. 자신의 사회이상을 위해 교육을 통해서 실용적인 인재를 양성하고자 했다. 왕타오王韜는 "오늘 우리나라의 급한 의무는 먼저 국민을 다스리는 데 있고, 다음으로 병사를 다스리는 데 있다. 그러나 항상 그 강령은 오히려 재능을 축적하는 데 있다."라고 말했다. 천치陳熾도 "세상의 변화가 심하면 우수한 인재가 태어나기 마련이다."라고 생각했다. 만약 인재양성을 중시하고 인재를 적절히 사용한다면 정부 내부를 정비하고, 외환을 잠잠하게 할 수 있다는 것은 결국 "민심을 얻으면 곧 나라를 잘 다스린다."는 뜻이다.

초기개량파도 창설한 학교를 인재양성의 주요한 경로로 삼았다. 허치何啟나 후리헝胡禮垣은 「신정논의」에서 "한 나라의 인재는 학교에서 나타난다. 학교가 좁으면 곧 인재는 부족하고, 학교가 넓으면 곧 인재가 많다. …… 즉 국내 각 부, 주, 현 모든 곳에 학교를 세우는 것을 명령하는 것은 적합한 것이다."라고 밝혔다. 정관잉은 "학교는 인재를 양성하고, 천하를 다스리는 근본을 배우는 것이다."라고 명확히 제기하고, "학교는 인재를 배출하고, 인재는 국세를 강하게 한다. 예컨대 서양이 강한 것은, 배움이 강했기 때문이지, 서양 사람들이 강한 것은 아니다. 총, 대포, 전쟁, 전선으로 최고를 겨루는 것은 아니다. 그 강함은 중국의 문화를 배울 뿐만 아니라, 또 다른 나라의 문화를 배우는 것이다."라고 생각했다. 인재는 나라의 성쇠가 달려 있는 중요한 것으로, 인재를 양성하는 학교는 당연히 근본의 근본인 것이다. 정관잉은 인재를 양성하기 위해서 전문적으로 체계적인 학교제도를 계설하고 근대학제는 초기개량파의 생각을 제시했다.

양무교육사상의 인재관과 다른 것은, 양무파의 인재관 주요가 그들의 군사목적에 속박을 받고 있다는 것이다. 봉건교육사상은 근대의 합리적 연신에 있다. 그러나 초기개량파는 오히려 집중적으로 발전자본주의 공상업의 각도를 통해 인재의 작용과 교육의 기능을 관찰했다. 이는 자산계급 개량파 사상의 일부분에 해당한다. 비푸청薛福成은 명확하게 기술인재, 번역인재, 외교인재, 경제인재 등 인재 개념을 사회생활의 여러 방면으로 확대시키고, 인재의 단일 구조를 없앴다. 초기개량파는 외세의 침략을 막는 것을 목적으로 외교번역과 군사 공업 기술 인재를 양성하고자 했던 양무인재관에 만족하지 않고 더 나아가 민족자본주의 상공업 발전을 목표로 과학기술 인재를 배출해야 함을 강조했다. 정관잉鄭觀應도 "서양 각국이 부강한 까닭은 상공업이 발달했기 때문이다. 상공업을 발달시키기 위해서는 관련 서적을 통해 상공업에 정통해야 한다. 그렇지 않으면 서양에 뒤처질 뿐 아니라 가난을 면치 못한다."고 하면서 상공업의 중요성을 강조한 바 있다. 이와 같은 주장은 상공업 증진 뿐 아니라 경세제민의 방법이기도 했다.

(2) 전통교육에 대한 비판

양무교육의 '중체서용'은 중국 전통 교육에 새로운 바람을 불어넣어 주었을 뿐만 아니라, 사람들에게 전통교육이 아주 많은 치명적 결함을 가지고 있다는 것을 발견하게 했다. 특히, 전통교육의 중추체계인 과거제도는 조기개량파의 인재양성을 엄중히 방해하고 있고, 그들의 교육이념 실현을 방해하고 있다는 것을 깨닫기 시작했다.

1861년, 또한 양무파의 마꾸이펀馮桂芬은 "시문時文을 통해 관리가 되고, 등용된 관리는 실용적인 부분에 적합하지 못하다."면서 과거제도로는 인재를 양성할 수 없다고 생각하고, 과거개혁의 구상을 제기했다. 1876년, 이미 비교적 뚜렷한 개량사상을 가지고 있던 왕타오王韜는 구식과거의 내용에 대한 근본성의 부정을 진행했다. 그는 "국가가 시문을 통해 관리를 등용하고 있기 때문에 남다른 재능을 가진 선비라도 과거에 합격하지 못하면 관리가 될 수 없다. 과거에 급재한 사람은, 다른 분야의 재능을 가지고 있지 않더라도 열심히 노력해 시험을 통과하면 관리가 된다. 시험을 통과해 관리가 되는 것은 매우 엄격하고, 관리가 해야 하는 일은 매우 포괄적이므로 우수하지 않은 인재와 우수한 인재를 구분할 수 없다. 현재 각 성에서의 정원 수는 늘어나고, 관리를 요구하는 사람들도 늘어나고 있다. 모두가 명성만 있을 뿐, 실용적인 인재는 없다. 선비의 기풍이 좋지 않고, 지금이 가장 심각하다. 그렇다면, 우수한 인재를 어떻게 선발할 수 있을까? 시문을 없애지 않는다면, 인재는 계속해서 쓸모없을 수밖에 없다."라고 말하면서 시문을 통해 관리가 되는 과거제도는 우연성이 크다고 생각하고, 그 결과 필연적으로 인재 선발에 객관적으로 판단내릴 수 없다고 여겼다.

정관잉鄭觀應도 팔고시문으로는 진정 쓸모 있는 인재를 선발할 수 없고, 일종의 실사구시의 제도가 아니라고 예리하게 지적했다. 그는 "중국의 선비들은 자국의 풍토, 인간미, 형벌, 금전 등과 관련된 일에 대해서는 공부하지 않는다. 이들은 출세하고자 제례制藝를 열심히 공부하여 과거를 통과하려 한다. 그것에 정통하지 못하면 과거에 통과하지 못한다. 비록 재능이 있는 사람도 유용한 정신을 가지고 유용하지 않는 제례에 시간을 낭비한다. 설령 제례가 매 글자가 정교하고, 주옥같다 하더라도, 이것으로 나라를 다스릴 수 있을까? 그럴 수 없다. 일단 그것을 공부하고 성과를 얻어서 관리가 되면, 다시 그것을 공부하지 않는다. 이러한 공부는 쓸 데가 없으며 유용한 것을 위해서는 공부하지 않는다. 이것은 일종의 낭비이고, 가장 심각한 낭비이다."라고 말하고, 과거제도는 쓸모 있는 인재를 배양할 수 없을 뿐만 아니라, 극대한 인재 낭비를 조성할 수 있고, 사람들로 하여금 귀중한 시간을 쓸모없는 문학상에 소모함을 알 수 있다고 주장했다.

더 직접적으로 제기한다면 초기개량파와 양무파는 과거제도 비평에 대한 시초로 모두 질곡인재에 국한되어 있고, 또한 과거제도와 학교대립에 비교적 적은 영향을 미쳤다. 만약 누군가가 과거제도와 학교의 본질 대립이 존재하고 있다고 그렇게 제기한다면 과거의 정신은 책을 읽고, 관리가 되는 것을 제창하고, 부귀영화를 통해 하늘 아래 과거를 준비하는 독서인으로 하여금 한 길을 열심히 다투어 이로움을 구하는 것이라 할 수 있다. 반면 학교 교육의 정신은 눈을 인재 배양 단계에 돌려 전 국민의 교육수준 향상을 강조한다. 과거의 내용은 비교적 단일적이고, 오래되었고, 무조건적으로 무리하게 외우는 기술일 뿐, 세상을 다스리는 유용한 학문은 아니다. 그러나 학교 교육의 내용은 오히려 상대적으로 풍부하고, 실용적이다. 따라서 학교는 반드시 과거제도를 그만두어야 한다. 1870~80년대, 과거와 학교의 대립관계 근본은 아직도 폐쇄적인 상태에 있다. 그러나 개량파의 대표 인물인 정관잉鄭觀應은 이미 희미하게 이러한 대립을 인식하고 "학교를 세우지 않으면 인재를 배출할 수 없고, 부패한 과거시험을 없애지 않으면, 학교를 세우더라도 텅 빈 이름뿐이지, 아무런 실재 의미가 없다."라고 말했다. 그는 과거제와 새로운 교육의 갈등을 보았고, 과거등용이 학교교육을 제약하는 것을 목격했다.

과거제도에 대해 예리하게 비평한 초기개량파 교육가들도 적극적으로 '시문을 없애고 다른 방식으로 인재를 선발하는' 새로운 방법을 찾았다. 왕타오王韜는 행, 학, 식, 재의 4개를 표준으로 이용해 평가 인재

등용을 할 수 있다고 제기했다. 그는 "효제겸절, 현량방정한 사람을 마을에서 선발하고, 관리가 되면 나라를 위해 공헌한다. 학문은 고대와 현대로 구분했는데 고대는 경학을 통달하고, 역사를 잘 아는 것이고, 현대는 곧 경제에 밝고, 장고에 능란한 것이다. 모든 것을 셈할 줄 알고, 모든 것을 통달하는 것이다."라고 말했다.

(3) 근대 학제에 대한 제창

초기개량파는 아주 처음에 학당을 창설한 양무교육가의 관례를 넘어설 수 없었다. 주로 각종 전문적인 학당을 개설하여 전문적인 응용인재를 양성하자고 제창했다. 이 시기에 비록 정확한 근대학제의 구상을 제기하진 못했지만, 이미 근대학제 구상의 새싹이 트고 있었다. 마첸중馬建忠은 프랑스에서 유학할 당시 리홍장李鴻章에게 글을 올렸고, 소학과 대학원을 서로 결합시켜 수군교육체제를 제기했다. 왕타오王韜는 그의 변법방안을 통해 반드시 각 성이나 도, 군, 주, 읍에서 학교를 세우는 것이 보편화 되어야 한다고 주장하고, '학교가 인재를 양성하는 곳'이라고 주장했다. 이러한 학교는 나라가 건립하거나 서원이 세우는데, 이것은 바로 처음으로 서원개조와 입학사상의 보편성을 제기했다. 이 사상은 이후의 허치何啟, 후리헝胡禮垣, 천치陣熾와 정관잉鄭觀應 등에게 커다란 영향을 주었을 뿐만 아니라 집권한 양무파에게 어쩔 수 없이 역사조류에 순응하면서 서원개조에 참여케 했다. 변법자강운동 이후 서원을 학당으로 개선하는 것이 마침내 실현되었다.

초기개량파 중 정관잉은 근대학제 제창에 온 힘을 다 기울였다. 19세기 80년대 초, 그는 비교적 체계적으로 서방의 교육제도를 소개했다. 정관잉은 서방 각 국가의 학습제도는 거의 비슷하다고 여기고, 또한 독일이 가장 완벽하다고 여겼다. 독일의 학당은 시골에서 도시로, 군으로, 수도로 각각의 단계로 이루어져 있다. 소학을 여러 지방에 세우고 지방관들이 돈을 기부하여 관리하게 했다. 나라의 부유한 남녀든, 가난한 남녀든, 7~8세부터 모두 입학하도록 했으며 15세가 되면 학업을 마쳤다. 이것은 실제적으로는 의무교육계단의 소학 교육이다. 소학의 위에는 군학원, 실학원, 대학원, 사학원이 있고, 점차적으로 심화시키고, 서로 연결했다.

그는 비교적 자세히 서방학교의 교학 조직 형식을 소개했다. 학교 안에 몇 개의 반을 만들어 학생들의 근면함과 게으른 정도에 따라서 수준이 오르거나 내려가는 것을 기준으로 반을 따로 운영했다. 이것은 계급단계 교학의 기본 특징이다. 소학의 위 군학원은 학생들의 서로 다른 성격에 따라서 교육하는 방식을 채용하고, 전문 교수가 역사, 역학, 수학, 외국어와 예술 등을 가르쳤다. 1893년에 출간한 「성세위언」에서 정관잉鄭觀應은 더욱 자세하게 서방 주요 자본주의 국가의 교육제도를 소개하고, 특히 서방의 급제도의 학교체계에 대해 두터운 관심을 표시했다. 전문적으로 영국의 소학, 학당과 대학원, 미국과 프랑스의 소서원, 중서원과 대서원, 일본의 소학교, 중학교, 대학교 등 3급제 학교 모식을 분석했다.

이러한 기초에서 그는 서방의 자본주의 교육제도와 학교를 모방해 중국의 오래된 교육을 개조하고 싶었다. 그래서 중국의 근대 교육을 구상했다. 그는 중국의 문·무 학당을 대·중·소 세 가지로 구분하고, 각 주, 현에 문무학당 소학을 건설하고 각부나 성에 문무학당인 중학을 세우고, 수도에 문무학당인 대학을 세워야 한다고 주장했다. 그중 문학당은 6개의 과로 나뉘는데, 첫 번째는 문학과였고, 두 번째는 정시과였으며, 세 번째는 언어과로 각 나라의 언어를 가르쳤다. 네 번째는 격치과로 성학, 광학光學, 화학 등을 가르쳤다. 다섯째는 예술과로 천문, 지리, 제조 등의 내용을 가르쳤다. 여섯째는 잡학과로 상무, 세칙, 농업, 정치, 의학 등을 가르쳤다. 무학당은 두 과로 나뉘는데 첫 번째는 육군과陸軍科, 두 번째는 해군과海軍科였다. 각종 학당 중에서 매 과는 반드시 몇 개의 반으로 나누고 매년 시험에 따라서 누가 유급할지 여부를 결정했다. 소학에서 3년을 공부하면 우수 학생을 선발하여 중학으로 보냈다가 또 3년이 지나면 우수 학생을 뽑아 대학으로 보냈다. 이러한 학교 교육체제는 많은 전문과 중에서는 그들과의 장점이 있다. 모든 사람에게는 그들만의 재능이 있다는 것을 증명하고 학생의 학과 특기를 살려 인재를 양성해내며, 그들의 특기를 살려 더욱 좋은 인재가 되도록 한다. 그리하여 그들이 나라를 부유하게 만들고, 병사를 더 강하게 만들고, 돈을 벌어 더 넉넉하게 하고 그것을 살려 상업을 더 번성하게 한다.

2. 짧았던 교육개혁과 개량파의 교육청사진

아편전쟁이 아직 서양열강이 중국을 침략하는 발단일 뿐이라고 하면, 청일전쟁은 제국주의 노예화 중국의 시작이다. 서양열강은 중국에 대해 공개적인 군사약탈을 진행했고, 그들은 토지분할을 강행했고 철도와 광산을 강점했으며 항만을 조차했다.

세력범위를 나누어, 중국은 공전의 위험과 재난의 사이에 처했다. 캉유웨이는 '보국회'상에서 국난이 직면한 참상을 반영하며 간절하게 연설했다.

"중국 4억 명의 사람들은 귀천이 없는데 오늘에 이르러 지붕 아래에 물이 새는 배의 안에, 관솔불 위에 있어 마치 바구니 속의 새, 가마 속의 물고기, 감옥의 죄수와 같이, 노예가 되고, 소, 말이 되고, 개와 양이 되어 부려지고, 베어지고 도살된다. 이는 전에 없던 현상이다. 게다가 성인의 가르침이 쇠미해지고, 종족은 몰락하고 있어 뜻밖의 참담함으로 크게 비통함은, 실로 말로 할 수 없는 것이다."

이러한 배경 아래, 초기개량파는 단순히 자신들의 변법사상의 방법을 사회에 선전하였다.

캉유웨이, 량치차오, 옌푸 등으로 대표되는 개량파의 선진인물들은 선전을 지나서 실천의 단계로 올라섰다.

그들은 정식으로 황제에게 자신들의 요구를 제출하였고, 변법유신을 선전할 신문을 창간하였고, 각종 사대부로 주체가 되는 학회조직을 성립함으로써 청조가 엄금했던 사인의 집회결사, 정치적 정치를 의논하

는 전통법령을 깨뜨려 자산계급 민주생활의 새로운 바람을 불어나갔
다.

초기개량파의 유신주장이 경제 개혁을 주로 주장했다면, 그때부터
봉건정치에 대한 비판은 시작되었으며 삼권분립, 민권평등 등과 같은
일련의 자산계급 성격의 사회정치이론도 형성되었다.

그래서 그들의 교육사상은 더욱 자산계급적 색채를 띠었다. 이 시기
의 개량파 교육가가 더욱 탄탄한 이론수양을 기반으로 적극 홍보했기
때문에 그들의 교육주장은 한층 광범위한 사회적 인정을 받았다.

1895년 청 정부와 일본은 주권을 상실한 치욕스런 '시모노세키 조
약'을 체결했다. 이 소식이 전해지자 전국이 분개하였다. 캉유웨이, 량
치차오는 각 성에서 온 경회시의 거인擧人 1,300여 명과 연합하여 연명
청원을 올렸다. 이것이 바로 유명한 '공차상서'이며, 그것은 개량파가
이미 정치 무대로 올랐음을 자각함을 상징하는 것이었다. 이후 강유위
는 또 여러 번 변법유신의 건의를 진술하여 올렸다.

1898년 6월 11일 광서제는 결국 캉유웨이의 의견을 받아들여 '명정
국시'의 조서를 내림으로써 근대역사상 유명한 '백일유신'이 시작되었
다. '백일유신' 기간에 캉유웨이는 광서제를 통해 적지 않은 교육개혁
의 조서와 분부를 반포한다.

불완전한 통계에 근거해 그 사이 캉유웨이 자신이 상주하거나 사람
을 시켜 초안을 작성한 68건의 상주문 중 교육개혁을 언급한 것이 21건
이 있었다. 그 주요 내용은 다음과 같다.

① 팔고문을 없애고 과거를 개혁한다. 모두 국가의 과거 시험이 팔고문

으로 인재를 선발하지 않도록 한다. 각급 시험은 그대로 3번 치르도록 하는데 처음에는 정치, 역사를, 두 번째는 시무를, 세 번째는 사서와 오경을 시험 보도록 한다. 선비를 뽑음에 실학, 실정을 중시하는 것으로 주를 삼고, 해서 필법의 좋고 나쁨에 의거하지 않는다. 또, '경제특과'를 설치하여 경세치용經世致用의 인재를 선발한다.

② 북경에 경사대학당을 설립하고, 본래 설치된 서국書局과 역서국譯書局을 대학당으로 편입시킨다. 대학당의 과정은 보통학과 전문학으로 구분하고, 더불어 '중서병용(중학과 서학을 함께 익히다)'과 '실무를 중시하는' 방침을 따른다. 각 성의 학당의 대학당에 속하여 관할한다.

③ 서원을 고쳐서 학당으로 바꾼다. 각지의 예전에 있던 서원을 일률적으로 중학과 서학을 함께 학습하는 학당으로 고치고, 그중 성省의 서원은 고등학당으로, 부성府城의 서원은 중등학당으로, 주현州縣의 서원은 소학당으로 한다. 지방 기부로 운영되는 의학義學과 사학社學역시 '중서겸습'을 명령하고 신사와 평민이 학문을 일으키도록 고무하고 격려한다.

④ 전문 학당을 설립한다.

⑤ 역서국, 편역국을 건립하여 외국교과서와 기타서적을 편집 번역한다.

⑥ '시무보'를 고쳐 국가가 경영하게 하고, 신문사와 학회의 자율적인 창립을 고무하고 격려한다. 각 성의 사민은 새로운 책을 쓰고, 새로운 법을 만들어 행하고, 새로운 기계를 만들어 실용에 부합하고, 균

등하게 포상을 주거나 좋은 인재는 실제 직업을 수여한다.

⑦ 학생을 선발하여 외국에 유학을 보낸다. 각 성의 총독과 순무에 명령하여 학당에서 총명하고 깊은 연구에 뜻이 있는 자를 선발하여 뽑아 일본 등의 나라에 유학을 파견한다.

위에서 서술한 내용은 개량파 교육개혁의 주요 항목으로, 신흥자산계급이 근본적으로 봉건교육을 개혁, 변화시키고자 한다는 것을 보여준다.

이런 교육개혁 항목이 적극적으로 계획하고 실시될 때 당하여, 보수파는 갑자기 정변을 시작하여 그들은 광서제를 감옥에 가두고 담사동 등 여섯 군자를 살해하였고, 캉유웨이와 량치차오 등은 외국으로 망명하였다.

짧은 교육개혁은 결국 실패했다. 그러나 유신개량파가 제시한 이상교육 청사진과 유신개량파의 근대교육사상에 대한 계몽은 중국교육의 근대화에 큰 공헌을 했다.

개량파가 제출한 모든 항의 교육개혁내용은 3년이 되지 않아 실시되었다. 1901년 6월 청 조정은 어쩔 수 없이 경제특과를 명령하여 열었고, 8월에는 과거에서 팔고문을 없애라는 명령을 내렸으며 9월에는 각 성에 학당 설립을 명령하였다. 1902년 관학대신이 경사대학당을 확실하게 처리할 것을 명령하였고, 1905년부터 시작하여 과거를 폐지하였다.

중국 근대교육체계의 기본적인 틀이 형성되었다. 양무파부터 개량파까지 사람들이 노력한 결과였다. 변법자강운동 교육개혁의 주장은 아직 보잘 것 없는 작은 부분일 뿐이었지만, 개량파가 진정으로 갈망한 이상교육은 사람들의 마음을 더욱 격동하게 하는 '대동세계'였다.

(1) 캉유웨이의 교육평등이상

역사의 발전, 봉건정치 개혁을 요구하는 것은 캉유웨이 변법자강운동의 중요한 강령 중 하나이다. 그는 "하늘이 변치 않으면, 도도 변치 않는다."는 관점으로 봉건통차계급을 명확하게 부정했고, 더불어 '공양삼세설'을 근거해서 사회를 거란, 승평, 태평으로 나누었다. 전반적인 봉건 통치질서는 오직 인류역사의 한 계단임을 선포하고, 그것은 필연적으로 자산계급 민주제로 바뀔 것이라고 주장했다.

이것이 캉유웨이의 역사진화론이다. 이 사회역사철학이 교육사상에까지 영향을 주면서 '난세'의 교육 불평등 현상을 개탄하는 목소리가 나오기 시작한 것이다. 캉유웨이는 다음과 같이 말했다.

"똑같은 사람, 똑같은 남자라 하더라도 미개한 지역이나 궁벽한 산골에 태어나면 떨어진 천으로 몸을 가리고 나무열매로 배를 채운다. 글자를 몰라 아둔하기가 말이나 사슴 같다. 좋은 음식과 좋은 옷이 어떤 것인지도 모르고 학문이 무엇인지도 모른다.

도회지의 선비들은 속주머니의 먼지를 털어내고, 의복과 신발을 차려입고 있으며 주위에는 책이 있고 고금의 학문에도 정통하다. 이 두 모습을 비교하면 사람과 금수의 차이와 같지 아니한가.

자자손손 노예로 세습된다. 성인의 지혜가 있어도, 벼슬이 허용되지 않았고, 배움을 얻지 못하게 억압하여 글을 익힐 수 없었다. 모두 같은 생명이며 노비 역시 사람인데 무슨 이치로 이러한 고통을 주는가!"

같은 하느님의 아들로 모두 인류동포가 되었건만 왜 귀천의 차별이 있어야 하는가? 왜 같은 교육 권리를 누리지 못하는가? 이러한 문제의 지적은 캉유웨이 이론의 성숙함을 보여준다.

그는 옛 과거, 옛 학당 종류의 자질구레하고 번잡스러움의 비난에만 구애되지 않고, 민권, 평등의 관념을 가지고 모든 것을 가늠해보고, 모든 것을 자세히 고려하였다. 계급제는 봉건제도의 기반이었는데, 이것이 흔들리자 봉건제 자체가 흔들리기 시작한 것이다.

캉유웨이가 펑구이판, 정관잉, 후리헝 등 초기개량파에 비해 우수한 점은, 바로 자산계급 민권평등의 이론적 토대를 바탕으로 교육평등을 주장하면서 봉건사회교육 불평등현상을 지적하고 나섰다는 점이다. 캉유웨이는 구교육 불평등현상에 대해 변법자강운동이 일어나기까지 그 어느 때보다 맹렬하고 신랄한 비판을 했다.

이는 캉유웨이가 사상과 행동 두 가지 모두를 중시했다는 것을 보여준다. 국난이 눈앞에 닥치고 사회문제가 심각해지자 캉유웨이는 직접 가서 관찰하고 가서 해결을 고민했다. 또한 진리의 추구에 관해서는 문제의 본질을 파악하기 위해 노력했다.

이에 자산계급 개량파의 담력과 식견이 충분히 구현되었다. 그들은 근본적으로 구교육제도를 반대하고, 교육의 불평등 현상을 반대했다.

그러나 사상의 '자유'는 행동의 '자유'와 같지 않았고, 공개적으로 비판하는 용기와 힘이 부족했으며 말없이 마음속으로 남을 나무라는 비판에 그쳤다.

엥겔스가 괴테에 대해서 '사상적 거인 행동의 난쟁이'라 한 분석이 캉유웨이에게 완전하게 적용된다. 이런 모순 현상은 바로 자산계급 개량파의 유약성과 시대병이라 설명했다.

난세의 불평등한 교육 폐허에 캉유웨이는 우뚝 솟은 '태평'한 시기의 신교육을 건설했다. 이때 도구는 바로 이전에 구교육을 부순 무기인 민권, 평등이론이다. 그의 이상에 근거하여 그것을 대체하여 일어난 것은 '지극한 평등, 지극한 공유, 지극한 인, 지극한 다스림의 형식'의 한 사회다.

여기에 봉건 종법제도, 등급제도와 군주전제제도는 없다. 심지어 국가도 계급과 가정도 없다. 『대동서』 중 교육의 이상적인 경관은 인심을 더욱 격동케 했다.

"태평할 때는 사람들의 지혜를 계발하는 일을 우선으로 하고 학교를 제일 중요시한다. 자유원慈幼院의 교육에서부터 소학, 중학, 대학에 이르기까지 사람들 모두 어려서 시작해서 20세까지 배운다. 사람들 모두는 집안일의 피곤함도 없고, 사람들 모두는 악습이 없다.

도서와 기물이 모두 구비되어 있고, 언어와 문자가 모두 같아서, 하루 힘이 이미 절약되고, 섭생 또한 준비되어 도덕이 하나이고 교화가 같아,

그것을 배우는 사람들은 지금에 비해 천만 배 이상 발달하게 된다. 만약 그 정당한 도리라면, 즉 덕교, 지교, 체교 외에도 실용적인 교육을 제일 중요시 하며 고로 대학의 교육과정도 그렇게 한다.”

캉유웨이, 량치차오가 알았던 ‘모든 책은 수십만의 말이고…… 그 가장 중요한 관점이다.’의 ‘가계로 가서 천민을 위해라’ 일부분에서 캉유웨이는 체계적이고 상세하게 이러한 교육을 그리고 있다.

아동은 사회공유로 귀속되고, 어머니는 임신을 하면 바로 공동 운영되는 ‘인본원’에 들어가서 태교를 시작하는데 갓난애가 우유를 끊으면 바로 공동 운영되는 ‘육영원’에 들어가게 한다.

3세는 ‘자유원’에, 6세는 ‘소학원’, 11세는 ‘중학원’, 16세는 ‘대학원’에 들어가서 20년의 공동 양육, 공동 교육을 지나고 나면 사회봉사에 나선다.

책 중에 조기교육, 학교체계, 교육환경, 교사표준 등 문제에 관해 가치 있는 견해가 여럿 있다. 그가 구상한 이 일련의 교육제도는 개량파가 가장 상세하게 갖춘 자산계급색채의 학교교육체계 중 하나이다.

요컨대 ‘대동’사회에서 사람들은 모두 교육의 권리와 의무를 향유한다.

국민을 위한다는 ‘공양’ ‘공교’의 확실함은 교육영역 중 ‘가정과 종법제도의 복잡한 봉건적 굴레’를 사정없이 잘라냈다. ‘천하위공’의 사상과 민권평등사상은 서로 눈부시게 비추었고, 『대동서』의 주제인 ‘대동의 세계, 천하는 국민을 위하고, 계급이 없이 모두가 평등하다’를 조성했다.

반드시 지적해야 하는, 캉유웨이가 가리킨 '사람' 역시 추상적인 사람일 뿐이고 현실사회 환경과 떨어져있는 사람이다. 그가 밀고 떠받든 '천하위공'도 자연히 일종의 추상적인 '초계급적 인도주의'이며, 더불어 그 '인'의 철학 사상과 결합하여, 개량주의 입장을 형성했다.

여기에는 특별히 캉유웨이의 여성교육의 평등태도가 제시되어 있다. 엥겔스는 공상사회주의자 푸리에의 '어떠한 사회에서도 부녀해방의 정도는 보편해방의 자연적인 척도로 평가하는 것이다'라는 이 한 마디 명언을 높이 평가했다. 마찬가지로, 부녀해방의 정도를 주장하는 일 역시 가끔 한 명의 사상가의 민주 정도 척도로서 가늠한다.

역사상 많은 강렬한 민주경향을 갖춘 사상가들이 여성교육의 문제에서 오히려 항상 역사의 전진방향과 완전히 상반되고 배치되어, 고대중국의 공자와 그리스의 아리스토텔레스와 같고, 심지어 계몽운동 시기의 선구자 루소까지도 여성교육에 대해 매우 가볍게 보았다.

캉유웨이는 그의 유토피아를 묘사함에 있어, 그의 교육평등이상을 선전할 때, 오히려 열정적으로 글의 많은 부분을 부녀자를 위해 할애했다.

『대동서』는 예부터 존재했던 여성에 대한 불평등한 처우를 기록하였다. 가령 관직에 나가지 못하고 과거를 보지 못하며, 공민으로 인정받지 못하고, 공사에 참여할 수 없다. 학자가 될 수 없고 자립할 수 없으며 자유가 없다. 또한 아울러 죄수와 노예, 소유물과 노리갯감으로 취급받아야 한다는 점 등이다. 그 가운데 여성교육문제에 관한 내용이 가장 심각했다.

캉유웨이는 대동서에서 서술된 내용은 민권과 인간 평등에 위배된다고 지적하면서 생리적, 심리학적 과학지식에도 부합하지 않는다고 비판했다.

> "이미 사람으로 태어나, 그 총명하고 영명함이 같고, 그 성정 기질이 같고, 그 덕의와 욕망도 같고, 그 몸 머리 수족이 같고, 그 이목구비도 같고, 그 능히 행동하고 앉고 붙잡을 수 있고, 그 능히 보고 듣고 말하고 침묵할 수 있고, 그 능히 먹고 마시고 옷을 입을 수 있고, 그 능히 똑같이 돌아다니며 구경하고 일을 하고 쉴 수 있으며, 능히 사무보고 이치를 궁리함이 같아 여자라고 남자보다 못하지 않고, 남자라고 여자보다 잘난 것이 없다……. 고로 이치로 따지더라도 여자는 당연히 남자와 모든 면에서 동일하다."

이 때문에 캉유웨이는 『대동서』에서 역설하길, "여자들을 구원하는 일은 마땅히 노예풍습을 막는 것과 같고 군대를 내서 물에 빠진 사람을 구하는 것과 같다."고 했다.

그는 일련의 여성해방의 방안을 설계하였는데 그중 교육으로 근본을 삼는 계획이다. 그는 여성자립의 근본은 '그 학문과 재능과 식견이 갖춤으로 공민의 인격이 충분함'에 있다고 생각했다. 그리고 '태평한 시절'의 교육은 '먼저 여학교를 설립하고 남자학교와 같은 교칙을 만드는 것'이며 여성도 남성처럼 선거, 응시, 관직 진출, 교사임용 등 권리를 누릴 수 있다고 하였다.

(2) 량치차오梁啓超의 '신민新民'교육사상

　개량파가 그린 교육의 청사진에서, 량치차오의 '신민'교육사상은 유난히 특색을 띤다. 캉유웨이康有爲의 유능한 조수이자 애제자인 량치차오의 '신민'교육사상은 유신개량파의 교육이론을 보완하였다.

　량치차오는 말 많고 탈 많은 『신민설新民說』을 썼고, 중국문제의 근본적 해결은 새 국민을 만들어 내는 것에 달려 있다고 생각했다. 그는 '신민新民'교육의 의의를 논할 때, "만약 신민新民이 있다면, 어찌 새 제도, 새 정부, 새 국가가 없으리라 걱정하리오?"라고 했다. 따라서 그는 '신민' 양성을 현재 중국 제일의 급선무로 보았다.

　량치차오는 '신민'에 대해 다음과 같이 정의를 내렸다. "이른바 신민이라는 것은 마음이 서양문물에 도취되어 따르지 않고, 서양반열에 오르기 위해 우리 수천 년의 도덕, 학술, 풍속을 버리지도 않는 자이다. 또한 옛것만 고수하는 것에 따르지 않고, 이 수천 년의 도덕과 풍속을 품는 것을 말한다. 따라서 중국에 적용하기에 충분하다." 또 말하길, "신민을 운운하는 것은, 우리 국민이 사람들을 쫓기 위해 옛것을 모두 버리는 것을 말하는 게 아니다. 새로운 의미 두 가지란 다음과 같다. 첫째, 그 본래 가지고 있는 것을 튼튼히 하고 나서, 본래 가지고 있는 것을 새롭게 하는 것이다. 둘째, 그 원래 없던 것을 보완하고, 가지고 있지 않던 것을 새로이 하는 것이다. 둘 중 하나라도 빠지면 소용이 없다.

가지고 있는 것에 따라 보완하는 것과 성질을 변화시키는 것, 이 두 가지 방법을 벗어나지 않는다. 이것이 바로 우리 고유의 것을 튼튼하게 하고, 본래 없는 것을 보완한다는 말이다. 한 사람이 이렇게 하면, 군중도 그렇게 한다."

이로 보아, 량치차오가 말하는 '신민'은 중·서학을 통달한 자이고, 자산계급적 정치신조나 도덕적 수양을 갖추고 있는 신新세대이다. 이러한 '신민'을 양성하기 위해, 량치차오는 일본의 학교교육제도를 본받아 아동심리·신체발달단계에 맞춰 국민교육제도체제를 계획해냈다. 이 체제는 교육을 다음 네 시기로 구분한다. 5세 이하의 유아는 유치원 또는 가정에서 교육을 받는다. 6~13세의 아동은 소학교에서 8년의 의무교육을 받는다. 14~21세의 청소년은 중학교 또는 중학교 수준과 상등한 사범학교 또는 각종 실습학교에서 교육을 받는다. 22~25세의 성인은 대학교에서 교육을 받는다. 대학교는 문과, 법과, 의과, 이과, 공과, 농과, 상과, 사범과로 나뉜다. 대학교 위로는 '자율연구, 무제한 학기인' 대학원이 있다.

이 국민교육제도체제 중에서, 량치차오는 특히 의무교육단계인 소학교육에 주목했다. 중국근대교육사상사中國近代敎育思想史상 최초로, 량치차오는 의무교육실시 주장을 제기했다. 그는 다음과 같이 말했다.

"의무교육은 무엇인가? 무릇 연령이 된 이는 모두 이 의무교육에서 벗어날 수 없다. 옛날 각국의 소학을 흥하게 하는 것은 국가의 힘을 이용하지 않는 것이 없었다. 만약 이와 같지 않다면, 소위 의무라는 것은 보급될 수 없다. 오늘날의 관리자들은 그저 입으로만 권유하여 백성들을 자립하게 하려 할 뿐이다. 어지럽고 가지런하지 못할 뿐 아니라, 관립중학교와 관립고등학교는 서로 계속 이어지지 못하고, 또한 아마 십년 이후에도, 전국의 소학은 여전히 별들과 같을 것이다.”

다시 말해 의무교육은 모든 적령기아동을 향한 교육이다. 의무교육을 제대로 실시하기 위해선, 단지 입만으로는 권유할 수 없고, 정부의 행정 능력으로 관여해야 한다. 동시에, 반드시 중학, 소학의 연결문제를 잘 처리하는 것에 주의해야 한다. 『교육정책사의教育政策私議·학교경비의 제2學校經費議第二』중에서, 량치차오는 의무교육의 학교설립, 경비, 관리, 교과서 등 부분에 대해 상세히 규정하였다.

① 천 명 이상의 마을 촌락에 소학교 한 곳을 설립한다. 면·읍에서는 몇 지구로 나눌 수 있는데, 매 지구마다 한 학교가 있다. 대략 2천 명에 한 학교씩 늘어난다. 천 명 미만의 작은 촌락은 몇 군데를 합쳐 학교 한 곳을 함께 세운다.

② 학교경비는 본교 본마을 본지구에서 자체적으로 모은다. 공공재산을 가지고 있는 자에게는 그 재산의 수입과 지출로 징수하고, 공공재산이 없거나 부족한 자에게는 학교세를 징수한다. 예를 들면, 학교를 창설하고 유지하기 위해, 토지세, 주택세, 영업세, 주민세 등 혹은 기타로 인해 적절히 만든 특별세를 법에 따라 징수한다.

③ 매 학교 소재 구역마다 모두 교육회의소를 세우고, 현지 주민들이 몇 사람을 교육의원으로 추천한다. 더불어 교육회의소가 학교의 모

든 중요한 사무를 처리하고, 장관은 이에 관여할 수 없다.

④ 국가는 소학교규정을 제정하고, 관리방법 및 이수과목을 상세하게 정한다.

⑤ 국가가 정한 과목에 근거하여, 정부당국 또는 민간 측이 교과서를 편찬한다.

⑥ 적은 학비를 적당히 거둘 수는 있지만, 반드시 국가가 정한 한도액 이내여야 한다. "가난한 자제가 있고 스스로 수업료를 마련할 능력이 없어 교육회의소의 조사를 거친 후 이에 일치한 자는 세금을 면제해준다. 자제가 나이가 되었는데 취학을 시키지 않으면, 그 아이의 부모는 처벌을 받는다."

⑦ 교육세 납부를 거부하고 납부하지 않는 자에 대해 교육회의소는 관청에 보고하여 조사하고 처리한다.

⑧ 각 성省은 시학관 3~4명을 두고, 매년 한 번씩 전全 성의 각 학교 구역을 순시한다. 시학관의 직책은 학교운영을 지도하고, 관리를 감독하며, 교사와 학생을 포상하는 것이다.

분명, 량치차오의 의무교육에 대한 견해는, 주로 그가 신민新民 양성이라는 이상을 실현하는 것이고, 교육을 통해 인민이 국가적 관념을 지닌 민족이 되게 함으로써, 중국의 부강을 실현하길 바라는 것이다. 의무교육은 객관적인 면에서 노동군중의 자녀가 최소한의 교육을 받을 권리를 얻는 데 유리하고, 전체적으로 민족적 소양을 향상시키는 데 유리하므로, 진보적 역사의의를 지닌다고 하겠다.

량치차오는 또한 '신민'을 양성하는 교육 방법에 대해 깊은 연구를 하였다. 그는 서양자본주의국가의 교육방법을 배워, 그 교육방법을 중국교육계에 소개하는 것을 매우 중요시하였다. "그것이 이치이다. 우선 글자를 익히고, 다음으로 글자의 뜻을 분별하고, 그 다음으로 문장을 짓고, 글을 만든다. 순서를 어기지 않는다. 글자 익히기 초기에는 반드시 눈앞의 이름과 형체를 가르쳐야 하는데 그리 어렵지 않다. 반드시 고금잡사를 가르쳐야 한다. 예를 들어, 고사鼓詞는 사내아이들이 듣기 좋아하는 것이다. 반드시 여러 국가의 언어를 가르쳐야 한다. 사내아이의 설근舌根이 아직 굳지 않아 배우기 쉽다. 반드시 셈을 배워야 한다. 모든 일에 반드시 쓰이는 것이다. 노래를 많이 사용하라. 읊기에 좋다. 속어를 많이 사용하라. 해답을 찾기 쉽다. 반드시 음악을 배우게 하라. 인체를 부드럽게 해준다. 반드시 체조를 연습시켜라. 그 근육과 뼈가 튼튼해지고, 또한, 병사로 기를 수 있다. 하루 수업은 세 시간을 넘기지 않는다. 너무 힘들지 않도록 하고, 곤란을 기피하게 한다. 함부로 보강을 실시하지 않는다. 골치 아프게 하지 않고, 더불어 그 염치를 길러준다. 부모는 지나치게 예뻐하거나 학습을 방치해선 안 된다. 인재가 되지 못하게 막는 일이다."

여기에서는, 아동 학습의 각 과목 및 각 과목 수업의 의미, 교육과정의 배정과 아동의 신체·심리발달 특징에 대해 비교적 상세한 설명을 하였다. 량치차오는 더 나아가 자신의 교수법에 대한 견해를 명백하게 논술하였다.

첫째, 교수教授는 반드시 순서에 따라 점차 심화시켜야 한다. 『교육정책사의教育政策私議』에서, 량치차오는 다음과 같이 말했다. "학문은 마치 건물을 오르는 것과 같다. 초급을 거치지 않고 맨 꼭대기에 오르려 하면, 중도에 좌절하지 않을 리가 없다." 이런 까닭에, 그는 일본의 교육심리학 교과서의 성과를 받아들였고, 아동신체·심리발달의 상세한 표를 열거하였고, '교육단계'는 반드시 아동의 신체·심리발달의 단계에 따라야 하며, "그것(교육단계)은 순서를 건너뛰어 진행시킬 수 없고 이는 분명하다."고 여겼다.

둘째, 교수敎授는 반드시 흥미를 길러내는 것이어야 한다. 량치차오는 다음과 같이 생각하였다. "교육 사업은, 긍정적으로 말하면, 모두 흥미를 유발하는 것에 있는 것이고, 또 부정적으로 말하자면, 흥미를 깨뜨릴까 매우 조심하려 한다는 것이다." 학생들의 학습흥미 유발을 위해, 량치차오는 공강 시간에 학생들로 하여금 생물을 관찰하도록 동산에 놀러가게 한다든지, 체력이 강해지도록 체조연습을 시킨다던지, 정신을 깨우기 위해 음악을 연주하게 해야 한다고 주장했다. 그는 만약에, "사관이나 교육관이 좁은 공간에서 옷깃을 바로하고 위엄 있게 앉아 학생들을 관리하고 교육하려 하는데 실내가 좁아 산소가 부족하고 학생들은 자유롭지 못하다. 학생들이 마치 중죄인처럼 책을 읽고는 있으나 학업에 대한 흥미는 점점 떨어져 학업 성과는 기대에 못 미치고 교육자에 대한 원망만 가득하다."고 했다.

물론, 량치차오는 문제의 또 다른 부분도 지적했다. 교수는 흥미를 위해 흥미로울 수는 없다. 학생들로 하여금 일정한 긴장감을 주고, 학생들로 하여금 열심히 공부하게 하여야만, 인지능력을 충분하게 향상시킬 수 있다. 따라서 아동을 교육하는 데 있어서, 흥미로만 가르치는 것은 강제성이 전혀 없어, 분명 아동의 가능성을 확장시킬 수 없다."

셋째, 교수教授는 반드시 암기와 이해를 서로 결합시켜야 한다. 량치차오는 이에 대해 상세히 설명하였다. 그가 말하길, "아동을 가르치는 자는, 이해로써 아이들을 가르치면 수월하지만, 암기로써 아이들을 강요하면 매우 힘들다. 원인은 무엇인가? 이해는 주로 '나아간다(往)', 그 일이 순조롭고, 그 도가 통하며, 통하니 영리해진다. 암기는 주로 '돌아오고(回)', 그 일이 거스르고, 그 도가 막히며, 막히니 무디다. 따라서 태어나면서 두 가지를 가지고 있는 자가 최상이다. 만약 모두 갖추지 못한다면, 억지로 외우느니 잘 이해하는 편이 낫다. 그 이유는 무엇인가? 사람이 사물과 다른 점은 대뇌를 가지고 있다는 것이다. 따라서 인도人道의 끝을 알 수 있다. 무릇 기억한 것은 모두 이해할 수 있다. 기억 못하는 것은, 즉 이해 못한 것이다."

암기력은 우수하나 이해력이 부족한 이는 축적은 많으나 모두 쓸모없는 것이다. 그저 순조롭고, 통하고, 영리하여 오로지 이해력으로만 지도하는 자, 그 암기력도 분명 이해에 따라 증가한다. 그저 거스르고, 막히고, 무뎌 오로지 그 암기력으로 아이들을 강요하는 자, 그 이해력은 분명 이에 따라 감소한다.

량치차오가 보기에, 암기력과 이해력은 수업과정에서 중요한 두 가지 심리적 요소이며, 이 두 가지는 상부상조, 불가분의 관계다. 그는 이해력을 더욱 중요시하였고, 이해력은 기억의 기초이며, 학생들의 기억력을 배양한다고 여겼다. 만약 이해력이 없으면 완성시키기기도 어렵다.

학생들에게 죽도록 외우라고 강요하는 것은, 바로 '뇌를 질식시키는 것'이며, 머리를 매일 상하게 하는 것이다.

넷째, 교수敎授는 반드시 인성발달을 중시해야 한다. 량치차오는『덕육감德育監』,『신민설新民說』,『10가지 덕성의 상반·상보相反相補』등의 글을 저술하였으며, '신민'이 반드시 갖추어야 할 각종 인성에 대해 명확한 그 요건들을 제시했고, 독립獨立, 사교社交, 진취進取, 모험冒險, 자주自主, 자신自信, 자존自尊 등 품성은 신흥자산계급이 필요로 하는 인재의 기본적 자질이라고 여겼다. 예로, 자존에 관하여 량치차오는 자기애, 자주, 자립, 자기책임의 전제라고 여겼으며, 진정으로 자존심을 가진 자는 새하얀 빙설과 같은 지조와 절개를 갖고 있어, 대범하고 의젓한 정신을 나타내며, 또 소나무처럼 청렴결백한 덕성을 지녀, 드높은 기개를 가질 수 있을 것이라고 여겼다. 자존심이 강한 사람은, 실제로 사람을 그 인격의 법문에 들어가게 한다. 량치차오는 사람의 자아교육을 강조하였다. "자주적 사람이라면 권하려 하지 않고, 핍박하려 하지 않고, 스스로를 규범 위에 놓는다. 다시 말해, 반드시 자각적으로 사회의 도덕적 규범을 활용하여 자신을 단속해야지, 외부의 압력 하에 피동적으로 각종 도덕적 행위를 행해선 안 된다. 자아교육의 능력을 단련시키기 위해, 그는 도덕적 의지의 배양을 특히 중시하였다. 사람은 태어날 때, 근심걱정과 함께 나온다. 수많은 걱정은 모두 마음을 수련하는 데 도움이 된다. 수많은 위험은 모두 담력을 단련시키는 데 도움이 된다. 가는 곳마다 모두 내 학교이니라." 여기에서는 하나의 중요한 이치를 제시했다. 바로, 도덕적 의지의 배양은 일상생활에서 행해져야 하고, 작은 일 하나하나부터 시작해야 한다는 것이다.

(3) 옌푸의 교육구국사상

근대 중국이 서방에서 진리적 대표인물과 유명한 자산계급계몽 사상가를 찾았는데, 옌푸가 먼저 그의 '번역인재'로 세상에 그 이름을 알렸다. 그러나 그는, 서학중의 진화론과 천부인권으로 이론 근거적 교육구국사상으로 삼고, 근대교육사상사 방면에도 상당히 갖춰진 특색이 있었다.

옌푸는 중국 당시의 가장 큰 우환은 '어리석고, 빈곤하고, 약함' 이 세 글자이고, 그래서 중국의 가장 절박한 임무는, '어리석음을 낫게 하고' '빈곤을 치료하고' '약함을 일으켜 세워주는 것'이라고 여겼다. 세 가지 중, 어리석음이 가장 엄중하다고 여겨서 "특히, 어리석음을 낫게 하는 것이 가장 급선무다."라고 여겼다. 왜냐하면 '어리석음으로써 빈곤과 약함을 얻기' 때문이다. 빈곤과 약함은 우매하기 때문에 만들이지는 것이다. 이와 같이 인식함에 따라 그는 「원강」의 한 문장 중에서 '고민력' '개민지' '신민덕'의 주장을 제기했고, 이 3가지 방면의 문제를 해결하는 것은, 또한 "유일하게 급한 문제는 교육상의 수단에 있다."라고 밝혔다. 그는 "중국의 교육이 논리와 객관성을 강조하여 학자들이 인과관계를 명확히 밝히고 과거 교육의 문제점을 타파하고 나아가 해결하게 할 수 있다면, 이야말로 진정한 중국의 행복이다."라고 생각했다.

옌푸는 어쨌든 개체이든 사회이든 강점이나 약점이 주로 세 가지 방면에서 나타난다고 했다. "첫째는 혈기체력의 강함을 말하고, 둘째는 총명지려의 강함을 말하고, 셋째는 덕행인의의 강함을 말한다." 그래서, 정말로 중국사회의 오래된 약함과 오래된 빈곤의 낙후된 국면을 변화시키는 것은 바로 민력, 민지, 민덕의 문제를 해결하는 근본에 있다. "오늘 해야 할 정치는 모두 세 가지이다. 첫째, 민력을 고무하는 것을 말하고, 둘째, 민지를 열게 하는 것을 말하고, 셋째, 새로운 민덕을 말한다." 교육의 관점으로 보면, 이것은 곧 체육이고, 지혜교육과 도덕교육의 문제이다.

① '국민의 힘'과 체육

옌푸는 '국민의 힘'은 국가의 성세, 민족의 힘과 직결된다고 보았다. "일국의 성쇠와 힘은, 민족의 성쇠와 힘을 말하는 것이다. 민족의 성질, 즉 우열과 승패를 결정한다." 그는 고대 그리스, 로마, 돌궐족, 카자흐족이 세계적으로 이름을 떨칠 수 있었던 것은 "모두 전쟁에 능하고 민족의 힘이 강했기 때문이다."라고 여겼다.

옌푸는 중국사회의 오래된 약함과, 중국의 많은 불량사회의 풍습, 예절과 의식 등은 서로 밀접한 관계가 있다고 제기했다. "중국의 예법과 풍속이 국민의 힘에까지 해를 끼치고 있다. 준법, 학문과 같은 큰 영역에서부터 의식주의 작은 영역에 이르기까지 이루 다 헤아릴 수 없다. 그 가운데 가장 심각한 문제는 아편 중독과 전족이다." 그는 아편을 피우는 것과 여자가 전족하는 것이 중국의 국력이 약하고 국가가 가난한 근본 원인이자, 국민의 힘을 키우는 데 가장 방해가 된다고 했다.

옌푸는 또 "이러한 오래된 낡은 풍속을 개조하려면 각급관사가 다시는 아편을 피우지 않도록 해야 하며, 관병들을 엄격하게 선발함으로써 아편을 피우는 자는 선발되지 않도록 해야 한다. 이렇게 하면 아편 중독자는 점점 줄어들게 마련이다. 그 다음엔 아편 금지령을 내려야 한다. 그렇게 되면 30년쯤 후에는 아편 중독자가 세상에서 사라질 것이다."라고 했다. 여자 전족에 대해서도 옌푸는 이것 또한 모든 여자들이 본래 원하지 않는 일이며 단지 악습에 얽매이는 행위일 뿐이라고 여겼다. 교육을 통해서 '전족의 해로움'을 이해시키는 것만이, 국가 법령을 다시 엄격하게 금지시킬 수 있고, 그것은 아주 어려운 일은 아니다. 그래서 그는 온 힘을 다해 교육과 고용, 법률 세 가지를 함께 관리하면서 중국인의 '동아시아 환자' 형상을 개변시키고 '국민의 힘을 격려'하여, 건강하고 건장한 새로운 시대의 국민을 양성할 것을 주장했다.

② '국민의 지혜'와 지혜교육

옌푸는 '국민의 지혜'를 국가 부강의 근본원천으로 보고, 민중의 지력을 개발하고, 그들의 총명재지를 발휘하고, 이러한 총명재지를 생활과, 생산실제에 사용하는 것만이 정말로 국가가 풍요로운 현대화 길을 걸어갈 수 있다고 여겼다.

이른바 '국민의 지혜'는 '학문'과 '일의 성공'을 포함하며 이 두 가지는 사호보완적인 관계가 있다. "공명만 쫓는 사람은 학문을 경시한다. 그런데 학문을 중시해야 일도 성공할 수 있다. 그러므로 학문과 일의 성공 가운데 어느 한 쪽에만 치우칠 것이 아니라 모두 중시해야 한다.”
그는 뉴턴, 와트, 패러다이 등 과학자, 발명가가 기계와 전기를 발명하
여 민생을 개선하는 데 공헌한 바를 가리키면서, 새로운 과학 이론을
현실에 응용해야만 사회진보와 기술의 발전을 촉진시킬 수 있으며, 교
육과 나라의 밝은 미래를 열 수 있다고 했다.

옌푸는 서방의 ‘학문’과 ‘직책’의 관계를 잘 추리할 수 있는 이유가
먼저 교육상에서의 관철에 있다고 설명하면서 ‘먼저 만물의 이치를 이
해하고, 후에 문사를 하고, 사용하는 것을 중시하고 문장을 수식하는
것을 가벼이 여기는’ 원칙을 제기했다. “제자를 가르치는 것은 먼저 반
드시 스스로로 하여금 견문을 갖추는 것이 필요하고, 스스로 얻음을 중
요시하고, 천함은 사람 때문인 것을 알고, 의심을 많이 하되 신중한 생
각에 집중하라.” 이처럼 서양 근대 교육은 학생의 독립적 사고와 자연
과학 교육을 중시하고, 학생이 실제 문제해결 능력을 갖도록 하는데 착
안점을 두었다. ‘이론과 지식의 현실 적용’을 중시한 서양과 달리, 중국
교육은 ‘지혜를 현실과 동떨어진 옛 학문에 쏟는 데’만 열중했다. “중
국의 학문은 반드시 고문古文 학습을 강조한다. 옛사람의 잘못된 점을
오늘날에 적용해서는 안 될 뿐 아니라, 옳은 점이라 할지라도 오늘날의
상황에 부합하지 않을 수 있다. 그러므로 고문을 암송하는 것은 잘못된
것이고, 고문을 해석하고 주석을 다는 것 역시 융통성이 결여된 것이
다. 고문 연구가 점점 심해지고 있는데, 이는 쓸모없는 인재를 양성하
는 것 일뿐 어찌 국민을 지혜롭게 한다고 할 수 있겠는가?” 옌푸는 중
국전통교육이 강조하는 고문 암기와 주해註解는 국민을 지혜롭게 만들

지 못할 뿐 아니라, 인재의 성장을 오히려 저지한다고 생각했다. 특히 어린아이들의 지력 향상에 막대한 손상을 주었다고 비판했다. 이 때문에 교육을 받은 사람들이 실제 문제를 해결하는데 있어서 오히려 농·공·상업에 종사하는 사람들보다 못하다고 지적했다.

그래서 옌푸는 '국민의 지혜'의 관건은 중국의 오래된 교육을 개조하고, "학교와 학당을 세워 서학을 가르치자."라고 생각했다. 그는 「구망결론救亡決論」 중 말하기를, "나라를 구하고 부강하게 하는 것은 쉽지 않은 일이다. 그러나 나라를 구하려면 외국사를 알아야 한다. 외국사와 서학에 밝아야 하는데 그 이치를 알지 못하면 혼란만 가중될 것이다. 나라를 구하는 길은 여기에 있고, 자강의 계책 또한 여기에 있다." 교육구국이란 본질적으로 서학을 통해 나라를 구하자는 것이었다. 옌푸는 일본민족이 '서학'을 대하는 태도를 배워야 한다고 주장했다. 일본인 역시 민족정서상 서양은 미워했지만 '서학'에 대해서는 오히려 미워하는 마음을 억제하고 절치부심하면서 서양학문을 배웠다. 서학이 나라를 구할 수 있음을 알았던 것이다.

바로 이러한 인식에 근거하여, 옌푸는 극히 열정적으로 '서학'을 소개하고, 많은 유명한 출간물을 번역했다. 헉슬리의 「천연론」(1898), 아담 스미스의 「원부」(1902), 「군학이언」(1903), 「군기권계론」(1903), 「사회통전」(1904), 몽테스키외의 「법의」(1904~1909), 「명학」(1905), 「명학천설」(1909)과 「중국교육의」(1914) 등을 번역하고, '서학'을 중국에 전파하는 데 크게 공헌했다.

③ '신민덕新民德'과 도덕교육

옌푸는 '민덕'은 '세 가지 중 가장 어려운 것'이라고 하였지만, 그러나 오히려 사람들의 정신 지주라고 여겼다. '신민덕'은 바로 사람들의 신용을 지키고, 공무를 중시 여기고, 나라를 사랑하는 소양을 배양하는 것이다. 바로 재산계급의 민주, 자유 등 도덕관념을 이용하여 봉건적 논리 도덕을 대신하는 것이다.

옌푸는 서방 도덕교육의 핵심 개념은 '평등'이라고 제기했다. "왕이든 제후이든 간에 의지할 곳 없는 빈민들을 가르치고, 보살피는 것은 곧 모두 온 백성을 위한 것이고, 평등의 의의는 얼마 후 분명해질 것이다. 평등이란 백성이 자중함을 알게 하는 것이다." 바로 황제 앞에서 모든 사람은 평등하다는 주장 때문에, "백성의 마음에 주관이 있다."로 하여금, 평민이 '성 안에는 병이 없고, 의지에는 악이 없고, 위협을 두려워하지 않고, 이익을 미끼로 남을 유혹하지 않는 것을 실행하는 것'을 실현시킬 수 있고, 비교적 고상한 도덕 경계를 갖추고 있을 수 있다. 또한 바로 평등적 관념 때문에 자유를 중시하게 되고 애국주의 감정도 따라서 나타난다. "백성이 모두 깊은 이기심에서 나라를 사랑하는 마음이 주가 된다면, 공공의 전쟁에서 개인적인 원한으로 가게 되는 것이다."

서로 비교하여 말하면, 중국 대부분의 사람이 도덕교육이 부족하기 때문에, 특히 그러한 '빈곤한 사람' '주민대장에 등록한 평민', 어린아이에서부터 성인에 이르기까지 '일찍이 듣지 않는 것은 무엇을 가르치는가에 달려 있다.' 그래서 '후의선리後義先利'와 '사위간기詐僞奸欺'의 불량한 품덕을 야기하는 것을 면할 수 없다. 그래서 '백성의 덕을 나아가게 하는 것'은 진실로 중국 사람들로 하여금 협력을 가능하게 하고, '한 기운을 연결하여 외부의 원한을 막는 것'은 애국정감과 자유, 평등, 관념적 지도 아래 새로운 국가를 건설하는 것이다. 근본적으로 '신민덕' 완성의 도덕교육 임무는 곧 자본주의의 의회 제도를 모방하는 것이 필요하다. 의회를 수도에 건설하고, 모든 군, 현으로 하여금 그곳을 지키는 주관자를 공동으로 추천하게 한다. 백성들은 반드시 도덕으로써 총애해야 하고, 교화는 반드시 도덕으로써 번영해야 하고, 지리적 우세는 반드시 도덕으로써 최고에 달해야 하고, 도로는 반드시 도덕으로써 개척하고, 상업은 반드시 도덕으로써 번영해야 하며, 백성들은 반드시 도덕으로써 자중하여 갈고 닦아서 선에 이르러야 한다.

3. 자산계급혁명파의 교육사상

　자산계급혁명파의 교육사상은 제일 처음 변법자강운동이 한창 고조되었던 시기에 출연하였으며, 그 사상은 애국운동의 한 방법임을 뚜렷이 나타내 보이고 있으며, 개량파의 교육으로 나라를 구하는 길을 걷는 것이 아니라, 무력을 사용하여 청나라의 봉건통치를 뒤엎자고 하는 것이었으며, 자산계급 민주공화국을 건립하고, 독립적이고 부강한 나라는 만들려는 운동이었다.

　당시 이 노선은 국내에서 아직 기초와 영향이 없어서, 사람들은 아직까지 개량파의 변법 유신의 환상 속에 젖어 있었으며, 위에서 아래로 진행되는 사회의 변혁을 바라고 있었다. 변법자강운동의 실패는 잠시 뒤 나타나는 교육개혁의 좌절로 이어지고, 캉유웨이, 량치차오의 도망, 단사동 등 '육군자'의 참사는 끝내 사람들로 하여금 환상에서 깨어나게 했다. 당재상이 지도하는 자립군운동을 일으키게 하였다. 이어 흥중회, 화흥회, 광복회, 동맹회 등 자산계급 혁명파의 대오가 끊임없이 강대해지고, 쑨원, 황흥, 장태연 등으로 구성된 혁명파와 캉유웨이, 량치차오, 장쯔퉁 등으로 구성된 군주입헌파와 일련의 사상의 충돌과 투쟁을 전개하였다. 마지막으로, 쑨원 선생이 지도하는 신해혁명은 군주입헌파의 신화를 무너뜨렸을 뿐만 아니라 근본적으로 2,000여 년의 봉건제도를 끝냈다.

자산계급혁명파는 혁명을 준비할 때 혹은 혁명의 승리를 이끈 후에도 대량의 교육 활동을 전개하여 풍부한 교육사상을 형성시켰다. 중국 교육의 근대화 과정에서 이것은 자산계습 혁명파의 손에서 완성된 것이다.

(1) 혁명파의 교육

혁명파는 조직된 날부터 봉건주의 교육사상과 개량파 교육사상의 이중 협공으로 부득이하게 교육의 칼날을 높이 치켜들고 반동과 보수의 교육사상을 향하여 힘껏 싸웠다.

변법자강운동을 진압한 후에 청 정부에서는 정치적으로 더욱 반동적이고 교육적으로는 명확하게 '충군' '존공'을 목표로 하여, 강상명교綱常名敎의 교육을 강화하였다. 그러나 개량파는 이때 반동세력의 품에 뛰어들고 있어, 공개적으로 존공尊孔 독경讀經을 제창하였다. 캉유웨이는 스스로 공교회 회장이라고 칭하고 오직 공자의 교육만이 비로소 중국의 국훈이 될 수 있다고 여겼다.

여기에 대하여 혁명파는 사정없이 타격을 가하였다. 쑨원은 봉건교육의 본질에 대하여 밝히면서 "선비들이 교육을 받은 후에, 통달한 것은 '사서오경'과 그에 주석한 글자일 뿐이다."라고 하였다. 하지만 그 중 명령에 따라 가르침을 받는 것에 부합하지 않은 일련의 주의를 따르는 사람들은 오히려 임의로 내용을 생략하거나 왜곡하여 이해하였으며, 맹목적으로 복종하는 것을 양성할 뿐이다."라고 하였다. 이런 교육 환경 아래서 배출해낸 '일반적 선비'는 그 배운 지식을 정확하게 사용하여 일을 하는 것이 거의 불가능하고, 배움의 목적을 '권력'에 두는 것이다. 이렇게 한 결과는 의심의 여지도 없이 학문이 '적국적민'의 수단과 도구로 사용되는 것이다. 그는 봉건교육제도는 오직 두 종류의 사람만 배양한다고 여겼다. 위를 향하여 아부하고 복종하는 자, 아래를 향하여 핍박하고 악인을 도와 나쁜 일을 하는 자이다. 독서를 하는 가장 큰 목적은 관직에 올라서도 권력을 얻는 것이며 국민과 국가에게 이익이 되지 않을 뿐만 아니라, 국가와 국민에게 재앙이 되는 근원이 될 것이다.

장타이옌 선생은 그의 두터운 국학기초를 통하여, 유가학설에 치명적인 약점을 제기하였다. 그는 쑨원의 위의 관점에 동의했을 뿐만 아니라 "유학의 폐단은 입신양명만을 마음에 두는 것에 있다."라고 하는 것 외에 현실과 유리된 점도 비판하였다.

　그는 "중국 학설을 덮는 것은, 한만에 있다. 춘추 이전 학설은, 흥하지 못했다. 한무 이후에, 공자를 추대하는 것으로 규정하여 비록 높은 이론으로 역술하려 하였지만, 필히 공자에게 해를 끼치지 않는 것으로 그를 추대하고, 강제적으로 임용하고, 본분을 지키지 않고 함부로 행동하고, 조절하려고 하면 할수록 그 본질을 상실하게 되고, 거기에 맞추려고 하면 할수록 그 원래의 취지를 위반하게 된다." 명조에서 주씨를 추종하는 것은 왕을 세우는 것에 불과하고, 명나라를 세우는 것과 서로 대립이 되고, 그 말은 양심에 달하는 것이다. 그리하여 말하기를 '주자만년정론'이다. 여기에서 장타이옌 선생은 간단명료하게 공자를 대표로 하는 유가 학설을 비판하였다. 장타이옌 선생이 생각하기에 유가 학설의 최대 실수로는 '한만'이라고 여기는, 즉 견강부회하고, 사실과 들어맞지 않고 허망하고 실속이 없는 것이었다.

　봉건교육을 비판하는 투쟁 중 처용이 유명한 『혁명군』을 저술하였다. 이 책은 반봉건을 기초로 하는 저작으로 그 출판 판매량은 100만 권 이상을 넘어섰다. 여기서 처용은 '혁명교육'의 '삼의'를 제출하여 민족의 암흑의 통치를 뒤엎고 자유평등의 인권을 회복하고 정치 법률의 관념을 키웠다. 뿐만 아니라 봉건교육에 대하여 통쾌하게 채찍질을 하는 동시에 강력하고 심도 깊게 풍자하였다. 그는 중국이 24개 왕조의 역사를 가지는 것은 노예의 역사인 것이라고 여기고, 봉건교육의 고시 제도 때문에 인간의 비천함은 거지와 같고, 수치스러움을 알지 못한다고 생각했다. 또한, "성공한 자는 명예와 신분이 보장되고, 낙방한 자는 대의를 위해 죽을 수 없다. 도적은 권세를 휘두르고, 시종은 주눅이 들기 마련이다. 결과적으로 보아 배양해 낸 사람을 일컬어 선비라 부르지만 사실 죽은 사람과 다름없다."라고 했다. 그는 이러한 학자들의 글이란 옛것을 재구성한 것에 불과하며 이들은 주석을 훈고하는 데만 집착하기 때문에 당시의 중국은 교육이 없는 나라라고 생각했다.

혁명파가 폭력으로 청 정부를 뒤엎자고 주장하였을 때, 개량파는 끝내 "오, 화합, 화합, 나는 당신과 오래도록 이별하겠구나!"라며 안타까워했다. 그래서 개량파의 교육사상도 과거에 있었던 선진적 성질과 이별하게 되었다. 이때 혁명파는 개량파의 교육으로 나라를 구하는 이론에 대하여 심도 있게 비평을 했다. 장타이옌는 캉유웨이, 량치차오, 옌푸 등이 교육으로 민중의 지혜를 개발하는 교육 구국론에 반대할 때, "사람 마음의 지혜는 경쟁 속에서 발생한 것이다. 오늘날 백성의 지혜는 다른 것으로 개발되는 것이 아니라 혁명으로 개발되는 것이다."라고 분명히 말했다. 그는 혁명에 대한 갈망과 동경 그리고 혁명을 추구하는 데 매우 심취해 있었으며 "공리가 아직 밝지 않았으니 혁명으로 밝게 하고, 낡은 속세는 이직 존재하니 이 또한 혁명으로 물리쳐야 한다." "혁명은 천웅대황의 맹제가 아니고 사실적으로 보완하고 충만하게 하는 맹약일세."라고 열정적으로 소리쳤다.

쑨원은 『중국을 개조하는 첫걸음』에서, 혁명을 중국 문제 해결의 전제조건으로 보았다. 그는 "비록 교육은 중국을 개조하는 조건이지만 그렇다고 제일 첫 번째 방법이라고 할 수는 없다. 제일 첫 번째 방법은…… 오직 혁명뿐이다." 1905년, 쑨원 선생과 염복은 런던에서 혁명과 교육의 주제로 변론을 하였다. 염복은 여전히 교육 구국론을 지지하였다. 그는 "중국 국민의 성질은 좋지 못하다. 오늘날의 상황으로 보아, 가장 시급한 것은 교육을 통하여 착수하여야 하며, 점차 새롭게 변해야 하지 않겠는가?" 쑨원은 "강의 맑음을 기다리고, 사람의 수명은 얼마인가? 군자는 사상가이고, 본인은 실천가이다."라고 반박하였다. 교육으로 백성의 지혜를 개발하여 구국을 하는 것은 장기적인 과정일 것이고 오직 혁명을 통해야만 진정한 교육 발전을 논할 수 있다.

(2) 혁명파의 신교육목표

1911년 신해혁명 이후, 차이위앤페이는 쑨원 선생의 초대로 임시정부의 일에 참가하여 1912년에 교육 총장으로 임명되었다. 교육 총장을 하는 반년 동안에, 차이위앤페이는 봉건적인 구교육에 대한 개혁을 지도하고 조직하였으며 중국에서 지산계급 신교육 제제를 건립하는 많은 일을 하였다.

1912년 2월, 차이위앤페이는 「교육잡지」에서 「신교육견」이라는 논문을 발표하였고, 4월 수정 후 다시 「교육방침에 대한 의견」의 주제로 「동방잡지」에 발표하였다. 이것은 그가 교육개혁을 위한 이론 준비를 한 것이고 또한 신교육의 선언문이기도 하다. 7월, 전국교육회의에서 그는 또 「전국입시교육회의사」를 보고하고 신교육 목표의 기본 출발점을 설명하였다.

　군주시대의 교육방침은 교육을 받는 사람의 입장에서 출발하지 않고 한 사람의 의견을 사용하거나 혹은 일부 사람들의 생각의 따랐으며 교육을 받는 사람으로 하여금 자신의 생각에 맞추게 하였다. 국민교육의 방침은 마땅히 피교육자의 입장에서 고려하여 어떤 능력이 있는지 알게 될 때 그에 맞는 책임을 다 할 수 있다.

　이것은 바로 신교육의 목표는 마땅히 교육을 받는 사람의 입장에서 출발하는 것이 자산 계급의 개성을 해방하고 자유로운 발전의 요구를 표현하는 것이다. 차이위앤페이는 소위 교육을 받는 사람의 입장에서 출발한다는 것은 그들의 완전한 인격을 양성하는 것이지만 완전한 인격의 교육은 마땅히 군국민교육과 실리주의 교육, 국민도덕교육, 세계관교육과 미의 교육, 다섯 부분이 포함되어 있어야 하며, 또한 마땅히 5가지 교육으로 청나라 말의 '충군, 존공, 상공, 상무, 상실' 등의 교육목표를 대체하여야 한다고 말하였다.

　군국민교육은 사실상 군사훈련과 체육 방면의 교육을 가리킨다. 이것은 청나라 말에 해외에서 전해온 교육사조이다. 차이위앤페이는 이것이 결코 매우 이상적인 교육이 아니라고 생각하였는데, 그것이 "사회주위와 상반된 길을 걷는 것이고, 다는 국가에서 이미 사라지는 조짐이 생기고 있다."는 것을 이유로 들었다. 그러나 대외적인 자위와 대내적인 군인들의 강권정치를 반대하기 위해서는 "오늘날 염두에 두지 않을 수 없다."라고 하였다. 그렇지 않으면, '강대국에게 핍박 받고, 자위를 도모하는' 상황에서, "여러 해 동안 국권을 상실하였을 때 무력이 아니면 회복하기 어렵다."고 했으며 군인혁명 이후에 군인이 집권에 참여하는 시기가 없다고 장담할 수 없고, 군인이 모두 나라를 지배해서는 안 되며, 군국민교육과 체육은 아주 밀접한 관계가 있다고 했다. 왜냐하면 오직 '체육을 제창해야 국민의 신체가 건강하여지고', 비로소 '나라를 지킬 수 있다.'라는 이유에서다. 차이위앤페이는 「어떻게 해야 현대적인 학생으로서의 자격이 있는가」라는 글을 통해서, 진보적인 체육이 인간에게 발전의 의미를 갖는다는 것을 강조하였고, "먼저 건전한 신체가 있어야 건전한 사상과 사업이 있다. 이 말은 어떤 사람이든 모두 인정할 것이다. 때문에 학생의 체력 증진은 정말 오늘의 생사가 달린 문제인 것이다."라고 했다. 그는 학생에게 체육 훈련을 강화하여 그들로 하여금 '사자와 같은 체력'만이 그들의 사상을 이용하고 사업을 창조할 수 있다고 주장하였다. 이렇게 되어야만 그들이 '내일의 사회의 중요한 인물이자, 국가의 초석'이 될 수 있다고 하였다.

실리주의 교육은 "인민의 생계를 보통 교육의 중심으로 여긴다." 차이위앤페이는 실리주의 교육이 비록 미국에서 유래되었지만 장기간 누적된 빈곤과 힘이 없는 연약한 중국에 대하여 특별한 의미를 갖는다며 "우리나라가 아직 개발이 되지 않아 실업계 조직이 미숙하여 인민 실업자가 많고 나라는 더욱이 빈곤하다. 실리주의 교육이 급선무인 것이다."라고 했다. 따라서 그는 학생들에게 집중적으로 실업을 발전하는 지식과 기술을 익히게 하는 것을 주장하고 인민의 생계와 밀접한 관계가 있는 일반 문화와 과학지식을 가르쳤다. 예를 들어 일반 공예, 요리, 재봉과 금, 목, 토 공예에 접목시켰다. 이렇게 해야만 국가의 재력을 키우고, 사람들에게 부유한 생활을 누릴 수 있게 하고, 세계 속 경쟁에서 뒤처지지 않을 수 있다고 보았다.

공민도덕교육은 차이위앤페이가 군국민교육과 실리주의 교육이 중요하지만 시기를 구하는 것에 필요하다고 하였고, 만약 오직 양자 간의 부국강병의 기능을 중시한다면 여러 사회문제를 초래할 수 있다고 하였다. "군대가 강할 수 있지만 넘치면 사사로이 악용할 수 있다. 침략을 위한다 한들 어쩌겠는가? 나라도 부강해질 수 있다. 하지만 어리석음과 지식의 부족을 면할 수 없고 강자는 약자를 핍박하고 빈부 격차가 크고 자본가와 노동 운동가의 혈전의 결말은 또 어찌 하겠는가?" 그래서 차이위앤페이는 오직 공민에게 도덕을 가르쳐야만 위에서 말한 어려운 환경을 벗어날 수 있다고 생각하였다.

차이위앤페이가 말하는 도덕의 구체적인 내용은 자산계급의 자유와 평등 박애의 삼대 관념이다. 그는 "무엇이 공민도덕인가?"에서 말하기를 "프랑스의 혁명이다."라고 하고, 또 말하기를 "자유와 평등 그리고 친애이다. 도덕의 요지는 그와 같은 것이다." 그는 이 도덕관념이 오직 봉건 도덕의 논리 강상과 서로 반대된다고 여긴다. 하지만 중국 전통 도덕 교육의 정화는 결코 모순 될 수 없다. 공자가 말했듯이 '학식과 지혜가 없는 사람에게서라도 그의 지조를 빼앗을 수 없고' 맹자가 말한 "부귀는 지나쳐서는 안 되며 빈곤을 옮길 수 없고, 무력과 권세에는 굴할 수 없다."는 대장부 정신을 차이위앤페이는 '자유라고 하는 것'으로 보았다. 공자가 말한 "자신이 원하지 않는 일이라면 다른 사람에게도 시키지 말라."와 『이기·대학』에서 말한 "악이 선이면 선후를 따지지 말라. 악이 후이면 옛날을 따지지 말라. 악이 왼쪽이면 왼쪽으로 사귀지 말라. 악이 오른쪽이면 오른쪽으로 사귀지 말라."를 그는 '평등'이라고 여겼다. 맹자의 "과부와 홀아비의 고독, 천하의 가난한 사람은 알려주는 이 없다."와 장자가 말한 "천하의 모든 지치고 장애를 가진 사람들 고독한 홀아비와 과부, 모두가 내 형제의 모자람이라 말하는 사람이 없다." 등을 그는 '친애'라고 하였다. 그는 옛 고대의 의, 서, 인에 새로운 내용을 덧붙임으로써 사람들이 자산계급의 도덕 개념을 더욱 잘 이해하고 소화하여 흡수하기 쉽게 하였다.

소위 세계관교육에 있어 차이위앤페이는 그것은 일종의 철학교육이며, 그것은 인간의 과학세계관을 배양하는 데 그 의미가 있다고 생각하였다. 그는 "한편으로는 현상 제시에 대하여 실증이 없지만 또 한편으로는 실체 세계에 대하여 매우 사모하고 점차 깨달음을 얻는다. 사상자유와 언론의 자유의 예를 찾아 한 파의 철학으로, 한 종교의 교의로 그 마음을 속박하지 않지만 수시로 형체가 없고 시작과 끝이 없는 세계관으로 발돋움한다."라고 했다. "교육이란 이름이 없는데 이름을 짓는 다면 세계관교육이라 하겠다."라고 하였다.

세계관교육은 중국 현대교육사상 차이위앤페이가 최초로 창립하였다. 이것은 그가 강덕의 학설을 교육에 응용한 산물이다. 그는 세계를 현상세계와 실체의 세계로 나누고 이 둘의 구별하였는데, 현상세계는 상대적이고 인과율의 제약을 받고 시간과 공간을 분리할 수 없는 것이고, 경험할 수 있는 것이고, 현재 세계의 행복을 최고로 조성할 수 있는 것이다. 하지만 실제 세계는 절대적인 것이고 인과율의 제약을 받지 않고, 시간과 공간을 이야기할 수 없는 것이고 경험을 떠나 직감에 의지하는 것이다. 이것은 현 세계의 행복을 탈피하는 것으로 작용하는 것이다. 그래서 교육의 근본적인 작용은 형상세계와 실체세계의 관계를 소통하게 하고 "현상 세계의 기초위에서 실체 세계를 세운 것이다." 다시 말해서, 사람들에게 물질생활과 현세의 행복 속에 빠져들지 않게 교육을 하고 실체세계의 고도에서 현상세계의 가치를 판단해야 함으로써 진정한 사상의 자유와 의지의 자유 그리고 '이상왕국'에 도달하는 것이다. 말을 바꿔서, 마땅히 '나를 잊고 대다수의 사람의 행복을 위하여' 노력하는 사람을 배양하는 것이다.

　미술교육은 또한 미감의 교육이라고 할 수 있다. 이것은 미학의 이론을 교육에 응용하는 것이고, 감정을 키우는 것을 목적에 두는 교육 활동이다. 미술교육은 차이위앤페이가 전심전력으로 제창한 것으로, 근대교육사상 중에 미감교육 사상은 그가 최초이다. 그가 이렇게 미술교육에 치중을 하는 것은 그가 미감교육이 세계관교육에 최고로 좋은 경로라고 보고 있었기 때문이다. 현상세계에서 실체세계로 통하는 반드시 건너야 할 다리 역할을 하기 때문이다. 차이위앤페이가 말하듯이 세계관교육은 요란하게 할 수 있는 것이 아니다. 그와 현상세계의 관계는 또한 시들고 간단한 비틀어진 언어로 대체할 수 있는 것이 아니다. 미감의 교육을 무엇이라 할 수 있겠는가? 미감을 아름다움과 존엄의 합일이라고 할 수 있고, 현상세계와 실체세계의 사이에 놓여 있으며, 교량인 것이다. 미술교육은 이러한 목적에 다다를 수 있는 것은 사람들이 미의 세계에 일단 들어서면 잡념이 없어지고 현상 세계에 대하여 집착이 없어지기 때문이다. 조물을 벗으로 삼아 '혼연의 미감'을 형성할 수 있다.

1917년 차이위앤페이는 북경 신주 학회에서『미술교육대종교설』의 유명한 연설에서 말하기를, 인식을 더욱 높은 수준에서 인식을 제기하였다. 종교는 정신의 세 가지 작용, 즉 지식과 의지와 감정에서 출발한다고 했다. 사회가 아직 개화되지 않는 시대에서, 초민은 '지능이 단순하고', 모든 것을 불가사의한 일로 본다. "그래서 어떤 종교가가 겨우 대답하기를, 예를 들어 기독교는 하느님에서 근원을 캐볼 수 있고, 인도의 구교는 하늘을 태우는 데 있고, 우리나라의 신화는 또한 반고에 있다." 때문에 종교는 사회에서 특별한 세력을 가지고 있다. 하지만 사회의 진보, 과학의 발달에 따라, 사람들은 과학지식에 근거하여 생활 속에 있는 난제를 해결하려 하고 다시는 종교를 지식으로 하지 않는다. 도덕의 규율은 또한 옛사람들도 천명과 신의 계시에 의지했지만 현대 사회에서는 도덕의 습관은 수시로 언제 어디서나 모두 변하고 있고 도덕의 의지도 종교를 떠나 독립이 되고 있다. 때문에 종교에 남는 것은 오직 감정의 작용뿐이고, 즉 소위 미감인 것이다. 차이위앤페이는 종교 속의 산수지 승은 화목지모, 준수지탑, 웅장하고 큰 전당, 정교하고 아름다운 벽화와 조형, 미묘하고 아름다운 음악과 가사 등, 모두 미술의 작용인 것으로 보았다. 하지만 미술의 작용으로 종교를 아름답게 하는 것은 감정을 자극하기 위한 것이고, 사상을 속박하기 위한 것이며, 따라서 미술의 진화는 또한 종교를 탈피하려는 추세가 있다. 그는 감정을 자극하는 그 단면에 전문적으로 감정을 키우는 술수는 차라리 종교를 버리고 순수 미술교육을 찾는 것이 쉽다고 보았다. 순수 미술교육은 사람들의 감정을 양성하고 고상하고 순결한 습관을 가지게 하고, 나를 돌아보게 하고 다른 사람에게 손해를 끼치고 스스로의 이익만을 쫓는 생각을 점점 사라지게 하기 때문이다.

차이위앤페이는 또한 가정교육, 학교교육, 사회교육에서 전면적으로 미술교육을 실시하는 가상을 제기하였다. 그는 미술교육이란 태교로부터 시작하는 것으로 주장하고 국가는 풍경이 아름다운 곳에서 태교원을 설치해야 하며 임산부들에게 도시에 번잡함과 오염을 탈피하게 하는 것이라 하였다. 아동은 출생 후 공공시설의 영아원에 들어가므로 영아원의 시설이 우아해야 하고 성인의 언어 동작 또한 미의 요구에 적합해야 한다고 하였다. 삼세에 유치원에 들어오고 아동들에게 무용, 노래, 수공, 그림 등의 교육을 진행한다. 학교 교육에는 음악과 미술 등 미술교육의 과정을 설치해야 할 뿐만 아니라 또한 각 과목의 교학 중에서 미술교육의 내용을 스며들게 하며, 동시에 음악회, 전람회, 각종 기념회를 진행하여 미술교육을 실시할 수 있다. 사회 교육은 미술교육 전문기관을 설치해야 하며, 예를 들어 미술관, 극장, 박물관, 동물원과 식물원 등 건축물, 공원 도로, 고적 등을 이용하여 미의 교육을 진행할 수 있다.

차이위앤페이는 신교육의 목적 중에 오육은 유기적이고 통일된 완전체라고 할 수 있다. 만약 심리학의 각도에서 보자면 군국민주의는 의지에 속하고, 실리주의는 지식에 속하고, 미술교육은 감정에 속하고, 도덕교육은 의지 감정을 같이 하지만 세계관은 세 가지를 합일한 것이다. 그는 인체의 각종 기능에 조화로운 작용으로 "인체에 비유하자면, 군국민주의자는 골격에 해당하고 실리주의자는 위장에 해당하며 공민 도덕

자는 호흡 순환기라고 할 수 있다. 미술교육은 정신세계이며 세계관은 심리작용을 일으키기 때문에 신경계통에 해당한다. 이것이 바로 오육이 어느 한쪽으로 치우칠 수 없는 이유이다."라고 지적했다. 그는 실제 교학 중에서 오육은 긴밀히 관련되어 있다고 여겼다. 예를 들어, 역사와 지리는 실리주의 교육에 속하지만, '역사영웅, 지리의 험악함과 전쟁의 성과'는 군국민교육에 속한다. '미술가와 미술개혁을 기록하고, 각 지방의 풍경을 묘사하고 미술품을 출시하는 것' 또한 미술교육에 속하지만, '성현과 풍속'은 도덕교육에 속한다. 또한 "역사는 시기가 있기 때문에 처음과 끝을 알 수 없고, 지리는 지형적인 한계가 있기 때문에 그래서 입체적인 것을 추리할 수 없고, 그리고 열사, 철학자, 종교가의 이야기 그리고 유적은 세계관의 도선이라 할 수 있다." 오육의 내재적인 연관성을 긍정하고, 게다가 어떠한 과목마다 모두 중복된 교육기능을 가지고 있으며 교육의 객관적인 규율에 부합되는 것이다. 하지만 그는 또 기계적으로 군국민주의 교육을 10% 차지해야 한다고 하고, 실리주의 교육은 40%, 도덕교육은 20%, 미술교육은 25%, 세계관교육은 5% 차지함으로써 형식적인 단면을 면할 수가 없다.

(3) 혁명파의 고등교육관

중국 근대의 대학은 엄격하게 말해 베이징대학에서 시작되었다고 할 수 있다. 또한 베이징대학은 엄밀히 말해 진정한 근대의 대학이라고 할 수 있으며, 1917년 1월 4일 차이위앤페이는 학교장으로 임명되었다. 중국 근대교육사에 있어 혁명파인 차이위앤페이는 처음 비교적 긴 시간 동안 대학교육을 실천했고, 더욱이 대학교육이론의 사상가를 체계적으로 묘사하였으며, 또한 후에 그보다 더 나은 사람이 거의 없을 정도였다.

혁명파의 대학교육관은 우선 대학교육 성질의 인식에 대하여 표현하고 있다. 베이징 대학 학장에 있을 때의 연설 중, 차이위앤페이는 분명하게 말하기를 "대학생은 학문의 수준이 높은 사람들이다."라고 하였다. 또한 학생에게 반드시 "학술연구를 천직으로 삼고, 대학을 높은 지위에 오르거나 돈을 벌려는 수단으로 삼지 말라."라고 요구하였다. 이것은 근본적으로 옛날 관직에 올라 이익을 쫓는 일을 가르치는 것을 목적으로 삼았던 것과는 달랐던 것이며, 수천 년간 이어져오던, 공부하는 것이 관료가 되는 것이라는 오랜 습관을 깨뜨린 것이다. 대학 교육기관의 성질로 인하여 대학과 과학연구가 다 같이 중요한 특징이 결정되었다. 차이위앤페이는 대학교수란 학생에게 일방적으로 지식을 전달하는 사람이 아니라, 반드시 학생에게 깊은 흥미에 대해서 물어보고 또한 학생의 연구 흥미를 일으키는 데 주위를 기울여야 한다고 생각하였다. 대학생은 강의시간에 배운 것을 외우기만 할 것이 아니라, 마땅히 교수의 지도 아래 자발적으로 학문을 연구해야 한다고 하였다. 그런 까닭에, 그는 대학에 연구원과 연구소가 생겨나야 한다고 주장하였고, 게다가 교수와 졸업생 그리고 고학년은 세 가지의 커다란 좋은 점이 있다고 하였다. 그 첫째로는, "대학에 연구할 곳이 없어, 교사들이 강의 연구를 하지 않고 예전의 강의를 다시 하는, 발전이 없는 누습에 빠지기 쉽다. 과학의 연구, 자료를 수집하고, 기구들을 설비하고, 도서들을 사들여야 한다. 대학이 이러한 것을 준비해 놓지 않으면 다른 일반인들은 도움을 받을 곳이 없다. 또한 이러한 시설들이 없어서 교사들은 앞으로 발전하기 위한 바람이 있어도 복습하지 않고, 다른 학교에서 다른 수업들을 겸임하고, 매주 30시간의 여가시간을 갖는 교사도 있다. 학생을 위하여 모범이 되어야 할 교사들이 이러하니 학생인들 무슨 말이 필요하겠는가.", 둘째로, "자립연구소는 오히려 모든 졸업생들의 뜻이 있게 깊이 연구하는 곳이며 모교에 남는 것이며 학교를 전환하는 곳이다. 그러나 평균적으로 초보적 전공을 위한다. 성적이 현저하게 뛰어나기를 기다리거나 우연히 문제가 있거나, 어느 나라의 어떠어떠한 대학의 연구소를 참조, 검증하거나, 단기 유학생을 위해 있다. 그 효과는 보기가 쉽다. 이유는 비교적 낮고, 또한 4천 년 문화의 자명 고도의 국가이기 때문이다. 또한 부끄러움도 감소할 것이다." 셋째로, "유일한 대학은 연구소가 생긴 후에, 고학년생의 학문에 대한 흥미가 높아졌으며 학위의 있고 없음을 뜻으로 두지 않으며, 연구소 지도교사의 엄격한 테스트를 통하여 연구소에 들어갈지를 허락받으며, 이것 역시 장학생의 한 방법이다." 그러한 이유로 1917년 말, 베이징 대학에는 문, 이, 법 세 개의 연구소가 세워졌으며, 이것은 중국 대학 연구소 창설의 시초였다.

학교 설립의 원칙상, 차이위앤페이는 사상의 자유와 겸용 등을 제의하였다. 「베이징대학월간발간사」에서 그가 말하기를 "대학생은 주머니에 큰 법전을 지니고, 군중의 석학을 모두 끌어안아라." 또한 생각하기를 "만물은 교육을 하지 않으면 서로를 상하게 하고, 도는 행하지 않으면 서로 어그러진다."의 「중용」의 경계를 구체적으로 드러내 보였다. 사상의 자유, 겸용과 학교 설립 원칙, 각 학자에게 그리고 교사에게 두 가지 방면을 대할 때 집중적으로 표현하였다. 각 학자를 대하며 말하고, 차이위앤페이는 자유 토론을 주장하였고, 당파와 파벌 등을 보는 것을 반대했다. 그는 학술 자유의 이유는 대학의 '대'에 원인이 존재한다고 생각하였다. 교사를 대함에 있어 학술의 평등을 중요하게 여겼고, 간섭주의를 배제하였다.

차이위앤페이가 사상의 지유와 겸용 그리고 학교 방침을 지켜 나가고 있었기 때문에 베이징대학은 많은 엘리트들을 모을 수 있었고, 이대소, 천두슈, 루쉰, 후스, 전현동, 유반농, 천이묵, 양회중 등 진보적 사상의 유명 인사를 보유하게 되었고, 황간, 문사배, 황재, 진계석, 진한장 등 오래된, 그러나 사상이 보수적이고 심지어 반동의 학자들까지도 있었다. 이외에도 문과와 법과에는 말서론, 진원, 말유조, 주희조, 하걸, 옹문호, 중관광, 이서화, 하원표 등의 모두 온 천하에 성예聲譽를 펼친 유명 교수들도 모여들었다. 이외에 학과는 문, 이, 폐과 방면의 학과를 설치하였다. 학교 제도 방면에 수업을 선택하는 것을 제정하고, 정관리 방면에서는 교수가 학교의 사상을 관리하는 것을 주장하였으며, 모두 새로운 고안의 대학교육 관념이었다.

4. 유신교육사상 개관

중국 근대의 유신교육사상 또한 중국 근대 부르주아 계층교육사상으로 그 발생과 발전은 세 단계를 거쳤다. 초기개량파는 근대 부르주아계층 교육사상의 발생단계로 왕타오, 마젠중, 정관잉, 천치를 대표 인물로 하였다. 부르주아 개량파는 근대 부르주아 교육사상의 형성단계로 캉유웨이, 량치차오, 옌푸를 대표 인물로 했고, 부르주아 개혁파는 근대 부르주아 교육사상의 발전단계로 쑨원, 장타이옌, 차이위앤페이 등을 대표 인물로 했다. 비록 다른 발전단계에 있지만 부르주아 교육사상은 다른 사회모순에 직면하고 있고 다른 역사특징을 가지고 있다. 그러나 하나의 공통된 주제 '유신'이 있다. 즉 중국은 새로운 교육제도 건립에 희망이 있으며 부르주아성 교육제도를 띠고 있다.

(1) 유신교육사상은 봉건교육제도에 대해 대담한 반대를 했다. 양무교육사상 "중국의 학문을 본체로 하고 서양의 학문을 응용하다"의 한계를 타파하고 근본적으로 봉건교육의 존재에 동요하게 되었다.

만약 양무교육사상이 봉건교육사상 내용에 있어서 서양학문의 교과과정에 진일보하여 기껏해야 서방의 교학조직형태를 옮겨 심는다면 유신 교육사상파는 이에 만족하지 못한 것이다. 초기개량파는 봉건교육제도의 근본적인 폐단을 타파하여 학교는 반드시 과거제도를 타파하자는 주장을 내세웠다. 부르주아 개량파는 국민권리평등 이론을 무기로 내세워 운용하였고 봉건교육의 등급관념과 교육 불평등 현상에 대해 날카로운 비판을 하고 일반인의 지식개화, 국민력 고취화, 신 국민덕행은 신교육의 슬로건을 만들어 내세웠다. 부르주아 혁명파는 봉건교육의 '충군, 공자존중' 요지를 전면적으로 철저하게 부정했다. 이론상 봉건제도의 본질을 드러내 보이기 시작함으로써 봉건제도의 사종을 알렸다. 만약 본 세기 청 정부 때 마지못해 공포한 '계묘학제'가 반봉건, 반식민적 성질이 있다면 신해혁명기간에 교육회의인 「임자계축학제」가 진일보하여 봉건교육의 잔여물을 없앴다.

남녀 교육 불평등을 폐지하고 초, 중학의 시경 읽기, 말하기를 폐지하며 대학의 경학과를 취소하여 학습연한을 단축, 자연과학과 실업 교육 등 분야를 보완하여 역사성의 진보를 얻었고 봉건교육은 종지, 내용부터 형식까지 다 이미 무너졌다. 비록 장기간의 봉건교육사상은 계속 어떤 형식으로도 남아 있더라도 분명히 흥하지는 않았다.

(2) 유신 교육사상은 이상적인 교육 청사진을 적극적으로 묘사하여 봉건 교육 제도의 매장에 있어서 진정한 의의상의 부르주아 교육사상의 체계와 형식상의 부르주아 교육제도를 형성했으며 국가 근대화의 단계를 더 가속화 시켰다.

양무교육사상이 서방교육을 배울 때 큰 피동성과 몰지각성이 아직도 존재하며 더군다나 '체'와 '용'의 척도를 넘기지 못하면 곧, 유신교육사상은 이미 비교적 강한 주동성과 자각성을 갖추고 있다는 것이다. 비록 초기개량파와 부르주아 개량파는 서방 교육사상과 교육제도를 어느 정도 보류태도를 지지하지만, 결론적으로는 갈망과 추구를 하고 있다는 것이다. 호예단, 정관잉에서 캉유웨이, 량치차오, 옌푸에 이르기까지 그들 거의 각자 이상중의 교육제도를 제시하였으며 한 폭의 동인의 교육의 청사진을 묘사했지만 들여다보고 발견하기 어려웠다. 그들의 원형이 '원본'이 되어 대부분 서양 혹은 일본 교육제도가 번역된 것이다.

유신교육사상은 부르주아 신교육체제 구축 과정에서 반석과 건축사의 작용을 일으켰다. 중국 근대의 부르주아 신교육체제는 마침내 유신파의 몇 대 교육가의 대단한 노력 하에 마침내 건립된 것이다. 그들은 이 신교육제도를 도와 이론상에 선포와 외침을 할 뿐만 아니라 심지어 자신의 열정과 목숨을 바쳤다. 1902년, 근대 중국 제일의 교육학술단체인 중국교육회가 상해에서 건립되었다. 1912년, 중국 제일의 부르주아 관리교육의 최고 행정기구인 중화민국남경임시정부 교육부가 정식으로 창립되었다. 같은 해 차이위앤페이가 초안을 작성한 신교육종지가 세상에 나왔다. 중국 제일의 부르주아급 학교체제 「임자계축학제」가 반포되었다.

'오래된 부절(부호)을 새로운 복숭아나무에'는 반세기가 넘는 충돌과 경쟁을 지내면서 부르주아의 교육제도가 마침내 중국이 봉건교육제도를 빼앗아 취득하고 중국교육은 이제부터 새 발전에 접어들었다.

(3) 유신교육사상은 일종의 부르주아의 기치 아래, 초기개량파, 개량파
    와 혁명파로 구성된 사상은 비교적 복잡한 체제이다. 본질은 일종
    의 초월과 발전을 멈추지 않는 교육사상이며 약간의 피할 수 없는
    결함이 존재하고 있다.

유신교육사상은 맹아, 형성과 발전 세 단계를 거쳤다. 그것은 양무교육사상의 '피상적인 지식' 개혁에 만족하지 않고 제도 단계상 중국교육을 재건하는 데 더 힘썼지만 다른 발전단계에서 교육개혁 이론의 역량이 달랐던 것이다. 형식상의 옮겨심기와 서방의 자본주의 교육제도를 학습하는 것을 중시하였으나 초기개량파는 양무파에서 갈라져 나와 봉건구학에 대해 많은 미련과 타협을 여전히 표출하고 있다. 캉유웨이, 량치차오 등 개량파는 나라를 구하는 교육을 주장하고 서양을 배우자고 주장했지만 철저하게 구학문과 과거시험을 없애는 것은 원치 않았다. 개량파는 차츰 보수적 성향이 강해졌고 이들의 개혁의지는 약화되었다. 그리하여 결국에는 '공자를 존중하고 경전을 읽는' 옛날로 되돌아가고 말았다. 혁명 성공 후 자산계급 혁명파가 개혁 의지를 상실해감에 따라 '나라를 구하는 교육' '교육 독립'의 외침은 형식에만 치우치면서 서양의 교육제도를 들어오는 데만 신경을 썼을 뿐 정신적인 교육개혁은 이루지 못했다.

이처럼 유신교육사상에 미흡한 점이 더러 있었지만 대체적으로 시대의 발전 의지에 부합하는 것이었다. 유신교육사상은 전 시대나 동시대의 다른 교육학파보다 교육의 효과와 중요성을 정확하게 인식하고 있

었다. 유신교육사상가들은 해외에서 서양을 직접 체험했거나 수많은 서양 서적을 접해보고, 서양인과 선교사 등과도 왕래가 자주 있었기 때문에 서양의 강점에 대해 잘 알고 있었다. 이 때문에 유신교육사상가들이 교육이란 '국민을 고취시키는 것' '국민을 계몽시키는 것' '국민의 덕을 새롭게 하는 것'이라 주장했던 것이다. 당시는 마르크스주의 사상이 중국에 전해지기 전이었기 때문에 유신교육사상가들은 상술한 서양의 제도와 정신을 통해 하루 빨리 중국을 개혁하고자 했다.

04

중국 현대
개성교육사상

신해혁명은 위안스카이의 국가 정권 찬탈로 무산되었다. 이때, 군주파의 복벽활동은 의론이 분분했고, 유가의 공자를 따르고 경서를 읽는 일은 미래가 불투명했다. 이때, 일본제국주의는 제1차 세계대전 서양열강이 동양을 돌볼 겨를이 없는 기회를 틈타, 재차 중국에 침략의 검은 손을 내밀었다. 일부 선진지식인은 다시 암흑 속에서 전진할 길을 모색했고, 더 나아가 나라와 백성을 살릴 진리를 탐구했다. 그들은 마침내 양무파를 뛰어넘었고, 자산계급혁명파까지도 초월해 국민의 정신문화 소질보다 더 높은 단계에서 중국의 활로를 모색하는 것을 시도했다. 「신청년」 잡지에서부터 불러일으킨 사상해방운동은 1919년 5·4 반제국 애국운동과 서로 합쳐졌고, 찬란하고, 웅대한 5·4신문화운동을 이루었다.

5·4 운동의 선구자들은 개성이라는 깃발을 게양하고, 봉건주의를 비판하고, 전통문화를 재고찰하며, 민주·화학을 외치고, 문학혁명을 주장함으로써, 중국학술계에 한바탕 선풍을 불러일으켰다. '개성주의' '개성을 발전시키자'의 개성교육도 이 시기 교육계의 주된 선율이 되었다. 20년대 혹은 더 오랜 기간에 이르기까지, 많은 교육가들은 개성교육을 강조했다.

1. 신문화운동과 개인의 해방

1915년 9월, 어둡고, 침울한 중국에 새로운 별이 뜨기 시작했다. 바로 천두슈의 「청년잡지」가 상해에서 창간한 것이다. 창간호의 『경고 청년(젊은이에게 고함)』에서 천두슈는 그의 열정적이고, 힘찬 문필로 이렇게 썼다.

청년은 초봄과 같고, 아침 태양과 같으며, 풀이 싹트는 것과 같고, 예리한 칼을 숫돌에 가는 것과 같다. 즉 청년이라는 시기는 인생의 제일 귀중한 시기이다. 청년이 사회로 나가는 것은 마치 사람의 몸을 젊고 신선한 혈액으로 수혈하는 것과 같다. 늙고 타락한 사람들이 사라지면 젊고 신선한 청년들이 빈 공간을 대신하면서 사회 곳곳에 생명을 불어 넣어 준다.

천두슈는 세대교체란 사회발전의 규칙이며 건강한 사회를 만들기 위해 꼭 필요하다고 생각했다. 그래서 자주적, 진취적, 개방적, 실리적, 과학적인 태도가 필요함을 역설했다. 당시에 벌써 민주와 과학적인 개념을 인식하기 시작했던 것이다.

1916년 여름, 리따자오李大釗는 일본에서 돌아와, 「청년잡지」를 「신청년」으로 개명하였다. 그는 「신청년」 잡지의 편집과정에 참여하였고, 신문화운동에 적극적으로 헌신했다. 그는 널리 알려진 『청춘』의 문장에서, 리따자오는 "과거 역사의 굴레를 무너뜨리고, 낡아빠진 학설의 감옥을 파괴하라."고 외치며, 청년에게 봉건적인 예법과 도덕禮敎의 속박으로부터 해방될 것을 호소했다. 또 세계의 문명과 인류의 행복을 위하여 "젊은 내가 젊은 가정, 젊은 나라, 젊은 민족, 젊은 인류, 젊은 지구, 젊은 우주를 창조해야 한다." 사실상, 천두슈와 리따자오의 청년에 대한 외침이자 모든 중국인민에 대한 외침이기도 하다.

국내의 공자를 존경하고, 경서를 읽는 것에 대한 반동적인 조류는 「신청년」이 용감하게 도전을 제기한 것이다. 천두슈는 먼저 "유가의 삼강에서 모든 도덕정치의 근원을 위해서 '군위신강(백성은 군주의 부속품으로 독립적이고, 자주적인 인격이 없다)' '부위자강(자식은 부모의 부속품으로 독립적이고, 자주적인 인격이 없다)' '부위부강(부인은 남편의 부속품으로 독립적이고, 자주적인 인격이 없다)'라고 말한다."라며 유가의 삼강오륜을 비난했다. 리따자오는 『공자와 헌법』, 『자연의 논리관과 공자』 등의 문장에서 공자를 대표로 하는 봉건주의의 구사상·구도덕·구교육을 맹렬하게 비판했다. 그는 만약에 '전제정치의 핵심'을 상징하는 공자를 국민이 숭배하는 우상, '국민교육 수신修身의 근본'으로 삼는다면, 인간의 개성을 억압하고, 인간의 능력을 위축시켜서 생존의 경쟁 중에서 자연적으로 도태하게 하며, 결국 언젠가는 멸망으로 이르게 한다고 주장했다. 신문학운동의 기수旗手인 루쉰은 「신청년」에 그의 처녀작인 『광인일기』를 발표하고, 구체적인 필체로 봉건적인 예법과 도덕이 남을 등치는 본성을 폭로하고, 중국의 수천 년간의 봉건사회의 역사가 바로 남을 등치는 역사이고, 봉건사회의 인간관계가 바로 먹고 먹히는 관계라고 지적했다. 그의 소설 속 인물인 '광인'의 입을 빌어 말한다면, "역사를 보면, 그 역사에는 연대가 없고, 그저 비뚤어진 매장에는 '인의와 도덕'이 몇 글자 쓰여 있을 뿐이다. 나는 어찌하여도 잠을 잘

수가 없어서, 밤새 자세히 보았는데, 비로소 글자들 사이에서 하나의 글자를 발견할 수 있었다. 온 책에 쓰여 있는 이 두 글자는 바로 '남을 속여 이익을 취한다'였다."라고 했다.

여기서, 신문화운동의 주창자들은 이미 봉건교육이 사람의 개성을 삼키는 본질을 분명하게 의식했으며, '자주적인 인격의 독립'을 신사회 도덕 구축의 기준으로 삼았다.

이때, 혈기 왕성한 26세의 후스胡適는 대서양 건너 먼 곳에서 「신청년」으로 『문학개량추의』이라는 문장을 보내와 문학개혁에 대한 다음 8개 항목을 주장했다.

첫째, 말에는 내용이 있어야 한다.

둘째, 옛 사람을 모방하지 않는다.

셋째, 문법을 맞추어야 한다.

넷째, 병이 없으면서 신음하는 짓은 하지 않는다.

다섯째, 진부한 상투어는 버리도록 힘쓴다.

여섯째, 전고典故를 쓰지 않는다.

일곱째, 대구對句를 지으려고 애쓰지 않는다.

여덟째, 속자·속어를 피하지 않는다.

이 특별할 것 없는 8가지 제안은, 뜻밖에도 5·4 운동 시 기세등등한 백화문운동의 효시가 되었다. 사실, 이것은 결코 역사의 우연이 아니라, 구문학의 형식이 사람들의 정신에 미치는 속박의 본질을 후스가 파악하여, 개성 해방에 대한 사람들의 간절한 바람을 반영한 것이다. 1919년 후스는 백화문의 승리 원인을 총결산한 『담신시(신시를 말하다)』의 한 문장에서 이미 그중의 오묘함을 잘라 말했다. 그는 "신문학의 언어는 백화문이고, 신문학의 문체는 자유롭고 율격에 구속받지 않는 점이다. 처음 볼 때에는 이 모든 것은 '문학의 형식'이라는 한쪽 방면의 문제이고, 대수롭지 않아 보인다. 그러나 형식과 내용이 밀접한 관계가 있음은 오히려 모르고 있다. 형식상의 속박은 정신이 자유롭게 발전할 수 없게 하고, 좋은 내용이 충분히 표현되지 못하게 한다. 만약 새로운 내용과 새로운 정신을 원한다면, 먼저 이런 정신을 속박하는 족쇄와 수갑을 부수지 않으면 안 된다."라고 말했다. 이로써, 표면적으로는 문학, 백화문의 문제 같지만, 실제로는 개성 해방, 정신자유에 대한 마음 속 깊은 곳에 숨어 있는 감정 때문이라는 것을 알 수 있다.

신문화운동 중에, 공자의 학설을 타도하기 위해 천두슈 등은 덕선생(민주주의)과 새선생(과학)을 도입했고, "이 두 가지만이 중국의 정치·도덕·사상의 부패를 구제할 수 있다."라고 여겼다. 천두슈는 "서구식 신국가를 건설하고 싶다면, 서양식 신사회를 구성함으로써 지금 세상에서 생존에 적합한 것을 추구해야 한다. 그러나 근본적인 문제는, 먼저 서양식 사회국가의 기초를 받아들이지 않으면 안 된다는 것이다. 평등인권이라는 신신앙이라는 것은, 이 신사회·신국가·신신앙에 있어서 서로 용납할 수 없는 공교孔敎(공자의 가르침)는 철저한 각오와 용맹한 결심이 없으면 안 된다. 그렇지 않으면, 옛것을 금지하지 않아 새것이 유행되지 않는다."라고 말했다. 그는 서구의 민주와 과학정신을 도입해야만, 봉건주의적 구사상·구문화·구도덕을 진정으로 와해할 수 있다고 여겼다. 사실, 여기서 언급하는 민주와 과학은 '평등한 인권의 신신앙', 즉 일종의 미신과 개인 신앙을 타파하고, 인간 평등을 주장하며, 독립적인 인격과 사상적 자유의 경계를 갖는 것으로, 실질상 이것은 개성해방에 대한 일종의 서술이다. 이로써, 신문화운동이 실제적으로는 개성해방의 교향곡이고, 교육계는 그런 교향악단에서 무시할 수 없는 현악기 연주자라는 것을 알 수 있다.

신해혁명의 실패와 빈곤하고 낙후된 중국에 대한 문화교육의 고찰이 이루어지고 있을 때, 장멍린蔣夢麟은 "우리나라의 문화는 선진국과 비교하면, 부족한 점이 있는데, 이 주요한 원인은 개성주의가 발달하지 않은 것에 있다."라고 따끔한 충고를 제기했다. 뤄자룬羅家倫은 중국인은 정치방면에 노예근성이 있을 뿐만 아니라, 학문에서도 깊은 노예근성이 있다고 여겼다. 왕광스王光祈는 더 명확하게 신해혁명의 실패 원인을 국민의 소질 탓으로 돌렸다. 그는 "신해혁명 이전에는 운동혁명을 하는 사람들이 삼민주의만 주장했고, 민주국가의 국민으로써 요구되는 각종 습관에는 훈련을 거치지 않았다."라며, 국민의 무지몽매와 타성惰性이 그들을 소극적으로 혁명에 참여하도록 했다며, 부정적인 관점으로 바라보았다. 그리하여 그는 어떠한 "먼저 훈련할 대책을 강구하지 않고, 일종의 주의(혹은 제도)만을 주장하는 것은 일반인으로 하여금 습관을 양성하는 것이다. 자신이 삶에 어떠한 사회제도나 정치 체제의 필요성을 느낀 후, 자발적으로 요구하는 것은 성공할 수 없다."라고 여겼다. 『민치의 교육』의 한 문장에서도 민국은 이미 성립되었지만, 교육은 아직도 종전의 교육이고, 사람들의 머릿속의 관념도 낡은 머릿속의 관념으로 자신이 민국의 주인이라는 사실을 의식하지 못하고, 자신이 자신을 주재하고, 자주적으로 자신을 다스려야 하며, 민중을 위해 일해야 한다고 지적했다. 그래서 "현재의 중화민국은 이렇게 엉망이고, 이는 대다수의 민중이 본분을 다하지 못하는 까닭이다." 모든 국민이 자발적으로 정치에 참여하고 의식해, 자신의 민주적 권리를 행사해야만, 건전한 민주사회를 형성할 수 있다. 장멍린은 서양의 번성에서 심층적인 원인을 찾았는데, 근대 서구문명국가는 개인의 결합으로 결성된 사회로, 너, 나 그 각각의 사람들이 모여 대중을 이룬다. 이것의 가장 중요한 기초는 '건장한 개인'에 있다. 즉 개성의 해방, 개성주의의 발달이 서양 번성의 근본적인 원인이다. 문화학의 단계에서 분석하면, 가령 양무운동은 서양의 문명을 물질에, 신해혁명은 서양문명을 제도에 돌렸다면, 5·4 운동 시기에는 서양의 문명을 사람, 인성, 개성에 돌렸다. 근대사의 발전과정도 중국인의 서양문명의 인식의 발전과정이다.

앞서 말한 고찰과 인식의 필연적인 결과는 교육의 개혁을 호소·실행했으며, 개성 해방의 교육을 주장했다. 장멍린은 "교육이란 개인의 특성을 살리고 나아가 이를 최대한 발전시키는 것이다."라고 했다. 장멍린은 개인의 개성이란 교육을 통해 더욱 발전될 수 있으며 이는 인간의 가치와 능력을 증진시킨다고 주장했다. 그리고 문화교육의 가장 기본은 '개성주의'에 있다고 했다. 차이위앤페이는 개성을 발전시켜줄 수 있는지가 신교육과 구교육을 나누는 기준이라고 생각했다. 장멍린은 "신교육은 구교육과 다르다. 신교육에서는 교육자가 아이들을 교육하는 것이 아니라 오히려 교육자가 아이들로부터 깨달음을 얻는다. 신교육은 교과서 내용만을 고집하며 그 내용을 학생들에게 주입시키는 교육방식에 반대한다."라고 말하면서 아이들의 심신발달과정을 깊이 이해하고 원활히 이뤄질 수 있도록 적절한 교육방식을 통해 도와야 한다고 했다. 신교육자들은 기존의 교육 방식을 고수하는 것은 자연을 숭상하는 것보다 못하며, 획일적인 것을 고집하는 것은 개성을 발전시키는 것보다 못하다고 여겼다. 사람들의 개성이 충분히 발휘되도록 하기 위해 차이위앤페이는 북경대학에서 과감하게 교육개혁을 단행했다. 학술의 자유를 보장하고 학생들의 동아리 활동을 장려하며 간행물을 발행하여 북경대학을 신문화운동의 중심지로 만들었다. 그래서 장멍린은 북경대학을 가리켜 '누구나 뚜렷한 개성을 가지는 학교'라고 묘사했다.

교육계에 불어 닥친 개성교육사상은 정부의 교육제도에도 커다란 변화를 가져왔다. 1917년 5월, 신문화운동이 진행되고 있는 가운데 헌법재판소는 공자의 가르침을 국교로 삼는 제안을 부결하고, 1913년 헌법초안에 명시되었던 "공자의 가르침을 심신을 닦는 가장 큰 근본으로 삼는다."는 국민교육에 관한 조문을 철회했다. 1919년 4월 판위앤리앤, 차이위앤페이, 천바오췌앤, 장멍린 등 19인으로 구성된 교육조사회는 "건전한 인격을 기르고 공화정신共和精神을 발전시킨다."라는 교육취지를 주장하고, 이른바 건전한 인격을 규정하고, 아래 4가지 항목의 내용을 포함했다.

1. 개인의 도덕을 입신의 근본으로 삼고, 공중도덕을 사회와 국가를 위
   해 일하는 근본으로 삼는다.
1. 인생에 필요한 지식·기술
1. 건장하고 활발한 체격
1. 아름답고 화목한 마음

공화정신이라는 것은 평민주의를 발휘하고, "모두에게 민치民治를
입국의 근본으로 여기도록 한다." "공민의 스스로 처리하는 습관을 양
성하여, 모두가 국가와 사회의 책임을 지도록 한다."라는 이 두 가지 내
용을 포함한다. 비록 이러한 취지는 당시에는 받아들여지지 않았지만,
1922년 교육부가 공포한 『학교 계통의 개혁안』은 이미 명확하게 개혁
기준을 사회의 진화에 적응하고, 평민교육정신을 발휘하며, 개성 발전
을 도모하고, 국민의 경제력을 주의하며, 생활교육을 주의함으로써, 교
육이 보급되기 쉽게 하고, 많은 융통성의 여지를 남기는 등 7항목의 내
용을 정했다. 이것은 개성교육이 이미 5·4 운동 시기 교육영역 내의 저
항할 수 없는 역사적 추세가 되었음을 설명한다.

2. 과학 현학 논쟁과 인생관 추구

1914년, 신문화운동 발단 전에 미국에서 유학하는 유학생을 주체로 하는 〈과학사〉가 정식으로 결성되었다. 〈과학사〉는 본 기관 간행물 『과학잡지』를 통해, 과학과 과학교육을 힘껏 제창했다. 임홍준任鴻雋은 이 잡지에 「과학과 교육」이라는 글을 발표하여 "과학은 물질의 지식에 달린 것이 아니고, 사물을 연구하는 방법에 달렸다. 사물을 연구하는 방법이 아직 없지만 훈련과학방법(심적 능력의 과학적 훈련방법)에서는 우선 사례를 분류하고, 다음으로 그 보편적인 규칙을 발견하기 위하여 그 관계를 명백히 구별한다."고 밝혔다. 그는 과학교육을 실시하고, 과학적 방법으로 어려운 문제를 해결할 것을 주장했다. 5·4 시기에 초청한 '새 선생'은 더 나아가 미신을 타파하고, 해방 사상의 의미를 가진 과학을 빛나는 지위에 올려놓았고, 신문화운동의 날카로운 무기가 되었다. 신문화 창도자들은 서양의 근대 과학을 하나의 기본적인 정신, 기본적인 자세, 그리고 기본적인 방법으로 여겨지길 바랐으며 "이것으로 중국인을 바꾸고, 중국민족의 문화심리 속에 주입되길 희망했다." 과학과 현학의 논쟁은 바로 이러한 배경 하에 발생한 것이다.

1923년 2월, 북경대학교수 장쥔마이는 청화대학교에서 '인생관'이라는 주제로 강연을 했다. 그는 과학이 인생관 문제를 해결할 수는 없다고 생각했다. 왜냐하면 인생관이란 각자 자기 자신이 중심이기 때문이다. 그는 과학과 인생관의 차이를 다음과 같이 다섯 가지로 나누어 살펴보았다. 첫째, 과학은 객관적이다. 인생관은 주관적이다. 둘째, 과학

윤리의 방법에 지배된다. 인생관은 직관에 기인한다. 셋째, 과학은 분석적 방법을 사용한다. 그러나 인생관은 종합적이다. 넷째, 과학은 인과법칙의 지배를 받는다. 그러나 인생관은 자유의지의 지배를 받는다. 다섯째, 과학은 대상의 동일현상에서 기인하는 것이지만, 인생관은 인격의 단일성에서 기인한 것이다. 마지막으로 그는 "오직 자기 자신의 과거를 돌아보고 현재의 자신을 구할 수 있는 까닭에 인생관에는 옳고 그름의 객관적 판단기준이 없다."는 결론을 내렸다. 그해 4월 12일 지질학자 딩원장은 「노력주보」에 「현학과 과학」이라는 문장을 발표하여, 장쥔마이에게 도전장을 내밀면서, 과학논쟁의 막을 열었다. 그는 과학과 인생관을 분리하는 것은 '현학귀신'이 장쥔마이 몸에 붙은 것이라고 풍자했다.

인생관은 과학과 분리할 수 없고, 과학적 방법을 인생문제에 응용해야 한다고 생각했다. 문장에서 다음과 같이 썼다. "과학은 그 이상이라고 말할 수 없을 뿐만 아니라, 교육과 수양의 최고의 도구이다. 매일매일 진리를 탐구하고 항상 선입견을 타파하기 하기 때문에, 과학을 배우는 사람이 진리를 탐구하는 능력을 갖도록 할 뿐만 아니라, 진리를 사랑하는 진심을 갖도록 하기도 한다. 어떤 일에 부딪히든 평정심으로 분석하고 연구할 수 있어서, 복잡함 속에서 간단함을 모색하고, 문란함 속에서 질서를 탐색한다. ……우주생물심리 모든 것의 연관성에 명확해야만 생활의 즐거움을 진정으로 알 수 있다."

과학과 현학의 논쟁이 시작되고 나서, 학술계의 유명인사, 예를 들어 량치차오, 후스, 오치휘, 장동손 및 교육, 심리학자 수강, 당월, 육지위

등도 모두가 잇달아 문장을 발표하고 논쟁에 참가했다. 먼저 량치차오가 '잠시국외局外 중립자'라는 명분으로 쌍방이 그가 제시한 '전시국제공법'에 따를 것을 요구하고, 잇달아 드디어 논쟁으로 빠져들기 시작했다. 그는 쌍방의 주장 모두 편벽한 점이 있다고 여기고, 다음과 같이 지적했다.

"인생문제, 어떤 큰 부분은 과학적 방법으로 해결할 수 있거나 해결해야 하고, 어떤 작은 부분 혹은 더 제일 중요한 부분은 초과학적이다." 그는 겉으로 짐짓 공평한 듯 설명하더니 갑자기 현학편으로 넘어갔다.

"인생관의 통일은 불가능할 뿐 아니라 불필요하다. 불필요할 뿐 아니라, 해롭기까지 하다."는 것이다. 량치차오가 말하길, 이성적 생활은 절대 인간의 생활 전부는 아니고, 생활의 '원동력'이라는 감성으로서, 특히 감성 생활에서 가장 신비성을 가진 '사랑'과 '아름다움'으로서, 바로 '절대적 초과학'이라는 것이다.

장군매도 「재론인생관위과학병답정재군」이라는 장편답변을 지어, 몸, 마음, 사회, 역사영역에서의 과학성을 부정했고, 논리학이 인생관을 증명하는 가능성을 부정했다. '지극히 오묘하고 예측 불가능'한 인생관은 언심언생(마음心을 논하고, 성性을 논하다)을 채용하는 신송학新宋學을 활용해야만 해결할 수 있다.

서로 대립하는 정문강, 당월, 왕성공, 후스 등은 과학적 태도, 과학적 방법과 과학적 인생은 과학을 떠날 수 없음을 강조한다. 왕성공은 「과학과 인생관」의 한 문장에서 다음과 같이 지적한다. 과학은 인과관계와 일관성이라는 두 가지 원리에 의거하여 구성되는 것이다. 인생문제는 생명적 관념 혹은 생활적 자세든지 간에 모두 이 두 원리의 울타리에서 벗어날 수 없어서, 과학은 인생문제를 해결할 수 있다. 1923년 11월, 상해 아동亞東도서관은 논쟁의 30편 중요 문장을 수집해서 『과학과 인생』이라는 책으로 엮어 정식으로 출판하고, 천두슈와 후스가 서문을 썼다. 후스는 서문에서 무엇이 과학인가, 과학의 인과법칙 등의 개념문제를 회피하고, 과학이 중국에 대해 갖는 의미를 강조했다. 그는 신랄하게 비평하길, 과학은 인생관에서 멀어진다고 나불나불 말하는 그 자들(후스는 이를 '반동적 철학자'라 칭함)은 평소에 과학의 그 맛에 배가 불러, 종종 과학에 대해 불평을 하는데, 이는 곧 부유한 자가 고기에 질린다는 것과 같고, 이것은 이상하게 여길 것이 못 된다. 왜냐하면 과학의 뿌리가 이미 깊게 박힌 유럽에서는 당연 현학귀신이 와서 공격한다 한들 두려워하지 않는다. 하지만 중국에선 확실히 다르다. 중국인의 인생관이 아직 과학과 대면식을 치르지 않았을 때, 중국인들이 아직 '과학이 주는 행복'을 향유하지 못하고 있기 때문에 과학이 가져온 '재난'의 언급은 시기상조라는 것이었다. 후스는 지적하길, "우리는 눈을 크게 뜨고 한번 보자. 여기 곳곳에는 점집과 수도원, 또 여기 곳곳에는 신선神仙처방과 귀신 사진, 이렇게 낙후된 교통, 이렇게 낙후된 사업, 우리가 어디 과학을 배척할 자격이 있겠는가?"

　당시 과학과 현학의 논쟁은 중재할 수 없는 것이었다. 양측은 자신의 주장이 맞는다고만 주장했다. 이들이 개념에 관심을 기울이는 동안 마르크스주의 유기사관을 수용했던 천두슈 등도 이 영역에 관심을 갖기 시작했고, 더 높은 단계로 과학과 현학 문제를 살펴보게 되었다. 천두슈는 문화가 낙후한 중국은 오늘날에 이르러서야 비로소 이 문제를 논하고, 어쨌든 진보가 있다고 여겼다.

그러나 이 논쟁은 과학파가 결코 "과학이 어떻게 인생관을 지배할 수 있을 것인가"를 해석할 수 없기 때문에, 현학파에 대한 그들의 비평도 '오십보백보'일 수밖에 없다. 그는 각자 다른 인생관은 모두 사람들이 생활하는 객관적 환경이 조성한 것이지, 하늘에서 뚝 떨어진 주관적 의지로 만들어진 것이 아니라고 지적했다. 천두슈는 다음과 같이 썼다. "선천적 형식, 양심, 직감, 자유의지, 전부 모두 생활 상황이 다른 각 시대·민족의 사회의 암시가 주조해 이루어진 것이다!" 그는 예를 들어 말하길, 어느 한 사람이 인도 브라만교 집안에서 태어났으면 자연히 사람을 죽이려 하지 않는다. 그가 만약에 아프리카 추장 집안에서 태어났다면 자연히 다살多殺을 최고의 영예로 여겼을 것이다.

한 여인이 화들짝 놀란다. 바로 중국인이 파지로 대변을 닦는 것을 보고 놀란 것이다. 흉노의 칸khan(군주)은 아버지가 돌아가시면 그 어머니를 아내로 얻는다. 만주인이 처음에 중국에 들어왔을 때에는 한족의 예의와 풍속을 잘 몰랐다. 황태후가 그 남편의 동생에게 재가를 해도 수치로 여겨지지 않았다. 중국인은 자기 부모님을 후하게 장사지내 드리는 것을 효로 삼았으나, 반대로 야만족은 친부모의 시체를 위탁하여 산야에서 날짐승에게 먹게 하도록 하는 사람을 영예스러운 자라고 여겼다.

미국 여성들은 많은 군중 앞에서 입 맞추는 것을 친함이라 했으나, 첩은 이상하고 수치스럽고 큰 모욕이라고 여겼다. 중국 부녀자들은 귀족의 첩이 되는 것을 영광으로 여겼으며, 많은 사람들 앞에서 키스하는 것은 기생도 수치스럽게 여기는 것이다. 그는 마지막으로 다음과 같은 결론을 얻었다. 우리는 객관적 물질 원인만이 사회를 변동시킬 수 있고, 역사를 설명할 수 있고, 인생관은 지배할 수 있다고 믿는데 이는 곧 '유물적 역사관'이다. 덩중샤는 장쥔마이의 '현학파'를 동방문화파라고 개괄했다. 현학파가 대표하는 것은 농업수공업적 봉건사상 혹은 종법사상이라고 그는 생각했다. 정문강의 '과학패'를 과학방법파라고 개괄하고, 과학패가 대표하는 것은 신식 공업과 자산계습사상이라고 여겼다. 또한 유물사관이 대표하는 것은 신식공업의 무산계습사상이다. 그는 "노동자와 자본가 두 계급은 아직 손을 맞잡고 연합하여 봉건 계급을 향해 진격할 필요가 있다."

다시 말해서, 노동자와 자본가 두 계급사상을 대표하는 과학방법파와 유물사관파는 아직 서로 협력하고 연합하여 봉건사상을 대표하는 동방문화파를 향해 진격할 필요가 있다.

이 논쟁은 결국 '현학귀신'이라 하며 사람들에게 버려지고 끝이 난다. 논쟁을 거치면서, 과학은 사람들의 마음에 더욱 깊이 자리 잡는다. 마르크스주의의 유물사관도 청년에게 이해되고 수용되어지는 것으로 시작된다. 그러나 만약 그저 이것으로만 그쳤더라면, 과학과 현학의 논쟁은 교육사상사와 무관하였으리라. 사실상, 과학과 현학의 논쟁은 수많은 교육가의 관심과 참여를 일으켰을 뿐 아니라, 더욱이 하나의 진지한 교육과제로 남아 있고, '교육과 선전의 효능을 빌어' 인생관을 형성하는지를 어떻게 해결하는가의 문제이다. 인생관은 개성의 구성 부분이므로, 그것은 또 어떠한 개성으로 빚어지는가에 대한 문제를 말한다. 그것은 당시 개성속박과 개성해방의 딜레마를 반영했으며, 도대체 어떠한 인생관을 추구하는 것이야말로 국가부강과 사회 안정의 딜레마에 도움이 되는 가를 반영했다.

　정말 '항장무검頂莊舞劍, 의재패공意在沛公'이라 할 만하다. 논쟁의 쌍방도 기탄없이 과학과 현학의 싸움의 진정한 동기에 대해 거론했다. 과학파가 말하길, 과학의 인생관을 제창하는 까닭은 청년들이 장군매의 사기에 넘어갈까 걱정스럽기 때문이다. 종교, 사회, 정치, 도덕에 대한 모든 문제가 정말 윤리 법칙의 지배를 받지 않는 것 같고 진정한 시비 진위가 없는 것 같다. 그가 말하는 소위 주관적, 종합적, 자유의지적인 인생관을 가지고 그것을 해결해야만 한다. 만약 이렇다면, 우리의 사회는 어떤 사회가 될 것인가? 현학파가 말하길, 과학적 인생관을 반대하는 까닭은 "학생 머릿속에 이러한 학설들로 가득 차 있다. 몇몇은 인생이 우주에서는 자유로움이란 가치임을 잊고 산다." 장군매는 진솔하게 다음과 같이 말한다. "나는 말을 하고 싶어 하는 자다. 비과학 자체의 문제가 과학의 결과이다. 서구의 물질문명은 과학 최대의 성과이다.……물질은 유한하고, 인간의 욕망은 끝이 없다. 정말이지 국가구안계이고, 인류행복계이다. 나는 믿지 않는다." 논쟁의 쌍방이 관심을 갖는 포커스는 모두 청년에게, 학생에게, 국가의 미래에, 사회의 안정에 맞추어져 있음을 어렵지 않게 알 수 있다. 따라서 과학과 현학의 논쟁 현상을 통하여, 그것이 실질적으로 어떠한 인생관을 가지고 청년의 개성을 빚어낼 것인지를 알 수 있다. 또 이 시기의 중국 인텔리들을 반영하기도 했으며, 지금 인생과 현실 생활을 지도하기 위해 이성으로써 신앙을 추구하고 있다.

3. 사회개조와 개성 형상화

어느 학자가 지적한 그런 것과 같이, 신문화운동의 자아의식은 정치가 아니고, 문화이다. "그것의 목적은 국민성의 개조이고, 구전통의 타파이다. 그것은 사회진보의 기초를 의식 형태의 사상개조 위에 놓고, 민주 계몽 작업에 놓았다. 그러나 처음부터 그중에 정치의 원인과 요소를 명확하게 포함하거나 은밀히 잠재되어 있었다."

5·4 운동 중 그리고 5·4 운동 이후에 한 무리의 마르크스주의의 영향을 받은 교육가와 청년지식분자가 개성의 해방, 개성의 자유와 개성 교육문제를 개별적인 문제로 여기는 것에 불만을 갖고, 학생의 개성 개발과 중국사회의 근본 개혁을 연결시켜 함께 실현하고자 했다. 사회와 인류의 해방을 개성 해방의 선결 조건으로 보고 교육과 사회 개조를 먼저 실현하고자 했다. 이제부터는 상술한 문제에 관해 리따자오, 윈다이잉, 양시엔장, 루쉰과 관련된 내용을 다뤄보겠다.

(1) 리따자오李大釗가 사회개조와 청년교육을 논하다

리따자오는 중국 공산주의운동의 선구자이면서 최초로 중국의 대학에서 마르크스주의를 강의하는 교수이자, 또한 중국 마르크스주의 교육이론의 최초 창시자 중 한 명이다.

그는 교육이 민중자각을 각성시키고 국민정신을 배양, 이룩하고 사회를 개조하는 것에 대해 중요한 작용을 가지고 있다고 인정했다. 그러나 그는 이것에 그치지 않고, 유물사관을 가지고 사회물질 경제생활의 결정 작용을 논술했다. 그는 근본적으로 중국의 문제를 해결하는 데 단지 교육의 노력에 기대어서는 안 되고, "반드시 하나의 근본적인 해결이 있어야 비로소 하나하나의 구체적인 문제를 모두 해결할 수 있는 희망이 있다." 그리고 이 근본적인 해결은 바로 '경제문제의 해결'이라고 지적했다.

더 나아가 교육개조와 사회개조(인류정신의 개조와 경제조직의 개조)의 변증법적인 관계를 논술했다. "경제조직을 개조하지 않고, 단지 인류정신의 개조를 요구하면 반드시 효과가 없다. 인류정신을 개조하지 않고, 단지 경제조직 개조만 요구한다면 아마 성공하지 못할 것이다." 이렇게 사회개조와 결정 작용을 강조하는 동시에 교육개조의 반작용을 인정했다.

그는 일찍이 이렇게 인생의 의의에 대한 지식을 이야기했다. "아는 것은 인생이 광명과 진리 경지에 도달하도록 안내하는 등촉이고, 우매한 것은 광명과 진리 경지에 도달하는 것의 장애이고, 또한 인생 발전의 장애이다." 지식을 전수함으로써 인재를 양성하는 학교는, 인생발전과 사회개조에 대해 당연히 홀시할 수 없는 중요한 활동의 장이다.

리따자오는 사회개조의 중책을 청년에게 희망을 걸고 또한 청년배양의 중책을 교육개조에 희망을 걸었는데 이것은 교육개조와 사회개조의 관계에서 청년을 관건의 요소로 여긴 것이다. 리따자오는 청년은 '국가의 혼'이고 중화민족의 운명은 '청년의 운명으로써 운명을 삼는 것'이라고 여겼다. 이러한 이유로 그는 청년교육에 대해 크나큰 열정을 표출하고 또한 청년의 개성의 형성화를 청년교육의 중점 내용으로 삼았다.

리따자오는 청년이 확고한 신앙과 원대한 이상을 갖기를 요구했다. 그가 말하길, 청년들은 인생활동을 시작하기 전에 반드시 먼저 분투적인 목표를 확정해야 한다. 만약 방향을 못 정하고 정세를 보고 행동하면 목표에 도달할 수 없다. 그는 청년들이 작은 이익에 만족해서는 안 되고, 자기만 생각해서는 안 되고 반드시 더욱 넓은 도량을 가져야 한다고 여겼다.

리따자오는 확고한 신앙과 원대한 이상의 필수와 착실하게 일하는 기풍을 결합시켜 오늘을 장악해야만 비로소 아름다운 내일을 창조할 수 있다고 생각했다. 그래서 그는 청년들에게 간곡하게 타일렀다. "'오늘'을 싫어하고 다만 '과거'를 회상하고, '미래'를 꿈꿔서는 안 되는데, '현재'의 노력이 소모되고 그릇되기 때문이다. 또한 '오늘'의 경지에 만족하고 조금도 '현재'의 노력과 '미래'의 발전을 모색하는 것을 꺼내려 하지 않으면 안 된다." 마땅히 '오늘'의 노력을 '미래'의 창조로 삼아야 한다. 또한 현재에 입각하고 실제적인 노력을 해야만 비로소 아름다운 미래를 가진다.

현재에 입각하여 생활 속 어려움에 정확하게 대처하고 어려움과 위험을 두려워하지 않고 극복하는 용기와 예기를 갖는 것이다. 리따자오는 이러한 용기와 예기를 청년 개성형성화의 중요 내용으로 삼고 지혜와 용기를 온축하고 깊고 의지가 굳은 용감한 정신을 격려하고, 흔들리지 않고 굽히지 않는 패기를 단련시켰다. 그는 이렇게 썼다. "청년의 사전에는 '어려움'이라는 글자가 없고 청년의 구두口頭에는 '장애'라는 말이 없다. 오로지 약진만 알고 오로지 자유의 정신만을 알고, 기이한 자각, 활발한 생명은 환경을 창조함으로써 역사를 정복한다."

그는 청년의 개성형성화는 사회생활과 떨어질 수 없고 생산 실천과 떨어질 수 없다고 생각했다. 그래서 그는 최초로 청년지식분자와 공농운동을 서로 결합해 청년개성교육의 중요 조건으로 삼았다. "현대의 신문명을 갖고 싶다면 뿌리부터 사회 속으로 주입하고 지식계급과 노동자를 융합해야 한다. 나는 우리 중국의 청년들이 이 도리를 이해하길 바란다."

『청년과 농촌』의 격정이 충만한 문장 중에서, 리따자오는 공개적으로 청년들을 향해 '농촌으로 가라'의 호소를 발표했다. 그는 중국이 하나의 농업 국가이고 대부분의 노동 계급은 바로 그러한 농민이라고 여겼다. 농민의 해방만이 비로소 전 중국인민의 해방이다.

그는 썼다. "도시 속에서 방황하는 청년들아! 너희는 알아야 한다. 도시에는 수많은 죄악이 있고 시골에는 수많은 행복이 있으며, 도시의 생활은 검은 방면이 많고 시골의 생활은 광명의 방면이 많다. 도시의 생활은 거의 귀신의 생활이고 시골의 활동은 모두 사람의 활동이다. 도시의 공기는 탁하고 시골의 공기는 신선하다. 너희들은 왜 빨리 짐을 챙겨서 너희들의 고향에 돌아가지 않느냐?" 여기에는 농촌과 농민생활을 중시하고 청년과 공농을 서로 결합하는 것을 중시하는 데 그 역사적 의의가 있다.

(2) 국가의 주인을 배양하는 것을 논하다

현대교육사상사에서 두 교육가가 있는데, 매우 놀라운 점이 있다. 그들의 출생시기와 사망시기가 각각 1895년과 1931년으로 같다. 그들은 동시에 소년중국학회에 가입했고 2년 뒤에 또 국군공산당 당원이 되었다. 그들은 모두 1925년 9월에 계남회 준비위원회 위원을 맡았고, 또한 공동으로 선전 작업을 책임졌다. 그들은 청년문제와 교육이론에 대해 두터운 흥미를 두었다. 그들은 진보적인 간행물의 편집을 맡았다. 그들 사이에는 돈독한 우정이 있었다. 이들은 마르크스주의 교육가 윈다이잉惲代英와 창센장場賢江이다. 이 두 사람은 요절한 교육가이면서 교육사상에 귀중한 정신적 자산을 남겼다.

윈다이잉은 사회개조와 교육개조와의 관계를 매우 중시했다. 그는 '교육은 확실히 사회를 개조하는 강력한 수단', 사회를 개조하려면 반드시 먼저 교육을 개조하고 교육을 개조하려면 반드시 먼저 교육자의 인생관을 개조해야 한다고 여겼다. 그러나 그는 또한 사회개조의 수단으로써 교육의 작용은 또한 제한을 받는다고 지적했다. 만약 '좋은 환경이 없으면 좋은 교육을 할 수 없기' 때문에, '교육가는 반드시 동시에 사회개조가'여야 한다.

따라서 윈다이잉은 교육을 중시하고 그것의 환경개조, 국민성 개조의 기능을 강조했다. 또한 교육의 작용에 대해 지나치게 과장하는 것을 주장하지 않고, 그래서 일찍이 국가주의파의 "중국의 정치 압박을 타도하는 데 착수하지 말고 전문적으로 교육과 중국문화 그리고 중국역사를 제장하자."라는 방법을 예리하게 비판했다. 이렇게 교육개조와 사회개조의 관계를 비교적 변증법적으로 정리했다.

교육의 개조사회의 기능을 발휘하기 위해, 윈다이잉은, 포인트는 모든 학생을 사회에 유익한 사람으로 배양하는 것이라고 여겼다. 『교육개조와 사회개조』에 실린 글을 통해 그는 이러한 인계를 정했다. ① '악사회' 속에 설 수 있어야 하고, ② 이후에 이러한 악사회를 개조할 수 있어야 한다. 1924년에 발표한 『국민을 다스리는 교육』 중에 윈다이잉은 더 나아가 배양 목표를 '국가의 주인'의 배양을 위한 것으로 정했다.

윈다이잉은 반드시 과거의 '황제는 곧 국가의 주인'을 '주인은 바로 민주'라고 변해야 한다고 지적했다. 그는 교육을 통해 진정한 자신의 지위를 이해하고 자신의 책임을 아는 주인공을 육성해야 한다고 했으며, 국가의 주인으로써 최고의 중요한 것은 독립 정신, 창조 정신, 자존감이 있는 것이라고 여겼다.

교육에서 반드시 자주자치의 정신을 채취해야만, 위에서 말한 목적을 실현시킬 수 있다.

이로써 그는 전통교육이 가지는 8가지 폐단을 비판했다.

① 수업할 때 교사는 매우 힘이 들고, 학생들은 너무나 안일하다.

② 학생들은 할 만한 일이 없기 때문에 오히려 머리는 퇴화하고 활동능력은 감소한다.

③ 교재는 짧은 시간에 많은 학습 내용을 전달해서는 안 되기 때문에, 교사는 할 수 없이 불필요한 참고를 하는 데 많은 시간을 쓰게 되어, 유용한 시간을 낭비하게 된다.

④ 학생들은 교사에게 의존하기 때문에 수업은 반대로 두루뭉술해진다.

⑤ 교과서가 있고 또 입으로 말하면 이중으로 시간이 들어, 학생들은 스스로 공부를 하려는 마음이 없고 정신은 집중이 안 되어 수업시간이 똑같이 허비되고 학생들은 잠깐 잠이 들기 쉽다.

⑥ 한 교사가 동시에 반 전체 학생들에게 수업을 하기 때문에, 자연히 개성을 주의할 수 없고, 우등생과 열등생의 정도도 또한 조절할 수 없다.

⑦ 학생이 수업을 이해할 수 있도록 요구하면, 반드시 수업 후 그 학생으로 하여금 자신 스스로 자습공부를 하게 하는데, 이로써 수업 이외의 공부할 시간은 많지 않고, 기타 수업 이외의 일을 할 시간이 없다.

⑧ 학생들은 교사를 너무 중시하여, 자신은 즐겨 배우고 연구하는 사고의 습관을 양성하기 어렵다.

요컨대, 전통교육은 학생의 개성을 속박하고, 학생의 창조정신을 억누르고, 학습 주동성의 발휘를 방해한다. 원다이잉은 더 나아가 현대 교사가 자치교육의 문제를 어떻게, 자주 진행할 것인가를 논술했다. 그는 다음과 같이 말했다.

"교사의 직무는 아이들을 돕고, 아이들을 지시하고, 아이들로 하여금 커다란 잘못을 일으키지 못하게 하고, 샛길에 들어가지 않게 하고, 절대로 억압하지 않고, 방해하지 말고, 아이들 대신에 길을 가지 말아야 하는 데 있다. 그래서 교사를 하는 사람은, 반드시 자주 그들을 고찰하고, 그들이 능력의 부족을 맞닥뜨릴 때, 반드시 그들을 도와야 한다. 그들이 잘못을 맞닥뜨릴 때 반드시 그들의 실수를 지시하고, 그들로 하여금 어려움에 이르지 않게 하고, 잘못에 이르지 않게 하고, 샛길에 들어가지 않게 한다. 이밖에 다시 일에 관여하지 않아야 한다."

또한 교사는 반드시 지도자, 보조자, 안내자, 감독자의 역할을 하고, 월권 행위를 해서는 안 되고, 지나치게 '관심'을 가져서는 안 되며, 따라서 학생의 개성으로 하여금 충분한 발전을 얻게 하고, 이러한 기초에서 자주, 자치정신을 형성하고, 더 나아가 진정한 국가의 주인이 되도록 해야 한다.

원다이잉은 국가의 주인공이 되기 위해서는 자주, 자치의 개성을 형상화해야 하는 것 이외에 또한 반드시 개인과 단체, 사회를 유기적으로 일치시켜야 한다고 여겼다. 그는 "인류의 행복을 위해서는 자연히 모든 사람의 노력이 필요하다. 그러나 이러한 노력은 반드시 사회복리를 추구하는 것을 목표로 삼아야 한다. 그는 개인의 복리를 추구하기 위한 것을 목표로 삼으면 안 되는 것과 국가의 복리를 추구하기 위한 목표로 삼으면 안 되는 것과 같다.”라고 지적했다.

그는 현재 청년들이 제일 부족한 것은 두 가지 방면의 수양인데 하나는 활동적인 수양, 즉 일을 처리하는 능력이고, 두 번째는 사람들과 잘 어울리는 수양, 즉 군중과 같이 일을 처리하는 능력이라고 여겼다. 그는 이 두 종류의 수양을 밝히고 대상에 적합한 교육을 실시했다.

윈다이잉은 활동적인 수양과 남과 잘 어울리는 수양의 일치 또한 개성의 구조 중의 개체성과 군체성의 일치라고 여겼다. 단체 훈련과 군중 교육을 중시하고, 청년학생의 합군성을 형성하며, 그들 간의 군중개념을 형성해야 비로소 총체적으로 국민의 자질을 향상시킬 수 있다고 여겼다.

(3) 량진장楊近江 : ‘인생의 지도’를 논하다

인간 세상에 단지 36년만을 머문 량진장은 우리를 위해 거대한 정신 재산을 남겼다. 완전하지 않은 통계에 따르면, 그가 짓고 번역한 교육 저서가 8부에 달하고 논문과 번역문은 370여 편이고 청년과의 서신은 100여 봉투 정도 되고, 답문은 1,400여 편이 있다. 그중『교육사ABC』(1912)와『신교육개요』(1930)는 중국 최초로 마르크스주의 원리를 사용하여 교육사를 체계적으로 논술하고 교육이론을 연구한 저서이다.

획기적인 의의를 가지고 있는 이 두 권의 작품 중에서 량진장은 국내에서 유행하는 교육의 성스러움을 말하고, 교육의 청렴을 말하고, 교육의 정직을 말하고, 교육의 독립을 말하고, 교육의 만능을 말하고, 교육의 구국을 논하는 등의 학설에 대해 분석과 평론을 했다.

교육이 인류의 실질적인 생활의 필요함에 기원을 두는 것을 제기했고, 교육은 사회의 상층구조이고 교육은 일정한 경제와 정치로 결정하고 동시에 정치와 경제에 대해 반작용 등의 관점을 가지고 있다고 했다. 중국 무산계급의 교육이론을 위해 하나의 청사진을 묘사할 뿐만 아니라, 또한 중국 현대의 교육 이론체계와 교육자 체계를 위해 개척성의 공헌을 했다.

량진장은 교육사상 상의 또 다른 공헌은 그의 '전인생의 지도' 이론이다. 1921년 초, 주위앤산朱元善의 추천 하에 량진장은 상해상무인서관「학생잡지」의 편집을 맡았다. 6년 동안 그는 잡지에 대해 개혁을 진행했고 '통신' '답변' 등의 특별란을 만들었고, 청년학생과의 소통을 강화시켰고, 잡지로 하여금 청년학생의 좋은 선생님과 유익한 친구가 되게 하고, 게다가 '학생계의 정기간행물 중 사상이 제일 고상하고 제일 순결하고 제일 진실 되고 제일 치밀하고 제일 보편적이고 게다가 제일 혁신정신이 풍부한 잡지'가 되었다. 잡지는 또한 량진장의 청년교육 실험이 풍부했고, '전인생의 지도' 이론의 형성을 위한 조건을 준비했다.

1925년, 중국교육계는 일찍이 중학 훈육문제에 대해 한 차례의 토론을 열었다. 토론 중에서 량진장은 제때『중학 훈육 문제의 연구』논문을 발표했고, 교육이론계와 실제 부문의 "모든 인생을 나눈다.", 덕,

지, 체의 삼육을 분립하고 또한 학생 그 자체로부터 고려하지 않고, 사회환경으로부터 고려하지 않는 결함, '전인생을 지도'의 교육관념이 없고, 따라서 '비정상적인 질이 나쁜 교육'을 비판하며, 다음과 같이 썼다.

후에 학교교육은 대부분 지식의 전수에 편중하고, 좋은 습관의 양성과 청년문제의 탐색에 대해서는 주의하지 않는다. 바꾸어 말하면, 전인생의 지도가 되지 못하는 것이다. 책의 교실의 수업 이외에, 어떻게 일상적인 생활을 하고, 어떻게 친구를 사귀며, 어떻게 한가한 시간을 보내고, 어떻게 세상에 우뚝 솟고, 어떻게 자신의 각각의 문제를 발견하고 해결하며, 어떻게 학생이 좋아하는 활동을 만족시키고 발달시키는지에 대해서는 조금도 묻지 않는다.

그러면 어떻게 해야 비로소 '전인생의 지도'라고 할 수 있겠는가? 량진장은 '전인생의 지도'는 청년학생의 이상, 도덕, 신체, 지식, 예술생활, 혼인, 취업, 택우, 교제, 생활습관 등 전 방향적인 관심을 가지고, 그들로 하여금 '원만한 생활'을 살게 하고, 원만한 개성을 형성하고, 하나의 전면적인 발전의 '원만한 사람'이 되는 것이라고 여겼다. 이로 보아 '전인생의 지도'의 본질은 하나의 개성 형상화의 체계적인 설계라고 할 수 있다.

량진장은 인류의 생활내용은 무척이나 복잡하고 다양하지만 대부분 건강, 노동, 공민 그리고 문화생활의 4가지로 분류할 수 있다고 여겼다.

따라서 '전인생의 지도' 또한 이러한 4개의 방면에서 지도할 수 있다.

그는 건강한 생활은 개인활동의 자본이고, 생활의 근원이고, 만약 이 방면의 생활이 불완전하다면 폐물이 될 수도 있다고 지적했다. 그래서 건강한 생활의 작용은 인류의 체력을 보장하고 일, 복무 및 연구 활동에 적합하고 더불어 심신의 원만한 즐거움을 누릴 수 있는 데 있다.

건강한 생활 지도의 주요한 것은 체력의 임무지만 이러한 체육은 경기, 체격, 체력방면 하에서의 노력을 요구할 뿐만 아니라, 학생들로 하여금 "일상의 개인적인 것에서 공공적인 위생에 관한 적용의 지식, 특히 성지식을 얻고 청결과 절제, 운동, 공공위생사업의 복무 등의 많은 습관을 양성하고 게다가 개인건강과 공공건강의 신앙과 열의에 대한 것 및 건강과 신체발달의 흥취에 대한 것도 갖게 한다." 이러한 현실적인 것은 하나의 큰 건강 교육관이고 오늘날에도 여전히 중요한 현실적인 의의를 가지고 있다.

노동생활은 또 직업생활이라고 불리는데, 량진장은 그것을 생명을 유지하고 문명의 요소를 촉진하는 것이라고 여기고, 노동 중에서 사람들은 자신의 역량을 나타낼 뿐만 아니라 자신의 욕망을 만족시킬 수 있고, 노동을 경시하는 어떠한 사람이든 똑같이 자신을 경시하는 것이라고 여겼다.

그는 노동생활은 결코 학교 문을 나서고 사회에 나가 생계를 도모할 때 비로소 있는 것이 아니다. 학교교육 중에 노동습관과 체력훈련의 양성을 위해서 노동 방면의 숙제가 있다. 예를 들어 교실 내에서 깨끗하게 청소하고, 농장의 재배 사육 및 목공, 금공의 제조수리, 더 나아가서 길을 포장하는 것과 나무를 심는 것, 소비 공동체를 만드는 것 등 모두 교육의 가치를 지니고 있는데, 단지 학습을 위한 일종의 기교만은 아니다.

그래서 량진장은 "우리는 이러한 생활에서 실제 작업에 관한 지식과 특수 직업에 관한 지식을 얻는 데 주의하고, 작업 실행 및 작업의 만족적인 필요 그리고 얻은 습관을 중시하고, 인간사회의 이상에 보편적인 노동 및 진정으로 노동의 가치를 아는 태도를 양성해야 한다."라고 여겼다.

공민생활은 또 사회생활이라고 불리는데 그것은 인류의 생활을 완성하고 인생관계의 기본을 원만하게 한다. 량진장은, 인간은 사회의 인간이고 인간은 사회생활을 떠날 수 없고, 한 사람이 만약에 건강하고 온전한 사회생활을 가지고 있지 않는다면, 그는 "사회에 혹이 되는 것에 그치는 것뿐만 아니라 자신에게는 이롭게 하고, 남에게는 손해를 끼치는 방향으로 나아가는 것을 피하기 어렵게 될 것이다."라고 지적했다.

공민생활의 지도 방면에서 주요한 것은 모든 학생으로 하여금 각종 단체 활동에 참가하도록 하고, 활동 중에 사회과학의 지식을 쌓고, 시사 연구에 주의하고, 사회공헌을 배양시키고, 군중의 이상을 지도하고, 사회문제에 대한 흥미와 불량사회생활 상태에 대한 원망을 고양시키는 것이다.

그 밖에 학교 환경 중에 조화로운 인간관계의 형성에 주의하고, "이러한 단체 내의 각 사람, 곧 교장, 교원, 학생, 학교 고용인 등 서로 감정을 교환할 수 있고, 서로 가까이 할 수 있으며 마치 가족 같이 친목할 수 있는 생활을 보장한다." 또한 '의미가 있는 대규모 혹은 소규모의 단체조직', 예를 들어 학생회, 학생자치회, 조기독서회, 평민교육사 등 단체생활의 많은 훈련에 주의하고, "단체성원은 반드시 출석하고, 납부하고, 의결안의 책임에 복종해야 한다. 단체성원은 반드시 어떻게 회의를 진행하는지, 어떻게 질서를 유지하는지의 지식과 기능을 가지고 있어야 한다. 단체성원은 반드시 회무를 발전시키는 정신을 지니고 있어야 한다." 등에 주의해야 한다. 학생들로 하여금 단체를 열렬히 사랑하고 타인을 사랑하고 자기가 맡은 일에 대해 진지하게 책임지는 태도와 습관을 기르도록 한다.

"문화생활은 또 학예생활이라고 일컫는데 그것은 문예, 과학, 어언語言, 유력遊歷 등의 내용을 포함하고 인생으로 하여금 흥미를 가지게 하고 사회로 하여금 진보가 있게 하고, "한 사람이 만약 이 방면의 생활에 주의하지 않으면, 인생은 온정과 광명이 없게 된다." 량진장楊近江은 분명한 도리를 공부하는 것은 과연 중요하지만 풍부한 사고와 소일거리 또한 적어서는 안 된다."라고 지적했다.

그래서 그는 청년학생이 신지식을 받아들이는 데 노력하고 기호와 취향을 높이고 심경을 넓히도록 신문화를 연구하는 것 이외에도, 또한 오락, 희곡, 음악, 예술, 문학 및 특별한 심신에 유익한 오락 방면의 지식과 관련된 것을 가지도록 하고, 사람에게 상냥하게 대하고 회화의 소일거리의 기능에 능숙하도록 요구했다.

조직에서는 연구회, 토론회, 연설회, 클럽, 동년회 및 여행, 전람, 교서 등등이 필요하고 감정을 발양하도록 사회의 왕래를 촉진시키고, 여가를 이용한다. 식당, 기숙사와 학교 안과 밖의 배치에 적합한 곳에서 아름다운 꽃이 있는 풍경의 장식이 있기를 요구하는데, 우리들의 미적 감각을 함양하고, 우리들의 흥미를 크게 하도록 한다.

종합하면, "한 사람이 원만한 생활을 지내려면, 반드시 강건한 신체 및 정신을 가져야 하고, 일의 지혜와 지식 및 기능이 있어야 한다. 일하는 사람들의 이상과 재간이 있어야 하고, 풍부한 생활의 기호와 취향과 습관이 있어야 한다." 전인생의 지도에 의하면 중국 학생의 생활에 대해 다음 몇 가지 방면에 중점을 두고 개조해야 한다.

첫째, 모든 원만한 인생활동이 있어야 한다.

둘째, 학교수업과 심신요구 및 사회 환경이 적절해야 한다.

셋째, 학교 양방은 공동된 목표를 가지고 통일되어야 한다.

넷째, 수업시간과 수업시간 이외의 구별을 없애야 한다.

다섯째, 학교 안과 학교 밖의 경계를 없애야 한다.

량진장은 전인생의 지도는 비록 학교, 학생, 교사의 협조 노력에 의존하지만 개성의 형상화의 관건은 역시 개인의 자아수양이고, '자각, 자동, 자전'의 노력을 거쳐, 원만한 생활을 창조해 나가는 것이라고 지적했다. 교사는 학생의 전인생의 지도에 대해, 단지 학생의 자아 지도를 위해 조건을 만들 뿐이고, 진정한 전인생 생활은 그들(학생) 자신에 기대어 개척해 나가고 스스로 창조해 간다. 그래서 전인생의 진정한 지도자, 원만한 생활의 진정한 창조자, 훌륭한 개성의 진정한 형상자는 학생 자신이고, 개인 자신이다. 이것은 개성형상화의 정의에 속한다.

(4) 루쉰: 완전한 아동해방을 논하다

루쉰 선생의 문학 방면에서의 뛰어난 성취는 자주 사람들로 하여금 그의 교육에서의 공헌을 쉽게 홀시되기 쉽게 만든다. 사실, 그는 교육 이론 면에서 특유한 공로를 가지고 있다. 특히 아동의 개성 교육면에서 상세하고 많은 견해를 가지고 있다.

그는, 아동교육은 민족의 전도와 국가의 운명에 관련되어 있는데 그래서 부모들은 반드시 합리적이고 제때의 교육을 시키고, 반드시 '건전한 생산, 힘을 다하는 교육, 완전한 해방'이 있어야 한다고 여겼다.

그는 중국 전통의 아동교육에 대해 날카로운 비판을 제기했다. "중국의 아이들을 단지 낳기만 하고 그들의 좋고 나쁨을 돌보지 않고, 단지 많기만 하면 그가 재능이 있고 없음에 관심을 갖지 않는다. 그를 낳은 사람은 그를 교육시키는 것의 책임을 지지 않는다. 비록 '인구가 많으나' 이 한마디는, 자기가 책임을 짊어지는 것에 눈 감아 줄 수도 있지만 그렇게 되면 이처럼 많은 사람들이 계속 먼지 속에서 엎치락뒤치락 하게 되어 성장 후에도 사람이 될 수 없다."

루쉰은 아동에 대해 이러한 책임을 지지 않는 태도는 부모로 하여금 단지 '아이들'의 부모가 되는 것이지, 진정한 '사람'의 부모가 될 수는 없고, 따라서 '사람'을 배양하고 교육하는 제일 중요한 기능을 잃게 된다고 지적했다.

위에서 말한 것과는 달리, 또한 횡포하게 굴도록 방임하거나 난폭하게 대하는 가정이 있다. 이 두 종류의 극단적인 방법은 아동의 개성 발전을 심각하게 파괴한다. 루쉰은 일찍이 이 두 종류의 교육방식의 폐단을 지적했다.

중국 중류의 가정은 아이들을 가르치는데 대개 두 종류의 방법이 있다. 하나는, 횡포하게 굴도록 방임하는 것인데, 조금도 관여하지 않고 남을 욕하는 것도 되고, 남을 때리는 것 또한 된다. 문 안에서 혹은 문 앞에서는 독주이고 두목이지만, 밖에서는 마치 그물을 잃은 거미와 같이 즉시 조그만 능력도 없어진다.

두 번째, 온종일 냉대와 책망을 주는 것인데, 심지어는 때리고, 그들로 하여금 두려워 움츠러들게 하여 마치 노예나 꼭두각시 같은데, 오히려 부모들은 자신의 말을 들어야 한다면서 자신이 교육을 성공으로 이끌 수 있다고 여긴다. 그들이 밖으로 내보내기까지 기다렸다간 오히려 마치 잠시 새장으로 나온 작은 새와 같아 그는 절대로 날수도, 울 수도 없고 또한 도약할 수도 없게 된다.

루쉰은 이러한 두 종류의 교육방식은 모두 완전하고 건강한 아동을 양성해 내지 못하고 이따금 아이들의 개성으로 하여금 비정상적으로 발전하게 한다고 여겼다. 아이들을 비열한 불량소년이 되는 것을 방임하고, '횡포하고 우매한 기질을 가지고, 심지어는 불량배의 모양', 혹은 아이들을 멍청이로 만들고 조금도 화를 내지 않는다. 그런데 "나이 들기 전에 먼저 늙고, 심지어 스무 살이 안 되어 이미 매우 늙은 티가 난다."고 했다.

그는 인간은 단지 교육을 통해서 비로소 진정한 사람이 되고, 설령 천재라 할지라도 그는 태어나서 첫 번째 내는 소리가 울음소리이고, 또한 정상적인 아동들과 같아 절대로 하나의 좋은 시가 될 수 없다고 여겼다.

그러면 이러한 '새로운 인간' 혹은 '완전한 인간'은 반드시 어떠한 소질과 개성을 가져야 하는가? 루쉰은 먼저 반드시 아동으로 하여금 건강한 체력과 기백을 가지도록 하고, '그들이 힘든 일을 참는 체력을 양성'을 해야 한다고 여겼고, 따라서 좋은 개성의 형성을 위해서는 견고한 물질의 기초를 닦아야 한다고 보았다. 그는 그러한 신체가 약하고 정신의 활기가 없는 아동들은 절대 '미래의 새싹'이 될 수가 없다고 지적했다.

그 다음, 반드시 생기 있고 활발한 정신을 가져야 하고 조금의 명할 정도의 압박과 겁내고 위축하고 무조건 순종하는 심리상태가 없어야 한다. 그는 그러한 '태도가 온화하고 그다지 웃으면서 얘기하지 않고 그다지 몸을 움직이지 않는' 아동 또한 개성이 건전한 아동이 아니라고 지적했다.

또한, 반드시 완강한 품격을 가져야 한다. 루쉰은 중국인의 가치관은 이따금 '정적인 것'에 치우치는 경향이 있는데, 오직 그러한 순종하고 온순한 아이들만 좋은 아이들이라고 여기고, 활발하고, 건강하고 완강하고, 가슴을 펴고 고개를 젖히는 …… 만약 '동적인 것'에 속하게 되면, 고개를 흔드는 사람들이 꼭 있다.

종합적으로 보면, 루쉰이 말한 '새로운 사람'은 일종의 '힘든 일을 참는 체력, 순결하고 고상한 도덕, 자유롭게 새로운 시대를 수용할 수 있는 정신이 해박한' 사람이다. 이러한 사람의 개성은 충분한 해방을 얻고, '새로운 시대의 추세의 세계에서 헤엄 칠 수 있고, 파묻히지 않는 역량'을 가진다.

어떻게 완전한 사람을 배양하고, 어떻게 아동을 완전히 해방시키고, 아동들의 좋은 개성을 양성하는가? 루쉰은 이해, 지도, 해방의 세 가지 원칙을 제기했다.

우선 '이해'이다. 그는 아동을 교육하는 데 우선 아동을 이해해야 하고, 아동의 심신 발전 특징에 따라 교육을 하고, 아동을 '성인의 예비'라고 여기지 않고, 또한 아동을 '축소한 성인'이라고 여기면 안 된다고 생각했다.

그는 "이전의 유럽 사람들은 아이들에 대한 오해, 즉 성인의 예비라고 여겼고 중국인들의 오해는, 즉 축소한 성인이라고 여겼다. 오늘날까지 많은 학자의 연구를 거쳐 비로소 아이들의 세계는 성인과는 뚜렷이 다르다는 것을 알았다. 만약 이해를 선행하지 않고 사리를 분별하지 않게 행동하면, 아이들의 발달에 크게 방해가 된다."라고 말했다.

그는 『그림을 보고 글자를 안다』에서 아동들의 도서 편집의 문제에 대해 명백히 논술 했고, 아이들의 도서를 편집하는 사람은 진정으로 아동들의 세계를 깊게 이해한다고 주장했다. 루쉰은, 아동은 존경할 만한데 아이들은 자주 별과 달 이상의 경계를 생각하고, 지면 아래의 정황에 대해 생각하고, 화초의 용도를 생각하고, 곤충의 말을 생각했다. 아이들은 하늘을 나는 것을 생각하고 개미굴에 잠입하는 것을 생각한다. 그래서 아동들에게 읽을 책을 선택하는 것은 반드시 신중해야 하고 아동들에 대해 반드시 투철한 이해를 가져야 한다고 말했다.

그 다음은 '지도'이다. 루쉰은 아동을 교육하는 연장자는 반드시 하나의 '지도자' 혹은 '협상자'이어야 하고, '명령자'여서는 안 된다고 말했다. 아동을 지도하는 데 질서 있게 잘 인도하고 긍정적인 교육을 고수해야 하고, 아이들이 할 말이 있으면 그들로 하여금 말하게 하는데, 어른의 '마음대로 큰소리로 말하고 웃는 것을 단지 아이들만 금지시키는 것'을 허락해서는 안 된다. 아이들의 지도에 대해 때에 맞게, 사랑에 맞게 처리하고자 한다면 "절대로 똑같은 모형으로 무리하게 끼워 맞춰서는 안 된다."

다음은 '해방'이다. 루쉰은 아동이란 부모의 분신이라고 했다. 이미 자신에게서 분리된 독립 개체로써 존재한다고 했다. "나이기 때문에 반드시 교육의 의무를 다하고, 그들에게 자립의 능력을 줘야 한다. 내가 아니기 때문에 또한 반드시 동시에 해방시키고, 전부 그들 자신에게 있기 때문에 하나의 독립된 인간이다."

'완전한 사람'을 배양하기 위해 루쉰은 현실적인 아동 교육의 연구와 개혁을 주장했을 뿐만 아니라 아동 교육의 역사 경험에 대해 총괄하는 것을 중요시 했다.

'완전한 사람'을 배양하기 위해서 루쉰은 사회에 대해 근본성의 개조를 하는 것을 주장했다. 그는 "현재의 교육이라고 하는 것은, 세계에서 어느 국가를 막론하고 사실은 모두 많이 적합한 환경의 기기를 만드는 방법에 불과한 것이다. 적합하려면, 각각의 개성을 발전시키는데, 이때가 아직 도래하지 않으면 미래에도 결국 이러한 때가 올 것이라고 짐작할 수 없다."라고 지적했다.

여기에서 비록 미래 교육의 전망에 대해 믿음이 아직 부족하지만, 그러나 그는 개성의 발전이 사회 환경을 떠날 수 없고, 사회개조를 떠날 수 없는 중요한 사실을 분명하게 보았다. 이로써, 루쉰은 반드시 학생 교육이 사회를 개혁해 나가야 하고, 소극적으로 사회에 부응해서는 안 된다고 생각했다.

그는『죽은 영혼』의 첫 번째 글에서 이유도 없이 힘을 쓰는 교육, 마치 강제로 사육한 오리 같이 무리하게 학생들에게 집어넣는 교육에 반대한다고 밝혔다.

이렇게, 루쉰은 개성형성화와 교육개조, 사회개조를 하나의 전체로 고려해서 보았고, 따라서 반드시 사회개조를 해야 한다는 개혁성의 결론을 얻어냈다.

4. 청년 마오쩌둥과 인격주의 교육

청년 마오쩌둥의 교육사상은 비록 1949년 이후의 찬란하고 빛나진 아니었지만, 마오쩌둥의 전체 교육이론체제 중, 분할할 수 없는 조성부분이다. 마오쩌둥 교육 사상의 형성과 발전, 그자체가 하나의 역사이며, 논리적 전개 과정이다.

청년 마오쩌둥은 교육을 매우 중시했다. 1912년 6월, 19세의 마오쩌둥은 창사長沙의 고등학교에 재학 중이었는데, 그는 자신이 쓴 글을 통해 "국가는 '상앙商鞅의 법'이라는 큰 정책을 실시한 적이 없는데, 국민들은 어째서 이를 믿지 않는가? 나는 정치가의 힘든 걱정을 알고 있으며, 나는 내 국민의 어리석음을 알고 있으며, 나는 수천 년의 민중의 지식이 암담했다는 것과 국가의 몰락의 비참한 지경이 어디서부터 유래했는지 알고 있다." 그는 중화민족의 불행은 국민들의 암담한 우둔함에 근원을 가지고 있다고 생각하였다. 그래서 사회를 개조하고 구족운동을 벌이려면, 반드시 교육을 중시해야 한다고 생각하여, 인심과 민심의 개조를 실행하였다.

청년 마오쩌둥은 '문화민족소양'을 '민심도덕'으로 개조하는 것을 '본원'으로 보았다. 실제로 차이위앤페이 등이 당시 제창한 "공화민국의 건전한 인격을 양성하자."는 교육과 상통하고 있고, 마오쩌둥의 이해한 '본원'은 바로 본질상의 '인격'에 있다. 민족의 새로운 인격을 위해 청년 마오쩌둥은 민심본원의 직접적인 목적을 찾았다. 여기에서 그가 국가를 구하려는 이상과 인격이상은 같다고 볼 수 있다.

청년 마오쩌둥의 인격주의 교육사상은 그가 이전의 학교가 개성을 억눌러서 발전을 하지 못하게 한다는 것이라 생각하고 건립된 것이다. 이러한 것은 인격건강발전의 반성과 기초적인 인식에 영향을 주었다. 1915년 11월 9일, 마오쩌둥은 리진시黎錦熙에게 쓴 편지 중 이미 오래된 교육에서는 개성과 인격이 왜곡되고 학대받을 수 있다는 것을 나타낸 적이 있다. "동생은 학교에서, 형이 가르치는 말에 의존하네. 정신을 집중하고 감히 반역하지 못하고, 또한 성을 제한하기 어렵고, 결국 그것을 보고 학교에서 책을 읽지 않는다. 의지는 자유롭지 못하여 수준은 매우 낮으며, 친구들은 너무 악하며, 유용한 몸과 귀중한 시간과 날들은, 점점 파괴되고, 쇠약해지고, 소실되고, 이는 마음속에 큰 상처를 맺게 된다.” 「후남 독학대학 창립문」 중, 그는 또 학교교육이 학생들로 하여금 “개성을 없애고, 성령을 소멸시킨다.”라는 3대 폐단을 제기했다. 첫째로, 사제 간에 친근감이 없다. 선생은 ‘금전주의’를 생각하고, 학생은 ‘학벌주의’를 생각하고, “교류가 없고, 각자 자기의 자리에 있다.” 이러한 것들은 교육을 받는 학생과 가르치는 선생님 모두에게 상업성 행위일 수밖에 없다. 둘째로, ‘하나의 획일적인 기계 교수법과 관리법을 사용하여 인성을 죽이는 것’이다. 셋째로, 시간이 지나면서 교과과정이 너무 복잡해, 학생들이 온종일 수업에만 몰두하여, 몇 명은 수업 이외에는 하늘, 땅조차 있는지 없는지 모르는 것이다. 종종 “정신은 혼미하고, 생각은 나태하여 자기 스스로의 연구를 위해 그들의 생각을 전부 이용하지 못한다.”는 것이다. 결국, 위에서 말한 3가지 모두 학생들의 개성해방에 대해서는 이롭지 않으며, 학생들의 인격발전에 방해가 되는 것들이다.

청년 마오쩌둥이 주장한 인격주의교육은 지, 덕, 체의 전면적인 화합 발전을 중시했다. 특히 견고한 사람의 신체와 정신, 용기와 힘, 의지를 중요하게 생각했다. 「〈논리학원리〉펑어」에서 청년 마오쩌둥은 ‘행함’을 영웅호걸의 ‘인격적 원천’이라고 했다. 그는 “호걸이 힘의 원천은 하늘이 내려준 본성에 있다. 그 본성을 마음껏 발휘함으로써 호걸이 된 것이다. 여기서 제재, 속박 등은 본성에서 제외한다. 호걸의 힘의 원천은 굳건하고 진실한 실체로 인격의 본원을 이룬다. 여기에서 ‘힘’이란 체력과 정신의 힘을 가리킨다.” 「체육의 연구」에서 마오쩌둥은 기백과 용기를 인격 형성의 가장 중요한 요소로 보았다. 마오쩌둥은 "문명 정신도 자연 그대로의 기백에서 온 것이다. 기백이 생긴 후에 문명의 정신이 형성될 수 있었다."라고 썼다. 마오쩌둥은 체력을 도덕과 학문의 기초로 보고 있다. "신체가 건강하면 학문과 도덕을 함양하는 데 더 적극적이고 큰 효과를 거둘 수 있다."라고 하였다. 지, 덕, 체의 상호 관계에 대해서 마오쩌둥은 "체력을 갖춘 자는 지식을 쌓을 수 있고 나아가 도덕을 포용할 수 있다."고 하면서 체육의 의의란 '강한 체력'을 기르고 '지식을 증진'시키며 '감정을 조절'하는 것이라고 했다. 그는 체육을 통해 의지를 단련해야 인생의 큰일을 해낼 수 있으므로 이를 소홀히 해서는 안 된다고 하였다. 그는 "체육의 요지는 군사의 용감함이다. 무사의 용감함의 눈은 맹렬함과 같고 두려워하지 않음과 같고, 대담한 행동을 하는 것과 같고, 끈질김과 같다. 모두 의지에 달려 있다."라고 했다. 구체적으로 살펴보면 다음과 같다. "사나이의 힘은 산의 기운을 받아 세상을 압도하기에 맹렬할 뿐이다. 충의 난을 베지 않는 것은 결의하지 않는 것이고, 두려워하지 않을 뿐이다. 집이 변하는 것은 나라를 위해서고, 용감히 할 뿐이다. 8년 동안, 그 문을 세 번 지나고, 들어오지 않고, 오래갈 뿐이다. ……의지를 가진 자는 인생사업의 선구자를 견고히 한다." 이처럼 체육은 신체단련의 기능을 가지고 있을 뿐만 아니라, 동시에 의지적 단련과 인격의 선양 의미를 가지고 있다. 여기의 의미상, 청년 마오쩌둥은 '일과 학업의 병행'을 매우 높이 평가하고 제창했다. 이 사상은 이후에 계속해서 지식분자는 생산노동에 참가해야 함을 강조하는 데 직접적인 영향을 미쳤고, 청년학생들은 산에 오르고 고향으로 내려가 "공업을 배우고, 농업을 배워야 한다." 등을 주장했다.

만약 청년 마오쩌둥의 인격주의 교육의 핵심 내용이 '동'의 체력과 기백의 단련을 강조한다고 한다면 건장하고 온전한 인격을 양성하는 가장 효과적인 방법은 오히려 자아실현주의에 있다. 청년 마오쩌둥은 논리학원리의 평어에서 "사람들의 목적은 자아실현에 있을 뿐이다. 자아실현자들은 자신들의 체력과 정신의 능력을 가장 높은 정도에까지 이르게 하고 충분히 발달시킨다."라고 썼다. 그는 자아실현을 인생의 가장 높은 목표로 삼고, 자아실현은 어떠한 외래의 압력이 없다는 것을 가리킨 것이 아니라, 개인의 도덕과 자율을 강조한 것이다. 결국, 청년 마오쩌둥은 자아실현을 의무로 삼는 것을 지속하는 것만이 자신의 인격을 완성하고 완전히 할 수 있다고 보았다. 그는 그러한 영웅호걸이, 영웅호걸로 되는 이유가, 그들의 본성 중 위대하고, 거대한 힘을 발휘하는 근본적 원인에 있다고 여겼다. "대범한 영웅호걸의 그 자신의 행동은, 동력을 발설하고, 분발하여 일어나며, 격파하여 함락시키고, 제거하며, 난관을 두려워하지 않고, 용감하게 나아가며, 그 강함은 큰 바람과 같고, 여색을 좋아하는 성욕발동과 같고, 연인을 찾는 것과 같다. 그래서 그는 자신이 자신에게 규정한 도덕율령을 매우중시하고 교육은 반드시 학생의 이러한 품질을 양성한다고 강조했고, 그들로 하여금 자신을 연마하고, 마음을 움직이게 하고, 인내심을 배울 수 있게 하여, 자아실현과 용기 있게 앞으로 나아갈 수 있게 한다."

청년 마오쩌둥이 자아실현과 개성인격의 양성을 강조할 때, 교육의 사회목적을 부정하지 않고, 사회의 전체 인격을 부정하지 않았다. 이점에서 그는 자신의 선생님인 양창지楊昌濟의 사상을 받아들였다. 양창지는 "교육의 양성이 필요할 때, 자신의 이익과 정신을 희생하고, 또한 확신이 있고, 주장하는 사람이 있다는 것을 양성하고, 공공의 마음의 개인주의의 사람이 있음을 양성한다." 청년 마오쩌둥은 「〈논리학원리〉평어」중 이러한 '공공신의 인격주의'를 '정신개인주의'로 해석했다. 그는 자신의 이익과 타인의 이익의 변증관계를 명백히 논술할 때, "사람들은 이기성을 위주로 강화하고, 그 이기성만 있지 않을 뿐 남을 이롭게 하는 것을 찬양하고, 그것은 여전히 하나의 성으로, 타인을 이롭게 하는 것은 자익에 있다. 자익의 주요는 자신의 정신을 이롭게 하는 데 있고, 육체는 이익의 가치가 없다."라고 말했다. 객관적으로 청년 마오쩌둥은 비록 '이기성'을 강조했지만, '타익'도 인정했다. 그리고 '이기성'을 주요 정신성의 물건으로 여겼고, 그가 제기한 '자신의 이익 정신'은 오히려 일종의 개성도덕 수양의 자각이었다. "자신의 이익 정신은, 정신과 의지의 이익에 있고, 내가 다른 사람을 친애하는 것과 같고, 나는 그러한 정을 잊을 수 없고, 나는 의욕에서 구함을 얻고, 오히려 나는 힘으로 그것을 구하고, 나로 하여금 죽게 할지라도 친애하는 사람은 죽게 할 수 없다. 그것과 같이 나의 감정은 사무치기 시작하고, 나의 의지는 순조롭기 시작한다." 이처럼 청년 마오쩌둥의 정신 개인주의는 이타적 요인을 포함하고 있다는 것은 나타내기 어렵지 않다.

마오쩌둥의 인격주의 교육사상은 「호남자수대학창립선언」(1921)에서 진보적인 발전이 있었다. 이때, 그는 이미 비교적 정확하게 개성인격의 형성과, 사회의 개조를 연결짓기 시작하고, 타인과 자신, 개인과 사회를 중시했다. 그는 자수대학의 창립종지를 얘기할 때 "자수대학 학생은 학문을 배울 뿐만 아니라, 높은 곳을 향해가는 의미가 있고, 건전의 인격을 양성하고, 불량한 습관을 제거하고, 새로운 사회를 바꿀 준비를 한다." 이렇게 그는 "사회를 개인의 발전지로 삼는다."의 한 면을 타파했고, 또한 개성이 사회 각체의 능동 작용에 더욱 확대, 발전시켰다. 이것은 그 자신이 이전에 사회를 단지 자아실현의 기능으로 여긴 단편적 관점을 교정했을 뿐만 아니라, 개인을 단지 사회의 '희생양'과 기능의 잘못된 관점으로 보는 것을 교정했다. 동시에 마오쩌둥은 명확하게 개인의 자아실현과 사회의 자아실현을 연결짓기 시작했고, 개성 인격의 소조를 강조하고, 또한 사회총체 인격의 소조를 중시했다. 그는 "호남인에게 일종의 커다란 임무가 그들의 어깨에 떨어졌다. 그것이 어떤 임무냐 하면, 곧 전체 특수한 개성과 특수한 인격을 그들 스스로 완성하고, 발전하고, 창조하는 것이다."라고 말했다. 이렇게 개성의 자아실현과 사회 전체적 인격형성은 하나의 통일을 이루고, 함께 걸어가는 과정이다. 비록 이후에 혁명과 건설실현의 발전에 따라, 마오쩌둥은 교육에 대한 사회 기능을 더욱 중시할지라도, 그의 교육사상 체계 중 그러한 개인독립인격을 중시하고, 억압과 개성의 사상을 속박하는 것을 반대하고, 개인 전면 발전 사상을 중시하고, 여전히 중요한 지위를 가지고 있다.

5. 개성교육사상의 투시

  개성교육사상은 5·4 시기 중국교육사상의 주선율이다. 이 시기의
교육가 중에서 '개성교육' '개성해방' 그리고 '개성의 발전'을 거론하
지 않은 사람이 거의 없었다. 이것은 이 시기의 지식인과 청년학생들의
각성과 전통에 대한 반대를 반영하고, 인간의 문제가 중국혁명의 핵심
문제로 됨을 반영했다. 인간의 개성을 넓히고, 인간의 존엄을 되살리
고, 인간의 지위를 높이고, 인간의 가치를 인정하는 개성교육은 교육가
들에게 공동으로 인식되었다.

(1) 개성교육사상은 인간의 주체적 지위, 학생의 개성 발전을 강조하고,
    개성이 전통봉건윤리 도덕의 압력 아래 완전히 해방되게 하고, 교
    육대상의 지위가 이전과 다르게 높아지도록 하였다.

  5·4 신문화운동은 중국전통문화의 교육을 맹렬하게 비난하고, 그 핵
심내용은 인성을 해친다고 했다. 그래서 많은 지식인들은 자아의 발견
을 5·4 운동의 가장 큰 성공으로 본다. 모순은 「창조에 대해」에서 말
한다. "인간의 발견은 곧 개성의 발전, 곧 개인주의, 5·4 시기 신문화
운동의 주요 목표로, 당시의 문예비평과 창조 모두 의식적으로 혹은 잠
재의식 속에 이 목표로 향했다." 이것은 문학에 대해서 말한 것으로 사
실 교육은 이러하지 않는다. 장멍린은 5·4 신문화운동이란 "문화교육
으로 보면 개성주의라 할 수 있다."고 했다. 예를 들면, 윈따이잉은 자

신의 교육실천 중, 학생 스스로 자신을 관리할 것을 적극적으로 주장하고, 학교에서 학습 감독하는 것을 폐지하고 학생자치회를 성립했다. 루쉰은 자립능력과 독립적인 아이들이 되도록 배양하기 위해 동요를 수집하고, 외국의 우수한 어린이 문학작품과 과학소설을 번역했다.

　‘개성해방’ ‘개성교육’의 목표 아래, 학생의 주체적 지위는 중시를 받기 시작하고, ‘교수법’은 ‘교학법’으로 바뀌고, ‘학습’의 효과가 나타났다. 학생 스스로의 학습, 자동적인 연구와 학생 자치는 제창되고 격려를 얻었다. 교육의 각도에서 보면, 계몽식, 지도식 생활교육과 영재교육이 중시되기 시작했고, 주입, 훈련식, 봉건식과 틀에 짜인 것을 반대하였다. ‘개성교육 발전의 계획’은 교육계의 공통적인 인식이 되었다. 교육가는 학생개성의 발전문제를 탐구, 연구하는 동시에, 청년지식인과 학생역시 자신의 가치를 인식하기 시작했고 개성의 자아발전, 자아완선과 자아실현을 중시했다. “많은 사람들의 전통인격이 현대인격으로 전환되고, 개성이 뚜렷하고 활력이 넘치는 청년학생은 생겨나기 시작했고, 중국현대정치, 문화, 경제, 교육방면의 풍운아와 우수인재가 나타나게 되고, 중국사회의 전진을 이끌었다.” 그러나 반드시 지적해야 하는 것은 5·4 시기 개성교육사상은 봉건교육을 완전히 제거하지 못했고, 그것은 회오리바람 같았고, 봉건교육이 뿌리 깊은 나무를 세게 흔들었지만 뿌리를 뽑지 못하고, 바람만 쌩하게 불고 지나갔다. 그래서 지금까지 봉건 구교육 잔재 영향은 여전히 다른 정도로 존재한다.

(2) 개성교육사상은 자각적으로 서양식 개성주의와 개성발전의 부정적
인 요소를 버리고, 개인과 단체, 사회를 분리할 수 없다고 주장하
고, 개성의 형상과 사회개조의 조화를 중시하며, 중국 특색의 개성
교육관으로 이루어졌다.

개성교육사상은 다른 계급, 다른 계층, 다른 파벌, 다른 신앙의 교육
가의 모든 공동으로 제창된 교육 사조였고, 비록 주제는 같았지만 내포
한 것은 완전 같지 않았다. 예를 들면 마르크스주의를 받아들인 청년교
육가와 지식인을 보면, 개성의 발전은 사회의 발전과 관계가 있고, 사
회개조는 개성형상화의 전제 조건이며, 개성의 형상은 사회에 대해 소
홀히 할 수 없는 반작용을 갖고 있다. 그들은 학생에게 열심히 공부하
고, 자신의 개성을 발전시키고 또한 희생하는 일을 많이 해서 사회개조
사업에 이익이 되기를 요구했다. 예를 들면 양현강은 '활동을 금지하고
개성을 속박하는 전제교육'을 반대하고, '적당히 해치우고, 제멋대로
하는 자유교육'을 반대했다.

몇 가지 주장은 평화개조의 교육가와 자유주의자에서 보면, 그들 역
시 개성주의와 개성교육을 이야기했는데, 다만 항상 개성주의와 개성
교육을 일정한 범위 내로 제한하려고 했고, '개성주의의 지나친 발전'
때문에 사회의 혼란을 일으키고 피 흘리는 혁명을 반대했다. 예를 들
어, 후스, 장멍린 등은 학생들에게 훼손성의 공격을 하지 말라고 전력
을 다해 설득하고, 건설적인 방법을 이용해 학교와 사회의 개량을 촉진
해야 하고, 정당한 방법으로 자신의 주장을 전달하고, 비록 그들의 주
장은 현실적인 부분과 부합하지 않았지만 그들과 이대소, 원따이잉, 양

센장, 더 나아가 마오쩌둥 역시 공통적인 부분이 있었다. 개성의 형상과 개성 발전은 중국사회와 교육개조의 중요 작용임을 부정하지 않았고, 조금 다르게 서양식 개성주의교육에 불만족했고, 개성과 사회성, 개인과 사회, 개성형상과 교육개조와 사회개조의 관계상 조화와 화합을 비교적 중시했다.

(3) 개성교육사상은 교육이론의 개성화를 촉진하고, 갖가지 학문·예술이 함께 성장하고, 많은 유파와 견해가 동시에 존재하는 교육사상을 세웠으며, 서양의 각종 교육이론, 교육유파, 교육사조, 교육방법이 끊임없이 받아들여짐으로써, 중국만의 특색 있는 각종 교육사상이 성립되었다.

5·4 시기, 사상해방과 개성주의의 거센 흐름에 의한 충격 속에서, 교육계는 학생의 개성교육을 주장했을 뿐만 아니라, 교육이론의 개성화를 전력으로 주장했다. 천두슈는, 이론 연구는 반드시 '학술화' 및 '비非신성화' 해야 하고, 자유로운 개성이 있어야 한다고 주장하며, "견강, 부회, 미신을 제외하고, 세상에는 만세에 모범이 되는 성인聖人, 만세에 찬양 및 수용되는 제도, 만병을 고칠 것이 보장되는 학설, 이 세 가지가 없다. 어떠한 이상 실제 운동을 고취할 때, 이러한 망상, 미신은 자연스레 역량과 가치가 넘친다. 그러나 우리 학술사상의 진보 측면에서 혹은 사회문제 토론에 있어서 매우 큰 장애가 있다."라고 말했다. 후스도 "모든 학설은 각자의 다른 시대적 추세로 인해 그 성격이 다르고, 받는 교육도 다르다. 그러므로 그들의 학설은 모두 개성의 차이가 있고, 개

성의 한계가 있어, 온 천하에서 모두 수용되고, 만세에 모두 충돌하지 않을 수는 없다. 그러므로 중국의 신교육은 '개성'만을 갖추어서는 안 되며, '주의主義'만을 고집해서는 안 되며, 모든 신주의新主義를 포함한 교육이어야 한다."라고 분명하게 지적했다.

앞서 언급한 사상의 영향 아래, 중국교육계는 한편으로는 적극적으로 외국의 교육이론과 사조를 소개·도입하였고, 다른 한편으로는 중국의 현실과 결합시켜 주동적으로 새로운 교육이론과 교육사조를 창조함으로써, 교육이론은 전무후무한 번영기를 맞았다. 5·4 시기에 영향력이 비교적 컸던 것으로는 평민교육사조, 공학교육사조, 자유주의교육사조, 미감교육사조, 직업교육사조, 실용주의교육사조 등이 있다. 〈청년잡지〉는 1920년 9월부터 1921년 8월의 겨우 1년이라는 시간 동안, 36편의 국외교육이론을 소개하는 문장을 발표했다.

이 시기의 교육사상과 양무교육시기, 유신교육시기의 교육사상은 매우 중요한 차이가 있다. 즉 개성교육사상은 교육이론의 대합창과 다르다. 이것의 대부분은 중국교육의 발전 과정에서, 폐쇄적 혹은 독립적으로 생겨난 사상이 아니고, 수많은 유파의 교육이론이 중국에 소개됨에 따라 교육가들이 주동적으로 선택하고 창조한 산물로, 더욱 비옥한 교육사상적 바탕이 있다.

사실상, 역사에서 근원을 찾아 연구해보면, 전통 구교육에 대한 비판은 이전에도 있었다. 북송北宋 시기 왕안석, 호애 등이 이미 유가의 정통교육의 폐단을 폭로하고 개혁을 시행하였다. 개성주의교육사상이 5·4 시기에 터져 나온 것도 결코 완전히 아니 땐 굴뚝의 연기가 아니고, 사회·정치의 추진 아래 생겨난 것이다. 그러므로 이 시기의 교육가는 교육문제를 토론함에 있어, 교육의 각도가 아닌 정치의 각도에서 깊이 파고들었고, 교육에서의 논쟁은 정치 투쟁의 부속품·장식품이 되었다. 그들은 구교육이 개성을 박해한다며 비난하고, 교육의 '희망 사항'을 제창하였다. 신교육의 위대한 청사진을 계획할 때, 경계와 각오의 국한성으로 인해 편파적 혹은 준비 부족의 특징이 뚜렷하게 나타났다. 예를 들면, 전통교육을 전면 부정하는 경향이 존재하였다.

그러나 우리가 반드시 인정해야 할 것은 개성주의교육사상의 중국 현대교육, 심지어 지금의 교육에 이르기까지 그 영향이 매우 크고 뚜렷하다는 것이다. 현재, 우리가 추진하는 소질교육은 여전히 교육의 개성성과 사회성의 요구 사이의 모순·혼란에 놓여 있어, 한걸음 더 나아가 생각하고 탐색해 볼 가치가 있다.

05

중국 현대 직업교육사상

먼저 일을 하기 때문에 밥을 먹는구나, 아! 인간의 마땅히 해야 할 일이로다. 바라건대 이 일이 보전하기를, 또한 갖은 직업이 너를 선택하기를. 부끄러움을 먼저생각하고 생각 후에는 그것을 하지 못하네, 우리들이 책임을 져버리는 것은 누구의 책임인가? 장차 다가올 우리 미래의 번영을 위해 마음을 합하여 우리의 사회를 만들어보세, 몸소 실천을 통하여 연구와 실험을 해보세, 그중 하나를 골라 모두 실행해보세.

이것은 황옌페이 선생이 쓴 '중화직업교육사사가'의 가사이다. 가사는 "직업이 없는 자로 하여금 직업을 갖게 하고, 직업이 있는 자는 직업을 즐겁게 수행하도록 한다."라는 직업교육이상을 표현하고 있고, 중화직업교육사상의 동지들이 부강한 나라를 만들도록 하고 또한 간절하게 민족의 번영을 바라는 마음을 직업교육을 통해 시도하려고 했음을 구체적으로 드러내 보이고 있다. 바로 이러한 중국현대직업교육사상은 황옌페이 선생의 중화교육사상직업교육 실천을 통해 끊임없이 형성되고 발전되었으며 더욱이 나무랄 데가 없게 되었다.

1. 직업교육사상의 형성과 발전

1878년, 당시 양무파가 "중국의 학문을 구하고, 서양의 학문을 사용하자."는 깃발 아래, 산업과 학교가 번성하고 있을 시기, 황옌페이는 강소성의 천사현(지금의 상하이)에 위치한 서당 선생의 가정에서 탄생하였다. 황옌페이가 소년 시기를 거의 보내고 있을 즈음에, 양무운동의 실패를 상징하는 중일갑오전쟁이 발발하였고, 다음 해 시모노세키 조약 체결로 주권을 상실하여 국위가 실추되고, 이는 마치 중국인민의 가슴에 비수를 꽂는 듯하였으며, 여기 이 젊은이의 가슴에 역시 꽂는 듯하였다. 1901년, 황옌페이는 남양공학특반에 시험을 보았고, 유명한 교육가인 차이위앤페이 선생으로 가르침을 받았으며, 외교를 전공하였다. 남양공학의 생활은 비록 1년이라는 짧은 시간이었으나, 황옌페이의 일생에서 매우 중요한 영향을 미쳤으며, 더욱이 차이위앤페이의 애국주의정신과 교육구국 사상에 많은 영향을 받았으며, 그의 인생에 있어서 중요한 작용을 하도록 한 시기였다.

(1) 직업교육사상의 잉태기

1903년에서 1913년은 직업교육사상의 배양되는 시기였다.

1902년 가을, 남양공학의 학생운동으로 인하여, 황옌페이는 스승을 따라 고향으로 돌아와 새로운 교육을 위해 헌신하였다. 1903년 천사현 소학당을 세우는 것을 시작으로, 그는 교육과 끊을 수 없는 인연이 시작되었다. 황옌페이는 천사소학당의 '총리(교장)'로 임명된 뒤에, 무보수로 직무를 맡아보았고, 게다가 학교를 혁명사상을 설명하는 곳으로 이용하였다. 결과는 황제를 비방하였다는 죄목으로 체포당하였다. 다행히 '현장에서 올바른 법'으로 순무는 명명이 도착하기 30분전에 대책을 세워 감옥을 나오게 하며, 그는 뒤이어 일본으로 망명한다.

1904년 죄상이 점점 가벼워지자, 황옌페이는 상해로 돌아온다, 뒤이어 광명소학과 광명사범을 중심으로 강의를 하며 복동중학浦東中學 뿐 아니라 애국학사에 교편을 잡았으며 청동여학교와 여택서원 등에서 적지 않은 교육경험과 자료를 쌓아나갔다. 1905년경 차이위앤페이의 소개로 중국동맹회에 들어갔으며, 또한 강소학우총회의 주요 성원이 되었다. 강소학우총회는 강소성의 유일의 강남과 강북을 통일한 기구로, 당시 교육계로부터 많은 칭찬을 받고 있었다. 황옌페이는 이 조직을 위해 상임 조사의 일을 맡고, 각지의 학사의 분쟁을 규제하는 책임을 졌다. 1909년 강소 상주의원에 당선되었다.

1911년 무장봉기가 일어났으며 얼마 지나지 않아 강소성은 독립을 선언하였고, 황옌페이는 강소성을 나와서 부민정무과과장과 교육과 과장을 겸임하여 담당하였다. 1912년 1월 남경에서 임시정부가 세워졌으며, 차이위앤페이는 민국제일교육 총장이 되었고, 황옌페이는 일찍이 스승의 부름에 응해 민국의 임시교육법령의 약간의 초고를 작성하였다. 항주에 돌아온 뒤, 장수성교육사사장으로 임명받고, 주로 지방의 교육 일을 맡아보았다. 10여 년 남짓의 교육 생애 중에서, 황옌페이는 비교적 전면적으로 교육의 상황을 파악하였으며, 중국교육의 심각한 실질적 폐단을 목격하였고, 그리하여 오랜 교육의 개혁에 대한 일련의 구상을 내놓았으며, 더욱이 직업교육사상의 싹을 틔우기 시작하였다.

1913년, 황옌페이는 강소성교육회부회장으로 당선되었다. 이 해는 그의 교육이론이 변화하기 시작한 때이기도 하다. 그는 「강소금후오년간교육계획서」의 초안을 작성하고, 「고교육계용인자」를 발언하고, 「교육전도지위험지현상」을 비롯하여 「학교교육채용주의지상각」 등의 논문과 직업교육사상으로 하는 이론의 준비를 하였다.

「강소금후오년간교육계획서」는 강소성의 교육발전을 제작한 하나의 청사진이었으며, 소학교육에서 사범학교, 중학교, 농업학교, 공업학교, 상업학교, 생활교육, 사회교육, 고등교육의 발전계획을 정하고, 교육과 사회의 실제 생활을 긴밀하게 엮었다. 황옌페이는 교육의 중요한 책임 중에 하나로 "채나라를 심도 있게 알기 위해 당시 필요한 인재를 미리 길러내고, 이를 잘 사용해야 한다."라고 생각하였다. 그는 공업교육 때 "공업이 점점 발전함에 따라서, 철의 사용도 복잡해지니, 철을 만드는 인재는 급히 길러내야 한다. 또 금을 제련에 적합한 과를 늘리는 것이다. 나라와 국민을 일으키고, 인쇄업의 발달, 발전의 속도가 빠르고, 물자는 나로부터 만들고, 이익은 국외로 유출되지 않으며, 제판에 적합한 과를 증설해야 한다. 사회가 필요하다고 요구한다면 모두 함께 널리 보급해야 한다." 황옌페이의 교육사상에서 중요시 여겼던 실질적이고 생활을 중시하고 임무를 중시한 특징을 주체적으로 잘 드러냈다.

「교육전도위기지현상」 중에, 황옌페이는 법정교육이 한쪽으로 기울어 발전하는 현상을 비난하였고, 국가경제와 민생의 각종 실업학교의 이익 창설을 힘껏 제창하였다. 그는 "오늘날의 중국에 대해서 논하자면, 아무도 국민을 위해 많이 이득을 나누려 하는 자가 없고 작은 이익도 가난하고 약한 자에게는 큰 재난을 가져오게 한다. 법정을 배워 사업을 하고, 사업을 분리하고 그것은 농업과 공업을 지향하고 일에 이익이 생기며 그것을 포기하지 않아야 한다." "어쩔 수 없이 성의를 다하여 청년들을 학문으로 구하고, 청년들과 부모 형제에게 알려야 하며, 교육에 의지하게 하는 것을 알리는 것은 청년의 책임이다. 노동하는 자를 결코 법정의 부족이라 일컬으면 안 되고, 또한 오히려 법정학은 쓸모없는 것이다. 학문을 구하는 일은 반드시 당시 사회가 필요로 하는 것을 구하는 것이고, 가르치는 사람은 반드시 그 당시 사회에 꼭 필요한 사람으로서 가르쳐야 하며, 그리하면 어느 길로 갈 것인가를 알 수 있지 않겠는가?" '당시에 꼭 필요한 학문'을 구하고, '당시에 꼭 필요한 사람으로' 가르치자고 외쳤다.

「학교교육채용용주의지상각」에 한 부분은 더욱이 직업교육사상의 전주곡이다. 여기에 국민과 나라의 초년의 교육계가 열띤 토론을 일으킨 문장이 있는데, 비교적 체계적이며 전면적으로 황옌페이 초기의 교육사상이 반영되어 있다. 그는 교육의 근본적인 개념은 '인생을 살아가면서 많은 일들을 준비하는 것'이며 이를 통해 사람들이 '자립 능력을 갖추고 그 능력을 필요한 곳에서 발휘하도록 하는 것이다.'라고 했다.

도덕교육의 관건은 '실용적인 것', 체육은 '적용하는 것'이며 지식교육은 "생활하면서 꼭 알아야 할 기본 지식과 기술을 익히는 것에 지나지 않는다."라고 했다. 그는 당시의 교육이 생활에서 많이 벗어나있고 낡은 누습에 얽매여 있음을 비판하였다.

누습에 대해 황옌페이는 교육이 반드시 도입해야 하는 실용주의에 관한 주장을 발표하였다. 실용주의 교육은 바로 학교교육과 실제 생활의 거리를 좁히는 일인 것이며, 변문자의 교육을 실제 교육으로 바꾸는 것이었으며, 평면의 교육을 입체적인 교육으로 고치는 것이었다. 이러한 이념을 통하여, 그는 소학교의 각 과목의 교학을 개혁하자는 의견을 내놓았고, 그것의 핵심 내용은 실용적인 것, 직업계의 지식과 경험의 전수, 나아가 학생이 배운 것을 실제의 정신과 습성에 운용되어지도록 하는 것이었다.

교육으로 나라를 구하고, 교육으로 민족을 강하게 하는 실용주위의 교육사상을 발표한 것은 황옌페이의 직업교육 사상의 형성 과정 중에서 중요한 부분이었다. 봉건 구교육에 대한 반대에서 양 쪽 입장의 공통된 부분은 쓸모 있게 나라를 다스리고, 교육을 생활방면과 연관 지어 설명하는 등의 공통된 부분도 있다. 그래서 실용주의 교육의 주장은 직업교육사상의 이론과 실제 이 두 부분의 조건의 준비를 제창하였다.

(2) 직업교육 사상의 형성기

1914년에서 1917년은 직업교육사상의 형성기이다. 이 시기에 황옌페이는 실용주의 교육에서 직업교육까지의 변화를 실현하였다.

1914년, 위안스카이에 대한 불만을 나타내기 위해, 황옌페이는 강소성 교육사사장을 그만 두었다. 그 해 4월에 상해의『신보』의 기자와 유미사업단 편집장의 신분으로, 국외 교육의 방대한 조사를 진행하기 시작하였다. 그는 교육가로서의 날카롭고 예민한 안목을 지녀 동서양 교육의 다른 점들을 비교하고 있었고, 교육 조사에 대한 일련을 보고를 발표하였는데「우리나라 교육에 대한 일기」,「안후이성 절강성 강서성 교육 상황에 대한 보고 조사」,「황옌페이의 미국 직업교육에 대한 조사 보고」 등이 그 예이다.

황옌페이가 국내 각지에서 광활한 조사를 할 때, 마침 중국민족 자산계급발전의 황금 시기였다. 민족 자본주의의 빠르고 맹렬한 발전은, 교육에 엄격한 도전을 제기하였다. 한편으로는 민족 자산계급이 절박하게 인재부족의 문제를 해결해 줄 것을 희망하고, 각계 각종의 기술 인원과 관리 인원을 실업발전의 요국의 만족을 위하여 보충해 줄 것을 요구하였다. 다른 한 방면으로는 소학교와 중학교의 많은 졸업생, 갑이네 을이네 하는 실업학교 졸업생과 고등학원의 대학 졸업생이 기술이 없어 끊임없이 일하는 사람들에게 헐값에 팔려가고 있다는 것이다. 학교 교육과 사회의 필요의 모순은 매우 첨예하였다. 황옌페이는 교육과 직업의 분리와 학교와 사회의 부조화가 사회문제에서 교육이 낙후되고, 교육이 실업발전 요구의 근본 원인을 만족시키지 못하는 것이다. 그러나 가장 먼저 해결해야 할 순서로는 바로 직업교육이다. 직업과 교육의 융화는 신교육 사상이 이미 첫걸음을 내밀었던 것이다.

1915년 4월, 황옌페이는 유미실업단의 파나마 태평양 만국 박람회에 참가하였다. 그는 이 기회를 이용하여 미국 25개 주에 있는 52개 학교를 조사하였으며, 더욱이 직업교육의 문제에 대하여 특별한 관심을 기울였다. 조사를 하는 동안 황옌페이는 직업으로 인재를 양성하고 직업학교, 직업교육의 보충, 직업 직업지도가 보통 중학의 선택 과목에 있는 점, 나누어 받는 수업 등 미국 직업교육에 대해 전면적으로 이해하였다. 예를 들면, "교육과 생계의 관계는 중국의 시급히 해결해야 할 문제이며, 미국이 이를 어떻게 하고 있는가?" "보통의 중학 졸업생은 생계를 도모하기 어려운 현상인가?" "소학교육에서 일직이 직업의 계획이 있었던가?" 등이다. 마지막으로 황옌페이는 미국 교육에서 답안을 찾았다. "이러한 직업교육의 성과와 효과로 보아 우리나라 교육이 시급히 바뀌어야 한다. 직업교육자는 학술상 명사고, 사회에서 보면 절실히 필요한 문제이며, 교육상 제일 새롭고 제일 좋은 제도인 것이다."

귀국 후 황옌페이는 자신의 답안을 구체적으로 실천하는 데 많은 노력을 기울였고, 온 몸과 맘으로 중국 직업교육을 수행하는 데 전념하였으며, 동지들에게 연락하거나 자금을 모으거나 조사 연구를 하는 등의 조직하여 일을 했다. 1916년 9월, 강소성 교육회가 부설한 직업교육연구회가 정식으로 설립되었으며, 이는 중국 최초의 직업교육연구 기구가 되었다. 오래 지나지 않아, 황영배는 다시금 차이위앤페이, 장위앤치, 쑹한장, 옌슈 등 48명의 교육계인사들에게 연락하여 상해에서 중화직업교육사를 정식으로 창립하기에 이른다. 1917년 7월, 황옌페이는 「동방잡지」, 「교육잡지」에 「중화직업교육사선언서」를 발표하였다.

「선언서」에는 "오늘날 중국이 시급히 해결해야 할 큰 문제는 바로 생계 보장이다. 기본적 생계를 유지할 수 있는 능력을 갖추려면 교육을 받아야 한다. 그런데 지금의 교육으로는 결코 생계 문제 해결에 희망을 가질 수 없다. 지금의 중국 교육은 현재의 생계 문제를 해결 뿐 아니라 향후 문제에도 도움이 되지 못 할 것이다. 다시 말해, 교육과 직업이 소통하지 않는데 어찌 문제가 해결되겠는가!" 황엔페이는 기본적 생계 문제해결을 중요하게 생각했고 이를 위해 중국 교육의 근본적인 문제를 해결해야 한다고 주장했다. 그러나 중국 교육의 문제를 해결한다 하더라고, 필히 먼저 직업 교육을 실시해야 한다고 생각했다. 그는 직업 교육을 세 가지 주요 관점에서 착수해 진행해 일으켜야 한다고 말했다. "직업교육을 일반화는 직업교육을 개선하는 것이다. 보통 교육을 개선하는 것은, 적합한 직업을 준비하기 위해서이다." 황엔페이는 중국 직업교육의 시설에 대해서도 내용과 방법에 대하여 지도성 의견을 내놓았다. "그것을 실행하는 방법은 어떠한가? 조사, 연구, 충고, 지시, 강연, 출판, 표창, 통신 등이 질문에 대한 답이다. 그 것에 주의를 기울이는 방면에는 정부를 위해, 학교를 위해, 사회를 위한 것이다. 그리고 반드시 직접적인 조취를 취해야 하며, 도시뿐 아니라 농촌도, 남자뿐만 아니라 여자도 직업교육학교에 선택해야 하며, 밤낮으로 매일 직업을 학교에서 보습해야 한다. 또한 반드시 보통교육에 대한 준비의 개선이 필요하며, 교육 박물관을 설립하는 것에 있다. 그러한 영향이 점차 광범위 해지고, 효과가 성공적으로 뚜렷해지고, 또한 반드시 직업소개소를 설치해야 한다. 이것에 관한 것은 조사, 통보, 안내 등이 있다."

「중화직업교육사선언서」 또한 직업교육사상의 형성 선언이다.

그것은 중국 교육의 현 상태와 문제에 대해서 전면적으로 분석을 진행한 것일 뿐만 아니라 이러한 문제에 대한 해결을 위해서 생각의 방향과 방법에 대해서도 제공한 것이었다. 그러므로 「선언서」는 중화 직업교육사를 위해 행동강령을 제공했던 것과 종시에 중국 현대 직업 교육의 사상이 새로 태어나고 정식으로 형성되는 것을 상징하였다.

(3) 직업교육사상의 발전기

1917년 이후는 직업사상이 끊임없이 성숙해가는 시기였다.

중화직업교육사의 성립 이후, 직업교육은 광대한 사회의 관심을 유발시켰으며, 매우 빠르게 일정한 영향을 갖는 사조를 형성하였다. 교육계와 실업계의 이름 있는 명사들이 앞 다투어 글을 발표하고 강연을 하며 기부금을 기부하였으며, 여론과 경제 이 두 방면에서 있는 힘을 다하여 직업교육 사업을 지원하였다. 차이위앤페이 선생은 베이징과 톈진 난양 등에서 잇따라 강연회를 하고, 직업교육을 위하여 외쳤다. "중국의 오늘날의 학생은 국가의 영향을 받고 가정의 제지를 받으니, 얼마나 뜻을 이루지 못하는가, 방향을 바꾸어 생계를 도모하는 길로 들어가면, 그러므로 이러한 직업교육은 시급히 주의를 기울여야 한다." 또한 스스로 중화 직업교육사의 평의회의 주석을 받았다. 기독교의 교육가 마상박 선생이 있는 힘을 다하여 주창한 실업이 '나라를 구하는 근본'으로 여긴 것과 도덕을 '실업의 근본'으로 삼았던 것을 굳게 믿었다. 그래서 그는 직업교육에서 머리를 쓰는 것보다 '도덕으로 귀의'하는 것이 더욱 중요하다고 생각했다. 타오싱즈 선생 역시 「생리주의의 직업교육」이라는 글을 쓰고, 교육계가 직업교육을 보급하기를 희망했다. 경제 방면에서 실업계 역시 직업교육이 이루어지기를 바랐다. 1917년부터 1919년까지 기업과 개인이 중화직업교육사로 기부한 돈은 69,730위안이었다. 상해 금융계의 쑹한장과 남양 화교 대표 천자겅도 직업교육에 자금 지원을 해주었다.

황옌페이의 지도하에 중화직업교육사는 생동적이고 다채로운 여러 활동을 펼쳤다. 그들은 광범위한 사회 조사를 전개했으며, 각지의 직업교육의 상황과 전면적인 이해를 도모하였다. 「교육과 직업」이라는 잡지뿐만 아니라 편집과 번역 그리고 다양한 직업교육의 총서를 출판하고, 직업지도 총서와 직업교육교과서, 중화직업교육학교를 창설하고, 게다가 각지에 중등직업교육 학교 그리고 직업 전습소나 중소학부설 직업 과와 직업 예비과를 설립하여 지도하였고, 더 나아가 실업기관에서는 군대 직업학교 등 직업지도위원회와 상해 직업지도소를 성립하였으며, 직업 자문과 직업조사, 직업강의, 진학지도, 직업소개, 직업 선택 소개, 개업지도 등의 활동을 전개하였고 직업교육으로 하여금 사회의 이해가 되도록 하였다. 1925년, 석점원은 「교육잡지」에 직업교육을 선도하여 앞으로 나아가기 위해 문장을 발표하였다.

철도정책, 허풍이며 공병정책, 일장춘몽이다. 지금껏, 중국을 부유하게 하고 강하게 되도록 가로막는 것은 무력이니 문화니 하는 것을 강연하는 것이다. 빵의 문제! 노동문제! 교육문제! 이것은 지금 중국의 3대

난관이며 중국 국운의 흥망성쇠의 시작점인 것이다! 이 문제를 해결할 수 있는 열쇠가 바로 직업교육이다.

위에서 말한 바와 같이 적지 않게 환상적 경향이 있었지만 하나의 측면에서 직업교육의 광범위한 영향을 반영해 내었던 것이다.

이 시기에 황옌페이 선생은 주요 정신을 직업교육활동에 종사함과 동시에 직업교육 이론의 새로운 탐색을 진행하고, 직업교육사상으로 하여금 성숙한 방향으로 한걸음 더 나아가게 하였다. 중화직업교육사가 쓴 연회사중에 황옌페이는 직업교육의 이해를 하나의 편협한 생활의 교육으로 오해한 것에 대해 비판하였으며, 직업교육의 목표는 개인의 생계도모를 위한 준비를 하는 것이며, 개인의 사회에 대한 봉사를 위한 것이며, 세계화 국가의 생산력을 증진시키는 준비를 하기 위한 것임을 분명하게 밝혔다. 「학생자치호(〈교육과직업〉 특집호)」에서 그는 직업교육을 하면서 가장 쉽게 발생할 수 있는 두 가지 결점에 대하여 나누었다. 첫째는 학생이 '자존'이라는 명사를 오해하는 것이다. "그래서 알게 모르게 일부의 작업을 경시하는 것이다. 무슨 공예를 배우든, 모두 귀족 공예가 되는 것이다. 공작과정의 규정을 제외하고, 시작하려고 하지 않는다." 둘째는 학생을 가르치는 직업뿐만 아니라 정신을 연마하는 것에 관심을 두지 않아, 결과적으로 "하나의 좋은 교육을 기계적 교육으로 바꾸게 하는 것이며, 일부 아이들은 자동의 습관과 공통 생활의 수양이 없는 것이다." 이렇게, 교육은 그저 '견습공을 개선하는 것'을 양성하는 것일 뿐만 아니라, '선량한 공민'의 사명을 완성할 방법이 없는 것이다. 이때, 황옌페이 선생은 이미 직업교육론의 울타리 안의 직업교육론을 깨뜨렸다. 또한 보다 높고 보다 광범위한 배경에서 직업교육의 문제를 관찰하고자 하였다. 1926년에 이르러, 황옌페이는 정식으로 「직업교육주의 동지들의 의견을 모으기 위해 제의하다」 중에서, '대직업교육'에 대한 개론을 꺼내놓았다. 그는 교육의 발전이 언제나 일정한 사회의 환경 중에 진행되는 것이며 사회의 허풍스러운 교육을 벗어나야 한다고 생각하고, 허풍스러운 직업교육은 불가능한 일을 하려고 하는 것이나 다름없다고 주장했다. 그래서 그는 세 개의 의견을 내놓았다. "① 직업학교에서만 노력하면, 직업교육은 발전할 수 없다. ② 직업계만의 노력으로는 직업교육이 발전할 수 없다. ③ 농업 공업 상업계의 노력만으로는 직업교육이 발전할 수 없다." 이러한 인식을 기본으로 삼고, 그는 직업교육에 종사하는 사람에게 반드시 '일부분의 정신을 나누고, 전 사회의 운동에 참가'할 것을 당부하였으며, 적극적으로 사회생활에 뛰어들라고 하였다.

'대직업교육'의 제출은 황옌페이의 직업교육의 사상이 하나의 새로운 발전 단계로 진입했음을 의미하는 것이다. 이 후로, 황옌페이는 한걸음 한걸음씩 직업교육의 일의 중점을 학교에서 사회로 옮기며, 도시에서 농촌으로 옮길 뿐만 아니라 자신의 주요 정신력을 나라를 우하고 일본에 반대하는 현실적인 분투에 사용하며, 직업교육의 새로운 내용에 대해 중대한 임무를 부여해준다.

1949년 10월 15일, 황옌페이는 〈인민일보〉에 「중화직업교육사분투 32년 발견의 신생명」이라는 글을 발표하여 중화 직업교육사 30여 넌간의 분투와 승리를 회고하고 중화직업교육사에서 했던 각종 교육사업과 국민들과 교류했던 일을 회상했다. "오직 사회주의와 공산주의의 실현해야만 직업 문제를 가장 이상적으로 해결할 수 있다. 그래야만 직업이 없는 자는 직업이 생기고 직업이 있는 자는 즐겁게 일할 수 있다." 그 후 중화직업교육사는 교육부 지도에 따라 직업 교육 사업의 지속적인 공헌을 위해 북경 함수사범학교와 중화 함수학교를 설립하였다.

2. 직업교육사상의 주요 내용

중국현대의 직업교육사상내용은 비교적 풍부하고, 비교적 완정한 이론체계를 갖추고 있다. 현 직업교육의 목적론, 학교경영방침론, 과정론, 교학원칙론, 방법론과 직업도덕 교육론의 모든 방면에서 현대직업교육사상에 대해 평하고 저술한다.

(1) 직업교육의 목적론

직업교육의 목적에 대해서 황옌페이는 가장 먼저 『중화직업교육사의 선언서』에서 논하였다. "무릇 직업교육의 목적은, 한편으로 사람을 위해 계획된 것이고 청년들이 생계를 도모하기 시급한 바에 이바지하는 것이다. 다른 면으로 또 일을 위해 계획된 것이며 사회분업의 필요성에 이바지하는 것이다." 다시 말하자면, 다른 한편으로 사람은 그 직업이 적성에 맞게, 청년들의 생계를 잇는 데 필요함을 해결하는 것이다. 다른 한편으로는 일은 적당한 사람을 얻고 사회는 전문가에 대한 수요를 해결하는 것이다. 일년 후에, 그는 직업교육의 목적을 3개 방면으로 더욱 발전시켰는데, 그것은 개인이 생계를 도모하기 위해 준비하고, 개인이 사회에 일하기 위해 준비하고 또 세계와 국가의 생산능력을 증가시키기 위한 준비를 하는 것이다. 20년대 이후, 황옌페이 선생은 또 "개성의 발전을 도모하다."를 직업교육의 목적 중 하나에 속하게 하고, 게다가 교육의 목적을 개괄하였다. 현대직업교육사상의 직업교육 목적론과 대체로 개인과 사회의 이중의미에 관해 명백히 논술했다. 개인에게 있어서 직업교육은 생존권 발전의 의미를 구하는 것이다. 사회에 있어서 직업교육은 국가의 이익과 부강한 국민의 의의를 갖는다.

황옌페이 선생은 우선적으로 인간의 생존과 사회 발전의 중요한 의의에 대한 직업교육에 인정했다. 그는 생존이 인간에게 있어서 가장 필요한 문제라고 생각했으며, 생존의 문제에 대해 바로 그 당시 중국의 "제일 중요하고 제일 어려운 문제다."라고 하여, 직업이 없는 사람에게 직업을 갖게 해주고, 제일 기본적인 생계문제를 해결해 주었는데, 이는 현대직업교육사상의 출발점인 것이다. 비록 몇몇 사람들이 직업교육이 '이익으로써 남을 꾀는 교육'이라고 헐뜯고 비방하여도, 황옌페이 선생은 개의치 않고 '우리가 살아있는 목적과 천부적으로 물려받은 책임은 결코 개인을 위한 것만이 아니다. 풍습과 언어의 정신 사업, 풍습과 언어 사회사업은 어떤 관계가 있는가? 직업교육의 효능은 결코 개인을 위한 생활에만 그치지 않고, 기득권자를 누를 수 있음은 물론이다. 담반 교육은 대략 지업교육이다, 그것은 거칠고 경솔함을 잃는 것은 물론이요, 높이 보아 직업 교육이다. 그러므로 그 중요성은 더 강조해도 지나치지 않다.'라며 반격을 가하였다. 이것이 나타내고자 하는 바는 인간이 비록 개인의 생활을 위해서만이 아니라, 이익을 꾀하기 위해서 또 직업을 위하기도 한다. 그러나 모든 인간은 반드시 사회의 분담의 요구에 따라야 하며, 어떠한 일에 종사하는 노동으로 하여금 생활에 필요한 모든 것을 공급하게 한다. 직업교육이 만약 생계 능력인 노동력을 갖춘 인간을 키워내고 만들어 주지 못한다면, 정신 사업이니 사회사업이니 하는 것들은 말할 필요도 없다.

직업교육은 인간의 생존요구를 만족시킬 뿐 아니라, 반드시 "개성의 발전을 도모한다." 당시 어떤 사람들은 직업교육은 단지 기술의 전수만을 생각했으며 개인의 개성을 발전시키기에는 부족함이 많았다. 황옌페이 선생은 이러한 의견에 반대했으며, 그는 직업교육의 본질로서 직업 교육과 개인의 발전의 관계를 설명하였다. "사회의 생활방식에 따라서 일을 분배하고, 일을 하는 효과의 정진과 일하는 사람의 천성을 구하고, 천재적인 인식과 발전, 발전하고 또 그 일에 부합하는, 그래서 직업교육이 있는 것이다." 여기서 말하는 천성은 전부적인 재능, 즉 개성의 의미를 내포하고 있다. 즉 다시 말해서, 직업 교육은 마땅히 사람의 개성으로 하여금 재능과 직업이 서로 맞는지를 보고, 그렇게 함으로써 일의 효율을 높이고, 인간의 개성과 재능을 발전시킨다.

교육을 받는 이의 개성이 전면적으로 발전하기 위해서, 황옌페이 선생은 직업 교육에 대한 근본이 되는 중요한 뜻을 말할 때 "직업 교육은 장차 교육을 받는 사람으로 하여금 뛰어난 장기를 얻게 하고, 사회의 생산사업 일에 종사하기 위해, 자신에 어울리는 생활을 하기 위해 아울러 더욱더 한 마음으로 큰 목표에 주위를 기울이게 하고, 또 젊은이들이 지식의 능력을 스스로 추구하며 굳은 의지와 아름다운 감성을 갖게 할 수 있도록 하는 사람을 양성하고, 직업에만 응용되지 않고 사회와 국가에 도움이 되고, 완벽하고 우수한 사람을 양성하기 위함이다.” 그래서 그는 반복해서 직업교육의 중요성을 ‘네 가지 근본상의 수양’이라고 강조하였는데 이는 고상하고 맑은 인격의 사람과, 서로 돕는 박애의 정신, 용감한 의협심의 기개와 어려움을 극복할 수 있는 습관을 말한다.

황옌페이 선생은 또한 사회발전의 의의에 대한 직업교육을 긍정하였다. 그는 직업교육이 개인의 생존과 사회의 필요성인 동시에 사람들과 사회에 일 할 수 있게 한다고 생각하였다. 그는 “직업교육은 사람들에게 서로 돕는 것을 소양으로 삼아, 다 같이 생활의 천직을 완성하자. 많은 열정도 필요 없다. 모든 것을 포함하고 있다. 제일 큰 도량, 모든 것을 수용한다. 협력의 정신을 발휘해라. 훈련의 방침을 실행하고, 교육을 받은 자로 하여금 정신이나 지식방면에서 완전히 사람의 필요에 걸맞은가?” 직업교육은 서로 협력하고 같이 행동하도록 하는 사람을 양성할 뿐만 아니라 사회 생산력의 발전에도 중요한 의의를 지니고 있다. 그는 1차 세계대전 이후 각국의 교육 발전의 경향에 대해서 연구하였는데, “소위 전쟁 이후의 교육자는 생산교육일 뿐이다.”라는 사실을 통찰하기에 이르렀으며, 생산력의 증가를 위해서는 “지력, 물력, 인력이 모두 합쳐져 이루어져야 하며, 인력은 모든 일의 중심이다.”라고 생각하였다. 그로 인해 황옌페이 선생은 "'땅'과 '사람'과 '물'이 생산능력의 증가 문제를 해결할 수 있기를 바랐다. 직업교육을 포기하고도 아직도가 남았다 할 수 있겠는가?" 그는 또한 중국은 "토지가 이렇듯 크고, 인구도 이렇듯 많은데, 발전하려는 의지가 없다. 그리하여 그것의 생산력을 증가시키고, 그러한 사람을 장차 지략가로 대신한다. 이러한 까닭으로, 우리 국가의 전쟁 후에 교육은, 더욱더 물소위기無所爲計의 교육을 지양한다." 이렇듯 직업교육의 목적을 '국가와 세계생산력 증가의 준비를 위하여'라고 여겼으며 이는 매우 명백하게 나타나 있다.

(2) 직업교육 방침론

황옌페이는 직업교육의 사회화를 매우 중시하였으며, 게다가 직업교육을 직업교육활동의 방침과 목표의 학교 경영 방침의 인도로 삼았다. 중화 직업교육사의 초창기 시절에, 직업 학교규정방침은 아래와 같다.

① 미래의 직업을 위해 준비하기를 바라고, 반드시 적합한 지식을 바탕으로 하고 그러한 지식은 분명하고 명확해야 한다.

② 지식을 응용할 뿐 능숙하지 않은 기술은 오히려 아직 사용하기에는 부족하다. 이 학교는 실습에 특별히 더 많은 비중을 두고, 학생은 하루에 반절은 수업을 듣고, 반절은 일을 하며 반드시 각종 기술을 숙련하도록 한다.

③ 지식을 응용하여 사용하고 기술을 숙련하지만 선량한 품행이 없으면 이 역시 사회생활을 하는 데는 부족하다. 본 학교는 학생의 자치

를 특별히 중시한다. 함께 일을 하여 같은 마음과 책임감을 양성하고, 또한 근면성실하며 공정하고 자제력이 있는 자의 미덕을 중시하며 장차 선량한 공민이 되게 한다.

④ 사회의 활동은 한계가 있지만, 각 방면의 일을 구하는 사람은 날로 증가하고 있다. 학교를 졸업한 학생은 사회의 안정적인 직업으로서 삶의 안정을 바라는데 반드시 불가능한 것은 아니다. 이러한 학생들과 새로운 일은 만들지 않지만 생산능력은 증대되고 있어, 오늘날의 세상을 살아가는 데는 이러한 것만으로는 부족한 것을 감안하여 본 학교는 이를 본보기로 삼아 이러한 점을 양성하려는 주의에 전력을 기울이고 있다.

여기 이미 비교적 명확하게 학생이 어떻게 사회에 진출할 수 있는지 사회의 사업에 일하는 것을 학교 경영의 방침으로 삼았다. 「하차기」에서 황옌페이 선생은 학교 경영의 방침에 대하여 좀 더 깊게 서술해 놓고 있다. "직업교육을 하는 것은, 반드시 시대의 추세에 주의하고 마땅한 길로 가야 하는 것이며, 사회의 요구는 인재이며 이는 직업학교를 운영하는 것이다." "직업학교의 원칙은 사회의 필요에 역점을 두는 것이다." 1926년, 황옌페이 선생은 이러한 원칙의 서술을 '대직업교육주의'라고 개괄하였다. 1930년, 황옌페이 선생은 「직업교육기관의 유일한 생명은 어떠한가」라는 논문의 글을 썼는데, 사회화를 직업교육의 본질로 삼았다. 그는 여기에서 "몇 년간의 경험을 통하여, 최근 몇 개월의 사고를 통하여, 직업교육의 제일 중요한 점을 생각하니, 사람의 영혼 중에, '그것을 얻으려 하면 살 것이고, 얻지 않으면 죽을 것이다.'를 예로 들자면 이것은 대체 무엇인가? 그것의 본질에서 말해보자면, 바로 사회성이다. 사회성의 작용의 대해 말해보자면 바로 사회화이다. 직업 교육의 기관의 본질은 사회성을 많이 가지고 있어야 한다. 그러면 직업 교육 기관의 유일한 생명은 무엇이겠는가? 바로 사회화이다."

때마침 황옌페이 선생은 직업교육의 사회화 본질에 대해 충분히 파악하고 있었기 때문에, 비로소 직업교육을 계속해 나아갈 수 있었으며, 직업교육과 사회의 활동을 인위적으로 끊어낼 수 없었다. '이상가와 책벌레'식의 직업 교육을 지양하였다. 그리하여 중국 현대직업교육의 실행 중, 전문적인 직업 수업을 만들고, 교과 과정을 만들고, 학생을 모집하고, 규격을 만들어 직업도덕 규범의 규정에 이르게 하였으며 대부분은 자세하고 세밀하게 사회의 조사 기초에 세웠으며, 긴밀하게 사회생활의 수요와 관계있는 것이었다.

(3) 직업교육의 교과과정

황옌페이는 직업교육의 과학화를 매우 중시하였다. 그는 과학은 사회를 진보시키는 동력이라고 여기며 직업교육의 발전 방향이라고 생각하였다. "과학을 사용하여 해결하면 많은 일이 발전하며, 과학을 사용하지 않고 해결하면 발전이 없다. 외국은 과학의 사용이 비교적 빨라 많은 것을 먼저 얻었으며 중국이 낙후한 것은 과학을 일찍 사용하지 않았기 때문이다. 이러한 도리는 이미 일반 사람들 역시도 공통으로 인식하고 있는 바였다. 직업 교육은 직접적으로 많은 일의 발전을 구하고, 간접적으로는 민생 국가정책의 문제와 관련이 있으며, 게다가 과학이 외에는 새로운 방법이란 있을 수 없다."

직업교육의 과학화를 위하여, 황옌페이는 과학적 태도로 직업교육을 실시하기를 요구했다. 그는 직업교육의 일을 크게 두 가지로 분류하였는데 하나가 물질 문제이다. 예로 농업, 공업, 상업, 가업, 화학, 기계 등의 각각의 전문적인 일의 교과 과정의 수업을 설치하고, 교재를 선택하고 편집하였으며, 교학 훈련의 원칙을 결정하였으며, 실습과정을 설치하는 등 모두 과학적인 방법을 사용하여 처리하였다. 또 다른 하나는 일사문제이다. 과학적으로 관리 방법을 조직하고 직업교육 기구의 자선을 건설하였다. 그중 황옌페이는 특별히 직업교육의 교과 과정의 과학화 문제에 많은 관심을 보였다. 그는 "사회는 날이 갈수록 발전하고, 직업은 날이 갈수록 분화되며, 직업학교의 과목과 각 과의 과정과 교제가 만들어지고 과학의 발전에 따라잡을 필요가 생기고, 학생으로 하여금 과학인 후 사회의 추세에 뒤떨어지지 않게 한다." 하고 주장하였다.

황옌페이는 또한 직업교육을 직업 심리학과 사회 심리학의 기본에 두는 것을 시도하였다. 그는 "직업이 각각 다름에 따라서 사람의 천성과 재능과 흥미가 다르며, 환경이 각각 다름에 따라서 누가 어떤 일에 적합한지, 누가 어떤 일에 적합하지 않은지 소의 직업심리학이라고 하는 것을 발명해 냈으며, 선택하고 직업을 소개하는 표준으로 삼았다." 중화직업교육사는 1921년 독일의 방식을 참작하여 일곱 가지 직업심리 테스트를 제작하였으며, 게다가 학생을 모집할 때 이 방법을 더하여 사용하였다. 이는 중국 현대에 가장 먼저 과학적 수단을 직업교육에 사용한 것이다.

(4) 직업교육의 교학원칙

현대직업교육사상의 교육원칙론은 손과 머리 두 가지 모두 사용하는 것을 강조하고 있고, 배우는 것과 하나로 합쳐지는 것을 기본으로 하는 특징이 있다. 황옌페이는 일찍이 "손과 머리 둘 다 엮어 훈련해야 한다."는 주장을 통하여 '세계의 복성世界之福星'을 받아들이는 위협을 막는다고 하였다. 그는 "직업교육의 목적은 실제적인 것과 효과가 있는 생산능력을 양성하는 것에 있으며 이러한 경지에 다다르기를 바라고 그러기 위해서는 손과 머리 모두를 사용하는 것이 필요하다."라고 생각하였다. 만약 오직 머리만 사용하고 손을 사용하지 않는다면 "오직 책에 있는 지식만을 중요하게 생각하고, 실질적인 일에는 참여하지 않고, 오직 알고 행하지 않으며, 이는 진정으로 아는 것이 아니다."라고 하였다.

「중화 직업교육사 선언서」에서 황옌페이는 '이론에만 중점을 두고 실습을 가볍게 여긴' 과거의 실업 교육을 강하게 비판하였다. 학생은 "책을 읽는 습관은 있으나 일을 하는 습관은 없다.", 농업과지만 농업 교과서를 읽는 데 지나지 않고 또한 농장에 있지 않다, 상업과지만 오직 상업과 교과서를 읽을 뿐 상품은 없다. "이러한 학생은 능력이 부족하며 바라는 것만 많다. 실습은 매우 중요한 것으로, 오히려 능력을 양성할 수 있다." 이러한 까닭에 손과 머리를 모두 사용하며 배우는 것과 행하는 것을 동일시하는 교육원칙을 강조하였는데 이것은 바로 직업지 식과 직업능력이 모두 갖춰진 인재를 만들어 내는 것을 중시했다는 것 을 알 수 있는 바이다.

이러한 교학의 원칙을 실행하기 위하여 황옌페이는 교육 과정을 실 시하고 교사를 모집과 사용에 있어 각각의 부분에 응용과 시작의 분량 을 강화하였다. 예로 중화직업학교의 종목별로 정한 규정이 특별히 실 습을 중시하는 규정이 명확하고, 학생이 하루의 반절은 수업을 듣고, 반절은 일을 하며 각종 기술을 확실하게 얻는 등에서 이러한 교육 원칙 의 증거를 찾아 볼 수 있다. 철공, 목공, 법랑, 등의 교과 과정은 "매주 수업 시간은 평균적으로 48시간이며, 수업을 받는 시간은 24시간, 실습 시간은 24시간이다. 하지만 쉬는 시간이 필요한 시간에는 역시 수업을 통해서 실습할 수 있다."라고 구체적으로 표명하고 있다. 상업과는 "실 습사합에 관하여 회사 상점의 성질이 달라, 각 회사의 상점으로 배치하 였다." 교사 사용의 방면에 있어서, 황옌페이는 직업이론과 직업경험 이 모두 있는 교사를 초빙하고 "모든 직업학교는 전문 직업교사를 뽑 아야 하고, 만약 학교 교사와 경험이 모두 있는 사람을 얻기 힘들 때는, 차라리 직업 경험자를 뽑아라." 이것은 현대교육사상이 실천 가능한 능력을 중시한다는 특징 잘 반영한 한 측면을 보려주고 있다. 학생의 심사 평정 방면에, 중화 직업학교도 하나의 특별한 규정을 가지고 있었 는데, 바로 학생이 수업을 다 들은 뒤에는 수업 이수 증명서를 내주고, 필시 회사의 한 부서에서 1년간 실습하게 하며, 어떠한 부서에서의 일을 성공적으로 끝냄을 증명하면 그때 다시 졸업 증명서를 내어준다. 이 것은 아직 열리지 않은 새로운 국면의 창조적인 평가 방법이었다.

황옌페이는 일찍이 이러한 그의 직업교육사상을 서술하였다. "공부와 일하는 것 두 가지를 합해서 해라. 만약 인간들이 똑똑하다면, 세계 문명은 인간의 손과 머리 이 두 부분이 합해 이룩한 것이다. 일을 하여 스스로 생활해야 하고, 이는 인간의 제일 고상하고 제일 광명의 생활이다."

"손과 머리를 함께 사용하라." 행하는 것과 배우는 것을 동일시하는 교육원칙, 바로 이러한 직업교육사상의 실현을 위한 것이다.

(5) 직업교육의 도덕교법론

직업교육의 도덕 규범론은 연대 직업교육사상의 중요한 조성 부분이다. 황옌페이는 진정한 직업교육은 마땅히 직업 기술의 훈련을 포함하고 있어야 하며, 직업지식과 전수와 직업 도덕의 배양을 포함하고 있어야 한다고 생각하였다. 다시 말해 소위 '치업治業'과 '낙업樂業' 이 두 가지 방면을 이야기하였다. "직업교육을 주장하는 사람은, 동시에 필히 직업 도덕을 중시해야 한다." 직업 도덕의 배양을 떠나서는 진정한 의미상의 직업교육이 아니라고 하였다.

현대 직업교육사상의 도덕 규범론은 '경업악군敬業樂群' 네 글자로 개괄되어 사용할 수 있다. 그것은 중화 직업학교의 훈련이고 직업 도덕 교육의 시범 범위이다. 소위 '경업'은 "직업에 대하여 재미를 가지는 마음이며, 어떠한 일에 대해서도 책임을 지는 마음이다." 소의 '악군'이라 함은 "아름다움과 즐거움의 정서를 가지고 그것을 함께 정신상 합력함을 말한다." 중화직업 교육사는 일찍이 '경업악군'을 구체적으로 전개하였으며, 직업 도덕 교육의 목표로 제정하였다(또 훈육의 표준으로 하였다). 주요 내용으로는 지식직업의 진정한 의미는 사회에 일하는 데 있으며 책임감을 기르고 근면적인 습관을 양성하고 정신상으로 서로 도와주며 이성의 복종 미덕을 양성하고, 안정적인 개혁의 정신을 가지고 종사하는 모든 일의 흥미를 양성하고 경제관념을 양성하며 과학적 태도를 양성한다 등의 내용이다.

소위 '경업'은 하나를 하면 하나를 사랑하는 것이며, 직업의 높고 낮음과 귀하고 천함의 구분이 없는 것을 말한다. 이것은 전통 교육의 공부하여 관리를 하는 것을 영광으로 생각하는 전통을 타파하는 것이고 공부를 하여 일을 하는 것을 부끄럽게 여기는 오랜 관념을 깨뜨리는 것이었다. 일찍이 중화 직업 교육사에서 몇 년간 일해 온 추도분은『직업교육의 의의』에서 깊은 감정에 복받쳐 말하기를 "우리나라는 감투를 쓰는 것을 중요하게 생각하고, 농업이나 공업 상업에 종사하는 것을 경시하였다. 과거 시험의 남은 독이 아직 가시지 않았고, 그러한 오래된 풍속이나 습관은 고치기 어려우며, 그릇된 견해는 견고하여 깰 수 없으며, 직업교육의 이름이라는 명성만 있을 뿐 그것을 멸시하려는 맘을 가진 사람은 생기지 않는다. 멸시하는 것은 심지어 거의 밥을 먹는 교육을 보는 것에 가깝다." 황옌페이는 이러한 몇 가지 일을 천하게 생각하여 경시하고, 고통스러운 사회 심리고 여기는 것을 '직업교육의 장애'

라고 불렀다. 게다가 정중히 직업교육의 학습을 하는 학생에게 직업에 대하여 "가장 높은 신앙을 품어라."라고 훈계하였고, 오직 공부할 때는 '취직지성就職之誠', 배운 뒤에야 비로소 '낙업지일樂業之日'이라 하였다. 그는 직업 도덕의 기본 규범에 대하여 분명하게 설명하였다.

군자가 마땅히 알아야 함은, 인생은 반드시 일을 하여야 하고, 학문은 구하여 필히 자신의 즐거움으로 사용해야 한다. 교육을 받은 사람은 배운 것을 사회에 응용하고 인간에게 복을 가져다주는 것을 고귀한 일로 생각하고, 서로 응용하거나 공부하는 데만 전념하지 않으며, 옳지 않다. 군자가 마땅히 알아야 함은, 직업은 평등하여 높고 낮음이 없고 귀하고 비천함이다. 인간에 유익함은 근간으로 삼고, 모두가 다 최고의 상품이다.

군자가 마땅히 알아야 함은 학문을 구하고 일을 익혀서 실제적인 재주를 구하는 것이다. 과학 방법을 익혀 일을 하기 위하여, 서로 서로 검증하면 그것에 대한 기쁨은 끝이 없다. 군자가 마땅히 알아야 함은, 인간은 직업이 없어서는 안 된다는 점이다. 어떠한 직업을 맞게 되던지, 반드시 작은 일도 크게 해야 하고, 처음에는 가벼운 일도 중요하게 해야 한다.

황옌페이는 직업 도덕의 규범의 교육을 중시했을 뿐만 아니라 실천 과정에서 직업 도덕규범을 사용하여 학생들과 약속을 지키는 행위에 대하여 주의를 기울였다. 예로, 중화 직업학교 학생이 입학할 때 쓰는 서약서 제1항에 '존중노동'을 써 넣게 하였다. 그는 직접 중화 직업 교육사 책을 위하여 '노동신성'이라는 간판을 썼다. 중화 직업학교는 학교 소사를 고용하지 않았는데, 학교는 15일 정도 일을 하는 것 외에, 학교 안에서 모든 청소와 학교를 깨끗하게 하고 봉사를 하는 일들은 일률적으로 학생들의 몫이었다.

직업교육을 실천하는 중세 사회의 영역이 광대해지고 정치 형세가 발전함에 따라서 황옌페이 역시 직업 도덕규범에 새로운 내용을 부여하였다. 1933년, 중화 직업학교의 15주년을 기념하여 지은 글에서 그는 "졸업을 이미 했든 하지 않았든 모든 사람들이 부강한 국가와 새로운 국민을 위하여 부단히 노력해야 하며, 인격이 좋아야 하고, 신체가 건강해야 한다. 모두 다 사회와 국가의 가치를 위하여 하나의 특기를 가져야 한다."라는 말로 학생들을 고무하였다. 또한 1937년 "중국이 파괴당한 강산, 유린되어진 국권, 아직 완전히 회복되지 않은" 상황에서 그는 "크고 낮음이 중요한 시기에 가장 필요하고 요구되는 것은 인재이며, 소극적으로 말해 자신과 자신의 이익을 쫓는 자는 고용해서는 안 되고, 이익을 위해 수단을 가리지 않는 사람을 고용하는 것은 맞지 않고, 행동거지가 올곧지 못하고 잘난 척하는 사람을 쓰는 것은 옳지 않다고 하였다. 적극적으로 말해서는 첫째, 반드시 고상하고 청결한 인격을 갖춰야 하며, 둘째, 반드시 박애와 서로 돕는 정신을 갖고 있어야 하며, 셋째, 반드시 용감하고 의협심이 있는 기개를 갖춰야 하며, 넷째, 반드시 어려움을 극복하는 습관을 가지고 있어야 한다. 또한 곧고 곧은 마음의 절개를 지녀야 하고 여러 가지 무수한 어려움과 고난의 환경을 이겨내고 극복할 수 있어야 한다."라고 하였다. 이러한 직업 도덕교육을 받은 사람은 개인의 부귀공명이 아니라 국가와 민족의 안위를 보전하기 위하여 노력하였다. 1939년에, 황옌페이는 쿤밍에서의 일차 직업 토론회 상에서 현대 직업 교육의 근본 목표를 설명하였다. 그 목표는 학생에게 당시 시대적 요구에 부합하는 새로운 직업 교육 규범 교육을 실시하기 위함이었다. 그는 "직업교육의 목적이란 무엇인가? 장기적으로 보면 국민이 행복한 사회를 만드는 것이다. '직업이 없는 사람은 직업을 갖게 되고 직업이 있는 사람은 즐겁게 일할 수 있게 만드는 것'이 바로 직업교육의 목적이다. 모두가 일자리를 갖고 즐겁게 일하도록 만들려면 직업교육이 역할을 다해야 한다. 직업교육이 제대로 이뤄져야 민족이 해방되고 민족 권리의 평등을 보장하며 국민이 행복한 사회가 더 빨리 도래할 수 있다." 이를 통해 당시의 직업교육은 오늘날의 직업교육과 달리 애국주의적 색채가 강했다는 점을 확인할 수 있다. 이처럼 시대의 흐름에 따라 직업교육의 내용도 달라진다.

3. 직업교육사상의 의의

일찍이 현대교육사상사에 형형색색의 교육단체와 교육사조가 나타났으며, 그중에 많은 사조와 단체들이 잠시 잠깐 나타났다가 바로 사라져버렸다. 그러나 직업교육사상은 오히려 오랫동안 쇠퇴하지 않고 끊임없이 발전하였다. 이는 교육사상사에서 일궈낸 하나의 기적이라 아니할 수 없다. 이중에서도 황옌페이가 중화 직업 교육사를 설립한 것은 직업교육사상의 전파하는 데 매우 중요한 작용을 하였다. 중국현대직업교육사상은 중요한 역사적 가치를 가지고 있을 뿐만 아니라 현실적이며 명확한 의의를 지니고 있다. 당대 중국의 직업교육의 발전에 대해서는 오늘날에도 본보기로 삼을만한 것이 많다.

(1) 현대직업교육사상을 제창한 황옌페이 선생과 중화직업교육사의 지도자들이 직업교육사업에 의지하고 헌신하는 정신을 보여줌으로써 현대직업교육의 응집력이 더욱 커졌고, 비교적 광범위하게 퍼져나가 사회 기초를 갖추게 되었다.

황옌페이, 강항원, 양위옥, 손기맹 등이 함께 저술한 『총곤면중득래』에서 지적한 것이 바로 직업교육이 국가경제와 국민생활에 이익을 주었다는 굳은 믿음이다. 황옌페이는 차이위앤페이 선생에게 베이징에 남아달라고 간청을 했다. 그래서 차이위앤페이 선생은 북양정부에서 두 차례나 그에게 위임한 교육총장의 직무를 거절했던 것이다.

그들은 중화직업교육사 성립 초기에 '밥통교육가'라는 욕을 얻어먹었고, 직업학교도 헐뜯어 '죄를 짓는 학교'라고 불렸다. 그러나 그들은 지금까지 자신의 신념에 대해서 동요해본 적이 없으며, 명예와 치욕을 마음에 두지 않았으며, 비방과 칭찬에도 무관심했다. 그들은 중국은 땅이 넓고 인구가 많으며, 역사가 유구하고, 문제가 복잡하다고 믿었다.

황옌페이와 중화직업교육사의 동지들은 서로 배척하지 않고 협력했다. 그들의 열정과 강인성은 교육계, 실업계 등의 유명인사에게 감염되었다. 상하이금융계 지도자 송한장, 천신지, 진광포, 상하이총상회의 주보삼의 뒤를 이어 신신방직공사설립과 영종경, 영덕생, 신생방직업의 거두 목우초, 목서재, 대중화, 화풍방직공사 사장 섭운태, 부익방직공사 사장 서정인, 기계제조업의 유백생,『신보』사장 사양재, 그리고 남양애국화교지도자 진가경 등, 직업교육사업에 각종 정신적 격려와 물질적 후원이 끊이지 않았다.

사회각계의 광범위한 관심과 지지 하에서 황옌페이의 중화직업교육사는 각종 어려움을 극복하면서 꾸준히 성장해갔다. 신중국 성립 전에 이미 회원이 3만여 명에 이르렀고, 120여 종의 책을 발간하였으며, 직업학교가 10개소, 직업보습학교가 49개소가 설립되었고 직업지도기관이 25곳이나 되었다.

(2) 현대직업교육사상은 중국의 정세를 조심스럽게 장악하였다. 사회와 중하층의 평민에게까지 중국적 직업교육이 실시되었다.

황옌페이 선생은 다른 나라의 교육 모델을 그대로 모방하는 것을 반대했다. 정신적으로는 자존자립 하되, 방법상으로는 좋은 모델을 택해 따르도록 했다. 그는 일찍이 20세기 이후 외국교육이론을 가르치면서 글을 썼다. 15년 전 유럽 전쟁 당시 미국에 유학을 다녀온 학생들이 귀국하여 국방에 대해서 많은 이야기를 했었는데 그 이유가 무엇이었을까? 그것은 바로 미국이 국방을 중시했기 때문이다. 25년 전 일본에 유학을 다녀온 학생들은 왜 군국주의 교육에 대해서 많은 이야기를 했을까? 그것은 바로 일본이 군국주의 교육에 대해서 많은 이야기를 했기 때문이다. 그러나 얼마 지나지 않아 이 모든 것은 사라져 버린다. 벌이 눈앞의 꽃을 따서 빚어내지만, 오히려 꽃이 아닌 꿀이 되고, 누에가 입 안에 뽕나무를 삼켰다 뱉으면 오히려 뽕나무가 아닌 실이 되듯이……. 왜냐하면 벌과 누에는 그들의 능력을 충분히 표현할 줄 알며 나름의 특성이 있기 때문이다.

황옌페이는 1915년 미국에 직업교육을 시찰하러 갔을 때 이미 정체성의 중요성을 인식하고 중국의 문제를 해결하기 위해서는 중국 실정에 맞게 해외의 교육 경험을 도입해야 함을 깨달았다. 황옌페이는 "미국 교육을 돌아보는 동안 '자아정체성'이라는 말이 머릿속을 떠나지 않았다. 시찰은 하는 주체는 '나', 즉 중국이지 미국이 아니다. 시찰을 하는 연유는 중국을 위함이지 미국을 위함이 아니다. 나는 교육시찰을 하는 동안 '중국에 어떤 미흡한 점이 있는지'와 '그렇다면 중국을 어떻게 개선할 수 있을 것인가'를 고민했다."고 밝혔다.

자존자립의 정신 때문에 중국 현대직업교육사상은 유럽이나 미국의 직업교육과 다른 길을 선택하고 있는 것이다. 바로 직업문제는 중국직업교육의 중점이 아니고, 직업문제를 해결하는 것을 수위(1위)에 둔다. 국민경제와 국민생활이 직업교육의 출발점이다. 황옌페이 선생이 직업교육을 하면서도 대부분의 평민신분의 그들을 교육하는 곳은 없다는 것을 눈앞에서도 모른다고 여러 차례 제안했다. 직업교육을 하는 것은 반드시 대부분의 평민의 행복을 위함이어야 한다고 결의를 굳혔다. 그래서 중화직업교육사의 주관으로 많은 직업교육사업은 학교의 소재지 결정, 과목 개설과 과정추가 및 삭제, 신입생 공급의 선택 모두 중·하층인민과 배움의 기회를 잃은 실업청소년에게 기회를 제공하는 일에 가능한 한 최대로 주의를 기울였다.

만약에 중화직업교육사가 대량의 직업교육활동과 유럽, 미국 각국의 당시 상황과 비교를 전개하였다 하더라도 앞의 내용보다도 더 광범위하게 선명한 본토성과 창조성을 갖추었을 것이다. 중화직업교육사는 각종 유형의 직업학교를 갖추었을 뿐만 아니라 부문별 직업보습학교와 융통성 있는 다양한 과목과정을 완벽하게 갖추었다.

게다가 표면상으로 보기에 직업교육과 거리가 매우 먼 사업, 즉 농업교육연구회, 농촌개선실험지역, 여가도서관, 강연회, 그리고 국화지도소, 신농기계보급소, 놀이기구전시회 등을 추진하였다. 그들은 이재민의 직업교육, 부상병의 직업교육, 만주인의 직업교육 등도 고려했다. 그들은 오직 중국의 정세에 대한 직업교육과 결합을 해나가는 것이 비로소 진정한 생명력이 있는 직업교육이라고 굳게 믿었다.

직업교육으로 하여금 중국 정세에 적합하도록 하기 위해서 황옌페이와 중화직업교육사의 동지들이 조사연구를 매우 중시하고 현실에서부터 출발하였다. 일찍이 황옌페이가 강소성의 교육회조사책임자를 맡았을 때, 그는 성 전체 60여 개의 현 중 2/3나 되는 지방을 뛰어다녀, 약간의 조사보고서를 썼다.

후에 직업교육의 선전과 보급을 위해 그는 상당한 정력과 시간을 들여 고찰과 조사를 진행했다. 당시 전국의 28개 성 중 황옌페이 선생이 그중 24개 성에 발자취를 남겼다고 누군가가 통계에서 조사했다. 그는 조사 자료에 근거해서 강소, 안휘, 강남, 산서, 강서, 운남 등 지역의 직업교육의 발전계획의 초고를 썼고, 강음, 남통, 소주, 서주, 산두, 상하이 등 많은 도시에서 직업교육에 자신의 조사의견에 기여하였고, "조사는 직업교육의 기초를 전개하는 것이다."라는 방침을 실천하였다.

　그러나 우리는 반드시 중화직업교육사 초기에 존재했던 교육작용 예측이 지나치게 높다는 것에 대해 주의해야 한다. 비록 후에 끊임없이 수정의 단계를 거치고 사회운동과 농촌경제개선의 중요성을 강조하였지만 역사와 계급 국한에 얽매여 단지 고유의 정치경제체제 하에서 농촌생산생활의 일부만 개선했을 뿐 사회의 근본적인 문제에는 접촉하지 못했던 것이다.

06

중국 현대 평민교육사상

1943년 5월 24일, 코페르니쿠스가 세상을 떠난 지 400주년을 기념하여 개최된 기념총회에서, 중국 평민교육운동의 지도자 옌양추는 '현대 사회에 혁명적인 공헌을 한 세계적 위인'으로 꼽히고 있다.

옌양추가 수여한 상장에는 이렇게 쓰여 있다. "출중한 발명가, 중국의 몇 천 개 문자를 간략화하고 읽기 쉽게 하여, 이전에는 글을 알지 못했던 천만 명에게 책 속의 지식을 전하여 이들을 지혜롭게 하였다. 또한 그는 위대한 인민의 지도자이다. 과학적인 방법을 응용하여, 그들의 토지를 비옥하게 하고, 그들이 고생한 만큼 성과가 오르도록 했다."

이것은 옌양추 개인이 받은 표창이지만 한편으로 중국의 현대 평민교육운동에 대한 높은 평가이기도 하다.

1. 평민교육의 취지와 사명

평민교육은 5·4 운동 시기에 중국교육사조의 주류를 이루었다. 바로 몽린이 『평화와 교육』의 글 중에서 말한 것과 같다. "이번 세계대전의 결과는 평민주의가 이미 승세에 있고, 세계의 조류는 오히려 나날이 평민주의로 향한다."

평민주의는 더욱 발달할수록 그것과 그 기초는 더욱 견고해진다. 평민주의 교육을 발전시키고자 한다면 우선 개개인의 교육에 힘써야 한다.

듀이가 「평민주의와 교육」을 연설한 후에, 평민교육은 더욱 활발하게 발전했다. 베이징대학교는 '평민교육 연설단'을 결성하였다. 베이징사범대학교는 '평민교육사'를 결성했다. 「평민교육」 잡지를 발행했다. 주기혜, 타오싱즈, 옌양추 등이 중화평민교육촉진회를 결성하였다. 그중에서도 후자는 지속 시간이 가장 길었고, 가장 큰 영향을 미쳤다. 중화평민교육촉진회는 1923년에 설립되었다, 하지만 그의 사상적인 준비와 실천 활동은 5·4 운동 전후로 거슬러 올라간다.

1918년 6월, 미국 예일 대학교를 막 졸업한 옌양추는 전쟁에 참가하는 10만의 중국인노동자 복무를 위해 프랑스에 가는 것에 지원했다. 이 중국인노동자의 대부분은 북방 농촌에서 온 가난한 농민인데, 어렸을 때부터 교육을 받을 기회가 없어서, 영국·미국·프랑스 등의 국군관은 그들을 천하게 여겨, 그들을 '苦力'이라고 모욕적으로 호칭했다.

옌양추는 중국인노동자 주둔지에 온 후에, 먼저 번역, 전달, 물품 대리 구입, 편지를 대신 읽고 쓰는 종류의 일을 했고, 매일 수백 명의 사람들이 그에게 도움을 청했다. 그는 중국인 노동자들이 글자를 모르는 고통을 목격하고, 바로 중국인노동자 식자(한자습득교육)반을 만들었다.

제1기의 중국인노동자 식자(한자습득교육)반은 최초의 투쟁에서 승리했다. 20명의 중국인노동자는 매일 여가시간에 1시간을 공부했고, 4달이 지나자 35명이 글자를 알고 편지를 썼다. 이 사실은 옌양추를 크게 놀라고 기쁘게 했다, 중국인 노동자들도 많은 격려를 받았다.

이어서 그는 이미 글자를 아는 중국인 노동자를 다시 모아 훈련을 시켰고, 그들을 교원으로 충당하고, 조직하여 수업을 넓혔다.

중국인 노동자의 지식을 개발시키기 위해, 중국인 노동자의 도덕성을 보충하고, 중국인 노동자의 감정을 모아『중국인 노동자 주보』를 창설했다. 옌양추의 식자(한자습득)교육운동은 중국인 노동자 사이에 큰 영향을 가져왔다, 겨우 1년여의 시간 만에 수많은 중국인노동자는 문맹의 모자를 벗었다. 프랑스에서 이러한 경력은 옌양추에게 평민교육 사상의 형성을 생기게 하는 데 중요한 영향을 끼쳤다.

그는 중국의 보통 국민의 몸에는 무궁무진한 지혜와 역량이 잠재되어 있다는 사실을 깊이 알게 되었다. 단지 환경에 얽매어 합당한 빛과 열의를 보일 방법이 없을 뿐이다. 그들의 두뇌의 능력이 모자라 가르칠 수 없는 것이 아니라, 가르침이 없는 것이다.

그는 사람들이 비하하여 부르는 '고력苦力'라는 두 글자를, '고苦'와 '력力'로 분리하여, '고력'의 '고'를 발견했을 뿐만 아니라, '고력'의

‘력’ ‘고력’의 잠재력도 발견했다고 주장했다.

그들이 가장 필요한 것은 구제가 아니고, 연민도 아니며, 바로 ‘발휘’이다. 그들의 잠재력을 발휘하는 것이다. 왜냐하면 그들은 비록 ‘말을 할 수 없는 고통’이 있지만, ‘비교할 수 없는 큰 힘’이 있다.

그는 1985년 9월에 한 연설에서 말했다. “50년 전 중국으로 돌아가 보면, 장사꾼들은 금광·은광을 캐는 것이 중요한 것은 알고 있었지만, 뇌광은 잊어버렸다.”

세계에서 가장 큰 뇌광이 중국에 있다. 우리 중국의 보통의 지식인들은 지각하지 못하고, 사대부들은 무관심하여, 이것을 주의하지 못했다. 몇 억의 중국 농민의 가난은 어디에 있는가? 왜 가난하여 먹을 밥조차 없는가? 이들의 잠재력을 발견하지 못했기 때문이다. 링컨, 에디슨, 듀이 같은 많은 중국의 영웅호걸들이 생매장 당해 묻혔다.

고고학자들은 대략 만 년 전에 존재했던 ‘베이징인’을 발견했다.

우리가 발견한 것은 살아있는 사람이다. 이것은 세계에서 유사 이래 가장 큰 발견이다. 세계에서 2/3는 ‘고력’이다. 모든 아프리카, 중남미, 아시아의 90% 이상은 모두 ‘고력’이다.

중국은 유구한 문화전통이 있다. 위대한 중국 농민은 기계적일 필요가 없고, 오히려 세계에서 가장 선진적인 농업을 창설했다. 하지만 몇 천 년에 걸쳐 쌓여온 무관심은 가장 마음 아픈 일이다. 우리 중국이 역사가 있은 이래에 가장 비참한 일이다.

“나는 당시 고력을 발견했다. 나는 이것에 희망이 있는데, 중국으로 돌아가서 돈을 벌지 않고, 관직에 오르지 않고, 나는 이 큰 광산을 찾았다. 사람의 두뇌, 이 풍부한 광물을 어떻게 개발해야 하는가?” 옌양추는 평민교육이 가장 효과적인 방법이라고 여겼다.

1920년, 옌양추는 중국으로 돌아와서, 중국 본토에서의 평민교육을 실행하기 시작했다. 그는 1년 남짓이라는 시간을 이용해서 19개의 성을 시찰하여, 광대한 평민의 생활과 교육상황을 조사했다. 연속적으로 장사, 연태, 가흥, 항주, 무한 등의 지역에 평민교육을 선전하고, 비교적 큰 규모의 도시의 평민에게 식자(한자습득교육)운동을 시험하기 시작했다.

평민교육을 전국으로 끌어올리기 위해서, 전 국민에게 식자(한자습득교육)운동을 전개했다. 옌양추는 또한 급히 연락하여, 전국적인 중국평민교육촉진회를 결성하였다. 평민교육촉진회의 성립은 옌양추의 평등교육사상에 새로운 발전 동력을 가져오게 했다. 중국 현대의 평민교육운동을 중심으로 한 발 나아가 발전하게 했다.

평등교육은 “문맹을 없애고, 새로운 국민을 만든다.”는 것을 근본적인 표지로 하여 명확하게 선포할 수 있다. 옌양추는 이 취지를 상세히 해석할 때 지적했다. “안에서는 우리 국가 고유의 문화의 도육(교육)을 받고, 밖에서는 세계의 공통적인 신조의 교훈을 받고, 스스로 수신제가 치국평천하의 책임을 느끼고, ‘문맹을 없애고, 새로운 국민을 만든다.’는 취지를 정하여 포함하고, 평민교육의 일에 종사하는 것 외에 근본적인 좋은 계책이 없다.”

간단하게 말해서, 평민교육은 바로 전체의 중국인을 위하여 평등한 교육기회를 창조하려고 힘써서, 모든 사람이 좋은 교육을 받고, 최후에

천하태평의 이상적인 목적에 도달한다.

이 취지 중에 '문맹퇴치'는 기본이고, 오로지 새로운 신민을 만드는 것이 목표이다. 소위 '신민'에 대해, 옌양추는 반드시 지식력, 생산력, 건강력 그리고 단결력을 갖춘 '온전한 사람'이라고 여겼다. 이러한 사람을 육성하는 것은 본질적으로 '사람을 개조'하는 교육 작업의 한 종류이다. 평민교육의 취지와 사명일 뿐만 아니라, '중국의 모든 사회문제를 해결하는 근본적인 관건'이기도 하다.

평민교육은 결성된 지 오래 되지 않았지만, 중국은 농업으로 건국한 국가로, 85% 이상의 인구가 거주하고, 농촌에 살며, 평민의 절대다수는 농민이라는 점을 옌양추는 인식하기 시작했다. 만약 평민교육이 농촌과 농민을 떠난다면, 전체를 위한 평민교육, 진정한 평민교육이라고 부를 수 없다. 이러한 까닭에 1924년을 기점으로 평민교육운동은 도시에서 농촌으로 방향을 바꿨다.

옌양추와 평민교육회 농촌교육부는 주임 부보경은 직례로 나아가 확보하여 20개의 현에 평민학교를 창립하였다. 교수 훈련반을 위해 『평민천자수업』 교수법을 강의했다. 겨우 1년 남짓의 시간 동안, 5만 명이 넘는 사람을 평민학교에 들어가도록 확보했고, 3,000명이 넘는 사람이 잇따라 졸업했다. 1926년 8월, 평민교육회는 실험연구소로 하북의 현을 선정하고, 농민교육을 실행할 뿐만 아니라, 모든 농촌의 개혁도 모색했다. 평민교육운동은 진정한 농촌운동 혹은 농촌건설운동 단계에 들어갔다.

새로운 단계의 건전한 발전에서 평민교육운동을 지도하기 위하여 당시 중국농촌건설운동 중에 발생한 문제의 정곡을 찌르고, 옌양추는 「농촌운동의 사명과 그 실현 방법 및 순서」라는 장편의 논문을 썼다. 이 논문 중에, 그는 농촌운동을 '농촌구제'로 보는 사람들의 잘못된 인식을 비판하고, 이것이 농촌운동의 유구성과 근본성을 말살하는 것을 면할 수 없다고 여길 뿐만 아니라 농촌운동을 '모범촌을 창설하는 것'의 간단한 방법으로 여기는 다른 사람들도 비평했다. 이것도 농촌운동의 보편성과 원대성을 소홀히 했다고 여겼다.

그는 평민교육에 종사하는 사람은 반드시 농촌운동이 가지고 있는 '진정한 의의와 진정한 사명'을 인식해야 하고, 곧 거대한 어깨를 으쓱거리고, '민족부흥'의 중대한 사명을 책임진다고 지적했다.

옌양추는 중국의 근본문제는 다른 것이 아니라, "민족의 노쇠, 민족의 타락, 민족의 흩어짐이다." 그리고 핵심은 사람의 문제이다. 농촌운동은 바로 이 문제를 해결하는 근본적인 수단이다. 그가 말했다. "농촌운동은 바로 이 문제에 대한 시대의 요구에 의해서 나타난 것이다." 그는 민족의 '노쇠' '타락' '산만함'을 겨누어, 민족의 '신생명' '신인격' '신단결신결성'을 배양할 것을 제기했다.

이러한 의의에서, 농촌운동은 '민족재조성民族再造'의 사명을 맡고 있다. 옌양추는 중국민족의 4억 인구 중에 80%가 농촌생활을 한다고 여긴다, 양의 관계로 말하면, 민족부흥의 대상은, 당연히 농촌을 중심으로 한다. 동시에, 농촌에서의 '촌놈'의 생활 중에, 도시사람보다 중화민족의 미덕이 더 많이 남아 있다.

"예부터 수많은 영웅호걸이 크게 성공하는데, 큰 업적을 세우는 사람, 대부분은 모두 농촌에서 왔다. 그래서 질의 관계로 말하면, 민족부흥의 대상은, 당연히 농촌에 특별히 중시해야 한다. 3억의 농민 중에, 가장 중요한 것은 또한 8천만 정도의 청년이다. 왜냐하면 "나이가 많은 사람은 이미 완성되어 지나갔고, 다시 재생 할 목적에 닿기 어렵다. 연소한 사람은 미래에 속해 있지 않아, 현재 그가 국가의 절박한 중요임무를 맡기를 기다릴 수 없다."

그리고 많은 청년들은 이어가는 정통한 사람, 장인이 될 수 있다. 중국의 신예부대를 구호할 수 있고, 중국의 전진대를 개혁한다. 만약 정신을 집중해 이 8천만 농촌청년들이 사상을 바꾼다면, 그것은 "어떠한 고난이 있더라도, 모두 감당할 수 있고, 어떠한 나라의 치욕이든 모두 떨쳐버릴 수 있고, 모두 설립하고, 안정적인 기반과 견고한 기초가 있을 것이다."

'민족부흥'의 사명을 어떻게 실현할 것인가? 옌양추는 가장 효력 있는 방법으로 교육보다 더한 것은 없다고 여겼다. 하지만 이러한 교육은 중국식의 '골동품교육'이 아니다. 왜냐하면 골동품교육과 민족생활은 관계가 없고, '삼가촌'의 학문만 하는 사람을 만들 수밖에 없다.

이러한 교육은 서양식의 '수입교육'도 아니다. 왜냐하면 수입해 온 교육도 민족생활과 관계가 없어서 중국에 적용할 수 없기 때문이다. 오직 실험으로 개혁된 민족생활의 교육이 있어야만 비로소 성과가 있고 창조가 있는 민족을 양성할 수 있다.

이러한 교육의 목표는, 민족의 새로운 생명을 배양하고, 민족의 새로운 인격을 만들어, 민족의 새로운 단결과 새로운 조직을 촉진시키는 것이다. 이러한 교육의 내용은 실제생활에 적합하고, 실제생활을 개선하고, 실제생활을 창조한다. 간단히 말해서 이러한 교육은 '교육은 곧 생명'과 '교육은 곧 생활'이라는 것을 이용하여 개괄을 더할 수 있다.

전자는, 사람들은 이러한 교육을 통해 자기의 몸과 마음을 바꾼다고 지적하고, 민족의 정신을 발휘한다. 후자는, 사람들은 이러한 교육을 통해 자기의 생활을 바꾼다고 지적하고, 민족의 생존에 적응한다.

2. 평민교육의 내용과 방법

옌양추는 중국의 평민교육은 중국사회의 독창적인 하나의 교육체계로, 독특한 내용과 방법을 가지고 있다고 여겼다. 자비로운 마음으로 살 곳과 먹을 것을 제공하는 빈민교육이 아니며, 유럽과 미국 등 국가의 성인 보습식 교육 또한 아니라고 했다. 중국은 서양 각국의 평민교육을 그대로 답습할 수 없다고도 했다. 중국의 평민 교육이 반드시 창조적이어야 하고 순수한 중국교육이어야 하는 것은 '중국약을 가지고 중국병을 치료하는' 교육이기 때문이라고 했다. 이 때문에 평민교육의 내용과 방법 역시 중국 특징을 보인다.

(1) 통계조사

옌양추는 중국평민교육이 아무런 목적도 없이 맹목적 답습과 다른 사람을 모방하는 것을 힘써 경계해야 하고, 스스로 존중하고 믿으며 자기창조적인 길을 가야 한다고 생각했다.

이것은 곧 '최소한 중국의 형편을 분명히 이해해야 함'을 요구한다. 그러나 중국의 형편을 분명히 해야 하지만 베이징, 난징, 상하이, 텐진 등 대도시를 가는 것은 아무런 쓸모가 없으며, 인구의 80% 이상이 거주하는 농촌에 조사통계작업을 진행해야만 비로소 민간의 실정과 괴로움을 알 수 있다. 그렇기 때문에 정현실험(하북성 연구기관—중화평민교육촉진회)의 가장 중요한 작업은 바로 사회조사와 통계작업이다.

정현에서 조사통계작업의 대부분을 책임지고 있는 사람은 사회학자 이경한 선생이다. 옌양추는 일찍이 그에 대해 이 작업의 대부분은 사회학자 이경한 선생이라고 밝혔다. 옌양추는 일찍이 그에 대해 다음 작업의 의의를 말함에 "계통이 있는 과학방법으로서 정현의 모든 사회상황을 실제로 조사해야 하며, 평교회로 하여금 농민생활과 농촌사회의 일반적 특수적 사실과 문제에 대해 충분한 이해와 명확하게 인식한 후에 각 방면의 작업은 비로소 사실에 의거하여 방법을 제정할 수 있다."

이경한은 정현조사가 한 마리 참새를 해부하는 것과 같다고 생각했다. 정현을 이해하고, 화북농촌의 정황을 파악했다. 그는 자신이 이끄는 이십여 명의 사람들과 함께 칠 년여 동안 『정현사회개황조사』, 『정현토지조사』, 『정현농촌경제현상』과 『정현농촌차대조사』 등 일군—畊의 조사통계보고와 자료를 발표하였다.

대량의 조사사실을 근거로 옌양추는 중국농촌은 네 가지 문제, 즉 어리석음, 가난함, 약함, 이기심, 네 개 병증이 존재한다고 인식했다. 중국 대다수 농민은 지식이 부족한데, 적당한 지식이 없을 뿐 아니라 자국의 문자까지도 모르며, 지식획득과 문화향유의 방법이 없는데 이것이 이른바 '어리석음'이다. 중국 대부분 농촌은 생활수준이 낮고, 경제가 어려워 대단히 많은 사람이 기본적인 생활 유지조차 힘들 정도로 가난하다. 중국의 대다수 사람이 신체가 쇠약하고, 동시에 필요한 과학치료와 공공위생이 부족하여 '환자의 나라'로 되었다. 그만큼 중국은 약하다. 또한, 수많은 사람들이 단결 되지 못하고, 화합하지 못하고 윤리의 도야가 부족하고, 공민의 훈련이 부족하다. 다시 말해 이기적이다. 그런데, 이 사대질병을 치료하는 수단이 바로 교육이다.

1929년 7월 평교회 총부가 정현으로 옮겨가자 옌양추의 가족도 따라 이곳으로 이사했다. 또 일부 학자, 전문가들이 단결하여 높은 관직의 많은 봉급을 포기하거나, 혹은 편안한 학교와 이별을 하여 잇달아 정현에 사는 것을 결정하였고, 모든 현으로서 단위를 삼고, 전반적인 향촌 건설을 목표로 한 교육실험운동에 참가하였다.

이때에 이르러 중국 현대적 평민교육운동은 이미 평민문맹교육의 수준과 단계를 크게 능가하였고, 또한 교육을 통해 사회문제와 민족재건의 문제 해결을 시도하였다.

(2) 사대교육

옌양추는 어리석음, 가난함, 약함, 이기적임이 국민생활의 기본 결점이라 생각하여 평민교육은 '문맹을 없애 신민新民을 만들자.'라는 목표 아래 사람들이 취득한 최저한의 문자교육의 기초 위에 네 가지 교육을 실시하고자 했다.

즉 문예교육으로써 어리석음을 구하고, 생계교육으로써 가난함을 구하고, 위생교육으로써 약함을 구하고, 국민교육으로써 이기적인 것을 구하여, 지식, 생산력, 건강과 단결력이 풍부히 나오는 신민을 만드는 것이다.

① 문예교육

이른바 문예교육이라고 하는 것은 평민이 지식의 수단을 능히 활용, 전달할 수 있게 하고, 평민문화생활을 촉진하는 데 그 뜻이 있다. 평민이 자연환경과 사회생활에 대하여 상당한 감상과 이해를 있게 하는 것이다.

"교재를 편집하거나, 각종예술을 적용해 학습효율을 증진시키고, 감상능력을 증가시킴으로서, 반드시 평민의 지식을 배양하여 이 복잡한 현대생활에 적응하도록 한다."

이 때문에 문자방면에서 그들은 잇따라 통용자표(3,420자), 기본자표(1,320자)와 단어표(평민이 사용하는 단어와 신민이 사용하는 단어를 포함)를 연구·제정하였으며, 간체자 보급방면에서도 많은 일을 하였다.

평민문화 연구 분야에서는 설창, 가요, 헐후어(말의 뒷부분을 생략하고 그 앞부분만으로 그 뜻을 암시하게 하는 숙어), 수수께끼, 속담, 고사, 우스갯소리 등 민간문예를 주의하여 채집하였고, 아울러 『정현앙가선』 등의 책을 편집·출판하였다.

교과서 편집에 관해 그들은 시민, 농민, 사병의 세 가지 판본의『천
자과』교재를 편집했다. 그리고 상응하는 세 종류의 자습용 책, 더불어
『시민고급문예교과서』와『농민고급문예교과서』를 각각 두 권씩으로
편찬했는데, 이상의 각종 교과서들은 모두 천만 부 정도를 판매 발행하
였다.

평민도서의 편집에 관해서는 수백 종의 평민도서를 집필 출판하였
고, 아울러『농민주간』을 편집했고, 농민들에게 관련 지식을 제공할 뿐
만 아니라 농민으로 하여금 의견을 나타낼 무대를 갖게 했다.

평민과학 교육에 관련해서는 평민도서의 과학내용 관심을 기울였다.
평민학교와 초등학교 교사에 대하여 과학훈련 등을 진행하였다.

문예교육 면에서는 그들은 대량의 민간회화를 수집하여 그림표본과
도안을 편집하고, 많은 삽화와 궤도, 슬라이드 등을 제작했다. 음악 무
선방송 농촌희극방면에서도 많은 일을 했고, 정현농민의 문화생활이
다채롭고 풍부하게 하고, 지식을 탐구하는 분위기는 날로 일게 했다.

② 생계교육

이른바 생계교육이라 함은 과학의 지식과 기술을 보급하고, 평민의
생계조직을 개선하여 그 경제수준을 높이는 데 그 뜻이 있다. 옌양추는
중국경제의 최대 어려움은 생산력의 엷고 약함에 있다고 여겼다. 생산
기능은 낙후했고, 경제엔 모두가 힘을 합쳐 일을 해내는 조직능력이 없
었다.

그래서 "한쪽으로는 과학지식을 보급하고, 한쪽으로는 각종 산업합

작능력에 참가하는 훈련을 한다. 표증지역(식자운동실험에서 좋은 성적을 거둔 지역)의 방법을 이용하여 평민 과학방법의 우수함과 합작조직의 경제를 바로 보고 정확히 믿게 한다. 반드시 이와 같은 시작이 정말 그 생산력을 증가케 하고, 그 생계의 어려움을 해결해야 하며, 그 경제적 압박에 대처할 수 있어야 한다." 이를 위해 평교회는 아래의 몇 가지 방면의 일을 했다.

첫째는 농민생계훈련이다. 주로 생계순회훈련사실학교(사철마다 식물생산, 동물생산, 농촌경제 가정공예 등 다른 생계훈련과목을 개설한다)와, 표증농가와 일반화훈련을 실시하는 것이 있다.

두 번째는 현 단위의 합작조직제도이다. 개인회사, 합작회사, 합작연합회 등의 형식을 주로 하며, 농민들의 구매, 운송, 신용, 생산 등을 효과적으로 조직했다.

세 번째로 식물생산개량이다. 품종을 기르는 방면에서 면화, 소맥, 조, 수수, 옥수수의 신종육성에 대해서 약간의 실험을 진행했고, 원예방면에서는 배추 개량, 배나무 가지 정리, 포도 재배 등에 대해서도 연구를 넓혀갔다.

네 번째로 동물생산개량이다. 예를 들어 화북 각지의 돼지종자 비교실험, 닭 품종개량 등이다.

생계교육은 곧 농민들에게 현대농업지식과 기술을 전수를 중시하고, 또한 농민의 경제조직형성을 중시하여, 생산력 수준의 높아짐에 대해 틀림없이 중요한 촉진작용을 일으켰다.

③ 보건교육

이른바 보건교육이라 하는 것은 위생지식의 보급과 위생습관을 훈련하고, 공공의 역량을 이용하여 공공의 위생을 도모하고, 기타 보건여건을 향상시켜 건강한 국민이 되게 하는 데 그 뜻을 둔다.

옌양추는 보건교육의 관건은 평민이 건강의 중요성을 이해하고 건강지식과 습관을 갖도록 하는 데 있다. 보건위생 사업에 있어 상책은 예방에 주의를 기울이는 것으로, 치료를 버리지 않는 것도 또한 그렇다.

때문에 평교회는 농촌의약위생의 실제 상황에 근거하여 얼마의 보건교육대책을 취하였다.

첫째로 농촌의약위생의 보건제도를 만들고, 촌에서부터 현까지의 3급 보건조직과 연락망을 설치하였다.

모든 촌은 보건인원 한 명을 배치하는데, 전문훈련을 받은 평민학교 졸업생회 회원이 담당하도록 하고, 사망 및 출생신고, 식수개량, 종두보급, 응급치료 등의 주요 임무를 띠며, 그들은 보건약상자를 가지고 농가를 회진하고, 농민으로 하여금 때가 되면 필요한 치료를 받도록 한다.

모든 구(연촌)는 한 개의 보건소를 설치하고, 보건소에는 의사, 보조인 한 명씩을 두어 각 촌의 보건원을 훈련, 감독, 보건교육실시, 예방주사, 매일같이 치료하는 등의 사무를 책임지고 있다. 모든 현에는 보건원을 설치하여, 보건교육과 위생건설의 총 기관으로 삼아 보건소가 해결할 수 없는 문제를 해결한다.

두 번째는 가장 저렴하고 가장 유효한 조직으로서 천연두를 예방 및 치료한다. 세 번째는 트라코마(전염성 만성 결막염)와 피부병을 치료하는 방법을 보급한다. 네 번째는 경제적이고 제작 가능한 수명통계 방법을 찾는 것이다.

④ 국민교육

소위 공민교육이란 국민들이 평등정신, 단결력 등을 갖도록 교육하는 데 그 목적이 있다.

옌양추는 "민중의 단결력, 공공심을 배양하고, 평민교육을 받은 사람은 어떠한 단체에 임하더라도 모두 능히 한 가지를 위해 노력하는 충실하고 능률 있는 사람이 될 수 있길 기대한다."라고 했다. 또한 "인류보편의 고유한 양심, 올바른 판단력, 정의심의 기초 위에서 공민교육을 받은 사람은 모두 스스로 깨달음과 믿음, 사람들 모두가 인정하는 주장이 있길 바란다."고 했다. 이 때문에 평교회는 아래 방면의 일들을 진행했다.

첫째는 민족정신의 연구로, 먼저 역사상 지사, 어진인물, 살신성인, 정의를 위해 목숨을 버린 사적들을 모아 도해圖解로 만들고, 노래 한곡을 붙여서 공민교육교재로 만들었다.

그 기간에 모두 완성된 역사도해는 40가지이고, 『민족정신논예천석』(민족정신을 예를 들어 논하고 평이하게 풀이한 책) 1권을 출판했다. 둘째는 농촌 자치적 연구인데, 고두촌에서 자치인재를 시험 훈련한 것, 인민조직자치소 필수 사무를 지도하는 것과 같다. 셋째는 공민교육재료 연구사업으로, 『국민도덕근본주의』, 『국민도덕강목』, 『국민의 지혜

식강목』,『국민생활상의 고쳐야 하는 점』,『중국이론의 근거』 등의 기본교재와 아울러『국민교과서』,『국민도해』,『역사』,『지리』,『노래』,『삼민주의강의원고』,『농촌자치연구설계』,『국민강연도해』 등 응용교재를 편찬했다. 넷째는 공민활동지도의 연구로 절회(명절) 등의 형식을 이용하여 마을사람들의 공공심과 단결력을 배양시키는 것이다. 다섯째는 가정식의 교육 연구 사업으로, '가정회' 등 형식을 통하여 가정의 실제 문제를 연구하고 아울러 가정일상생활의 방법 등을 개량하는 것이다.

(3) 삼대방식

사대교육이 순조롭게 진행케 하기 위해서 옌양추는 평민교육의 삼대방식을 내놓았다. 그는 어떠한 한 조항 개혁계획이라도 만약 국민군중의 참여가 없고, 그들을 강압한다면 반드시 단명하는 것이라고 생각했다. 오로지 국민이 새로운 사상의식, 향촌건설의 계획이 움터야만 순조롭게 실현할 수 있는데, 학교, 가정과 사회 이 평민교육의 삼대방식을 통하여야만 비로소 사대교육의 내용이 사람들의 생활 속으로 스며들 수 있을 것이다.

① 학교식교육

학교식 교육은 주로 청년으로 교육대상을 하여, 초급평민학교에서는 식자교육을 제공해 사람들이 유창하게 읽고 쓰고 말할 수 있도록 하는 것이다. 고급평민학교를 통해서는 건설계획을 집행하는 촌장과 학생회 회장을 배양하고자 했다.

교육효과를 높이기 위해서 평교회는 청화대학 심리학과와 합작하여 정현에서 연령과 학습능력의 상관성 연구를 진행함으로써 학교교육이 응당 중시해야 하는 연령그룹과 그들 능력에 알맞은 교재를 정밀하게 확정한다. 평민학교와 서로 연계됨은 소년과 아동에 대해서 곧 '통일적 마을학' 형식을 채용한다.

이런 통일된 학교는 특별히 많은 취학연령의 아이들을 위한 교육제공, 향촌의 빈곤, 선생님의 부족, 향촌이 필요한 알맞은 과정 설치, 공부한 청소년과 아직 학교를 가지 못한 연장자 사이 그리고 학교교육과 가정교육간의 모순충돌 등의 문제를 해결함을 중시하여, 가르치는 내용상에 향촌생활을 커리큘럼과 교수자료로 만들었다. 연령, 성별, 사회, 직업적 흥미 등에 따라 강의실 학습과 각 연령조의 활동을 진행한다.

형, 언니가 어린 동생들을 돌봐야 하는 문제를 해결하기 위해 탁아부서를 전문 설치했다. '통일적 마을학'은 커리큘럼 설치방면에도 문화, 경제, 위생과 정치, 네 개 방면의 건설계획에 따라 가능한 범위 내에서 할 수 있으며, 아동들이 졸업 후 이미 평민학교를 졸업한 형제들과 똑같은 '향촌건설의 사상과 기능'을 구비할 수 있다.

② 가정식교육

가정식 교육은 각각의 가정에서 각각 다른 지위의 구성원에 대해 횡적으로 관계하는 방법을 이용하여 조직하고 교육을 진행해 나가는 한

가지 방식이다. 옌양추는 가정식의 교육은 이중의 목적을 갖는다고 인식했는데, 가정과 학교 사이의 모순해결을 돕고, 가정의 책임과 확대를 위하여 '가정사회화'를 하도록 했다. 동시에 가정의 나이 많은 부녀들과 만나면 이들이 젊은 여성과 아동교육을 저지하거나 반대하지 않도록 설득하여 교육이 더 큰 효과를 볼 수 있도록 했다.

정현실험 중에 더욱 가장회, 주부회, 소년회, 처녀회, 유아회 등 조직형식을 통해 가정교육을 진행하였고, 아울러 학교커리큘럼의 어떤 한 부분을 가정이 담당하도록 하고 더불어 지역사회의 이익에 관심을 갖고, 사회책임에 기쁘게 책임지도록 한다.

③ 사회식교육

사회식 교육은 일반 군중이 어떤 조직된 농민단체에 이르게 하는 실시교육의 한 방식이다. 옌양추는 사회식 교육은 평민학교 졸업생의 모든 활동이 중심이 되게 하는 것이나, 그러나 그것의 의도는 지역사회 모든 구성원으로 하여금 사대교육계획의 노선에 따라 계속 교육받게 하는 것이라고 생각했다.

청년농민 평민학교의 학업과정을 완성한 후, 그들은 곧 문화와 사회목표를 갖춘 '졸업학생회'에 가입하고, 회원은 '움직이는 도서관'을 이용 가능하여 『농민주간』을 열람하고 더불어 간행물로 원고를 보내고, 연극과 토론클럽을 조직하여 온 마을을 위해 무선방송을 하고, '새 소식(뉴스) 벽'에는 분필을 이용하여 그날의 새 소식을 적고, 마을 또는 이웃마을의 고소안건 등을 조정한다.

3. 평민교육사상의 지위와 영향

　평민교육 사상적 기반 위에 전개된 정현실험은 농촌평민교육의 목표, 사명, 대상, 장소, 내용, 방식, 방법 등에 대한 시스템의 탐색을 실시하였다. 평민교육회가 창립한 평민학교, 생계순회교련실험학교, 실행된 큰 팀으로 된 조직교수법과 학생 지도 전수제, 엮은 글자표, 단어표, 간략화한 한자, 각종 수준의 천자교과서, 자습서, 문예교과서, 농민 도서 등은 일찍이 다른 지방에 광범위하게 사용되었다. 평민회가 총괄한 모든 교육의 농촌공급, 과학의 농촌 공급과 향상된 농업생산이 결합하고, 어린이교육과 성인교육은 통일적으로 계획하고 돌보며, 학교교육과 사회교육을 서로 결합하고 서로 이용하면서 경험을 얻어 중국화 농촌교육에 새로운 길로 개척되었고, 사람들로 하여금 주목할 만한 성취를 얻어냈다. 교육의 발전을 예로 삼아 1934년에 이르기까지, 모든 현은 이미 초등학교가 보급되었고, 성인교육 또한 큰 발전이 있었으며, 문맹자수가 급격히 낮아졌다. 모든 현의 14~25세의 청년 82,000명 중 문맹자는 32,550명으로 줄었고, 전체 청년의 39%를 차지할 뿐만 아니라, 그중 남성청년의 문맹률은 10% 이하로 떨어졌고, 문맹퇴치성적은 전국의 1,900여 개의 현 중 1등을 차지했다. 정현실험의 많은 성과는 후대까지 영향을 미치고, 그 많은 성과는 지금까지 여전히 사회를 행복하게 한다. 1983년 하북성 제11기 『문사자료선집』에서는 문서를 기재하여 소개하고, 아래 숫자 목록을 들어 설명하였다.

① 정현은 이미 문맹을 퇴치했다. 정현에 있는 52개의 현에는 기술보급 센터가 있었다. 이것은 그 당시 정현실험이 남긴 영향과 관계가 있다.

② 정현은 이미 천연두가 사라졌다. 보건위생 사업이 널리 시행되었으며 크게 효과를 거두었다. 현 위생국장은 이 모든 것이 그 당시 평교회가 닦은 기초라고 인정했다.

③ 정현의 돼지는 성장이 빠르고 육질이 좋았으며 살코기 비율이 57.7%에 달했다. 하북에서 명성을 떨쳤을 뿐 아니라, 동북에도 널리 보급되었고, 매년 정현 사람들이 700만~800만 위안의 부를 창출했다. 우수한 돼지종은 평민교육추진회가 1929년 도입한 파지돼지와 현지의 돼지를 교배하여 만든 것이다.

④ 정현의 백양나무 성장률은 빠르고, 적응성도 좋고, 재목도 좋다. 평교회는 처음에 1,000그루 못 되게 도입하여, 지금은 대략 400만 그루가 널리 분포되어 있고 비교적 큰 규모의 숲을 형성하고 있다.

⑤ 정현의 사과는 품질이 좋고 맛있다. 평민교육추진회가 처음에 위진, 국광, 백룡, 화하 등의 품종을 242그루 도입했고, 현재 연간 생산량은 이미 5,000톤에 다다랐으며 500만 위안의 소득을 올렸다.

정현실험의 성공은 세계에 영향을 주었고, 옌양추는 "당대 세계 최고 혁명에 공헌한 위대한 자"라 하고, 평민교육운동 역시 세계 10대 운동 중 하나라고 했다. 정현실험모식을 아시아, 아프리카, 라틴아메리카의 개발도상국에서 받아들여, 세계성의 농촌 평민교육운동이 차츰 일어나게 되었다.

1951년 연합국교과문조직에서는 옌양추에게 제3세계 국가에서 현지조사를 하고, 의견을 제의하는 특별고문직으로 초빙했다. 1952년 필리핀 각계 저명인사가 조직한 '필리핀향촌개조추진회'의 명예회장, 필리핀대통령 마누엘 케손ManuelLuis Quezony Molina은 정식으로 옌양추를 필리핀으로 초청했다. 옌양추와 자원봉사자, 촌민의 공동 노력 하에 필리핀 마닐라 지역에서 평민교육과 향촌건설 전개가 잘 진행되었고, 새로운 면모가 나타났다. 가령 이전에 황무지였던 곳이 잔디밭으로 변했고, 주민 수입이 전국 세대 평균수입의 3배로 크게 증가했으며, 필리핀과 세계의 많은 국가의 찬양을 받았다. 필리핀 이외에 아시아의 인도, 태국, 아프리카의 가나, 라틴아메리카의 과테말라, 콜롬비아 등 국가 역시 각 나라의 구체적인 실정에 맞게 적절한 대책으로 평민교육과 향촌건설실험을 추진하였다.

이 세계성 운동의 수요에 적응하기 위해, 옌양추는 국제향촌건설학교 설립을 하여 개발도상국의 향촌건설 인재양성센터이자, 향촌건설연구와 실험센터로 만들기로 마음먹었다. 1967년 5월 2일 국제향촌건설학교는 필리핀에 정식으로 준공하였다. 이 학교는 정현실험을 모델로, 세계의 '신민' 배양, 세계의 '대동' 실현을 주요 요지로, '과학의 단순화, 농민의 과학화'를 목표로, 농민 생활의 질 전면개선을 목표로, 4대 교육연결을 일환으로, 현대과학기술을 수단으로, 경제실용을 원칙으로, 들판실행을 중점으로 연이어 세계 40개 국가와 지역을 위해 향촌개조인재를 양성하고, 명실상부한 국제향촌건설과 향촌개조운동의 센터였다. 정현실험의 작은 불이 결국 들판을 태우는 형세의 국제화 운동으로 평민교육이 세계를 향해 나아갔다.

중국현대의 평민교육사상의 막대한 성과는, 세계에 커다란 영향을 끼쳤고, 이것은 옌양추 개인의 살신성인정신과 견지하며 탐구하는 정신은 평민교육사상의 그 특징과 관련이 있다.

(1) 평민교육은 진정으로 평민의 요구에 응하고, 평민을 위해 봉사하고, 평민을 행복하게 해주는 교육이며, 평민은 평민교육의 출발점과 귀착점이며, 평민교육으로 하여금 광범위한 사회기초를 갖게 한다.

일찍이 1927년 발표한 『평민교육개론』에서 중국의 많은 운동은 종종 '소수학자의 문자운동'이고, 대다수의 평민과 '서로 조금도 관계가 없는 것'이라고 밝혔다.

평민교육은 4억 인민을 대상으로 해야 하고, 3억 2천의 글 모르는 사람을 대상으로 해야 하며, 농촌에서 생활하는 85% 이상의 사람들을 대상으로 해야 한다. 이러한 이유 때문에 옌양추는 농촌을 평민교육의 주현장으로 여겼고, 평민교육의 대번영평민교육추진회의 총 본부 역시 정현으로 옮겼다. 초기 확정한 평민교육 여섯 가지 사항이든, 후에 제의한 농촌개조 일원의 아홉 가지 규정이든 더 나아가서 요즘 제기된 향촌개조 십대신조는 모두 평민을 중심으로 둔다. 옌양추가 규정한 평민교육 원칙은 이와 같다. ① 전 국민의 ② 평민교육의 필요를 기준으로 ③ 평민생활상황에 적합하게 ④ 본국의 정세와 국민심리에 근거하여 ⑤ 지역

자발적인 책임을 진다. ⑥ 누구나 참여가 가능하다.

『향촌개조일원 아홉 가지 규정』 중, 옌양추 역시 평민문제를 평민교육과 향촌개조의 출발점이라 하였다.

그 주요 내용은 다음과 같다. ① '민간에 깊이 들어가기' 진정으로 촌민을 알고, 그들의 문제를 이해하려면, 양방 모두 교류하는 교육 분위기를 만들고, 그들과 영향력이 있는 지도자들과 서로 믿음을 가지고, 그들의 슬픔과 즐거움을 서로 나누며, 그들이 무엇을 필요로 하는지 알아야 한다. ② '평민과 친해지기' 여행자처럼 왔다가 금새 사라지는 존재가 아니라 그들과 함께 거주하면서 곁에서 이들의 생활을 관찰해야 한다. ③ '평민을 본받다' 농민의 훌륭한 교사이기 전에 먼저 이들의 학생이 되어본다. 남에게 양보하는 농민을 본받는 것이다. ④ '평민과 향촌일에 대해 함께 토의 한다.' 평민교육은 명령으로 이뤄지지 않는다. 교사는 '독재자'가 아니라 '공동경영자'여야 하며 농촌 주민과 동료와 같이 농민의 필요와 문제를 토론해야 하고 이들과 함께 평민교육과 향촌개조운동을 발전시켜야 한다. ⑤ '농민이 아는 것에서부터 시작한다' 농민이 아는 것과 모르는 것을 먼저 파악한 다음에 농민이 아는 것에서부터 시작해야 더 쉽게 교육할 수 있다. ⑥ '평민의 기존 바탕 위에 재건설한다' 만약 기초가 탄탄하지 어떠한 계획도 실패할 것이다. 그러므로 기초 다지기에 심혈을 기울여야 한다. ⑦ 사회의 도구가 아닌 사회를 개혁시켜야 한다. 평민교육과 향촌개혁은 생활을 위해서 뿐만 아니라 생활을 개혁하고, 사회를 개혁함으로써, 새로운 사회를 만드는 것이다. ⑧ 지엽적인 문제에 집착하지 말고, 전체적으로 문제를 바라보고 해결한다. ⑨ '구제가 아니라 북돋아주는 것이다' 농민노동자가 자신의 능력을 최대한 발휘할 수 있도록 기회를 제공한다. 농민노동자의 잠재적인 지혜와 생산력, 협동심 등이 발현될 수 있도록 격려한다. 그래야만 농민이 완벽하게 평등한 지위를 누릴 수 있고 평등하고 이상적인 사회를 건설할 수 있다. 평민교육은 평민생활과 밀접한 관계가 있고, 평민의 요구에 부합하면서 평민의 특징에 맞게 전개하는 것이다. 이와 같은 특성은 광범위한 대중적 기초 위에서 왕성한 생명력을 가지고 탄생한 평민교육에서만 볼 수 있는 것이다.

(2) 평민교육의 좁고 한정된 교육에서 벗어나, '대교육'의 관념상 사회는 전체개혁, 종합적으로 다스리는 것을 진행하고, 경원식의 교육과학연구와 사회과학연구를 현장의 개혁생활의 종합성 연구로 변화시켜야 한다고 주장하고 있다.

현대 교육 사상에서 보면 교육실험은 일반적으로 학교 내부에 한정되어 있는데, 주로 학제, 커리큘럼, 교재, 교수법, 테스트, 관리 등 국부적인 문제를 개혁하는 것으로 한정되어 있다. 평민교육추진회는 정현발전 실험을 대교육 관념지도 아래, 큰 사회를 무대로, 교육, 정치, 경제, 사회, 문화, 위생 등 사회문제를 대상으로 사회의 전체개혁을 교육실험의 목적으로 삼았다. 단순히 교육론의 교육의 차원, 경원식 교육과학연구의 차원을 넘어서 현실 교육문제를 전면적이고 정확하게 해결하기 위해 시행되었다.

정현실험은 문자 교육 발전으로 농촌건설까지 가능한 것은, 더 나아가 현 정치개혁을 발전시킨다. 현지의 교육실험발전은 전현의 종합개혁까지 가능하기 때문에 옌양추의 평민교육의 공동체의식과 관계가 있고, 그와의 다른 점은 그 외 평민교육의 특징 중 하나이다. 그는 말했다. "이전의 평민교육은 학생에게 문자 교육 학위를 수여하는 범위에 벗어나지 못했고, 생계교육과 공민교육의 필요를 전혀 생각하지 못했고, 지식 있고 무생산적이고, 무공동심의 단편적인 인간으로 양성될 수밖에 없었다. 현재 우리는 한사람이 적어도 반드시 지식능력과 생산력, 공공심 세 가지의 요소를 갖춰야 만이 사람이 된다는 걸 안다." 옌양추는 인간은 반드시 총제적이어야 한다고 했다. 총제적인 사람으로 육성하려면, 반드시 총체적인 교육설비가 있어야 한다고 했다. 그는 교육은 항상 사회생활과 긴밀한 관계가 있다고 주장하였으며, 농민이 직시한 각종 기본 문제, 예를 들어 빈곤, 병, 문맹, 이기주의 등 모두 서로 연결되어 있고, 한 사항이 성공하면 다른 것도 성공적으로 해결되는 불가분의 관계이고, 교육을 계통의 공사로 보고, 교육을 진정한 의미의 대교육으로 이해해야만 교육과 사회문제를 근본적으로 해결할 수 있다고 지적했다. 옌양추는 향촌의 농민이 유능한 생산자이나, 만약 경영방법을 이해하지 못하면 고리대금업자나 중매인에게 착취당할 가능성이 있는 예를 들었다. 농민의 생산은 증가할 수 있으나, 수입소득은 자기에게 돌아가지 않는다. 그래서 옌양추는 '자질구레한 것의 실시는 농민으로 하여금 자신의 입장을 확고히 할 수 없게 하고', 다만 '전체적으로 연결된' 방법을 이용해야만 농민으로 하여금 빈곤과 병을 치료하고, 문맹에서 벗어나고, 이기주의를 없앨 수 있고, 지식, 생산력, 평등의식을 갖춘 '총체적인 사람'이 된다고 결론을 얻었다.

농민교육의 내용과 방법을 분석해보면 중국 현대평민교육사상이 종합적 접근과 해결을 강조했다는 사실을 발견할 수 있다. 가령, 농촌의 가장 심각한 문제였던 농민의 우매함, 빈곤, 병약함, 이기주의 문제를 해결하기 위한 4대 교육을 예로 들어보자. 평민교육사상은 각각의 문제 해결을 위한 개별적 교육의 실시에서 더 나아가, 네 가지 문제 간에 연계성이 있음을 확인하고 전면적으로 동시에 해결해야함을 강조했다. 옌양추는 4대 교육에 관해 다음과 같이 밝혔다. "농민의 우매함, 빈곤, 병약함, 이기주의 문제에 상호 연관성이 있음을 인식해야 한다. 그래야만 진정으로 농민들이 생활고에서 벗어날 수 있다. 지난 수십 년 동안 중국은 사회를 개혁하거나 민중생활을 개선하지 못했다. 농민은 교육의 중요성을 간과했고, 교육자는 농민 교육에 소홀하여 상호교류가 없었기 때문이다." 4대 교육의 특성을 인식하고 네 가지 문제해결을 위한 교육을 동시에 실시해야만, 효과적인 평민교육이 이루어져 국민의 문제를 해결하고 나아가 조화롭고 건강한 사회 발전을 이끌어낼 수 있다는 것이다.

(3) 평민교육은 취지와 목표를 기본으로 공평성과 개인의 특수성에 주
목했다. 이러한 과정에서 중국 현대교육 사조는 차츰 해외의 영향
을 받으면서 전과 다른 교육운동으로 변화했다.

중화평민교육추진회가 성립한 시기에 옌양추는『중화평민교육운동
가』가사를 썼다.

아득히 먼 바다에서 동무를 찾고, 온갖 노고를 두루 경험했고, 일편단
심으로 뭉쳤다.
서로 일하고, 북돋우며 만리장성을 만들었다. 나쁜 짓을 하는 데 힘쓰
지 않고, 평민을 위해 마음을 다하다. 분투와 희생이 문맹률을 없앨 수
있고, 남녀 모두 늙은이나 젊은이나 광명을 볼 수 있다.
아득한 먼 바다에서 동무를 찾고, 광명을 만나러 가고 봄날에는 구름
한 점 없다.
열심히 할수록 힘이 생겨 용감하게 앞으로 나아간다. 황하를 넘어가
고, 쿤룬 땅을 밟으며 이전 사람을 깨우고, 모두 새로운 시민이 되어, 몸
을 닦아 집안이 바로 서고 나라가 안정되어 천하가 태평하기를 진심으
로 바란다.

노래가사는 평민교육의 창립자의 '오로지 평민'과 '구시대 사람을 일
깨우는' 마음을 표현했다. 그 당시 평민교육사조발생변화와 분화의 중
요 시기였고, 이대소, 등중하를 대표 공산당원으로, 노동자와 농민의

교육을 강조하고, 노동자와 농민의 혁명의식을 일깨우는 것을 강조하고 평민교육을 혁명투쟁의 결성 부분으로 하였다. 베이징고등사범대학교의 '평민교육사'와 그것이 창설한「평민교육」잡지는 평민교육을 평민정치선도의 날카로운 기세를 상실하게 했고, 평민교육의 방향을 학교교육의 개혁으로 점차 옮겼다. 유럽과 아프리카교육이론과 방법을 연구하고 소개하였으며 기본적인 평민교육의 틀을 뛰어넘었다. 옌양추 지도자의 평민교육운동만이 정현에서 확고한 기초를 세우고, 꽃을 피우며 점점 전국으로 퍼져나갔고 깊은 영향을 미치게 되었다.

1940년 10월 28일, 중국향촌인재육성원은 중경바현 현마장에서 정식으로 개학했고, 옌양추는『향촌생력군가』가사를 교가로 선발했고, 가사의 요지는『평민교육운동가』와 비슷했지만, 시대 특징과 강인한 정신이 더 뚜렷해졌다.

전진! 전진! 우리 모두 전진! 우리는 농촌의 건설자. 길의 험난함은 두렵지 않고, 일의 고난도 두렵지 않다. 백성을 개발해 향촌을 건설하고, 문맹을 없애고, 신민이 되어, 큰 기백을 만들어 배양하고, 종교의 참된 정신을 발휘하자.

전진! 전진! 우리 모두 전진! 우리는 농촌의 건설자. 권세와 무력에 굴복하지 않고, 부귀는 나에게 뜬구름 같다. 끝까지 분투하고, 살신성인, 더욱더 분발하고, 하려고만 들면 못해 낼 일이 없다, 신민주 중국을 건설하고, 세계 대동맹을 촉성하자.

국난에 직면했을 때, 옌양추 지도자의 평민교육운동은 스스로 지키는 것을 강조하면서 조직규율, 민족의식, 사상수양 지식주입, 의무병과 농민을 구분하지 말고 문과 무를 닦으면서 군사훈련을 주로 삼고, 교육을 보급하는 것을 전제로, 건설 추진을 귀착점으로 삼으라고 주장했다. 그는 내우외환, 혼란한 시기에 여전히 건설을 추진하려고 했다. 평민교육운동은 정치와 교육 사이의 새로운 길을 시도했고, 그리고 교육의 큰 발전을 모색했다.

중국 현대평민교육사상과 운동이 큰 발전을 할 수 있었던 것은 시대변화를 정확히 예측할 수 있는 것 외에 장기적으로 인간을 괴롭힌 빈곤과 우매함, 이것은 모든 사람들의 공공의 적이다. 개발도상국은 시시각각 적의 위협을 느꼈고, 그래서 옌양추의 평민교육과 농촌교육은 향촌교육, 향촌건설을 이용해 향촌의 빈곤과 우매함에서 벗어나려고 하였고, 국제상의 관심을 받았고 정현실험의 경험 역시 인간의 공동재산이 되었다. 옌양추는 후에 '향촌개혁'의 개념을 더 많이 이용했지만, 실제로 여전히 평민교육의 내용과 방법의 연속이었다.

당연히 중국 현대평민교육사상 역시 그들이 극복할 수 없는 내재적 결함이 있었다. 중국사회 근본문제에 대한 분석을 보면, 줄곧, '어리석음, 빈곤, 병약함, 이기주의' 표면상 나타나는 것들만 잡았지, 중국 사회 정치부패, 경제낙후의 중요 원인은 아주 조금 혹은 아예 인지하고 있지 않았고, 제국주의의 침략과 봉건세력의 착취 아래 놓여 있었다. 그들이 중국사회 문제에 내놓은 처방은, 교육을 통해, 평화개량의 방법으로 민족과 국력의 쇠락을 막고자 했지만 사회질서와 정치제도에 대해서는 언급하지 않았다. 비록 평민교육이 일정한 구역 내에 일정한 효과를 얻었으나 중국사회의 근본적인 모순을 근본적으로 해결하기는 어려웠다. 평민교육 자체는 협소한 교육의 범위 안에서 벗어나, 교육과 사회개혁을 함께 이뤄냈고 교육가, 교육사상, 교육운동이 영향 범위가 더 커졌다. 평민교육사상의 '대교육' 관점은 이미 국제적으로도 영향력도 띠게 되었다.

평민교육사조가 중국에서 흥성한 것은, 특수한 시대, 특수한 사회 배경과 특수한 문화 배경 아래 실현되었기 때문이다. 옌양추의 경험을 기초로, 그는 서양의 가치 관념을 기준으로 하였고, 전통의 정치문화에 대해 전면 부정했다. 그를 급진적인 평민교육파라 해도 과언이 아닐 것이다. 그러나 그 당시의 중국사회는 고인 물과 같았기 때문에, 많은 평민은 교육을 받은 것에 대해 마비와 피동성을 나타냈다. 그래서 그는 평민교육 실험 중 조급해하는 면을 보였고, 단번에 성공하기를 희망했다.

07

중국 현대 농촌교육사상

20세기 20~30년대에 중국대륙에서는 기세가 드높은 농촌교육과 향촌건설운동이 일어났다. 잇따라 일어난 향촌건설단체들은 700여 개에 달하였고, 크고 작은 농촌 교육 실험구역들이 193곳이나 세워졌다. 거의 모든 교육자들이 모두 농촌에 눈길을 돌렸고 정력을 농촌에 집중시켰다. 예로, 황옌페이는 서공교 농촌교육개선실험구역을 제창하고, 옌양추는 정현 농촌평민교육실험을 주관하고, 타오싱즈는 효장 향촌사범학교와 산해공한 단체실험을 지도하였고, 량수밍은 산동에서 향농 학교 실험을 진행하여 중국현대 향촌교육을 고조로 이끌었다. 그중 량수밍이 대표하는 향농학교 실험은 독특한 의의와 특성이 있다.

1. 향촌교육운동과 향촌건설

중국 현대향촌교육운동은 현대교육사상이 발전하는 필연적 과정이다. 마오쩌둥이 광주와 무한의 농민운동 설명회를 주관한 전후 중국의 많은 교육사상가들도 도시에서 농촌으로 나아갔다. 그들은 각자의 교육실천 중에서 거의 약속이나 한 듯이 공동의 인식을 형성하였는데, 중국의 사회문제를 해결하려면 교육을 떠날 수 없고 중국의 교육문제를 해결하려면 또 향촌을 떠나서는 안 된다는 것이다. 황옌페이는 일찍이 "우리의 이상은 중국을 잘 다스리는 것인데 하급정치를 중시해야 한다는 것은 의심할 바가 없다. 가장 하급인 향정은 현정의 다음이다. 그러므로 교육의 힘으로 농촌의 일반생활수준을 개선하고 사회혁신의 기초를 세우는 것을 기대해야 한다."고 말하였다. 옌양추도 서민교육의 중심이 농촌으로 이동하게 된 이유를 상세 설명하면서 지적하였다. "노동 경험 중에서 대부분의 문맹은 도시에 있는 것이 아니라 농촌에 있음을 알 수 있다. 중국은 농업으로 국가를 세웠고, 중국 대다수의 인민들은 농민이다. 농촌은 중국 85% 이상의 인민들이 의지하는 곳이다. 그러므로 중국 대중교육을 보급하려면 응당 농촌으로 가야 하기 때문에 우리는 정현으로 가서 일하는 것을 결정하였다." 그는 또 '중국의 진정한 자원은 석탄도 아니고, 철도 아닌 3억 이상의 무지에 처해 있는 농민들'이라고 하였다. 오직 농민들의 지혜를 발전시키고 양성하여 그들로 하여금 능력이 있어 자발적으로 개선된다면 성공하는 것이다. 자발적으로 건설하고 건설해야만 뿌리를 내릴 수 있고, 자발적으로 운동하여 민족을 부흥시키고 그래야만 민족이 비로소 진정한 부흥의 가능성이 있는 것이다. 타오싱즈 또한 향촌교육과 향촌학교, 향촌생활을 개선하는 중심으로 만들어 많은 사람들을 모집하여 많은 학교를 짓고 모든 향촌을 개선하여 중국의 향촌마다 모두 충분한 새 생명이 있어 모두 모아 중화민족의 위대한 새 생명을 만들자고 하였다.

량수밍의 향촌교육사상은 상당한 수준에서 위에서 말한 향촌교육 사조의 영향을 받았다. 량수밍은 최초로 "향을 다스리자."는 개념으로 그의 향촌교육사상을 설명하였다. 1928년 그가 광동 성에서 제1중학을 세우는 연설에서 "이른바 향을 다스리자는 내가 생각하는 우리 민족 앞길의 유일한 출구이다. 그것은 중국사회를 구성하는 것이 농촌이기 때문이다. 사람들은 늘 먼저 국가가 좋아져야 비로소 농촌이 좋아진다고 생각하지만 이것은 확실히 뒤바뀐 견해이다. 실제는 농촌을 번창하게 해야 전체 사회도 비로소 번창하는 것이고, 농촌이 안정해야만 전체 사회도 진정으로 안정하기 때문이다. 만약 농촌에 새 생명이 없다면 중국 또한 새 생명이 없는 것이다. 우리는 다만 농촌의 새 생명 속에서 중국의 새 생명을 바랄 뿐이고, 오히려 중국의 새 생명 속에서 농촌의 새 생명을 희망해서는 안 된다. 나의 이른바 향을 다스리자는 바로 농촌을 대신하여 새 생명을 바라는 방법이다."고 말하였다. 1년 동안 그는 타오싱즈가 창립한 효장향촌사범학교를 참관하고 매우 흥미 있다고 말했다. "효장학교는 세 가지 점에서 우리의 뜻과 일치하다. 교육도리의 합치, 인생도리의 합치, 농촌 문제를 중시하는 것이다." 1929년 그는 또 전후하여 강소곤산안정향 서공교에 있는 중화직업교육단체의 향촌개선 실험과 중화서민교육촉진회의 정현실험구역을 시찰하고 비교적 높은 평가를 하였다. 그는 직업교육종사자들이 농업과 농촌으로 시선을 돌리는 것을 제창하고 원래의 직업교육운동이 향촌개선운동 혹은 농민운동으로 바뀌는 것은 그를 매우 기쁘게 한다고 확신하였다. 그는 또 서민교육이 농민교육으로 향하고 그 내용 의의를 확충하는 것은 큰 진보라고 감탄하였다. 그해 가을, 그는 하남 휘현백천으로 가서 하남촌치학원 교무주임으로 임명되어 그의 향촌건설 실천 활동을 시작하였다.

1930년 하남 촌치학원이 설립하여 량수밍은 향촌자치조직 등 교과목을 강의하였다. 동시에 그는 「농촌 다스리기」라는 월간지를 편집 주관하여 향촌건설선전을 선동하였다. 창간호에서 그는 '본간편집독백'을 쓰고, 오직 '향 다스리기'만이 비로소 중화민족 자구운동의 최후의 새 방향이라고 하였다. 문장에서 그는 내가 하려고하는 사회운동에서 볼 수 있듯이 바로 가장 실제적인 문화운동이다. 나의 향다스리기가 주장하는 것이 바로 정치문제와 경제문제에 맞는 것 이며 인생길을 위한 가르침이다. 1931년 1월 전쟁이 일어나자 하남촌치학원은 문을 닫을 수밖에 없었다. 이에 량수밍 등은 산동으로 갔다. 당시 이들은 '농촌 다스리기'와 '향 다스리기' 이 두 개의 명사가 매우 통속적임을 느끼고 그것을 '향촌건설'이라고 명칭을 바꿨다. 그리하여 그해 6월 산동성 지방정부가 추평에 세운 향촌교육과 건설기관은 '산동향촌건설연구원'이라는 명칭으로 새롭게 불리게 되었다. 연구원에서는 양중화와 손즉양을 초빙하여 원장과 부원장을 분담하게 하고 연구부, 훈련부, 추평실험현과 농장 네 개부를 세우고 량수밍을 연구부 주임으로 임명했다.

　연구원의 취지를 명확히 알리기 위해 량수밍은 '산동향촌건설연구원 설립취지 및 방법개요'와 신입생모집요강을 함께 발표하였다. 이 발표문에서 그는 '향촌건설'의 내용 및 그 연관성에 대하여 논술하였다. 그는 "이른바 향촌건설은 사항은 많지만 세 개의 면으로 귀납할 수 있다. 그것은 경제면, 정치면, 교육 혹은 문화면이다. 비록 세 가지 면으로 나뉘더라도 실제로는 향촌생활을 벗어나는 것은 아니다. 그러므로 어느 면으로 착수하여 건설을 하든지 모두 다른 두 개의 면에 도달할 수 있다.

　예를 들어 정치면으로부터 착수한다면 우선 향촌자치단체로 조직하고 그 자치단체가 교육을 하고 경제상의 모든 개선을 도모하면 또한 순조롭지 않은 것은 아니다. 혹은 교육으로부터 착수한다면 교육으로부터 정치조직을 촉성하고 농업개량 등 경제면의 일을 지도해도 되는 것이다. 하지만 자연적인 순서대로 따르면 경제가 먼저이고 반드시 경제상에서 진보가 있어야 그 뒤에 비로소 정치개선과 교육개선의 필요가 있게 되고 또 비로소 정치개선과 교육개선의 가능성이 있다."고 말하였다. 그가 보기에 향촌교육은 단지 향촌건설의 하나의 구성 부분이고 향촌교육은 정치, 경제와 함께 향촌건설의 3대 영역으로 구성되었다는 것이다.

　량수밍은 또 향촌건설연구원의 의의와 구체적 방법에 대하여 상세히 설명하였다. 그는 연구원의 근본 책임은 '향촌건설문제를 연구하는 것'과 향촌건설의 실시를 지도하는 두 가지라고 지적하였다. 향촌건설연구부의 주요 임무는 향촌건설기본이론의 연구를 폭넓게 전개하고 구체적으로 산둥성 각 지방의 향촌건설계획을 연구하는 것이다. 연구부에서는 대학졸업 혹은 동등학력의 소유자를 대상으로 연구생을 모집한다. 연구절차는 우선 기초적인 연구를 진행하고 향촌건설의 근본이론을 깊이 연구하고 더 나아가 전문적인 연구를 하며, 개개인의 학문 바탕과 현재의 흥미를 근거하여 한 과목 또는 여러 과목을 선택하여 연구를 진행하는 것이다. 교육과정은 주요하게 개별담화와 모임토론방식을 채택하여 진행하고 필요하면 비로소 교수방식을 취하여 국내 각 대학의 교수들을 초빙하여 특별지도를 맡게 한다. 수업 기간은 2년이지만, 기간 중 연구 성과가 있는 사람은 그 논문이 기관주임과 지도교수의 평정을 거쳐 합격 후 원장의 허가를 받고 조기졸업할 수 있다.

향촌서비스인원 훈련기관의 주요 임무는 향촌건설의 서비스 인재를 양성하는 것이고 중등문화수준의 나이는 20~25세 사이의 현지 향촌청년을 모집하여 입학시킨다. 훈련 내용에는 주요하게 아래의 세 개 면이 포함된다. 첫 번째는 실제 서비스의 정신도련으로 훈련을 통하여 학생들의 마음을 움직이고 그들의 흥취를 격려해야 하고 괴로움을 참고 힘든 일을 견뎌내고 마음이 흔들리지 않는 정신을 단련시켜야 한다. 제일 중요한 것은 "겸손, 사양, 너그러움과 온화함으로 자신과 타인을 대하는 도리를 배우는 것이다." 두 번째는 향촌건설에 연관된 실제 지식을 가르치고, 훈련을 통하여 학생들의 지식과 마음의 지혜를 열어주어야 하고 그들로 하여금 비교적 분명하게 여러 가지 실제문제들을 깨닫게 하여야 한다. 세 번째는 향촌건설의 여러 가지 실제문제들을 해결할 수 있는 능력을 양성해야 한다. 학생들이 훈련을 통하여 공무 처리 실용문을 숙달하게 하고, 공동실용 장부를 처리할 줄 알게 하며, 자위할 수 있는 군사훈련을 만들어야 한다. 훈련부에서 개설할 교과과정은 비교적 많은데, 향건이론, 건국요강, 삼민주의, 정신단련, 향촌자치, 향촌교육, 향촌예속, 군사훈련, 농촌경제, 신용장부, 사회조사, 농업상식, 농산제조, 토양비료, 축종개량, 수리건설, 농가부업, 현행법령, 공문양식 등이 있다. 학생들로 하여금 학업을 마친 후 농민들의 주말과 휴일이 없는 습관을 적응하게 하기 위하여 연구부에서는 훈련부 학생들의 학업 기간 내에는 방학이 없다고 규정했다. 수업을 이수한 학생이 "향촌의 여러 가지 문제를 해결할 수 있는 지식과 능력을 갖추지 못했다면 학업 기간을 연장한다."고 밝혔다.

실험현은 학생들이 전문적으로 향촌건설 실제 업무를 실습하는 장소이고 향촌건설의 시범구이며 또한 그것을 기점으로 전체성의 향촌건설을 촉진하는 것이다. 실험현을 선택함에 있어서 장소는 비교적 적합하고 현 면적이 크지 않고 많이 빈곤하지도 풍요하지도 않은 번화하지도 않고 교통 또한 많이 불편하지 않은 현으로 요구된다. 그리하여 추평현을 선택하였다. 이 현에 향촌건설연구원을 설립하고 그 현의 현장이 향촌건설연구원실험현주임을 겸임하였다. 그 뒤 향촌건설운동이 발전하면서 잇따라 하택, 제녕 등 십여 현을 실험구역으로 선정하여 각 현 관할구역 내에서 광범하게 향촌 건설 활동을 전개하였다.

농장도 학생들의 현지실습의 제공과 각지 향촌건설시범을 위하여 창립한 것이다. 농장의 주소는 추평현 내에 설립하였다. 농장 설립 초기에는 규모가 비교적 작았지만, 그 뒤 점차 확대되었다. 농장의 초기 설립 시기 면업실험, 목축실험, 누에와 뽕나무 실험 등이 있었다. 차후 무릇 그 지역에서 급히 필요로 하는 농업실험은 모두 잇따라 증설되어 시범농장의 작용에 맞게 할 것이다.

1934년 양중화가 제녕 지역에 전문연구원으로 전임을 가면서 량수밍이 원장직무를 인계받았다. 1년 동안 그는 「사회교육과 향촌건설의 합류」라는 논문을 발표하고, 향촌교육을 포함한 사회교육운동과 향촌건설의 내적 연관성을 비교적 치밀하게 분석하였다. 량수밍은 사회교육하고 향촌건설을 합류하게 한 것은 중국사회 문제이다. 교육을 향촌으로 가게 한 것 또한 중국의 사회문제이다. 지방자치로 하여금 교육으로 가게 한 것 또한 중국의 사회문제이다. "우리는 중국인이기 때문에, 중국사회는 향촌사회이다. 사회에서 한 가지 일을 함에 있어서 앞으로 가지 않으면 끝나버린다. 앞으로 갈려면 반드시 하나의 방향 또는 노선을 탐구하여 그것을 탐구하다 보면 향촌으로 가게 되는 것이다. 교육을 하는데 앞으로 나가려면 자연적으로 향촌으로 와야 한다. 우리 사회문제를 해결하려는 향촌 건설자들도 방법의 탐구를 위하여 반드시 교육으로 집중해야 한다." 요컨대 중국의 사회문제를 해결하려면 반드시 향촌으로 깊이 들어가야 하고 교육과 향촌건설을 결합하여 진행하여야 한다. 방법을 탐구하기 위한 향촌건설은 교육에 들어가지 않으면 안 되지만 교육가들의 탐구방향은 향촌건설에 들어가지 않으면 안 된다. 향촌교육운동과 향촌건설은 최종적으로 여기에서 합류하였다. 그러므로 이문장의 마지막에 량수밍은 향촌사회교육과 향촌건설의 동일성에 대하여 총괄적인 설명을 하였다. "중국의 대중은 대다수 농촌에 있다. 그러므로 대중교육은 곧 농촌대중 교육이다. 중국은 향촌사회이다. 그러므로 사회교육은 곧 향촌사회교육이다. 이러한 교육은 매우 활발하고 실제적인 교육이고, 이 교육이 바로 향촌건설이다.”

향촌건설의 구체적인 추진 방법은 향농학교의 형식으로 전개하는 것이다. 이 또한 향촌교육운동과 향촌건설이 합류한 특점을 잘 드러내고 있다. 량수밍은 오직 향농학교의 형식을 통해야만 향촌농민을 조직하고 자구를 전개할 수 있고 비로소 중국 향촌에 존재하는 여러 가지 문제들을 해결할 수 있다고 지적하였다. 그는 “중국 근 백년 역사는 한편의 향촌파괴 역사라 말할 수 있다. 국제·국내적인 이중 압박과 자연재해와 사람으로 인한 재앙 등 이중 타파는 향촌의 운명으로 하여금 더욱 타락하게 하고 죽음에 이르게 하였다. 이런 심각한 압박과 타파는 지식이 얕고 힘이 없는 농민 또는 농가들로 하여금 무슨 방법이 있게 하는가? 우리(지식 있는 사람들이 향촌운동자를 하다)들이 그들로 하여금 공공의 생각을 하게끔 하고 그들에게 단결하여 문제해결을 하게 가르칠 수밖에 없다. 단결하여 힘 있는 조직이 되게 하고 그래야만 향촌은 비로소 기사회생할 수 있는 것이다.”고 하였다. 량수밍은 조직의 작용을 매우 중시하여 향촌사람들의 자발적인 조직 의식은 마치 생명 있는 하나의 새싹과 같고 사회진보의 근본 조건이라고 여겼다. 그는 향농학교란 ‘사회추진, 향촌조직’이며 ‘추진’과 ‘조직’이 상호보완적으로 이루어질 수 있도록 해야 한다고 했다. “하나의 조직이 있으면 조금의 힘이 있고, 또 조금의 진보가 있으면 힘도 조금 증가되고, 조직의 발전을 더욱 추진할 수 있다. 조직이 많을수록 진보도 크고, 진보가 크면 조직도 많다.

가장 조직력이 있는 사회가 바로 이상 속의 가장 진보한 사회이다.”

량수밍이 추평에서 진행한 향촌건설은 향농학교의 형식으로 진행하였다. 그 구체적인 방법은 크기가 적당한 범위의 향촌사회(200가구 이상 500가구 이하의 촌락을 기본단위로) 내에 향농학교를 설립하고, 예전의 구사무소, 향진사무소 등 기관은 제거하고, 농촌학교와 향학교가 그것을 대신하게 하였다. 농촌학교와 향농학교는 더 이상 하나의 행정기관이 아니라 하나의 단체이다. 학교는 교장, 교동, 이사, 교원 및 한촌 혹은 한향의 남녀노소를 모두 포함한다. 교장과 교동은 ‘향에서 비교적 신용이 있고 능력이 있는 사람’이 맡고, 학생은 바로 현지의 ‘전체 민중’이고, 교사는 향촌운동에 종사한 사람이 맡는다. 교육과정은 두 가지가 있다. 첫째는 각 향농학교의 공동과목으로, 글자를 배우고, 음악과 노래 배우기, 정신담화 등이 있다. 둘째는 각 향농학교의 공동과목이 아니어도 되는, 즉 각 지역에 알맞게 설강한 과목들이다. 예를 들어 치안이 좋지 않은 곳에는 자위조직을 설립하여 자위훈련을 할 수 있도록 하고, 면화 생산지역에는 어떻게 하면 좋은 종자를 선택할 수 있는가와 관련된 과목을 개설할 수 있겠다. 량수밍은 정신담화를 비교적 중시하는데, 그는 중국의 향촌사회는 ‘경제적으로 파산했을 뿐만 아니라, 정신면에서도 마찬가지로 파산’하였다고 했다. 사회상의 많은 낡은 신앙과 관념, 풍습, 습관들은 이미 흔들리고 타파되었지만, 새로운 관념은 아직 나타나지 않아, 많은 향민들로 하여금 가난과 궁핍함에 빠지게 하고 의기소침하게 하였다. 그러므로 그는 “정신담화 강의를 통하여 농민들의 심리감정과 조화롭게 소통하여 그들을 도와 자신감을 튼튼히 세워주기를 희망한다.”고 했다.

향농학교는 입학하는 지역범위에 따라 농촌학교와 향학교로 나뉜다. 농촌학교는 향학교의 기초이고, 향학교는 농촌학교의 상층이다. 학업성적에 따라 보통반과 고급반으로 나누고, 학생의 나이에 따라 아동반, 청년반, 성인반, 노인반 등으로 나눈다. 농촌학교와 향학교를 질서 있게 추진하기 위하여, 량수밍은 일부러 ‘농촌학교 향학교 주의사항’을 만들어, 학생들, 학생대표, 학교이사, 교원, 지도원 등 향농학교의 조직인원들에게 구체적인 요구를 제기하고, 각기 다른 직능을 구분하고, 작업 중 반드시 주의해야 할 사항들을 지적하였다. 예를 들어 농촌학교의 일원으로써 반드시 단체를 중심으로 여겨야 함을 알아야 하고, 회의할 때 반드시 참석해야 하고, 모든 일은 마음속으로 한번 생각해봐야 하고, 의견이 있으면 즉시 사람들에게 말하고, 다수를 존중하고, 자기의견을 버리고 남의 의견을 따르며 다수를 고려하고, 서로 양보하고 단체를 위하여 일해야 함을 알아야 한다. 좋은 사람은 용감히 책임질 줄 알아야 하고, 앞장서야 하며 규칙을 준수하고 질서를 지켜야 한다. 학생대표의 훈령은 받아들여야 하고, 이사를 신임해야 하고, 이사를 소중히 여겨야 하고, 농촌학교를 추진하여 향농학교를 이롭게 하여야 한다. 학생대표로써, 반드시 어떻게 하면 선배의 도리를 다하는가를 알아야 하고, 스스로 사랑하고 자중해야 하며, 후배를 아껴야 하고, 대중을 조화롭게 만들어야 한다. 농촌 자제 중 현명하지 않은 자가 있으면 반드시 감독하여 가르쳐야 하고, 이웃하고 화목하지 않은 자가 있으면 반드시 화해 시켜야 한다. 또한 이사를 감독하고 보호해야 하고, 위의 의미를 잘 이해해고 스스로 초연의 위치에 처해 있어야 한다. 향학교의 학생대표의 의무도 위와 같고, 향을 보살펴야 한다. 량수밍은 특별히 농촌학교 향학교의 교사, 지도교사들에게 "교과서를 가르치는 것만 만족하지 말고, 또한 학교 내의 학생들만 가르치는 것에 만족해서는 안 된다."고 요구하고, 반드시 촌민들하고 많이 교제하고, 실제 사회활동을 중시하며, "어디서나 교육의 공을 다하라."고 하였다.

1937년 3월 량수밍의 대표작 『향촌건설이론(일명 『중국민족의 전망』)』이 추평 향촌서점에서 출판되었다. 이는 그가 중국문제에 대해 힘써 연구한 결과이다. 그는 "이속의 견해와 주장은 민국 십일 년(1922년)에 싹텄고, 절반 이상은 십오 년 겨울에 결정되어 십칠 년에 완성되었다."고 말하였다. 이 책의 중심명제는 중국민족의 전망은 향촌건설에 있다는 것이다. 이 책 속에서 량수밍은 진정으로 중국의 문제를 해결하고, 낡은 중국을 개선하며, 중국의 새로운 질서와 풍속을 설립하기 위해서는 반드시 향촌으로부터 착수해야 하고, "지식 있는 사람들과 농촌사람들에서 구해야 한다."고 명확히 지적하였다. 그는 중국의 향촌운동도 본질상으로 보면 '새로운 교육활동'이고, 지식인들과 농촌사람들의 '합방식'이 바로 향촌교육과 향촌건설 '합'의 새로운 교육운동인 것이다. 그는 이렇게 향촌교육운동과 향촌건설의 논리적 연관성을 요약하였다. "전체 사회를 앞으로 추진하는 작업은 표면상은 경제건설을 중심으로 하지만, 내면은 사회교육의 공이 아닐 수 없다. 건설, 교육, 양자는 분리되어서는 안 된다. 신사회가 신사회인 중요한 이유는 여전히 사람에 있고, 사회관계 속에 있다. 하지만 사람의 향상과 관계의 합리성은 경제조건을 떠날 수 없는 것이다. 사람 면에서 말하면 교육이고, 사물 면에서 말하면, 건설인 것이다. 사물이 기다리고 사람이 홍성하면, 건설은 반드시 교육에 포함되는 것이다. 향촌건설은 원래 다른 의미가 있는 것이 아니고 단지 중국사회가 평균발전하고 진정으로 진보하기를 바랄 뿐이다. 그러므로 교육의 길에 들어가지 않을 수 없고 추세가 그렇게 되기 때문이다.” 그는 향촌건설의 관건은 사람의 건설이고, 비록 향촌건설에 정치, 경제, 교육의 삼대사업 방면이 있지만, 반드시 교육을 주요 요점으로 삼고 교육의 힘으로 향촌을 조직해야 한다고 주장한다. 그러므로 정치, 경제의 건설은 필연적으로 교육건설 속에 속하고, 향촌건설운동도 보편화된 향촌교육운동이 된다고 주장하였다.

2. 향촌교육이론의 구축

엄격하게 말해서 중국 현대 향촌교육이론은 비교적 방대한 범주이고, 황옌페이, 타오싱즈, 옌양추 등은 모두 이에 대하여 중요한 논리적 서술을 가지고 있었는데, 여기서 우리는 주로 량수밍으로 대표되는 향촌 교육이론에 대하여 논의하고자 한다.

(1) 향촌교육의 기능

  량수밍은 교육에 대하여 놀랄만한 열정을 나타냈는데, 이 열정과 그
의 교육의 기능에 대한 인식은 분리할 수 없다.

  교육의 개인발전에 대한 촉진작용에 관하여 량수밍은 "교육은 마땅
히 한 개인의 전 생활에 초점을 맞추어서 그가 걷는 인생길을 인도해야
하고, 신체의 활기와 마음의 활기 두 가지가 근본적으로 중요한 것이
다."라고 인식했다. 교육은 반드시 사람으로 하여금 신체와 마음이 조
화롭게 발전하도록 해야 하며, 건전한 인생을 형성하도록 해야 한다고
주장했다. 그는 교육이 인류 발전에 있어서 지극히 중요하다고 지적했
다.

  교육은 인류에게 하는 것이기 때문에 반드시 필요하고 가능성이 있
는 것이다. 인류가 아동에서 성년에 이르는 기간의 특성을, 기타 동물
에 비교할 수 없는 것에서 잘 알아볼 수 있다 . 어류에서 척추동물인 인
류에 이르기까지 아동 기간의 길고 짧음은 사실 그 본능과 다른 것이
고, 지혜 있는 사람으로 될수록 어떠한가? 후천적 학습자질의 크기에
정비례한다. 인류사회가 특별히 실행하는 교육은 옛날부터 미성숙한
단계에 배치되는 것에 이유가 없는 것은 아니다. 그러나 인류가 선천적
으로 갖는 학습능력이 미성숙기간에만 국한 되는 것은 물론 아니고, 아
마도 생을 마칠 때까지일 것이다. 량수밍이 볼 때, 인류는 동물과 비교
해서 본능이 가장 적고 아동기가 가장 길며, 후천적 학습과 교육에 대
해 의지하는 것 역시 가장 크다. 만약 교육을 떠난다면 사람은 진정으

로 사람이 될 수 없을 것이다. 그는 또한 교육은 현대 사회의 사람에게 더욱 중요한 것이기 때문에 교육이 '미성숙 단계'에 머물러 있을 수 없을 뿐더러 반드시 생을 마칠 때까지 이루어지는 것으로 변화시켜야 한다. 현대교육사상사에서 량수밍은 비교적 명확하게 종신교육사상을 제시했던 교육가중 한 사람이다.그는 종신 교육의 이유가 세 가지가 있다고 생각했는데, 첫째는 현대 생활이 날로 복잡해지고, 삶에서 학습이 필요한 사람이 갑절로 증가하기 때문에 결국 동년기간 동안 집중해서 모든 것을 배울 수 있는 것은 아니다. 이와 같기 때문에 교육이 성년으로 연장되는 것이다.

둘째로, 사회생활이 빈틈없이 복잡하고, 아동은 사회생활에서 비교적 거리가 멀어서 참여할 겨를이 없다. 이러한 학습에서 직접적인 경험이 부족하여, 효율이 낮아지거나 불가능하게 되어서, 성년 이후로 미뤄지는 것은 필연적인 것이다. 또한 유일하게 필요한 것은 공부하고자 하는 마음인데, 성인이 되어서야 비로소 공부할 마음을 느낀다.

설령 이러한 학습을 어린 시절에 집중시킨다 할지라도, 단지 힘과 시간을 헛되이 낭비할 뿐이기에 성인이 공부할 마음이 생길 때까지 기다릴 수밖에 없고, 그래서 또 성인에게 교육을 실시하는 것이다.

셋째로, 현대문화의 진보와 사회변천의 속도이다. 만약 일찍 학습한다면, 후에 지나면 이내 실용성이 없어지고, 이런 추세로 볼 때 끊임없이 시시각각 공부하지 않으면 안 된다. 즉 현대사회발전은 하루하루가 다르고, 지식의 폐기주기도 점차 짧아진다. 학교교육에만 의지해서는 현대생활의 필요를 만족시킬 수 없고, 진정한 의미의 사회인을 만들 수 없기에, '끊임없는 학습'이 있을 때 비로소 시대의 흐름에 발을 내딛을 수 있다고 말할 수 있는 것이다. 뿐만 아니라, 풍부하고 다양한 생활과 성인의 생활 세계를 어떤 부분은 학교단계에서 이해할 수 없는 것이 있기에, 성인 세계에 진입하여 상응하는 교육을 할 때 비로소 자연스럽게 이루어지고, 적은 노력으로도 쉽게 이룰 수 있다. 때문에 학교교육, 사회교육, 민중교육, 성인교육을 하나로 융합한 종신교육 체계만이 비로소 '가장 경제적이고 효과적인 교육 시설'이다.

향촌교육은 인간의 발전에 있어서 또한 소홀히 할 수 없는 작용을 한다. 량수밍은 중국 향촌의 민중 대부분은 미신과 습관의 지배를 받고 있어서, 의식 있게 주동적으로 선택하는 것이 매우 적고, 보수적이고 융통성이 없게 치우쳐 있고, 활력이 부족하다고 지적했다. 향촌교육을 통해 농민이 고민 중에 출구를 찾는 것, 방황 중에 해결책을 찾고, 침체 중에 흥미를 찾도록 도와줄 수 있으며, 어디로 가야 할지 알지 못할 때 그들이 앞길을 볼 수 있게 하고, 희망을 갖도록 한다. 따라서 진정으로 향촌의 사람들이 활기를 띠게 한다.

장종린은 향촌교육의 사명에 대해 서술했을 때에도 "향촌교육은 향촌인민생활을 개조하는 활동이다. 이 활동은 농촌 실제 생활에서 나온 것이다. 농촌교육의 주요 업무는 사람에게 생산을 가르쳐서, 황량한 산이 숲이 되고, 척박한 땅에서 오곡이 자라도록 하는 것이다. 그보다도 농민에게 충분히 자립, 자치, 자위하도록 가르치는 것이다, 촌락은 장원(정비된 농장)으로 바뀌어서 촌민들이 편안히 거하고 즐겁게 일할 수 있도록 한다. 또 아이들을 향촌 생활에 적응하게 가르쳐서, 향촌을 개조하는 새싹이 되도록 한다."라고 지적했다. 결국 향촌교육은 농민의 정신 태도를 변화시킬 수 있을 뿐 아니라, 그들이 적극적인 인생태도를 형성하도록 하고, 또한 농민이 생산지식과 기술을 파악하도록 도울 수 있고, 그들이 자신의 손으로 새로운 농촌을 건설할 수 있게 한다.

교육이 사회발전에 대한 작용에 관하여 량수밍은 대표성을 띤 언론인이었다. 그는 "교육은 사회에서 그 기능은 문화를 계승하고 진보를 구하는 것이고, 교육의 결과로 하여금 그 기능을 다 발휘하면, 곧 사회에 혁명이 없는데 이익이 있고, 수시로 고쳐서 점차적으로 개진하여, 해야 할 일을 행하는 것이다. 그러나 인류사회는 폭력혁명을 피할 수 없고, 이는 아마도 교육이 사회에 있은 이래로 영도적 지위에 있지 않고 사역의 지위에 처해 있는 이유일 것이다. 지금까지 인류사회를 지배해온 것은 정권 혹은 국가라고 한다. 역사상 정권 혹은 국가는 비록 수많은 여러 가지 형식이 있었지만 그 내용은 시종일관 무력으로 통치하는 상태뿐이라고 말할 수 있다. 비교적인 진보적인 정치 형식에 따라서 무력이 줄어들고, 이성은 나타난다. 그러나 사회질서의 최후 유지경계는 무력에 있지, 이성에 있는 것은 아니다. 이유는 사회개조(사회질서를 뒤집고 새롭게 세우는 것)도 역시 폭력에서 나올 수밖에 없는 것이다. 그러므로 지금까지 사회의 진보는 비록 교육에 의지하지 않은 것은 아니지만 교육만으로 사회를 개조할 수는 없는 것이다."라고 말했다. 교육이 사회 발전에 대한 작용은 주로 문화가 번성하도록 하고 사회가 진보하도록 해서 사회생활이 끊임없이 문명으로 향하고, 개선되는 것에서 표현된다고 생각했다. 그러나 인류사회에 '폭력혁명'이 존재하기 때문에, 이에 따라 교육의 기능이 완전히 나타날 수 없게 되었고, 교육의 기능이 충분히 발휘하지 못하게 되어서 사회의 진보는 비록 교육에 의존하지만, 교육이 '사회개조' 방면에서의 작용이 큰 제약을 받았다. 그래서 비록 량수밍도 폭력혁명의 합법성을 인정했지만 결국 구는 폭력혁명을 반대했고 교육으로 폭력혁명을 대신하고자 시도했다. 그가 노년에 말한 것처럼 "보통 지배계급은 폭력을 행하기 때문에 혁명계급이 폭력으로 맞서는 것은 필요한 것이고 분명히 맞는 것이다. 그러나 폭력 사용을 수치스럽게 여기면 곧 더 위대하고 더 숭고하고 더 순결한 것이다." 뿐만 아니라 "인류의 미래에 모든 폭력을 버리는 그날이 있을 것이다."라고 생각한다.

량수밍은 교육이 침체되고 죽어가는 향촌 사회를 개조하는 데 대하여, 특히 이상적인 새로운 사회를 건설하는 데 중요한 의의를 가지고 있다고 생각했다. 그는 미래의 이상적인 사회를 '정상적인 형태의 인류문명'이라고 일컬었다. 뿐만 아니라 『향촌건설이론』이라는 책의 결론 부분에서 상세하게 이상적인 사회의 주요 특징과 건설하는 과정에 대하여 논술했었다. 그는 이러한 '정상적인 형태의 인류문명'은 여섯 가지 특징을 가지고 있다고 지적했다. 첫째로, 새로운 사회는 선농후공先農後工이고, 농업과 공업이 결합한 균형 잡힌 발전이다. 둘째로, 새로운 사회는 향촌을 근본으로 하고 도시를 나중으로 하며, 향촌과 도시가 서로 모순이 없이 서로 소통하고 조화를 이루는 것이다. 셋째로, 새로운 사회는 사람을 주체로 하는 것이다. 사람이 만물을 지배하고, 만물이 사람을 지배하는 것이 아니다. 사회관계의 조절 증진을 통해 사람과 사람 사이의 장벽과 모순을 줄여서 하나의 사회의식을 형성하여 지배하는 것이다. 새로운 사회는 윤리본위합작조직이고 개인본위 혹은 사회본위의 양극단에 빠지지 않아서, 사회와 개인 간의 관계가 조화롭고 균형 잡히게 하는 것이다. 넷째로, 신사회 내의 정치, 경제, 교육, 이 세 가지는 하나가 되어 분리되지 않는 것이다. 다섯째로, 새로운 사회 질서의 유지는 이성이 무력을 대신하고, 이성에 의지하여 사회질서를 유지하는 것이다. "이때 교육은 사회의 가장 제일 되는 자리에 있을 것이고, 학술로서 사회 전체를 지도하며, 사회제도는 끊임없이 개량되는 것을 요구할 수 있고 폭력혁명을 사용할 필요가 없다."

위에서 서술한 여섯 가지는 량수밍의 눈 속에 '정상 형태의 인류문명'이며, 또한 소위 이상중의 신사회의 표준이다. 그렇다면 어떻게 해야 위에서 말한 이상적인 경계에 도달할까? 량수밍은 인류사회 건설의 네 가지 원칙을 제출했었다. 그중 가장 핵심적인 것이 교육이다. 그는 다음과 같이 밝혔다.

인류생명에 있어서 후천적인 교육이 가능하고, 또한 인류생활에도 교육이 필요하다. 그러나 교육은 헛되이 생활하는 것이 아닐 뿐 아니라, 인류생명의 무한한 발전을 위한 것이다. 크게 볼 때에는 사회문화의 끊임없는 발전임이 틀림없고, 좁게 볼 때에는 사람의 마음을 넓히고 세심하게 하여 나타나는 이성 역시 끝이 없다. 옛사람이 말하기를 혼자 지내면 아무것도 할 수 없다. 살면서 하루라도 배우지 않으면 안 된다. 그렇기 때문에 인류사회의 건설에서 각처마다 교육의 안목으로 해야 하고 교육의 환경을 형성하여 사람으로 하여금 학습에 대해 열심히 하여 자기 창조에 힘을 쓰도록 한다. 사회가 사람에 있어서 이것이 가장 큰 효용이다.

교육의 안목으로 인류사회의 건설을 심사해야 하고, 사회의 발전을 위하여 양호한 교육환경 분위기가 형성되어서 인류생명과 인류사회로 하여금 끊임없이 완미한 경지를 향하여 매진하게 해야 한다는 점을 강조하고 있다.

(2) 향촌교육의 정신단련

향촌교육의 정신적 단련은 두 가지 측면을 포함한다. 하나는 향촌교육 대상이다. 주로 농민의 정신 태도를 변화시키고, 중국의 민족정신을 세우는 것이다. 하나는 향촌교육 주체의 정신 수양이다. 주로 향촌교사의 정신 상태를 변화시켜 그들로 하여금 '심신대원(마음속에 큰 뜻을 품는다)'하도록 하는 것이다. 전자는 이미 앞에서 얘기했고, 여기서는 주로 향촌교사의 정신수양 문제를 분석한다.

장종린은 일찍이 향촌교사가 향촌교육과 농민을 대하는 세 가지 기본 태도를 분석했었다. 한 부류의 사람은 대충대충 하는데 시간에 맞추어 수업하고 책을 들고 아이들의 머리에 주입시키며 교육법령에 따라 융통성 없이 집행한다. "그들은 생활을 위해서 교사를 하기 때문에 모든 사회상의 일들은 묻지도 듣지도 않을 수 있다. 대충대충 산다." 둘째 부류의 사람은 학교에서 이익을 보는 사람과 같은 입장에서 그들을 도와서 이익을 얻든가 혼자서 이익을 얻으려고 한다. "그들은 학교를 창설하는 것을 이익의 수단으로 여겨서 모든 것은 이익을 위한 것이고 겉만 치장하고, 관료와 결탁하는 동시에 아이와 민중을 기만하는 것이다." 셋째 부류의 사람은 농민을 위해서 진정으로 복리를 도모한다. 그들은 다만 향촌에 대하여 복리가 있는지 여부를 물을 뿐 관료들의 환심을 얻을 수 있는지를 묻지 않는다. "그들은 진정한 마음으로 아이를 사랑할 수 있고 목숨 걸고 향촌을 위해서 힘을 낼 수 있고 세계에서 제일 큰 힘과 새로운 과학으로 향촌을 개조할 수 있다." 시련이 닥쳐도 낙심하지 않고 심지어 생명의 위협을 만나도 무시할 수 있다. 그는 이 세 부류의 사람 중 첫째 부류의 사람이 가장 많고, 셋째 부류는 '향촌교육의 진실한 동지'인데 수가 비교적 적다고 생각했다.

이를 위해 량수밍은 향촌건설 연구원에서 '정신적 단련' 교육과정을 강의하고, 향촌교사가 가져야 할 정신에 대하여 자세하게 설명했다. 그는 "위의 첫 번째, 두 번째 부류의 사람은 모두 '자주 볼 수 있는 평범한 마음'이고, 돈과 명예를 보면 마음이 뜨거워지고, 성공과 실패에 관계없이 모두 비방과 칭찬을 염두에 두는 것처럼 이것은 일반 사람이 가지고 있는 '세속의 마음'이다. 그러나 향촌교사로서 이러한 세상적인 마음을 가져서는 안 되고, 반드시 평범한 것과 세속을 초월한 깊은 뜻을 품어야 한다. 이렇게 되려면 반드시 정신수양을 진행해야 한다."고 지적했다. 정신수양의 내용은 세 가지 측면이 있는데 합리적인 인생태도와 수양방법의 지시이고, 인생 현실문제의 토론 및 중국 역사문화의 분석이다. 소위 합리적인 인생태도와 수양 방법은 바로 향촌교사가 '인생의 반성' '진실한 문제가 있고 거짓된 문제가 있어서는 안 되고, 큰 문제가 있고 작은 문제는 없어야 한다.'는 것에 주의해야 하고, 자신의 사적인 것을 넘어서 개인의 생명을 초월하여 마치 하나의 큰 생명이 있는 것과 같이 개인의 생명문제 이상의 문제를 느낄 수 있어야 한다. 곧 인류의 총체적 이익이라는 정상에 서서 문제를 해결해야 한다는 것이다.

소위 인생 현실 문제는 "가정문제, 사회문제, 어떻게 부자, 부부, 형제, 친구와 관계를 맺는가." 등 삶의 구체적인 문제를 말하는 것이다. 량수밍은 향촌 일을 하는 사람은 반드시 인생 현실문제에 대하여 인식과 판단과 해결이 있어야 하고 자기가 먼저 견해가 있어야만 향촌의 사람에게 길을 열어 줄 수 있다. 진정으로 그들이 마음에서 기쁨이 생기고, 진취적인 생각을 가질 수 있도록 한다.

소위 중국역사문화 분석이라는 것은 과거 중국사회의 조직구조와 그 특징을 인식하고, 사유를 이용해서 현재와 미래의 중국사회가 마땅히 나아가야 할 길을 자각적으로 탐구하는 것이다. 삼자의 핵심은 민족정신이다. 왜냐하면 중국문화의 특이성을 지적하고(장점과 단점), 민족정신을 이해한다. 이것은 역사문화 분석의 의의이다. 합리적인 인생태도의 지시는 정면으로 민족정신을 분명하게 가르치는 것이다. 인생 실제문제의 해결은 민족정신을 어떻게 응용하는 것인지를 지시하는 것이다. 민족정신은 인류 심리의 가장 집중적인 체현이다. 또한 정신 수양의 핵심이기도 하다.

정신 수양을 통한 향촌교사가 마땅히 어떠한 소질을 가져야 하는가?

장종린은 『향촌교육』이라는 책에서 이것에 대해 연구했다. 그는 향촌 교사로서 가장 중요한 것은 아동과 현지사회, 농민운동, 농민 교육에 대한 사명을 감당하는 것이라고 인식했다. "소위 아동에 대한 사명은 바로 아동을 강요해서 서생을 만드는 것이 아니라 마땅히 지식의 전수, 인격의 수양의 기초에서 그들의 생산 기능을 배양하는 것이다. 동시에 교사는 힘써서 향촌아이들로 하여금 자신이 처한 지위를 깨닫게 하고 그들이 자신의 이러한 형편에 처해있는 이유를 알게 해야 한다. 뿐만 아니라 이것으로 아동이 이후에 노력하는 기초를 형성하게 해야 한다. 소위 현지 사회에 대한 사명 곧 마땅히 자신을 촌민의 한 사람으로 생각해야 한다. 전촌의 공공 사항에 대하여 반드시 책임져야 한다. 소극적인 분규를 해결하거나 촌민이 주동적으로 도움을 요청하는 사항을 마땅히 해야 할 뿐만 아니라, 전 촌의 계획, 농업생산 개진 등에 대하여 교사도 마땅히 책임져야 한다. 소위 농민운동에 대한 사명은 바로 농민을 도와 조직하고 그들로 하여금 깨닫고 자신이 받고 있는 각종의 직접적이고 간접적인 핍박자의 가혹한 현실을 알게 하여, 농민운동의 도화선이 되게 한다는 것이다. 소위 농민 교육에 대한 사명이란 곧 농민학교 창설과 벽보 등의 형식을 통해 농민들에게 새로운 사상을 주입하고 새로운 방법을 채용하여 농민들로 하여금 옛날의 악습을 버리게 하는 것이다."

농촌교사의 직업능력에 관하여 장종린은 비교적 상세한 직업분석을 진행했으며, 아래의 7가지 측면의 능력을 반드시 갖춰야 한다고 인식했다.

첫째는 사회개조의 능력이다. 아래의 21가지 능력을 포함하는데,

1. 찻집을 열 수 있다.

2. 민중 학교를 창설할 수 있다.

3. 작은 병을 치료할 수 있고, 위생 의약 상식을 이해할 수 있다.

4. 천막을 만들 수 있고, 현지의 접대풍습을 이해할 수 있다.

5. 지세계산과 회계와 이율계산 등을 할 수 있으며 토지측량, 땅값계
   산, 소유변경 등을 할 수 있다.

6. 영수증, 차용증서, 공문 및 속자를 볼 수 있다.

7. 계약증서를 쓸 수 있다.

8. 농담이나 연설 등을 할 수 있다.

9. 일처리를 노련하게 하고, 필요한 경우에는 공문도 쓸 수 있다.

10. 벽보를 만들어 붙일 수 있다.

11. 몇 가지 무술을 할 수 있고 민중과 연합하여 자위단을 만들 수 있
    다.

12. 마술을 할 줄 알고, 희곡과 성대모사, 연극 등을 할 수 있다.

13. 조직합작사를 지도할 수 있다.

14. 학교를 민중의 공원으로 꾸밀 수 있다.

15. 민중 집회를 진행할 수 있다.

16. 세계의 정세 흐름을 잘 이해한다.

17. 자국의 상황을 명확히 파악한다.

18. 현지 사회경제 상황을 잘 안다.

19. 현지 고사와 큰일들을 잘 안다.

20. 현지에 대해 잘 이해한다.

21. 현지 직업상식이 있으며, 기회를 봐서 개량 방법을 소개할 수 있다.

두 번째는 아이를 교육하는 능력이다. 아래의 14가지 능력을 포함한다.

1. 아이들과 친구가 될 수 있다.

2. 표준어로 아이들에게 이야기를 들려주고, 잘못된 정보를 바로 잡아줄 수 있다.

3. 아이들의 말을 이해할 수 있다.

4. 아이들의 문제에 대답할 수 있고, 아이들이 문제를 깊이 생각하도록 할 수 있다.

5. 아이들이 책 읽는 것을 도울 수 있다.

6. 학교 기념일을 주관하고, 아이들의 집회를 지도할 수 있다.

7. 아이들이 의견을 발표하는 것을 지도할 수 있다. 예를 들어 작문, 말하기, 그리기, 공예품 만들기 등이다.

8. 아이들의 불량한 습관을 발견하고, 개선하도록 대책을 강구할 수 있다.

9. 아이들이 청소, 방을 정리하는 것을 지도할 수 있다.

10. 현지 동요를 잘 익힌다.

11. 현지 아동의 놀이를 할 수 있다.

12. 6세 이상 아이들의 마음을 이해한다.

13. 몇 가지 교육실험 방법을 알고 몇 가지 교육 실험의 기능을 이해
    한다. 예를 들어 시험, 도표통계 등이다.

14. 최근 유행하는 교육 출판물을 주의 깊게 보고, 신교육의 원리와
    방법을 이해한다.

셋째는 농사를 짓는 능력이다. 다음의 20가지 능력을 포함한다.

1. 김을 맬 수 있다.(만약 땅을 경작할 수 있다면 더욱 좋다. 왜냐하면 땅
   을 경작하는 것은 기술문제 뿐만 아니라 힘을 쓸 수 있는 문제이기 때문
   이다)

2. 물을 주고 비료를 줄 수 있다.

3. 채소밭·콩밭을 맬 수 있다.

4. 물을 대고, 도랑을 파고, 두렁을 만들 수 있다.

5. 농기구를 정리할 수 있다. 예를 들어 호미자루, 거름통 손잡이, 낫
   자루를 다룰 줄 알고, 새끼를 묶는 것 등이 있다.

6. 못자리를 만들 수 있다.(채소밭 및 초목밭)

7. 채소를 심을 수 있다.(현지의 채소를 기준으로 한다)

8. 과실수, 대나무를 다듬을 수 있다.(현지의 과실수를 기준으로 한다.
   예를 들어 북방에는 대나무가 없고 남방에는 사과나무를 심기가 힘들다)

9. 보통 화초를 심을 수 있다.

10. 양잠을 할 수 있다.

11. 양봉을 할 수 있다.

12. 닭, 오리, 비둘기 등을 기를 수 있다.

13. 양, 돼지, 소 등을 기를 수 있다.

14. 땔감을 마련할 줄 알며 죽순을 따고, 야생과일을 딸 수 있다.

15. 물고기를 기를 수 있다.(어항의 물고기와 연못의 물고기. 만약 바닷가라면 조개 역시 주울 수 있다)

16. 토양의 성질을 이해한다.

17. 농업간행물을 볼 수 있다.

18. 중요한 농업기관과 농민들과 교제를 나눌 수 있다.

19. 현지 기후와 농산품을 잘 안다.

20. 현지의 중요한 농업에 관한 격언을 알고 있다. 기본적인 별자리를 안다.

넷째는 과학상식 능력이다. 아래 20개 능력을 포함한다.

1. 현지 유명한 식물을 채서 표본을 만들 수 있다.

2. 현지 유명한 곤충을 잡아 표본을 만든다. 곤충을 예로 들면, 나비 표본 만들기 등.

3. 사냥을 할 수 있다.

4. 새와 짐승 표본을 만들 수 있다.

5. 간단한 해부를 할 수 있고, 표본을 만들 수 있다.

6. 현지의 가장 보편적인 해충을 알며 그것의 습성에도 밝다.

7. 현지의 철새를 알고, 철새의 생활 형태에 밝다.

8. 간단하고 표본적인 약품과 용구를 만들어 쓸 수 있다.

9. 현지의 광물과 현지의 지질을 익힌다.

10. 기후와 강수량을 측량할 수 있고, 기후변화와 절기의 의미를 안
    다.

11. 기본적인 별자리를 안다.

12. 일상에서 먹는 식물의 성분을 안다. 예를 들어 쌀, 보리, 채소, 소
    금 등이다.

13. 일상적인 조미료 제조를 잘 안다. 예를 들어, 간장, 콩기름, 차,
    소금 등이다.

14. 일상용품의 화학작용을 잘 안다.

15. 일상용품의 물리 작용을 잘 안다.

16. 가장 알기 쉬운 기계를 잘 안다.

17. 자주 사용하는 기계용품을 수리할 수 있다.

18. 라디오와 같은 가장 일반적인 전자기기를 수리할 있다.

19. 과학적인 방법으로 마술을 이용할 수 있다.

20. 초보적인 과학 서적을 읽을 수 있다.

다섯째는 보건 의약 능력이다. 아래의 18가지 능력을 포함한다.

1. 인체의 구조를 밝혀 안다.

2. 위생적인 습관이 있다. 예를 들어 침을 뱉거나 재채기하는 것과
   식물 위생을 주의한다.

3. 체격검사를 할 수 있다.

4. 종두를 놓을 수 있다.

5. 트라코마와 여드름, 대머리 등을 치료할 수 있다.

6. 말라리아와 감기, 변비, 기생충을 치료할 수 있다.

7. 상처를 지혈할 수 있다.

8. 작은 염증을 치료할 수 있다.

9. 가장 많이 쓰는 약물의 성질과 사용 방법을 안다. 예를 들어 키니네(말라리아 치료약), 아스피린, 아주까리기름, 옥도정기, 붕산 치료수, 구연산연고 등이다.

10. 구급치료법을 사용할 수 있다. 예를 들어 인공호흡, 화상, 진무름, 더위 등이다.

11. 공공위생의 요점을 안다.

12. 아동 발육 상태를 밝혀 안다.

13. 식물의 성분과 의식주의 위생 요점을 안다.

14. 아동 군軍의 교련법을 잘 안다.

15. 몇 가지 중국 무술을 할 수 있다.

16. 몇 가지 체력단련 체조와 구기 종목운동을 할 수 있다.

17. 수영, 등산, 나무 오르기를 할 수 있다.

18. 기초적인 의약 책을 읽을 수 있다.

여섯 번째는 예술의 능력이다. 아래의 26가지 능력을 포함한다.

1. 주로 동요 가운데 합창곡을 부를 수 있다.

2. 한두 가지의 악기를 연주할 수 있고 축음기를 켤 수 있다.

3. 세계 명곡을 감상할 수 있고, 곡조를 이해할 수 있다.

4. 보편적인 춤을 출 수 있다.

5. 간단한 그림을 그릴 수 있다.

6. 간단한 그림을 모사할 수 있다.

7. 명화를 감상할 수 있고, 그림의 뜻을 음미할 수 있다.

8. 실내와 회의장을 꾸밀 수 있다.

9. 종이나 보리 짚, 콩, 야생과일, 단풍잎 등을 가지고 장식품이나 생활 용품을 만들 수 있다.

10. 탁자, 의자, 문, 창문 등을 수리할 수 있다.

11. 땅 쓸기, 탁자 닦기, 창문 닦기 등의 일을 할 수 있다.

12. 양말이나 옷을 만들 수 있고, 털실로 옷과 모자를 만들 수 있다.

13. 서적을 제본하고, 응용도표를 그릴 수 있다.

14. 도구를 이용해서 문과 창문에 페인트를 칠할 수 있다.

15. 벽화를 디자인할 수 있다. 예를 들어 벽 위의 도안이나 아름다운 그림 등이다.

16. 작은 화원을 꾸밀 수 있고, 자연 장식물로 정원을 장식할 수 있다.

17. 하나 혹은 두자로 된 단어를 바르게 쓸 수 있다.

18. 간단한 인쇄를 할 수 있다.

19. 밥을 하거나 죽을 끓일 수 있다.

20. 음식을 맛있게 만들 수 있다.

21. 간식을 맛있게 만들 수 있다.

22. 주방용품을 정리할 수 있다.

23. 자신의 몸과 물건을 청결히 할 수 있다. 기본 예의범절을 알기 때

문에 무례하게 행동하지 않는다.

24. 아이들이 자신의 몸과 물건을 청결히 하도록 도와준다.

25. 예술성 있는 작품을 감상할 수 있다. 예를 들어, 서예, 조각, 사진, 자수, 도자기, 영화 등이다.

26. 희극을 지도하거나 연기할 수 있으며, 다른 사람의 공연을 감상할 수 있다.

일곱 번째는 잡물능력이다. 아래의 18가지 능력을 포함한다.

1. 신식 장부정리법을 안다.

2. 예산을 세울 수 있으며 경제 보고서를 만들 수 있다.

3. 생활용품을 구입할 수 있고 시장 상황에 대해 잘 안다.

4. 학교 용품을 보관할 수 있다.

5. 물품을 등록할 수 있다.

6. 학교에서 일하는 사람을 감독할 수 있고 새로 온 일꾼을 훈련할 수 있다.

7. 도서를 구입하고 관리할 수 있다.

8. 편지를 부칠 수 있다.

9. 서적이나 기타 간행물을 편집할 수 있다.

10. 손님이나 지도자 등을 대접할 수 있다.

11. 아이들 성적 보고서를 만들 수 있다.

12. 전시회나 경축행사, 학예회 등을 진행할 수 있다.

13. 연간 계획과 월간 계획을 설계할 수 있다.

14. 연구토론회나 토론회를 진행할 수 있다.

15. 이웃 학교와 연락하여 공동 작업에 참여할 수 있다.

16. 학교 공문을 처리할 수 있다.

17. 최근 교육 법령을 안다.

18. 학교 행정 직원과 학교의 일을 토론할 수 있다.

위로부터 우리는 현대 농촌교육 사상은 비교적 체계적인 교사관을 가지고서, 농촌 교사의 직업능력에 대하여 상세하게 분석했다는 것을 알 수 있다. 장종린의 농촌교사의 능력규정으로부터 우리는 지나치게 장황하다는 느낌을 갖지 않을 수 없고, 농촌교사는 그야말로 농촌건설의 백과사전이 된다. 그러나 현대 농촌교육 사상이 농촌교사 정신수양에 대하여 중시하였고 농촌교사 직업능력연구에 대하여 심화시켰다.

(3) 농촌교육의 조직 구조

중국 현대 농촌 교육 사상은 농촌교육조직의 건립을 매우 중시한다. 량수밍은 하나의 새로운 사회조직을 건립하는 것은 중국 사회문제 해결의 관건이라고 생각했다. "이 조직은 윤리를 근본으로 삼고, 인생향상을 목적으로 삼는데 이것을 일컬어 정의조직 혹은 교육조직이라 할 수 있다. 왜냐하면 윤리의식과 유대감을 바탕으로 세워졌으며 교학상장의 작용을 하기 때문이다." 그는 이러한 새로운 사회조직이 정부로부터 건립되어서는 안 된다고 지적했는데, 이유인즉 정부에서 주도하여 제정된 제도는 성공할 수 없고 정부의 타성 때문에 '제도 하나하나 가 모두 피동적이고, 지극히 기계적인 성격을 가지며 창조성이 부족하 게' 될 우려가 있기 때문이다. 그는 사회조직을 종자에 비유했다. 이 종 자는 정부가 아니라 반드시 사회의 뜻이 있는 사람이 가서 뿌려야 한 다. 정부의 기능이란 비와 바람, 햇볕, 비료처럼 조직의 성장과 발전을 곁에서 보조적으로 돕는 것뿐이다.

량수밍은 이러한 신사회 조직이란 반드시 "각각의 개체가 단체 생활 에 적극 참여하며, 모두의 자발적인 역량에 힘입어 조직되어야 한다." 고 생각했다. 중국은 농업형 국가이기 때문에 사회 주체의 대부분이 농 촌에 있다. 때문에 "중국의 신 사회조직의 구성이란 농촌에서부터 시 작되어야한다"고 보았다. 이러한 농촌조직은 정부와 학교를 통합한 것 이기 때문에 향농학교라고 일컬어졌다.

이러한 향농학교의 구조는 학교 이사회, 교장, 교원, 농민(학생)으로 구성되었다. 혹자는 이를 순수한 학교로 보고 하나의 조직임을 간과했 다. 이에 대해 량수밍은 "학교 설립자와 학교에 수업을 들으러 학생처 럼 두 부류가 있다고 가정을 했을 때, 전자는 능동적이지만 후자는 수 동적일 수밖에 없다. 이러한 곳은 학교라는 기구일 뿐 향촌조직이라 할 수 없다. 한편, 향촌학교에서는 지도자와 향민이 하나가 되어야 하며, 지방과 지역에 따라 범위를 정하므로 효과적인 조직이다."라고 설명했 다. 량수밍은 향농학교와 당시의 지방 자치 조직을 아래 표를 이용하여 대조적으로 설명하였다.

<h2 align="center">향농학교와 지방자치조지의 대조표</h2>

명칭	발전 이전	작용	현행 법령과 외관상 유사점과 다른 점	직접체계
촌장	본래 향농학교 교장	훈육 감독기관	외관상 현행 법령의 촌장과 유사, 그러나 그 작용은 단지 현행법령의 감찰 위원회와 조정 위원회를 대신하여 교훈을 주관하나 행정 책임은지지 않는다.	문화운동 단체 계통에 속함(사회운동) 그리고 현 정권의 승인을 받음
향농 학교	향농학교	계획 추진기관	표면적으로 형행법령의 국민보습학교 및 국민 훈련학당에 비슷하나 그 기능은 다르다.	
향공소	향농학교 이사회	행정기관	현행법령의 향공소와 같다.	현 정권 아래의 정치조직 계통
총 책임자	향농학교 이사회 상무이사	사무 지도자	대략 현행법령의 촌장과 같다.	
향민 의회	향농학교 전체 학생	입법기관	현행 법령의 향민회의와 같다.	

표를 통해 우리는 향농학교가 하나의 학교와 정부의 조직을 겸하고 있으며, 일반적 교육의 기능과 역할 이상의 것을 달성하였음을 알 수 있다. 또한 이것이 차츰 지방자치 조직으로 발전하고 있음을 확인할 수 있다. 또한 학부와 정부를 하나로 합한 유형의 기존 향촌학교와 달리 학교와 정부의 동등하게 병렬한 형태를 띠게 되었다.

량수밍은 새로운 형태에 대해 언급할 때 "표면적으로 조직을 보면 많은 부분이 현행 지방자치 조직과 똑같은 점이 있으나, 사실 내적 의의는 매우 다르다. 보충하여 말하자면, 중국 최초 자치조직은 바로 향농학교이며 향농학교가 차츰 자리를 잡아가면서 점점 확대되고 또 촌장, 향농학교, 향공소(총간사), 향민회의로 분화된다.”고 말했다. 이를 통해 향농학교란 고정 불변의 것이 아니기 때문에 향촌사회와 중국사회의 발전 및 변화에 따라 상응한 변화를 겪었다는 사실을 알 수 있다. 그러나 어떠한 변화가 생기더라도 향농학교의 역할이란 언제나 중요했으며 향농학교의 교육기능도 줄어들지 않았고 사회운동의 명맥을 이어갔다.

향농학교에 대한 량수밍의 주장과 그의 학교 설립 실천으로부터 우리는 그의 향촌교육의 발전관을 볼 수 있다. 그는 “우리는 하나의 새로운 사회조직구조를 창조하고 있는 중이다. 우리는 향촌으로부터 새로운 조직구조의 싹을 배양해야 한다.”고 말했다. 이것은 그가 향농학교를 기본요소로 하는 신사회 조직의 본체는 끊임없이 건설 중이고 창조적이며, 그 기초는 시종일관 향촌이라는 것을 설명해 주고 있다. 중국교육의 거대한 건축물은 역시 향촌에 있고 향촌교육의 기초 위에 구축해가는 것이다. 량수밍은 자신의 이 사상을 다음과 같이 분명하게 밝혔다.

내 생각에, 중국의 교육제도는 초등교육, 민중교육, 직업교육, 중등교육 및 학술연구의 대학교육을 막론하고, 모두가 반드시 향촌에서 생장해야 하고, 중국의 전체를 완성해야 한다. 중국교육제도는 창조가 요구되며, 창조는 멀리 보는 안목에 의지해야 한다. 그러나 널리 내다보는 안목을 가졌다고 해서 단번에 완벽한 제도를 만들어낼 수는 없으므로 천천히 발전해나가야 한다. 기존의 제도에서 벗어나 새로이 창조해야 한다. 교육뿐만 아니라 정치, 경제 등도 마찬가지이다. 우리의 향촌조직은 모든 제도 개선의 시작일 따름이므로 앞으로 발전해나가고 충실해지길 바랄 따름이다.

바로 이러한 향촌교육의 발전관에 근거하여 량수밍은 '향촌에서 시작된' 교육체계와 교육제도를 끊임없이 탐구하고, 향촌교육사상을 끊임없이 개선하고 발전시켰다.

3. 농촌교육사상의 분석

20세기 20~30년대, 중국 농촌교육사상은 농촌교육과 농촌건설운동의 열기와 더불어 끊임없이 심화되었다. 농촌교육사상가들은 중국 낙후된 농촌의 빈곤문제를 해결하고 민족부흥과 국가부강을 위해, 사회진보를 추진하고 도시의 부유한 생활을 포기하면서까지 열악한 농촌에 와서 각종 농촌교육과 농촌 건설운동을 전개했다. 그 결과 중국 특색의 농촌교육 이론을 형성했고, 이는 중화교육사상 심화에 큰 공헌을 했다. 또한 당대 중국의 농촌교육에 유익한 경험과 교훈을 제공했다.

(1) 농촌교육사상은 당시 국내외 교육사상의 경험과 교훈을 거울로 삼고 그 가운데 많은 장점을 익혀 중국 농촌 문제를 진정으로 해결할 수 있는 농촌교육이론을 세우도록 해야 한다.

　　20~30년대 중국에 비교적 큰 영향을 미쳤던 네 가지 농촌교육실험 중 량수밍의 실험은 가장 늦게 시작되었다. 이것은 오히려 그에게 기타 농촌교육의 이론과 실천을 비교적 세밀하게 고찰·연구할 수 있는 좋은 기회를 제공했다. 일찍이 1926년 량수밍은 왕홍이와 베이징 동교민항 사관계 내에서 '농촌입국제' 문제에 관해 토론했으나 결국은 '탁상공론'으로 끝났다. 다음 해 그는 "농촌을 다스리다."라는 주장을 제시했다. 1928년 그는 난징에 가서 샤오좡학교를 조사했는데, 샤오좡의 농촌 사범교육은 량수밍에게 매우 큰 깨달음을 가져다주었다. 후에 그는 산동에 향촌을 건설할 적에 타오싱즈의 많은 방법을 채용하였다. 11번째 농촌 학교였던 조우핑을 예로 들자면, 량수밍은 일찍이 조우핑의 농촌 학교가 그의 뜻에 가장 부합한다고 여겼다. 하지만 이 농촌학교가 실행한 '공학단(함께 공부하는 단체), 도우제(친구가 지도하는 제도)'는 사실 타오싱즈의 생활교육의 영향을 깊이 받았다. 이 학교의 실험을 통해 량수밍은 다음과 같이 보고하였다. "우리의 생활은 곧 환경에 대응하는 것이고, 환경을 창조하는 것이다. 우리는 모두 생활하고 있고, 생활은 시시각각 변화하고 진전한다. 교학의 삼위일체의 원칙에 관해 우리는 누가 누구를 가르치는지, 누가 교육자이고 피교육자 인지 분명하게 말할 수 없다. '교학상장'이란 진화하고 있으며 모두 피교육자이다." 또 다음과 같은 내용도 있다. "공학단의 생활표에 있는 교과 활동이란 매일

의 생활과정 그 자체이며 이 기간 간에는 우열이 없다. 이러한 과정은 생활이자, 곧 교육이다." 량수밍이 말한 '공학단'은 고급 소학교 2학년 일부 학생과 1학년 일부 학생으로 구성된 단체이다. 단체 내에는 단장, 단부와 비서가 있는데 2학년 학생들이 이 역할을 맡는다. 이 단체는 5개의 작은 조로 나누어지는데, 모두 1학년 학생이 조장을 맡는다. 1학년 학생은 조 내의 학습 동료가 되고, 2학년 학생은 나누어서 조 내의 문화, 정치, 경제의 지도를 맡는다. 문화 지도를 담당하는 학생은 다른 학생들을 도와 위생, 질병치료, 도서관 경영과 청결검사 등을 담당한다. 정치 지도를 담당하는 학생은 다른 학우들의 역사와 지리 교육 돕기, 출석, 규율, 근면 검사와 회의 훈련 등을 담당한다. 경제 지도를 담당하는 학생은 다른 학생이 협력사를 운영하도록 도우며, 농사일 지도와 식사 담당 등을 지도한다. '공학단'의 활동에는 아침체조, 조회, 학업지도 토론회, 각종 학업 연구회, 벽보 집필, 도서관 개방, 교육용품 소비합작사의 운영, 군사훈련, 농장노동, 학업보고, 연회 등이 있다. 이러한 활동은 량수밍의 "교육은 생활에 뿌리를 두어야 하며, 교육이란 반드시 교학합일을 이루어야 한다."는 사상을 실현했다. 물론 이 사상은 타오싱즈 선생으로부터 비롯된 것이다.

1929년 량수밍은 남북의 다른 종류의 농촌교육 실천을 체계적으로 심사했다. 그는 먼저 중화직업교육사의 쉬공차오의 농촌교육을 심사하고, 황옌페이, 장원위를 데리고 참관하며 소개해 주었다. 직업교육운동이 농촌개진운동으로 변화한 것을 찬양하면서도 황옌페이에게 쉬공차오의 실험에 이의를 제기했다. 량수밍은 이 같은 변화가 작은 변화에 지나지 않는다고 지적하면서, 교육가의 입장에서 농촌교육문제를 생각해 본다면 이 같은 변화로는 근본적으로 중국의 농촌문제를 해결할 수 없다고 했다. 량수밍은 자신이 황옌페이를 비롯한 사람들과 다른 점은 중국이라는 큰 각도에서 해결방법을 모색하는 반면, 황옌페이 등은 눈앞의 현실에 급급하다고 지적했다. 그리고서 량수밍은 베이징 디쟈이춘 자치사업의 창설자 미디강, 미지에핑을 방문한 후, 평샤티를 데리고 중화평민교육 촉진회의 시험지역을 참관했다. 그는 평민교육이 농민에게 다가가는 추세를 긍정적으로 평가하면서, 이는 "어떤 중학교, 대학교를 세우는 것보다 더 큰 의미를 지닌다."라고 했다. 하지만 또, "중국 농업의 개진운동은 평민교육가의 손에서 성공할 수 없다."고 했다. 마지막으로 그는 산시의 타이위엔, 칭위엔, 펀양, 지에쇼, 쟈오청 등의 현을 시찰하고, 이러한 현은 "정부가 관리함에 있어 지나친 점이 있어서 때로는 너무 많이 제어하고 때로는 지나치게 독촉하는 부분이 있다. 그러므로 모든 인민의 자발성을 이끌어내는 좋은 방법은 아니다."라고 했다. 결론적으로, 그는 당시 교육계의 농촌교육운동이란 단지 '지엽적으로 농민을 돕는 것'일 뿐, 가장 근본적인 주의가 결핍되어 "농민이 자각을 통해 스스로 능력을 갖추어 스스로 문제를 해결하도록 하는 가장 중요한 내용이 빠졌다."라고 보았다.

량수밍의 농촌교육사상은 어느 정도 중국공산당 지도자의 농민혁명운동의 영향을 받았다. 그는 일찍이 농민혁명운동과 자기의 농촌건설일은 '서로 비슷한 일'이라고 여겼다. 그는 "과거의 혁명 작업 중의 농민운동인 광동의 농민협회와 농단군 같은 것은 대다수 국민당의 이름

으로 조직되었으나 실제로는 공산당의 지도 아래 있었다. 농민 자각,
조직으로 힘을 만들어, 그들 자신의 문제를 해결하려 한다는 점에서는
우리들이 주장하는 것과 일치하지만 그렇지 않는 부분 또한 있다."고
했다. 일치하지 않는 부분이란 그들의 농민운동은 농촌사회를 먼저 분
화시켜서 농촌사회가 분리대항의 형세가 되도록 만드는 것이며 이는
농촌사회 내에 투쟁이 발생하도록 한다고 지적했다. 농촌사회의 내부
에도 물론 문제는 존재하지만 이보다는 농촌 밖의 문제는 더욱 심각하
므로 농촌이라는 전체를 봐야한다고 주장했다. 적어도 중국 사회의 다
수의 농촌을 각각의 전체로서 봐야 한다고 했다. 아울러 량수밍은 자신
과 같은 사람들은 모든 농촌 사회는 개선과 진보를 추구하고 있기 때문
에 자신들이 행한 모든 것은, 적극적, 긍정적이며 건설적인 반면, 그들
이 행한 것은 부정적이고 파괴적이라고 주장했다. 그는 농촌교육운동
과 민중교육운동 가운데 '적극적인 농촌 건설, 농민생활의 개선'의 일
부를 받아들였을 뿐만 아니라, 농민혁명운동 가운데 농민이 자각하여
조직적으로 힘을 발휘함으로써 스스로 문제를 해결하도록 한다는 내용
을 중시했다. 또한 그가 이상적이라 생각하는 농촌을 건설했다. 비록
이 이론과 그의 농촌교육운동에 치명적인 오류가 있기는 하나, 량수밍
이 여러 사람의 이론 가운데 좋은 점을 추리고 이에 자신의 주장을 덧
붙였다는 점은 높이 평가할 만하다.

(2) 농촌교육사상은 중국 전통문화의 연구와 발양을 중시하고, 민족의
    존엄과 민족 이익의 수호를 중시하였으며, 중국의 자구와 건설의
    길 탐구를 중시하여 뚜렷한 민족특징을 가지고 있다.

량수밍은 자신의 주요 사상이 이하 자신의 저서에 제시되어 있다고
했다. 그는 1922년 출판한 『동서문화와 그 철학』, 1933년 출판한 『중
국 민족 자구운동의 최후의 자각』, 1937년 출판한 『농촌건설이론』,
1949년 출판한 『중국문화요지』와 1984년 출판한 『인심과 인생』을 통
해 중국 전통문화를 진지하고 엄숙하게 조명했다고 했다. 량수밍은 세
계에는 세 종류의 문화가 있다고 주장했다. 한 가지는 '앞의 것을 바꾸
는 것을 근본정신으로 삼는' 서양문화, 한 가지는 '스스로 분규를 해결
하고, 주장하는 것을 근본정신으로 삼는' 중국문화, 마지막 한 가지는
'뒤의 것을 바꾸는 것을 근본정신으로 삼는' 인도문화이다. 그는 서양
문화는 향락을 중시와 행복을 요구하고, 중국문화는 안위자족과 이성
을 중시하고, 인도문화는 해탈을 힘쓰고 내세를 중시한다고 보았다.

량수밍은 영국 철학자 루소의 관점에 매우 찬성하며, 중국문화는 인
류의 귀중한 재산이라고 여겼고, "중국인을 위한 계획과 세계인류를 위
한 계획을 불구하고, 모두 마땅히 중국문화를 사랑하고 그를 훼손시켜
서는 안 된다."고 주장했다. 그는 중국의 문제를 해결하기 위해서는 중
국의 정치, 경제 등 방면에 개조를 진행할 필요가 있으나, 이러한 개조
는 반드시 '중국문화를 구석구석 보살펴야' 하고, '중국문화가 세계의
눈에 영원히 존재하도록 도달하는 것'을 할 수 있어야 한다고 했다. 그
러나 량수밍은 또 한편으로는 루소의 걱정을 마치 쓸데없는 것 같다고

여겼다. 왜냐하면 중국문화가 우수한 장점이 있다는 것을 믿기만 한다면 "중국문제 해결에 그의 원래의 우수한 장점이 소홀히 취급되거나 발휘되지 않을 것이라 두려워할 필요가 없다."라고 생각했기 때문이다.

량수밍은 중국문화의 철학 기초가 서양문화·인도문화 다르다고 보았다. 서양문화가 직관적인 이지적 행동이라면 인도문화는 이직적인 절제적 행동이며, 중국문화란 이지적인 직관적 행동이라고 생각했다. 우주의 본체는 생명이기 때문에, 자각이 있어야 비로소 우주의 본체를 진정으로 파악할 수 있다. 그러므로 직관적인 행동이자 내재적 생명을 탐구하는 중국 문화에 눈을 돌리면, 반드시 이지적 행동을 중시하고 외부 세계의 물질을 탐구하는 서양문화를 이길 수 있다고 보았다. 아울러 그는 "이 세계가 직관이 이성과 지혜를 대신함으로써 흥하게 되는 그 전환이 곧 이 철학에 있는 것이다. 이지와 직관의 성쇠는 서양파와 중국파의 성쇠를 가리킨다."라고 했다. 중국문화는 반드시 장차 서양문화를 대신해 더 나아가 전 세계에서 번영할 것이라 했다. 농촌교육사상이 중국의 전통문화를 연구하고 널리 알리는 것은 비난할 것이 못된다. 하지만 농촌교육사상이 "지고지순한 공자의 사상을 따르자."고 주장한 것은 봉건복고주의로의 회귀라는 비판을 면하기 어렵다.

농촌교육 사상가는 '사회추진, 농촌조직'을 민족자구의 근본으로 삼으며, 민족존엄과 민족이익을 매우 중시하고, 자신의 근면노동을 통해 민족의 생존과 발전에 지대한 공헌을 했다. 량수밍이 주장한 산동 농촌 건설연구원 각 부와 농촌사범, 농촌주민 서비스 훈련소 등 부문은 300

여 명의 농촌건설의 핵심 인재를 육성하고 훈련시켰다. 이들은 학업을 마친 후 대부분 시범지역의 각 농촌으로 가서 사회 및 학교 교육, 농촌건설에 종사하면서 농촌문화의 발전과 사회 풍조의 바로잡기에 적극적으로 참여했다. 항일전쟁의 발발 후, 산동 조우핑 등 지역이 함락되었다. 량수밍은 즉시 '산동 농촌에 일하는 사람과 학생들에게 알리는 편지'와 '농촌 공작원의 항전공작 지침'을 발표하여, 동료와 학생에게 항일구국운동에 적극적으로 투입할 것을 호소했다. 그의 영향을 받아 산동8교의 사범생훈련소에 있던 800여 명은 총기와 식량 챙겨 지닝에서 허난 쩐핑으로 가서 합동훈련을 했으며, 1938년 가을 산동으로 돌아와 항일전쟁에 참가했다. 이것은 농촌교육에 힘입어 농촌건설 인재들이 대거 산동 농민의 경제와 문화가 발전을 위해, 국가수호와 민족존엄, 민족이익을 보호하기 위해 큰 공헌을 했음을 잘 보여준다.

(3) 농촌교육사상은 농촌교육과 농촌의 건설, 개조를 중시했으나, 역사의 한계 때문에, 사회의 근본 문제원인을 찾아냄으로써 제대로 문제를 해결하는 데는 실패했다.

　1935년 10월 25일 량수밍은 산동의 농촌에 연구원을 건설해 "우리의 두 개의 큰 고충"의 제목으로 강연을 하고, 농촌교육을 해결할 방법이 없는 모순을 제시했다. 첫 번째는 '사회개조를 외치면서 정작 정치 권력에 기탁하는 경우', 두 번째는 '농촌운동을 부르짖어도 정작 농촌에서 아무런 움직임이 없는 경우'이다. 사실 이것은 비단 량수밍뿐 아니라 다른 농촌 교육사상가들이 공통으로 직면한 난제였다.

중국 현대의 농촌교육사상은 "중국을 구하려면 농촌으로부터 건설을 시작해야 하고, 누구도 벗어날 수 없다."는 법칙을 정확하게 간파했다. 즉 "사람을 구하려면 농촌에 가도록 도모해야 하고 자구책을 마련하기 위해서 역시 농촌에 가도록 해야 하며 학술연구를 하기 위해서도 농촌에 돌아가야 하고 급히 해결해야 할 일이 없으면 이때 역시 농촌으로 돌아가야 한다."는 것이다. 그러나 농촌을 어떻게 건설하는가 하는 문제에 대해 그들은 오히려 보기엔 이상적인 듯하나 실행할 수 없는 도리인 '개량지로'를 선택했다. 량수밍은 중국의 근본적인 문제는 "누구에게 혁명하는 것이 아니라, 문화를 개조하여 민족을 자구하는 것이다."라고 여겼다. 그래서 "중국정치경제문제는 모두 어떻게 새로운 질서 문제의 건설에 성공하여, 구세력의 전복이 없는 것이다. 무릇 군벌로써 민주혁명의 대상이 되고, 돈이 있고 땅이 있는 사람으로서 사회혁명의 대상이 되는 것은, 모두 틀린 소리이다."라고 했다. 그리고 중국 농민운동의 '정당경로'는 '교육으로 농민들이 스스로 깨어나게 하여 합작사를 조직하고 자치단체를 형성하도록 만드는 것'이라 했다. 각 농촌이 각자 조직하기 시작하고, 또한 서로 결합하기 시작하면, 스스로를 돌보는 행위가 진보를 통해 살길을 마련하는 것이다. 다시 말해, 그는 교육을 통해 사회의 진보를 이룩하고 중국의 모든 문제가 해결되기를 바랐다.

량수밍은 다음과 같이 말했다. "중국이 윤리 조직 사회를 만들 수 있었던 것은 최초의 멀리 내다볼 줄 알았던 사람들이 인류의 깨끗하고 선량한 감정은 가정에서 싹 트고 가정에서 자란다는 사실을 알아냈기 때문이다. 이들은 사람들에게 '효제' '자애' '우공' 등을 사람들에게 깨우쳐 주었으며 가정의 구조에서 의의를 취하여 사회 구조의 근간인 윤리를 만들었다." 량수밍은 또 "서양사회에서 옛날에는 귀족지주와 농노 두 계급의 대립이 있었고 근대에는 자본가와 농공 두 계급의 대립이 있었다. 그러나 중국사회는 이와 다르다. 서양을 일컬어 계급대립의 사회라 한다면 중국은 직업으로 구분하는 사회이다."라고 했다. 량수밍은 "옛 성인은 중국의 아름다운 사회를 건설했는데, 이 사회는 사람과 사람 사이에 억압과 억압당하는 관계가 없고, 다만 진실 되고 선량한 감정, 따스한 화합의 관계만 있다. 그래서 중국사회의 모든 변혁은 다만 온화·선량·공경·절검·겸양의 개량을 할 수 있을 뿐 정권을 빼앗는 혁명은 할 수 없는 것이다."라고 생각했다. 이처럼 '사회개조'와 '정권의존'의 모순에 빠진 그는 이 갈등에서 쉽게 벗어날 수 없었다. 어떠한 정권에 의존하지 않고 사회를 개조한다는 것은 단순히 희망사항에 지나지 않았기 때문이다.

량수밍 자신 역시 이 모순을 의식했으나 투쟁을 통해 이 모순을 해결할 용기가 없어서 자기가 이미 정한 개량원칙을 깨트리고 싶지 않았다. 그는 "사회의 개조를 말하면, 당연히 정권을 가까이 하고, 정권을 의지해야 하는 것은 아니다. 왜인가? 만약 당신이 현재의 정권을 혁명 정권으로 받아들이면, 당신이 완성하려는 사회 개조는 곧 정권이 완성하려는 사회 개조인 것이다. 그렇게 되면 당신이 어떤 사회 개조운동을 다시 해도 쓸모가 없어진다. 당신은 현재 사회개조운동을 하고 있고, 곧 현재

정권을 똑바로 볼 수 있다면 정권의 개조란 불가능함을 깨닫게 될 것이다. 정권이란 개조할 수 없다. 그러므로 당신은 현 정권을 부정하고 그로부터 권력을 탈취해옴으로써 사회개조를 완성해야 한다. 만약 당신이 부정하지 않는다면 당신도 그 밑에서 활동하게 될 것이다. 그러면 당신은 스스로의 혁명성을 잃을 것이다. 그렇다면 어떻게 사회 개조를 완성할 수 있겠는가? 당신이 그 밑에서 활동할 뿐만 아니라 게다가 그에 의존한다면 어떻게 사회의 개조를 완성할 수 있겠는가?"라는 질문을 던졌다.

량수밍의 지적은 매우 예리했으며 이 모순의 해결 방법도 예리하게 생각해냈다고 할 수 있다. 그러나 그는 자신의 초심을 지키길 바랐고 혁명을 통해 모순을 해결하길 바라지 않았기 때문에 영원히 이 '심각한 모순'에서 벗어날 수 없었다. 이는 교육을 통해 사회를 개조하려는 희망과 정치에 연루되길 원치 않는 교육가 사고가 빚어낸 '커다란 모순'이다. 1938년 량수밍이 연안에서 마오쩌둥과 논쟁을 벌였던 것도 또한 이 '모순' 때문이었다. 물론 이 모순은 결국 공산당이 해결을 하였다. 그래서 신중국 성립 후 오래지 않아 량수밍은 자신의 사상을 되돌아볼 때 애초 자신의 판단에 그릇됨이 있었음을 인정하지 않을 수 없었다. 이전에는 절대로 '믿을 수 없는 일', 즉 계급투쟁을 통해 하나의 통일된 안정적 정권을 세우면서 혼란에도 빠지지 않을 수 있다는 것이 중국공산당은 28년의 각고분투를 통해 성공적으로 실현되었기 때문이다. 이는 량수밍이 꿈에도 생각지 못한 것이었다.

"농촌운동을 일으키고자 하나 농촌은 조금의 움직임도 없다."는 모순에 관해 량수밍은 정한 현에 열렸던 농촌 작업 토론회의 예를 들었다. 그 해 회의는 교육인들이 참가하고, 기타 농업가, 공동위생가, 정부 관원 같은 사람이 참가했는데, 유독 농민은 매우 적어, '마치 농촌 작업 토론회와 농촌은 큰 관계가 없어, 시골사람은 관심을 갖지 않고, 다만 농촌 이외의 사람이 마구 외치는 듯'했다. 그는 농촌교육과 농촌건설의 관건은 농민을 행동하게 하는 것이며 농민이 기본이 되어야 한다고 강조했다. 아울러 단지 농촌 교육가만 움직이면 농촌은 움직이지 않고, 농민은 움직이지 않아서 비전이 없을 것이라고 지적했다. 이러한 모순이 생긴 원인으로 량수밍은 다음 두 가지가 있다고 생각했다. 첫 번째는 '근본적으로 마음에 와 닿지 않는 것' '성질상 자연히 농촌사람과 일치할 수 없는 것'으로, 곧 농촌교육자와 농촌 건설자는 '농민과 대립되는 지위에 있어', 자기가 구원의 손길이라 생각하고, 개조자라고 생각하여 시도하는 것이다. 두 번째는 농민의 실제 문제를 해결할 수 없다는 것으로, "예를 들면 농민은 과중하고 잡다한 세금 부담에 시달리는데 우리는 금방 이들을 대신해 부담을 덜어줄 수 없다. 농민이 토지를 필요로 해도 우리는 그에게 나눠줄 토지가 없다."는 것이다.

사실 량수밍 역시 이 두 번째 모순이 사실상 첫 번째 모순에서 파생되었음을 알았다. 그는 일찍이 말했다. "농민은 요구하는 바는 많은 일이 정치적으로 해결되어야 하는 것이지만 우리가 처음 농촌 작업을 할 때는 정치문제를 해결할 힘이 없었다. 때문에 그들의 갈증을 해소해 줄 수 없어서 결국은 그들의 마음도 잡을 수 없는 것이다." 량수밍은 첫 번째 모순을 해결할 용기와 담력·지모가 없어, 자연히 두 번째 모순도 해결할 수 없었다. 이것 역시 중국 현대 농촌교육사상과 농촌교육운동이 농촌에서 기초를 닦았으나 결실을 맺지 못하고 근본적으로 중국 농촌 문제를 해결하지 못한 이유이다.

량수밍이 제창한 농촌건설과 농촌교육의 이론 및 실천은, 옛날 중국의 농촌교육운동 중 중요한 지위를 차지하고, 그가 중국교육의 후속에 대한 영향은 깊고 장구하다. 그는 교육 확산, 보급의 효시가 되었다. 교육의 중심으로 하여금 도시에서 농촌으로 바뀌게 하고, 광대한 농민을 위해 학교를 열고, 스스로 실천했으며, 지식분자로 하여금 자각하여 농민을 위해 봉사하게 했다. 근대 계몽사상 전 중국전통적 교육의 주된 것은 통치계급의 사대부 교육이었기 때문에, 광대한 농민은 거의 격리되어 교육의 밖에 있었다. 게다가 이러한 교육의 대상은 대다수가 도시에 살고 있었기 때문에, 관학 역시 대다수가 도시에 설립되었다. 학당의 설립 이후, 또한 번영한 대전이 있어야만 비로소 소학당을 설립할 수 있었고, 광대한 농촌은 다만 소량의 글방이 있어, 게다가 진정으로 빈곤한 농민의 자제 역시 학문의 길에 들기 매우 어려웠다. 일부 나라와 백성을 걱정하는 교육계 지식인들은 80% 이상의 농민이 농촌에 있으며 농촌교육을 발전시키지 못하면 농민 교육이란 불가능하다는 것을 알았다. 그래서 농촌에 농민을 위해 학교를 세우는 것을 중요하게 여기고 여기저기서 농촌교육 사조가 일어나기 시작했다. 이것은 교육사상의 혁신이자 농민교육문제의 중시했음이 현실에서 나타난 것이다. 게다가 이러한 농촌교육의 지식인들은 과거에 농촌과 동떨어진 이미지를 벗어던졌다. 양복과 구두를 벗고, 무명옷과 짚신을 입고, 늙은 농부와 함께 살며, 한마음으로 농민의 문화교육수준을 향상시키고자 하였다. 이들은 도시의 고층빌딩에서 농촌의 초가집으로 거처를 옮겼다. 그들의 선도 아래, 다수의 유학하는 박사, 교수, 학자 등이 자원해서 농촌으로 내려가 농민과 같은 길을 걸었다. 이렇게 만든 교육의 정신은 그 당시엔 처음 등장한 것이었으며 지금까지도 제창하고 널리 전파할 만한 가치가 있다. 그러나 그들이 교육의 힘만으로 이상적인 사회를 실현하길 바랐던 것은 당시의 사회, 역사적 조건 아래서는 절대 이뤄질 수 없는 것이었다.

08

중국 현대 생활교육사상

　　외국평론가는 중국현대역사에서, 세계적 영향력을 가진 교육가가 두 명 있다고 여기는데, 한 명은 마오쩌둥이고, 한 명은 타오싱즈이다. 이 결론이 사실인지 아닌지를 떠나서, 이 두 명의 위인은 확실히 놀랄 만큼 닮은 점이 있다. 그들은 모두 놀랄 만한 의지와 매력이 풍부한 인격을 가지고 있고, 그들은 모두 농촌문제와 대중교육에 대해 대단히 큰 정열이 있었으며, 그들은 모두 전통교육에 대해 무자비한 도전을 하였다. 타오싱즈가 세상을 떠난 후, 마오쩌둥의 「위대한 인민교육가 타오싱즈 선생과의 영원한 이별을 몹시 애석하게 여긴다」라는 글이 연안의 〈해방일보〉에 바로 발표되었고, 타오싱즈의 숭상과 애도의 정을 표현하였다. 마오쩌둥의 이후의 교육이론과 실천 중에서, 우리들은 자주 타오싱즈의 그림자를 어렴풋이나마 분별할 수 있고, 생활교육사상의 흔적을 어렴풋이나마 찾아볼 수 있다.

1. 생활교육운동의 과정

　타오싱즈의 생활교육사상은 그 생활교육운동의 과정 중에서 마련되고 형성되며 발전되었다. 비록 사람들은 일반적으로 타오싱즈의 생활교육운동을 6개 시기, 즉 농촌교육운동(1927~1930), 보급교육운동(1931~1935), 국난교육운동(1935~1937), 전시교육운동(1937~1939), 전면교육운동(1940~1945)과 민주교육운동(1945~1946)로 구분하지만, 만약에 생활교육사상의 형성과 발전을 자세히 탐구한다면 우리들은 더욱더 이른 평민교육운동까지 거슬러 올라갈 수 있고 타오싱즈의 젊은 시절의 경험까지 거슬러 올라갈 수 있다.

(1) 생활교육사상의 조성기

　타오싱즈는 안후이安徽성 서셴歙縣현에서 태어났고, 가정환경이 어려웠기 때문에 어렸을 때는 학교에 다니지 못했다. 후에 훈장 선생님과 외조모의 도움을 얻어, 연이어 고향과 슈닝休寧현에서 공부할 수 있었다. 이 유년의 생활은, 그가 중국전통문화의 훈도를 받아들이게 하였고, 또 그가 전통교육의 부정적인 면을 의식하도록 했다. 타오싱즈가 곤궁한 인민의 가난한 생활을 직접 보고 듣게 하였을 뿐만 아니라, 벼슬아치의 위선과 가난한 사람에 대한 업신여김을 똑똑히 보게 하였다.

　1914년, 타오싱즈는 전교에서 총 점수 1등의 성적으로 1년 앞당겨 금릉대학을 졸업하였다. 「공화정의」라는 제목의 졸업논문 중, 그는 강렬한 친민, 애민, 구민의 사상 감정을 명확히 표현하였고, 교육을 현실공화이상의 중요한 수단으로 여겼다. 그는 다음과 같이 썼다. "우리는 공화의 위험한 현상에 대해 이미 자세히 말했다. 위험을 경계하고 위험을 예방하여, 위험을 피하면 가능하다. 위험을 두려워하여 낙심하면, 그것은 불가능하다. 그것을 피하는 길은 유일한 것인가? 인민이 빈한하면, 교육을 통해 그들에게 부유함을 주지 않으면 안 된다. 인민이 우둔하면, 교육이 그들에게 지식을 주지 않으면 안 된다. 교육이 아니면 제거되지 않는 것을 흔히 볼 수 있다. 사심 없는 순수한 충위, 교육이 아니면 나올 수 없다. 다수의 횡포는, 무형에 의해 사라진다. 하물며 자유평등은, 시민을 믿고 세워지게 되고, 명분을 믿고 올바르게 된다. 마음을 합치는 것은, 교육에 의해 이루어져야 한다."

타오싱즈는 이때 이미 교육의 사회적 기능을 충분히 인식하였고, 교육이 자유로운 국민정신과 개성의 발전을 배양하는데 끼치는 작용을 인식하였다. 이때가 타오싱즈의 교육가로서의 인생기점이고, 또 생활교육사상의 근원이다.

같은 해, 그는 '교육을 통해 무력이 아닌 방식으로 민주국가를 세우려는' 이상이 있었기에 미국에 유학을 가 연구를 하기 시작했다. 우선 일리노이 대학교 정치학과에 들어가서, 정치학 석사학위를 획득하였고, 컬럼비아 대학 사범학원연구교육에서 유명한 교육가 듀이의 제자가 되었다. 그는 오랫동안 동경해 온 '성지'에서, 교육가가 반드시 갖추어야 한다고 여겨지는 이론적 훈도를 받았고, '미국 대중교육관리' '학교와 사회' '교육사' '교육철학' '사회와 교육을 진보시킨다' '실천의 교육사회학’ 등 많은 종류의 교육과정을 이수했다. 타오싱즈는 젊은 시절 전통교육의 불만과 중국을 개조하려는 바람에 관해 이곳에서 이론적 기반을 닦을 수 있었다. 반전통교육의 기수라고 여겨지고 신교육을 건립한 창조자라고 여겨지는 듀이의 사상적 체계, 특별히 그가 제기한 ‘교육은 곧 생활이다’ ‘학교는 곧 사회이다’ ‘어린이를 중심으로 삼는다’와 ‘경험학습(learning by doing)’의 사대교육 강령은 타오싱즈의 분명하면서도 모호한 교육이념을 진일보하게 검증하고 강화하였다. 비록 이후에 그는 중국의 국정에 근거하여 선생의 학설을 변형하여, ‘교육은 곧 생활이다’와 ‘학교는 곧 사회이다’를 ‘생활은 곧 교육이다’와 ‘사회는 곧 학교이다’로 바꾸었고, ‘경험학습’을 ‘가르치고 배우는 것은 합일한다’로 발전시켜 자기의 생활교육이론을 창건하였다. 물론 듀이의 학설은 의심할 여지없이 타오싱즈 생활교육사상형성의 직접적인 근원이 되었다.

1917년 가을 귀국한 후부터 발표한 일련의 강연과 논문에서 우리는 타오싱즈가 듀이의 영향을 받았다는 흔적을 볼 수 있다. 예를 들어 안휘성의 제일사범과 제일여자사범의 교사와 학생들에게 한 ‘사범생이 반드시 있어야 하는 관념’이라는 강연에서, 그는 ‘교육은 사회에 필요한 사업을 해야 한다’는 명제를 확실히 제기하고, “교육은 사회를 개조하기 위해 세워져야 하는 것이고, 교육사회인재를 위해 세워져야 하는 것이다.”라고 인식하였다. 듀이는 『나의 교육신조』에서 “교육은 사회의식을 형성하는 과정 중에서 일종의 조절작용을 일으키고, 이러한 종류의 사회의식의 개인 활동의 조절작용은, 사회개조의 유일하고 진정한 방법이다.”라고 말하였다. 그는 “교육자는 여전히 학생을 가르쳐 키우기 위해 있는 것이고, 학생을 중심으로 삼아야 된다.”고 인식하였으며, 듀이에게 ‘학교과목은 서로 연결된 것으로써, 그것은 과학도 아니고, 문학도 아니고, 역사도 아니고, 지리도 아니고, 아동 자신의 사회활동’으로써 서로 빛나게 하고 있다고 말하였다. 「신교육」에서, 그는 ‘신학교’의 특징을 진술하였다. “학교는 작은 사회이다, 사회는 큰 학교이다.”는 의심할 여지없이 듀이의 ‘학교는 곧 사회이다’라는 사상의 굴절이다.

1919년 5월, 후스와 타오싱즈의 요청으로 듀이는 베이징대학, 난징고등사범학교의 초대에 응하여 중국을 방문하였다. 당시 중국에서는 5·4 운동이 일어났는데 듀이는 11개 성에서 공개강연을 하였고, 그의 실용주의 철학사상, 교육사상과 정치, 도덕관념 등을 자세히 설명하였다. 그중 평민주의교육의 사상과 전통교육이 청소년을 속박하고 감금하는 것에 대해 반대하는 것과 관련하여, 아동개성의 자유발전, 교학의 민주, 교육권의 확대, 학교의 민주적 관리 등을 주장하였기 때문에 중국교육계 일부의 지식분자들이 ‘혁신의 길’을 찾는 필요에 부응하였다.

타오싱즈는 듀이가 난징과 상하이를 방문하도록 일정을 계획했다. 듀이는 난징에서 ‘평민주의의 교육’이라는 강연을 하였다. 듀이는 강연 중에서 다음과 같이 말했다. “내가 관찰한 중국사회교육은, 교육을 받는 자들은 모두 권세가 있는 사람이고, 돈이 있는 귀족자제였으며, 근본적으로 평민교육은 없다. 또 남자에 편중되어 있고, 여자를 경시하는데, 이와 같은 교육을 계급교육이라고 부른다. 평민교육은 여전히 공공의 교육이고, 국민 개개인이 향유해야 하는 것이다. 우리들은 평민교육의 종지를 실시하는데, 개인이 자기의 필요에 적합한 교육을 받게 해야 한다. 평민교육을 실시하는 방법은, 학교생활로 하여금 진정한 사회생활이 되게 하는 것이다." 이렇게 보면, 인민구국의 주지는 바로 생활을 구하는 길이고, 이것은 바로 진정한 목적인 것이다. 천두슈, 이대소 등이 교육은 서민의 방향으로 나아가야 된다고 호소했을 뿐만 아니라, 마오쩌둥은 호남의 공인 야간학교에서, 정중하는 베이징에서 발기한 '베이징대학 평민교육단강연단'에서 뛰어난 성과를 보이면서 활동을 전개하였다. 듀이의 평민교육과 관련된 계열의 강연은 중국의 평민교육운동에 새로운 활력을 주입하여, 평민교육으로 하여금 일종의 정치성질의 운동에서 진정한 교육운동으로 발전하게 하였고, 파란이 큰 평민교육 물결은 중국 각지에서 일어났다.

1923년부터 1926년까지, 타오싱즈는 전심으로 평민교육을 위해 열심히 뛰었다. 그는 주기혜, 옌양추와의 제창 하에, 중화평민교육촉진회를 성립하였다. 그는 주경농과 『평민식자교과서』를 한권으로 합쳐서, 평민교육의 교재문제를 해결하였다. 평민교육의 교사자격과 학교 내의 건물 문제를 해결하기 위해, 그는 또 '교학이 연관되는 법'과 '평민독서처'를 발명하였다.

평민교육운동 시기에, 타오싱즈는 이미 냉정하게 농민문제와 농촌교육문제에 주의하여, 평민교육의 방향은 마땅히 변화가 있어야 한다고 생각하였다. 1924년 10월, 그는 '중화교육계'에서 문장을 발표하여 다음과 같이 지적했다. "중국은 농업국이다. 따라서 중국의 평민교육은 민간에서 하는 운동이고, 바로 농촌에서 하는 운동이다.” 이와 동시에, 그의 생활교육사상도 점점 분명해져 갔다. 「나의 학교관」이라는 글에서, 타오싱즈는 “학교는 생활을 중심으로 한다.”라는 관점을 제기하고 학교생활은 단지 사회생활의 일부분이고, 사회생활의 기점이며, 사회환경을 개조하려면 학교환경부터 개조해야 한다고 여겼다.

(2) 생활교육사상의 형성기

1926년 11월 21일, 중화교육개진사는 향촌실험학교를 특별계약하고, 난징 명룽 소학교에서 제1회 연구향촌교육연구회를 열어서 대회를 성립하였다. 타오싱즈는 “우리들의 신조”라는 제목의 연설을 하고, 그의 교육관점을 명확히 밝혔으며, 생활교육의 사상도 처음으로 자세히 제기하였다. 그가 말한 신조는 모두 18항이 있다.

1. 우리들은 교육은 국가 만년의 근본 대계라고 굳게 믿는다.
2. 우리들은 생활이 교육의 중심이라고 굳게 믿는다.
3. 우리들은 건강은 생활의 출발점이고, 바로 교육의 출발점이라고 굳게 믿는다.
4. 우리들은 교육은 마땅히 생활력을 배양하고, 학생으로 하여금 성장하게 하는 것이라고 굳게 믿는다.
5. 우리들은 교육은 마땅히 환경의 장애요인을 극복해야 한다고 굳게 믿는다.
6. 우리들은 가르치는 방식, 배우는 방식을 일치시켜야 한다고 굳게 믿

는다.

7. 우리들은 교사와 학생이 같이 생활하고, 기쁠 때도 슬플 때도 모두 같이 하며, 가장 좋은 교육을 만들어 나가야 한다고 굳게 믿는다.

8. 우리들은 교사는 마땅히 솔선수범하여야 된다고 굳게 믿는다.

9. 우리들은 교사가 반드시 배우는 것을 게을리 하지 않아야, 꾸준히 남을 교양할 수 있다고 굳게 믿는다.

10. 우리들은 교사는 마땅히 어려움을 활용하여, 사상을 발전시키고 정신을 분투하여야 된다고 굳게 믿는다.

11. 우리들은 교사는 마땅히 인민의 친구가 되어야 된다고 굳게 믿는다.

12. 우리들은 시골학교가 마땅히 농촌생활의 중심을 개조해야 된다고 굳게 믿는다.

13. 우리들은 농촌의 교사가 마땅히 농촌생활의 정신을 개조해야 된다고 굳게 믿는다.

14. 우리들은 농촌의 교사가 반드시 농부의 솜씨와, 과학의 두뇌, 사회 개조 정신이 있어야 된다고 굳게 믿는다.

15. 우리들은 농촌의 교사가 마땅히 과학적인 방법을 써서 자연을 정복하고, 미술의 관념을 사용하여 사회를 개조해야 된다고 굳게 믿는다.

16. 우리들은 농촌의 교사는 가장 적은 경비를 써서 가장 좋은 교육을 하여야 된다고 굳게 믿는다.

17. 우리들은 가장 고상한 정신은 인생의 값을 매길 수 없는 보물이고,

돈으로도 살 수 없는 것이기 때문에, 돈 때문에 뒤에서 진작하고, 돈이 적어서 책임을 미루면 안 된다고 굳게 믿는다.

18. 우리들은 만약에 전국의 교사가 아동의 교육에 대해 모두 "나라를 위해 온 힘을 다 바쳐 죽을 때 까지 그치지 않겠다."는 결심이 있다면, 우리 민족을 위해 위대한 새로운 생명을 창조할 수 있다고 굳게 믿는다.

'신조' 중 제기한 관점, 예를 들어 생활은 교육의 중심이고, 가르치는 법과 배우는 법은 합일되어야 하며, 교육은 마땅히 생활력을 배양해야 한다는 등은, 생활교육사상의 가장 이른 진술이었다. '신조'에서, 그는 또 열정적으로 농민을 향한 열망을 전하였고, 모든 마음을 우리 3억 4천 만의 농민에게 바치기로 결심하였다. 머지않아 중화교육개진사를 위해 초안을 잡은 '개조전국향촌교육선언서'에서, 타오싱즈는 성대한 농촌 교육운동계획에 대한 초안을 작성하였는데, 즉 그 내용은 백만 위안 기금을 모으는 것으로, 백만 명의 동지를 모집하여, 일백만 학교 설립을 제창하고, 백만 개 향촌을 개조한다는 계획이었다. 이 계획은 당시의 사회역사조건하에서 자연스레 실현하기 어려운 것이었지만, 타오싱즈는 낙담하지 않고, 실험사범학교를 세우는 것부터 시작하여, 농촌 교육의 실천 중에서 공농 근로대중과 서로 결합하는 길을 걸어왔다.

1927년부터 1930년까지, 이때는 타오싱즈 생활교육사상이 전면적으로 형성된 시기이다. 이 시기에, 그는 "행하는 것이 아는 것의 시작이다." "가르치는 것과 배우는 것은 하나가 되어야 한다." "생활은 곧 교육이다." 등의 문장에서, 세세한 생활교육이론을 형성하였다.

이 시기에 생활교육사상은 한 차례의 혁명성의 변화와 비약이 있었다. 타오싱즈 과거의 생활교육사상의 주요 논점은 다음과 같다.

생활은 곧 교육이고, 생활이 아닌 것은 곧 교육이 아니다.

좋은 생활은 곧 좋은 교육이고, 나쁜 생활은 곧 나쁜 교육이다.

성실한 생활은 곧 성실한 교육이고, 데면데면한 생활은 곧 데면데면한 교육이다.

합리적인 생활은 곧 합리적인 교육이고, 비합리적인 생활은 곧 비합리적인 교육이다.

생활이 아닌 것은, 곧 교육이 아니다.

소위 생활이라고 하는 것은 반드시 생활이어야 하는 것은 아니고, 또 반드시 교육이어야 되는 것도 아니다.

여기에서, 타오싱즈는 이미 모든 생활의 교육의의를 인식해냈고, 생활을 떠난 교육은 출로가 없는 것이라고 인식했으며, 또 생활에서의 교육의 능동 작용을 명확하게 제기하지 않았다. 이런 까닭에, 그는 듀이의 "교육은 곧 생활이다."를 뒤엎고, "생활은 곧 교육이다."로 변형시켰다. 이때 생활교육사상의 주요논점도 변혁을 맞았다.

건강한 생활이면, 바로 건강한 교육이다. 건강하지 않은 생활은, 바로 건강하지 않은 교육이다.

노동의 생활이면, 바로 노동의 교육이다. 노동하지 않는 생활은, 바로 노동하지 않는 교육이다.

과학적인 생활이면, 바로 과학적인 교육이다. 비과학적인 생활은, 바로 비과학적인 교육이다.

예술적인 생활이면, 바로 예술적인 교육이다. 비예술적인 생활이면, 바로 비예술적인 교육이다.

사회를 개조하는 생활이면, 바로 사회를 개조하는 교육이다. 사회를 개조하지 않는 생활이면, 바로 사회를 개조하지 않는 교육이다.

계획이 있는 생활이면, 바로 계획이 있는 교육이다. 계획이 없는 생활이면, 바로 계획이 없는 교육이다.

이렇게, 교육은 더 이상 피동적으로 생활에 적응하는 것이 아니라, 주동적으로 개조하고 능동적으로 창조하는 것으로써, 건강하지 않고, 노동적이지 않고, 과학적이지 않고, 예술적이지 않고, 계획이 없는 생활을 건강하고, 노동적이고, 과학적이고, 예술적이고, 계획적인 생활로 바꿔서 생활을 개조하고, 사회를 개조하여 교육을 개조해야 된다. 사회의 개조는 명백히 혁명성의 행위이다. "타오싱즈의 이후 교육활동과 민주정치활동은 그의 이론을 위해 가장 훌륭한 주석을 하였다. 만약에 개량주의의, 교육개조사회의 관점으로 타오싱즈를 본다면, 타오싱즈 후 반평생의 혁명적인, 타협하지 않는 전투성을 설명할 방법이 없게 된다."

이런 이론 하에, 타오싱즈가 영도한 효장학교는 사회를 개조하는 혁명성의 활동을 전개하였는데, 결과적으로 학교는 국민당 정부에 의해 차압되고, 타오싱즈도 지명수배되어, 1930년 가을에 어쩔 수 없이 일본으로 망명하였다. 일본에서의 반년 남짓 되는 시간 속에서, 그는 일본교육의 보급과 과학기술의 발달을 직접 눈으로 보고, 마음속으로 생활교육의 청사진을 그리고 있었다.

1931년 봄, 타오싱즈는 국내로 잠복해 들어와, 생활교육운동은 보급교육운동의 시기로 진입하였다. 과학지식을 보급하기 위하여, 그는 '과학보급, 전파'운동을 제창하고, 자연과학원을 창립하였으며, 『아동과학총서』와 대중과학교과서를 편찬하였다. 타오싱즈는 교육소설 『고묘고종록』을 발표하고, 문예체제로써 생활교육사상을 표현하려고 했다. 또 상하이교외에서 〈산해공학단〉을 설립하고, 저명한 '소선생제'(학업성적이 뛰어나 동료를 지도해 주는 학생)를 창조하고 널리 보급하였다.

1931년부터 1935년까지, 타오싱즈는 연이어 「향촌공학단실험초보계획설명서」, 「교학합일하의 교과서」, 「어떻게 교육의 인재를 배양하고 보급하는가」, 「소선생과 민중교육」, 「현대생활교육의 길을 보급한다」, 「중국보급교육방안토론」 등의 논문을 발표하고, 진일보하여 생활교육사상을 상술하였다. 이 시기에, 타오싱즈의 생활교육사상은 주로 전통교육에 대한 비판과 교육을 보급하는 것에 대한 관점 이렇게 두 방면에 표현되었다.

타오싱즈는 전통교육을 비판하면서 다음과 같은 전통교육의 문제점을 지적했다. 첫째, 학교와 사회가 서로 격리되었다. 둘째, 생활과 교육이 서로 분리되었다. 셋째, 선생은 가르치기만 하고 실천하지 않고, 학생은 배우기만 하고 실천하지 않는다. 넷째, 정신노동을 하는 자는 육체노동을 하지 않고, 육체노동을 하는 자는 정신노동을 하지 못한다. 다섯째, 사람에게 너무 많은 지식을 주입 한다. 여섯째, 소수만이 출세하여 돈을 번다.

타오싱즈는 생활교육이 전통교육과 다른 기본원칙이 있다고 지적하였다. ① 사회는 곧 학교이다. ② 생활은 곧 교육이다. ③ 노동은 곧 생활이다. ④ 가르치는 것과 배우는 것은 하나가 되어야 한다. ⑤ 육체노동을 할 때 정신적 노동도 함께 해야 한다. ⑥ 행하는 것이 아는 것의 시작이다. ⑦ 어린 아이를 가르칠 때는 자기가 자기를 가르치도록 한다. ⑧ 어린 아이를 가르칠 때는 소선생제를 실시한다. ⑨ 대중을 가르칠 때는 자기가 자기를 가르치게 한다. ⑩ 남을 가르칠 줄 하는 사람은 남을 가르치고, 그렇지 못한 사람은 남에게 배운다. ⑪ 가르치기 싫은 사람은 교육을 받지 않는다. ⑫ 일과 학업과 사회생활이 하나가 되어야 한다.

교육을 보급하는 방면에서, 타오싱즈는 몸소 체험하고 힘써 실천하여 「노소통천자과」와 과학보급독본을 집필하였을 뿐만 아니라, 소선생을 이용하여 교육을 보급하는 방법을 제기하였다. 「중국교육보급방안협의」라는 글에서, 그는 교육을 보급하는 원칙과 방법을 제기하였고, 중국보급교육을 위하여 매우 상세한 방안을 제정하였다. 교사문제, 교재문제부터 재력과 법률의 보장까지, 그리고 평가실시, 조직체제, 모두 구체적인 논증과 규정을 진행하였다. 만약에 이 방안이 실시되었다면 중국의 당대역사는 아마도 다시 쓰였을 것이다.

(3) 생활교육사상의 발전기

1935년 '12·9 운동' 발발 후, 중국인민은 항일 구국의 운동을 일으켰다. 구국운동은 새로운 내포를 생활교육운동에게 주고, 생활교육이 민족해방운동의 거센 흐름이 되도록 인도하였다. 타오싱즈의 "어떤 생활을 하느냐는, 바로 어떤 교육을 받았냐는 것이다."라는 이론에 근거해, 국가위기의 상황 하에, 교육은 자연히 국난교육이었다.

'12·9 운동'이 일어난 지 3일째 되던 날, 타오싱즈는 송경령, 하향응, 마상백, 심균유 등 유명 인사들과 「상하이문화계구국운동선언」을 발표하고, 상하이문화계구국연합회를 조직하기 위해 준비하기 시작했다. 다음해 2월, 그는 '국난교육사' 편성을 주장하면서 '국난교육방안'을 제시했다. 이론상 국난교육의 순탄한 발전을 끌어내기 위해 「중국 대중교육문제」라는 논문을 써서 세세하게 국난교육의 목표, 대상, 교사, 교육과정, 조직, 방법 등의 문제를 서술하고, 국난교육의 구체적 방안을 제기하였다. 타오싱즈는 국난교육의 목표란 대중문화를 보습하여 중화민족의 자유평등을 쟁취하고 중화민국 영토와 주권을 지키는 생각하였다.

타오싱즈는 "국난교육을 위해 신문, 잡지, 연극, 소설 등을 적절히 활용할 줄도 알아야 한다. 또한, 각 학교의 교과과정도 국난을 해결하는 데 부합하도록 개선할 필요가 있다. 현, 시, 향처럼 현존 하는 조직과 집회를 운용하여 민족위기와 국난을 해결하는 노선을 홍보할 수도 있다. 가정과 상점조직의 국난토론회, 독서회를 보급하고, 식자학교를 열어서 이러한 학교가 국난을 해결하는 데 효력을 발휘하도록 한다. 필요할 때는 시위행진도 한다."라고 구체적으로 제시했다.

그는 국난교육을 이끄는 사람들에게 중국은 이미 생사의 갈림길에서 있다며, 행동이 결여된 교육, 국난을 가중시키기만 할 뿐 해결하지 못하는 교육이 아니라 진정으로 의미 있는 교육을 하자고 호소했다.

국난교육방안의 제기와 실시는, 타오싱즈 생활교육의 발전에 큰 공헌을 했다. 1936년 3월 16일 타오싱즈는 〈생활교육〉에 「생활교육의 특성」이란 글을 발표하여, 생활교육의 '생활적인' '행동적인' '대중적인' '선진적인' '세계적인' '역사적 관계가 있는' 특성을 분석하고, 생활교육의 사명도 제시했다.

1936년 7월, 타오싱즈는 영국의 초청을 받아 '세계신교육회의'에 참석했다. 전국 각계 구국회의 위탁을 받아, 국민외교사절의 신분으로 중국인민의 항일주장을 전하고 해외 교포에게 국난 극복에 적극 참여해 줄 것을 요청했다. 해외에서, 그는 28개 국가를 돌아다니며, 국제적 성원을 받았다. 항일전쟁 발발 후, 생활교육운동은 '국난교육'으로부터 '전시교육'으로 바뀌었다. 『생활교육』도 『전시교육』으로 바뀌어 출판되었다. 타오싱즈는 계림에서 「생활교육」사 성립 대회를 주관하고, 생활교육자의 항전건국 시대에서의 네 가지 임무를 제시했다. ① 힘써 진보하고, 자기의 집단을 항전건국의 역량으로 만들어낸다. ② 모든 교육계에 영향을 주어 함께 진보하고, 모든 교육계가 항전건국의 역량으로 바뀔 수 있도록 돕는다. ③ 항전건국의 생활교육을 보급하는 대운동에 참가하여 전 민족이 모두 항전건국의 역량이 되도록 돕는다. ④ 반침략의 생활교육을 보급하는 대운동에 참가하여 전 인류가 모두 반침략의 역량이 되도록 돕는다.

타오싱즈는 생활교육의 이론이 "전시에는 더욱더 그 특징이 드러난다."고 생각하였으며 생활교육은 항전 중에 다음과 같은 공헌을 해낼 수 있다고 인식했다. ① 생활교육은 민족대중인류해방의 도구이다. 일본제국주의가 우리 생존을 위협하는 갈림길에서, 생활교육자는 매 수업시간마다 "이번 수업은 항전에 얼마나 도움을 줄 수 있을까?"라고 자문해봐야 한다. ② 생활의 변화는 교육의 변화인데, 진정한 항전교육은 반드시 항전생활과 늘 함께 해야 한다. ③ 사회는 곧 학교이다, 학교를 설립하여 최선을 다해 인재를 배출하고 이들이 사회를 개혁할 수 있도록 해야 한다. ④ 인민이 모여 있는 지방은 교육이 있어야 하므로, 전쟁 시에는 부상병 의원, 난민 수용소, 장정 훈련소에서부터 산 속까지 교육을 확대 보급하도록 각별히 신경을 써야 한다. ⑤ 전체의 힘은 개인의 힘보다 크므로, 학생들이 단결하여 전체주의 자아교육에 참여하도록 돕는다. ⑥ 남녀노소 모든 사람이 힘을 합쳐야 한다. ⑦ 가르치는 것과 배우는 것을 일치시켜야 한다. 배운 지식을 실천으로 옮길 수 있도록 노력한다. ⑧ 생활과 교육은 분리될 수 없다.

타오싱즈는 생활교육의 긍정적인 미래를 확신했다. 생활교육이 커다란 역할을 함으로써 일본제국주의를 무너뜨리고 자유평등의 신중국을 세우는 데 도움이 될 것이라고 믿었다.

생활교육운동 12주년 기념 때, 타오싱즈는 『전시교육』에 「생활교육 사동지서를 고한다」를 발표하고, 생활교육이 걸어온 여정을 되돌아보았다.

항일전쟁은 갖가지 장애에 부딪쳤지만 타오싱즈는 승리할 것이라고 확신하고 있었기 때문에 미래 사회를 위해 인재를 배양하는 박차를 가했다. 그는 항일전쟁의 중요성을 알리고 건국을 준비하기 위해 신식 학교인 육재학교를 세웠다. 육재학교를 세우면서, 특수 아동에 대한 인재교육도 실시하였다. 생활교육운동은 차츰 인재교육 혹은 전면교육운동의 단계에 진입하였다. 타오싱즈는 「육재학교교육요강초안」, 「나의 민중교육관」, 「인재 두돌 전야」, 「육재십자결」, 「창조선언」, 「창조적인 어린이 교육」, 「창조년 헌시」 등 글과 문집을 집필하고 학생의 생활창조능력을 배양하는 사상을 논술했다. 덕분에 생활교육사상은 날로 발전할 수 있었다.

항전 승리 후, 타오싱즈는 생활교육운동의 중점을 민주교육단계로 전환하였다. 「민주교육을 실시하는 요강」과 「전민교육(4억 중국 인민을 위해 민주교육의 초보적인 계획을 제창한다)」"이라는 두 편의 글을 통해 생활교육의 원리에 따라, 중국의 사회 실제에 맞춰 생활교육특색을 가지고 있는 민주교육사상을 제시했다.

타오싱즈는 다음과 같이 말했다. "생활교육이 추구하는 민주는 소수를 위해 봉사하는 구시대의 민주가 아니다. 인민대중이 주가 되는 민주는 모든 사람의 창조성을 발휘하는 신민주이다. 민주교육의 목적은 문화를 공유하고 공통교육을 실시하여 국민교육과 인재교육을 통일하는 것이다."

그는 민주교육의 방법에 관해 생활과 교육을 연결시키는 것이 중요하다고 지적했다. 한 가지 종류에만 국한되는 것이 아니라, 다양하게 실시해야 되고, 인재에 따라 교육을 시행해야 한다는 것이다.

또, 민주교육의 교사는 반드시 겸허와 관용의 자세로 학생과 같이 기뻐하고 슬퍼하며, 민중, 어린 아이들과 함께 학습할 수 있어야 한다고 했다. 타오싱즈는 교사와 학생간의 엄격한 경계를 없애야 한다고 주장했다.

민주교육의 교재에 관하여 타오싱즈는 교과서나 학교 이외에 대자연과 전 사회 등 살아있는 교재로 공부해야 한다고 밝혔다. 민주교육의 교육과정에 관해서는 사람들이 사회를 이해하는 데 도움이 되도록 과학적 생산지식과 민주자유사상을 교육해야 한다고 했다. 아울러 다양하고 체계적인 교과과정을 마련해 교육의 확산 및 보급에 공헌해야 한다고 밝혔다.

민주교육의 행정에 관해서는 인민 자신이 학교를 세우도록 격려해야 하며 학생 스스로 자신의 일을 관리하도록 해야 한다는 점을 언급했다. 또한 민주교육의 교장은 다음과 같은 네 가지 임무가 있다고 밝혔다. 첫째, 재직교사를 육성하여 이들이 부단히 진보하도록 해야 한다. 둘째, 교사를 통해 학생이 진보하게 해야 한다. 셋째, 학교는 국민을 위해 봉사하는 사람을 등용해야 하는데, 예를 들면 소선생을 고려할 수 있겠다. 넷째, 학교의 역량을 동원하여, 사회가 진보하도록 돕는다. 그리하여 학교가 민주의 기초를 마련하고 인재를 배출하도록 해야 한다.

상술한 타오싱즈의 교육사상은, 생활교육운동 20여 년의 경험과 교훈이 만들어낸 것이었다. 타오싱즈는 당시 '민주적인, 대중적인, 과학적인, 창조적인' 새로운 생활교육의 방침도 제시했다. 또, 미래의 민주국가가 마땅히 세워야 하는 민주교육제도에 대해 이상적인 청사진을 제시했다.

1946년 7월 25일, 타오싱즈는 과도한 피로로 인한 병으로 사망했지만, 그의 생활교육운동은 끝나지 않았다. 그는 다음과 같이 견해를 밝혔다. "진정한 생활교육은, 예로부터 지금까지 계속 존재했으며 앞으로도 계속 발전해나갈 것이다. 그리하여 가장 높은 교육의 경지에 도달해야 한다."

2. 생활교육이론의 진수

타오싱즈의 생활교육이론은 체계가 상당히 완벽하고 내용이 아주 풍부한 교육사상의 보고이다. 생활교육운동의 과정을 탐구하면서 우리는 이미 적지 않은 생활교육의 눈에 띄는 사상들을 언급하였다. 지금부터는 3가지 각도로 생활교육이론의 진수를 분석해보겠다.

(1) 3대원리

  타오싱즈의 생활교육이론은 3대원리로 이루어져 있는데, 첫째는 "생활이 곧 교육이다.", 둘째는 "사회는 곧 학교이다.", 셋째는 "가르침, 배움이 합치되어야 한다."이다.

  "생활은 곧 교육이다."는 타오싱즈의 생활교육이론의 핵심이다. 그는 생활교육에 대한 사람들의 오해를 바로잡기 위해서 다음과 같이 말했다. "생활교육은 생활에 원래 있던 것으로서, 생활 속 자기 관리이자 생활하는데 반드시 필요한 교육이다. 교육의 의의는 생활을 변화시키는데 있다. 생활은 항상 변화한다. 다시 말해, 생활은 언제나 교육의 의의를 내포하고 있는 것이다."

  이것으로 알 수 있듯, "생활은 곧 교육이다."에 내포된 뜻은 우선 어떤 방식의 생활에 어떤 교육이 있는지를 가르치는 것이고, 생활 속에 이미 있었던 교육이다. 생활 그 자체의 교육적 의의를 강조하고, 좋은 교육에는 반드시 좋은 생활이 뒷받침된다고 보는 것이다.

  이는 두 가지 의미를 담고 있다. "생활은 끊이지 않고 변화하는 것이다. 그러므로 인간의 교육은 끊임없이 이러한 변화에 적응해야 한다. 생활은 끝이 없으므로 생활교육도 평생교육이어야 한다. 생활교육은 태어나면서부터 시작되어 살아있는 동안 계속된다. 출생은 곧 교육의 시작이며 죽음을 맞이할 때 비로소 교육은 끝이 난다." 이것이 바로 "생활은 곧 교육이다."의 첫 번째 의미이다.

  우리는 교육이 결코 생활과 대등하지 않다는 것을 안다. 교육의 근본적 의의는 의식적으로 생활을 지도하고 생활을 바꾸는 것으로, 사람들이 더 건강하고, 더 합리적이며 나은 삶을 살도록 인도하는 것이다. 이것이 교육의 진정한 목적이며, 생활 그 자체가 필요로 하는 것이고, 타오싱즈 선생이 일생을 바친 교육의 원동력이다.

그는 1936년에 『생활교육의 특징』에서 "우리는 예로부터 생활이 있는 곳에 교육도 있었음을 안다."라고 밝힌 바 있다. 그런데 같은 사회 안에서 어떤 사람은 앞서가는 삶을 살고, 어떤 사람은 반대로 뒤처진 삶을 산다.

우리는 앞서가는 생활을 통해 뒤처진 사람들의 생활을 개선시켜야 하며, 이로써 모두 같이 앞서가는 삶을 살고 이에 적절한 교육도 받을 수 있도록 해야 한다. 그러므로 "생활은 곧 교육이다."라는 말의 뜻은 바로 교육을 통해 생활을 지도하고 개조하며 새로운 생활을 창조해낸다는 것을 의미한다.

"사회는 곧 학교이다."는 생활교육이론의 또 하나의 중요한 명제이다. 어떤 사람은 "사회는 곧 학교이다."는 말이 사회와 학교를 동일시하는 일종의 학교소멸론이라 주장한다. 사실, 여기서 말한 "사회는 곧 학교이다."라는 말은 학교와 사회의 연계를 강화시킴으로써 학교가 사회에 미치는 긍정적 영향을 확대시켜 학교의 교육적 효과가 학교 안에만 있지 않도록 하자는 것이다. "사회는 곧 학교이다."와 "생활은 곧 교육이다."의 원리는 같다. 모두 두 가지 의미를 지닌다. 하나는 듀이의 "학교가 곧 사회이다."라는 주장의 폐단을 극복하기 위해, 사회의 교육적 기능을 다하는 것이다.

타오싱즈는 예를 하나 들었다. "학교가 곧 사회라는 주장은 살아있는 새 한 마리를 잡아다 새장에 가두는 것처럼 작은 학교 하나로 사회의 모든 것들을 전부 흡수하려 했다. 그래서 문제가 생긴다."

타오싱즈는 새장 속의 새를 하늘로 되돌려 보내서 새가 마음껏 날도록 해야 한다면서 사회의 모든 생활상을 학교에서 그대로 재현하려 할 것이 아니라 학교가 사회 속으로 들어가 사회 전체가 학교의 교육환경을 되도록 해야 한다고 주장했다.

이렇게 되면 "교육의 자료, 교육의 방법, 교육의 도구, 교육의 환경이 늘어나 학생과 선생님도 많아질 수 있다." 그러면 전통적 교육과 생활, 학교와 사회의 부조화, 단절의 폐단도 없앨 수 있다.

우리는 학교도 사회와 같지 않다는 것을 안다. 사회의 근본가치는, 학교가 대중의 생활 속에서 더 크고 더 광범위하게 교육적 역할을 함으로써 사회 발전을 촉진하도록 만드는 것이다.

이것이 학교의 진정한 의의이자 사회생활이 학교에 바라는 것이다. 무엇보다도 타오싱즈가 고심했던 인재양성 등 학교의 힘이다.

타오싱즈는 예를 하나 덧붙여 설명했다. "작년에 평화학원學園에서 식수가 급히 필요해서 우물 하나를 팠다. 우물은 학교가 팠지만 마을 전체가 공동으로 사용하도록 했다. 그랬더니 얼마 후 두 가지 큰 문제가 생겼다. 물은 온 마을 사람들이 쓰기에 항상 부족했다. 그러자 사람들은 너도나도 일찍 가서 물을 길기 시작했고 결국 늦게 간 사람은 물을 기를 수 없었다. ……모두 물 때문에 늦을세라 앞을 다투었다. 어떤 때는 심지어 무력을 동원해 문제를 해결하려 들었다." 만약 학교가 곧 사회라면 이런 문제가 발생했을 때 학교의 권력을 이용하면 해결할 수 있다. 학교 측이 명령을 내리고 사람들이 그대로 따르도록 하면 되는 것이다.

그러나 사회가 곧 학교라는 주장은 다르다. 이 문제는 전체 학교 사람들의 생활과 관련이 있기 때문에 타오싱즈는 온 마을 사람들과 함께 문제를 해결하고자 했다. 그래서 촌민회의를 열었다. 모두 60~70명이 모였고 마을 식수문제에 관한 교육을 했다.

회의에 온 사람 중에는 할머니, 12~13세의 아이들도 있었다. 열 몇 살의 초등학생을 주석으로 하자고 의견 일치를 보았다. 나와 많은 사범생들도 이들과 함께 회의에 참여했으며 주석을 보호하는 역할을 담당하기로 했다. 회의에 모인 사람들 가운데 할머니의 말이 가장 많았다. 많은 사람들이 동시에 말을 하는 바람에 의견이 잘 전달되지 않았고 초등학생 주석도 상황을 잘 정리할 수 없었다.

이때 나와 사범생들이 직접 나서기 시작했다. 그리고 이를 통해 몇 가지 결론을 도출할 수 있었다. 이것이 바로 "사회는 곧 학교"의 해결 방식이다.

마을 식수문제 해결을 통한 교육방법은 '사회는 곧 학교'라는 것이 학교가 사회보다 위에 있으면서 이래라 저래라 명령을 내리는 것도 아니고 학교를 없애려는 것도 아님을 보여준다. 학교를 사회의 중심으로 만들어 학교의 선생님과 학생들이 군중의 생활을 참여케 함으로써 이를 통해 이끌어가는 역할을 하게 한다는 것이다.

"가르침, 배움이 합치되어야 한다."는 생활교육이론의 세 번째 원리이자, 타오싱즈의 주요 교육이론이기도 하다. '가르치는 것과 배우는 것의 합치' 원리는 전통교육에서 가르침과 배움, 책 속의 지식과 실제 생활이 서로 괴리됨을 지적하면서 나타난 것으로서, 처음에는 '가르침과 배움의 합치教學合一'라고 했다.

1919년에 발표한 논문에, 그는 '가르침과 배움의 합치' 논점과 논거를 다음과 같이 명확히 밝혔다. 첫째, 타오싱즈는 "교사의 책임은 가르치는 것에 있지 않다. 가르치고 배우는 것에 있다. 학생을 가르치며 배우는 것에 있다."고 지적했다. 그는 가르치고 배우는 것은 대게 3단계로 구분할 수 있다고 했다. 하나는 지식만 전달하는 것으로 책 한 권을 가지고 아이들에게 읽고 외우게 하는 것이다. 활달한 학생을 책벌레로 만들어 버리는 것이다. 교사는 책벌레를 만드는 사람이 되고, 학교는 책벌레나 만들어내는 장소로 전락하는 것이다.

이것은 '학생을 책에 맞추는' 방법으로 학생들이 책을 맹목적으로 읽고 책에 나온 글자를 무조건 외우게 한다. 이와 다른 방식은 '책을 학생에게 맞추는' 것이다. 교사는 책이 아닌 학생들에게 집중하여 학생들이 필요로 하는 것을 제공해준다. 이러한 교육 방식이 전자보다 나음은 물론이다.

하지만 학생은 아직 피동적 위치에 있다. "왜냐하면 교사가 한평생 학생과 함께 할 수는 없기 때문이다." 세계에는 새로운 이치가 끊이지 않고 나타나며, 오묘한 이치도 무궁무진하다. 그렇다고 해서 교사가 모든 것을 알 수는 없다. 그러므로 다음의 '가르치며 배우는' 방법이 있는 것이다.

이 방법은 가르침과 배움을 유기적으로 결합시키는 것이다. "교사는 학생을 지도해야 하는 책임이 있으며 학생에게도 학습의 책임이 주어진다. 하나의 문제에 관해 교사가 기존의 해결방법을 학생에게 전수해 주는 것이 아니다.

이 해결 방법이 어떻게 도출된 것인지를 학생에게 가르치면 학생은 최단시간에 유사한 경험을 할 때 스스로 해결책을 찾아내는 것이다. 또한 자신이 겪은 바를 통해 다른 여러 가지 방법을 찾고, 그 외의 다른 문제도 해결할 수 있다. 이렇게 해야만 학생은 '스스로 해결할 줄 아는' 인품을 기를 수 있고, 주동적으로 지식의 근원을 탐구하려 할 것이다. 이 방법은 학습 과정에서 학생의 주동적 역할을 중요하게 보았다.

두 번째, 타오싱즈는 "가르치는 법은 반드시 배우는 법을 근거로 해야 한다."고 했다.

그는 전통적인 교학방법을 비평했다. 교사는 오로지 자신의 입장만 고려해 학생을 가르치는 것에만 관심을 기울이고 학생의 재능과 흥미는 전혀 고려하지 않는다. 학생들을 이용해 "그의 교육 방법과 교육 자료를 마련하다." 이러한 교사는 학생들을 제대로 가르칠 수 없을 뿐 아니라 학생들에게 고통만 안겨준다.

반대로, "만약 교육의 방법이 자연스레 배우는 방법에 근거한다면, 교사는 힘을 적게 쓰면서 성공적으로 교육할 수 있을 것이다. 학생도 즐겁게 배울 수 있다." 그러므로 타오싱즈는 교사가 학생의 상태에 근거하여 교육할 것을 제안했다. "배우는 것이 많이 가르치고 배우는 것이 적으면 적게 가르쳐야 한다. 학생이 빨리 배우면 빨리 가르치고 천천히 배우면 교사도 천천히 가르쳐야 한다." 타오싱즈는 이렇게 학생들의 흥미를 불러일으키고 학생의 상태에 근거한 교육법과 현대교육이론은 밀접한 관계가 있다고 강조했다.

세 번째, 타오싱즈는 교사는 반드시 "가르치면서 배워야 한다." "자신의 가르침과 학생의 배움을 연계시켜야 할 뿐만 아니라, 자신의 학문과도 연계시킬 수 있어야 한다."고 했다.

그는 "각각이 이전에 배운 것들을 베껴다가 학생에게 가르친다."며 당시의 교육계를 비판했다. 그는 교사란 반드시 끊임없이 새로운 학문을 연구하여 발전을 추구해야 한다고 강조했다. 학생을 지도하면서 다른 한편으로는 학문을 연구하여 진정한 교학상장에 도달해야 한다고 했다.

교사는 먼저 배우는 것에 싫어하지 말아야 하고 그런 다음에야 비로소 '싫증내지 않고 남을 꾸준히 교육'할 수 있으며 영재를 교육하는 기쁨도 체험할 수 있다는 말도 있다.

타오싱즈의 '가르침과 배움의 합치' 이론은 십년의 연구를 통해, 특히 효장학교에서의 실험 후, 한층 충실해졌다. 그리하여 정식으로 '가르침과 배움의 합치'라는 교학합일의 명제를 제기했다. 1928년에 상하이 동아도서관에서 출판한 『중국교육개혁』에서 타오싱즈는 이 명제에 관해 다음과 같이 서술했다.

가르치는 것은 세 가지가 아니라 한 가지 일이다. 우리는 가르침과 배움이 동시에 이뤄지게 해야 한다. 가르치는 사람은 교사이고, 배우는 사람은 학생이다. 교사가 가져와 가르치는 것은 여전히 진정한 가르침이고, 학생이 가져와 배우는 것은 실속 있는 학문이다. 최선을 다하지 않으면, 제대로 가르칠 수도 제대로 배울 수도 없다

"가르침과 배움은 합치되어야 한다." 원리의 핵심은 '행동'에 있다. '행동을 한다는 것'이란 '최선을 다해 진심으로 노력하는 것'을 가리킨다. 대강의 노력은 억지일 뿐이므로 아무 의미가 없다. 대강의 노력은, 공상일 뿐이므로 이 역시 의미 없는 행동이다. 모든 감각기관을 동원하고 마음, 입, 귀, 손 등 모든 것에까지 최선을 다해야 한다. 신체 이외의 도구를 사용하기도 해야 한다. 행동, 사상, 새로운 가치의 생산 등 세 가지 특징을 갖추고 있어야 한다.

1931년에, 타오싱즈는 『가르침, 배움의 합치 교과서』를 발표했다. '가르침, 배움의 합치' 원리를 응용하여 교과지도, 교과서 등의 문제에 대해 밝혔다. 그는 과거의 교과서는 문자가 중심이었으며 자질구레한 문자를 주로 이용했기 때문에 학생들에게 자질구레한 지식만 전수할 수밖에 없었다고 지적했다. '가르침, 배움의 합치'의 원리 하에 편집한 교과서는, 다음 세 가지 중요한 특징을 갖추고 있다.

첫째는 사람이 움직이도록 이끄는 힘이 있어야 한다. 둘째는 사람이 생각하도록 이끄는 힘이 있어야 한다. 셋째는 사람이 새로운 가치를 생산하도록 이끄는 힘이 있어야 한다.

그래서 그는 "가르침, 배움 합치를 위한 행동이란 발명이고, 창조이고, 실험이고, 건설이고, 생산이고, 파괴이고, 분투이며, 출구를 찾는 것

이다. 이렇게, '가르침과 배움의 합치'의 원리와 또 '생활은 곧 교육이다.'는 서로 일치하며, 모두 실제 생활이라는 기반 위에 존재한다."고 말했다.

(2) 6대 해방

교육을 창조하는 것은 생활교육이론의 발전과정 중에 중요한 하나의 주제이다. 1941년 6월, 타오싱즈는 인재양성 2주년을 기념하는 제1회 전야제에 창조교육의 문제를 제기했다.

그는 인재양성 학교를 위해 「창조년계획요강」을 제정했고 '창조년 헌시'를 썼으며 '인재양성 학교의 학자금 조성법'을 제안했다. '인재양성 유년 연구생' 활동을 전개했고 인재양성 학교의 교사와 학생이 '함께 열심히 학교에서 공부할 것, 신중국과 신세계를 창조할 것'을 주장했다.

타오싱즈는 화룡점정의 필법을 이용하여 생활전진 과정을 창조를 위해 윤곽을 마련했다. 그의 '인재양성의 세 가지 방침'은 가장 간결한 창조교육의 교수 방법이라고 볼 수 있다. 전문이 길지 않으며 그 내용은 다음과 같다.

① 아이들의 끊임없는 호기심은 어느 특수 활동의 천성에 있고, 특수한 환경과 설비와 방법을 통하여, 우리는 그들의 성장을 양성하고 인도하여 미지의 세계로 나아가게 한다.

② 아이들의 일반적인 지력에 근거하여 깨닫고, 계몽성 보통교육을 통하여 학생들이 선택한 특수 활동에 대하여 더 깊은 이해를 하도록 지도한다. 또한 인생의 여러 관계와 우주, 인류 역사의 발전에 대해 더 잘 알도록 한다.

③ 기꺼이 남을 도우며 단체 생활을 좋아하는 아이들의 성량에 근거해 이들이 민족과 인류를 더 사랑할 수 있도록 지도한다.

창조교육은 우선 학생들이 흥미를 갖게 하는 것이 중요하다. 흥미를 가지고 미지의 세계로 나아가게 한다. 그 다음엔 학생의 사고력을 개발해야 한다. 사고의 자각을 통해 객관적인 규칙을 파악할 수 있도록 돕는다. 다음엔 학생의 정서를 배양하여 이들이 타인을 돕는 것을 기쁘게 생각하고, 민족과 인류를 사랑하도록 이끌어준다.

인재양성 학교의 생활창조의 성공은 타오싱즈에게 큰 격려가 되었으며 이를 통해 깨달은 바도 많았다. 또한 미래의 신중국 건설 역시 그에게 지대한 활력과 원동력을 제공했다.

그는 불후의 『창조선언』과 아동 창조교육 이론을 설명한 계통의 『창조적인 아동교육』을 써서 그의 생활 교육사상을 절정으로 끌어올렸다. 『창조선언』에서 그는 열정적으로 "창조는 아직 완성되지 않은 일로서 우리의 지속적인 노력을 요구한다."라고 했다.

그는 교육자가 창조해야 하는 것은 참되고 착하고 아름다운眞善美 살아있는 사람이고, 교사의 성공은 자기 자신을 숭배할 가치가 있는 사람으로 만들어내는 것이라고 했다. 또한 교사에게 가장 큰 즐거움은 자기 자신을 숭배할 가치가 있는 학생으로 만들어내는 것이라고도 했다.

그는 평범한 환경, 단조로운 생활, 너무 적은 나이, 너무 무능한 사람, 곤경에 빠지는 등의 핑계를 대면서 창조하지 않는 게으른 자를 비평했고, 또한 사람들에게 다음과 같이 호소했다.

"곳곳이 창조의 땅이고, 매일 매일이 창조의 시간이며, 누구나 창조의 인간이다. 두 걸음을 앞으로 갔다가 한 걸음 뒤로 물러나는 것은 더 큰 창조를 위한 준비나 다름없다……. 땀과 피와 열정만 있다면 바로 창조의 신을 따르는 사람이 될 수 있고 창조의 꽃을 피워 창조의 과실을 맺을 수 있고 창조의 산림도 가꿀 수 있다."

「창조적인 아동교육」과 「민주교육의 개요 실시」 등의 글에서, 타오싱즈는 창조교육이론의 요점 '6대 해방'을 구체적으로 서술했다. 그는 어린이가 창조력을 갖고 있고, 오직 이러한 창조력을 방출시켜내야만 비로소 창조력이 묻히지 않고 낭비되지 않는다고 여겼다. 그리하여 그는 어린이의 창조력을 자유롭게 하는 여섯 가지 방법을 제기했다.

첫째, 어린이의 눈을 자유롭게 해야 한다. 타오싱즈는 전통교육은 아동에게 봉건적인 유색안경을 가져다주며 아동이 사회와 생활에서 벗어나게 함으로써 사회에 무익하고, 생활에 도움이 안 되는 '책벌레'를 만들었다고 했다.

타오싱즈는 『나는 세계를 보고 싶다』를 저술하고 『눈을 뜨고 보자』의 시를 번역한 적이 있는데 당시 어린이의 안목 해방에 대한 자신의 기대를 반영했다. 그리고 창조교육을 통해 아동이 자신의 눈으로 사물을 제대로 바라볼 수 있게 해야 한다고 했다.

두 번째, 어린이의 두뇌를 자유롭게 해야 한다. 타오싱즈는 전통교육은 어린이의 창조력을 고유의 미신, 선입견, 오해, 환상으로 겹겹이 휘감아 그들의 사고를 제한한다고 했다.

창조교육은 여자의 전족 천을 찢어버리는 것처럼 어린이의 머리를 묶는 천을 풂으로써 어린이에게 두뇌를 자유롭게 하여 생각이 트여서 믿음과 힘을 기르게 하여, 최종적으로 '중화민족의 창의력이 마음껏 발휘되도록'해야 한다고 타오싱즈는 주장했다.

세 번째, 어린이의 두 손을 자유롭게 해야 한다. 타오싱즈는 전통교육의 폐단은 어린이가 손을 대는 것을 허락하지 않는 것이라 여겼다. "손을 대는 것은 손바닥을 맞아야 하고, 이따금 어린이의 창조력을 학대했다."고 말했다.

그리고 창조교육은 에디슨의 어머니처럼 그렇게, 아이에게 손을 댈 수 있는 기회를 주어야 한다면서 시를 통해 다음과 같이 어린이를 격려하였다. "인생의 두 개의 보물은 두 손과 머리이다. 머리를 쓰고 손을 쓰지 않으면, 곧 넘어질 것이다. 손을 쓰고 머리는 쓰지 않으면 밥도 배불리 먹지 못할 것이다. 손과 머리를 모두 쓸 수 있어야 능력 있는 성인으로 성장할 수 있다. 손과 머리를 동시에 사용하는 것이 창조활동의 기본 조건이다."

네 번째, 어린이의 입을 자유롭게 해야 한다. 타오싱즈는 전통교육을 받은 아동은 종종 말을 더듬고 과묵하며 언론의 자유가 없다. 어른이 말을 하면 어린아이는 이를 듣고 행동한다. 때문에 아동의 창의력을 키워 줄 수 없다.

창조교육은 아동이 문제를 제기할 것을 장려하여 아이들이 언론의 자유, 특히 질문의 자유를 얻게 하였다. 타오싱즈는『모든 일을 묻는다 每事問』에서 "천만 개의 발명, 그 기점은 한 가지 물음이다."라고 하면서 아동의 입을 자유롭게 하는 것의 의의를 높이 평가했다.

짐승은 질문을 할 수 없기 때문에 사람보다 못하다. 지혜로운 사람은 정확한 질문을 하지만 어리석은 자는 묻는 것도 미련하다. 매사에 질문을 할 때만 사람의 힘이 자연의 힘을 능가할 수 있다. 질문을 하는 것은 발명의 시작이자 동물과 사람을 구분하는 분수령이다. 어린이의 입을 자유롭게 한다는 것은 두말할 필요도 없다.

다섯째, 어린이의 공간을 자유롭게 해야 한다. 타오싱즈는 전통교육은 새장이며, 개량된 학교 역시 나무와 가짜 산이 있는 커다란 새장일 뿐이며, 무미건조한 교과서로 아이들을 교육함으로써 아이들의 정신세계를 메마르게 하고 좁은 시야를 갖게 한다고 주장했다.

"어린이의 공간을 자유롭게 해야 하고, 그들에게 대자연 중의 화초, 수목, 푸른 산, 푸른 물, 일월, 별에서 큰 사회의 선비, 농민, 공인, 상인, 온갖 종류의 사람까지 접촉하게 하고 우주에 대해 자유롭게 질문을 할 수 있도록 해야 한다. 만물과 친구가 되고 국내외 모든 세상을 알도록 해야 한다. 창조를 하려면 해박한 지식의 기초가 필요하다. 공간을 자유롭게 해야 비로소 풍부한 재료를 수집할 수 있고 인식의 시야를 넓혀서 창조력을 발휘할 수 있다."

여섯째, 어린이의 시간을 자유롭게 해야 한다. 타오싱즈는 전통교육의 시험제도에 관해 "얼굴 위의 혈색, 건강, 부모의 보살핌을 사라지게 만들고 민족인류에 대한 책임을 상실케 하며 심지어 항전의 책임도 사라지게 만든다. 가장 원하는 것은 얻지 못하고, 시간만 낭비하게 만든다.”고 비판했다. 학교는 학생의 모든 시간을 점거하고 어린이가 인생을 공부할 기회를 잃게 했다. 학생들은 “성인이 될 때까지, 비록 시간이 있어도, 어떻게 손을 대야 그의 창조력을 발휘할지 모른다.”

그는 창조교육을 제창했다. 창조적인 아동교육은 우선 아동을 위한 시간을 확보해야 하고 그들에게 관찰할 시간, 사고할 시간, 착수할 시간, 질문할 시간, 생활을 체험할 시간을 줘야 한다.

타오싱즈는 일찍이 1945년에 ‘6대 해방’을 개괄했다. ‘6대 해방’은 창의력을 발휘하는 전제조건이라고 여겼다. 그는 “눈을 자유롭게 하고, 색안경을 부수고, 모두가 사실을 보도록 교육하라. 두뇌를 자유롭게 하고, 정신을 싸매는 천은 찢어버리고, 트인 사고를 하도록 하라. 두 손을 자유롭게 하고, 보이지 않는 장갑을 내던지고, 사람들로 하여금 두뇌의 명령을 집행할 수 있도록 해야 한다. 입을 자유롭게 하고, 모두에게 언론의 자유를 누릴 수 있게 하고, 한가롭게 이야기를 나누고, 하늘을 이야기하고, 마음을 이야기하여 진리를 말하게 해야 한다. 공간을 자유롭게 하고, 인민과 아이들을 문화 새장에서 나와 대자연과 대사회에 날아 들어가 풍부한 식량을 찾게 해야 한다. 시간을 자유롭게 하고, 인민과 아이들은 바쁜 일 속에서 벗어나 모두에게 여가를 갖도록 하고 문제를 생각하고 나랏일을 이야기하며 책을 보고 일반 서민에게 유익한 일을 하고, 그리고도 남는 시간에 놀게 해야 비로소 사람으로서의 의미를 바로 알 수 있다. 6대 해방을 이뤄야만 창의력을 발휘할 수 있다.”고 했다.

(3) 작은 선생 제도

1931년부터 시작한 생활교육운동의 중심의제는 보급교육이었다. 어떻게 해야 비로소 보급교육을 빠르게 발전시킬 수 있을까? 어떻게 해야 선생의 자격 부족 모순을 해결할 수 있을까? 타오싱즈는 신안여행단의 성공으로부터 계몽의 자극을 받았다. 그래서 “작은 선생제도”를 제기하게 되었다. 그래서 1934년, 그는 보산현 민중교육관에서 주회한 민중교육 복무원연습반 개학식에서 “작은 선생과 민중 교육”의 강연을 주제로 연설하였고, 작은 선생제도에 대해 비교적 체계적인 논술을 하였다.

타오싱즈는 다음과 같이 밝혔다.

“민중교육은 바로 교육과 지식을 공기와 같이 변형시키는 것과 같아, 우주에 만연하고, 천지에 존재하며 중생에게 보급된다. 공기는 모든 사람에게 필요하므로, 부족할 수 없다. 교육도 역시 모든 사람이 필요로 하고, 부족해선 안 된다. 그런데 지식을 공기처럼 변화시키려면 가장 좋은 방법으로 작은 선생제도 만한 것이 없다.”

“작은 선생은 왜 지식이 공기처럼 변화하는 것과 같이 쉽게 보편화될 수 있는 것일까? 작은 선생은 바로 작은 학생이기 때문에, 아침에 두 글자를 배우고, 저녁에는 자신이 배운 이 두 글자를 다른 사람에게 가르쳐줄 수 있다. 지금 배운 지식이나 한 가지 기술을 그때그때 다른 사람에게 가르쳐줄 수 있다. 큰 선생처럼 월급을 요구하지도 않는다. 그래서 우리는 경비를 쓰지 않고 교육을 보급시켜 나갈 수 있다.”

이밖에 작은 선생은 중국에서 가장 보급이 어려운 여아교육, 학교와 가정, 사회의 관계 강화, 민족의 타성 극복 등에 중요한 의의를 갖는다.

타오싱즈는 특별히 ‘작은 선생의 노래’를 만들었다. 생동감 있는 표현으로 작은 선생의 우수성을 높이 평가했다.

나는 작은 학생, 작은 선생으로 변했다.

지리멸렬한 사유지식은 시대를 나누었다.

나는 작은 선생, 공부하는 것은 생계에 지장을 주지 않는다.

네가 공부할 시간이 없다면, 내가 너의 등 뒤에서 지식을 읊어주겠노라.

나는 작은 선생, 새장이 어지러운 것을 보았다.

작은 새를 놓아주어 산림으로 훨훨 날아가도록 하리라.

나는 작은 선생, 이렇게 학생들을 가르친다.

배웠으면 빨리 가서 다른 이를 가르쳐라. 가르친 후 다시 와서 학생이 되어라.

나는 작은 선생, 맹렬한 불길은 흡사 화산이 폭발하는 듯하다.

태어나서 난관에 부딪치는 것을 두려워하지 아니하고, 난관을 만나더라도 하나하나 변화시킨다.

나는 작은 선생, 병마와 용감히 맞서 싸운다.

파리와 모기를 쫓아내 사람들 사이에 전염병이 발생하지 않도록 하는 것이다.

나는 작은 선생, 사람을 해하는 것들을 사라지게 한다.

제국주의를 뒤집어엎고, 사람들을 혼란시키는 것을 잡아가둔다.

나는 작은 선생, 군중과 생소해야 한다.

하늘에 길이 없으면 길을 만들고, 땅에 문이 없으면 문을 만든다.

타오싱즈의 강력한 추진 아래, 작은 선생제도는 중국에서 빠르게 널리 보급됐다. 전국 23개 성의 부분 구역은 모두 작은 선생제도를 실시했고, 동남아 부분국가 역시 이 작은 선생제도를 채용했다. 작은 선생 실천 활동을 더 잘 지도하기 위해서 타오싱즈는 시기를 놓지 않고 작은 선생의 문제를 도대체 어떻게 해야 하는 것인지에 대해 다음과 같은 내용을 제기했다.

첫 번째, 학생을 찾아야 한다. '학생을 찾는 것'은 작은 선생의 첫 번째 수업이다. 학생과 처음 만났기 때문에 말을 할 때 마음대로 말하면 안 되고, 잘 지내보려는 합당한 말을 가지고 상대방을 설득해야 한다. 그러므로 작은 선생은 말을 하기 전에 그 말을 해도 되는지 먼저 생각을 해봐야 한다.

두 번째, 교과서가 필요한가. 문자는 생활의 부호이다. 민중에게 적합하고 가장 공통적으로 필요한 교과서를 채용하는 것이 가장 좋다. 교과서가 없으면 계속 공부하려는 흥미를 갖기가 쉽지 않지만 그래도 작은 선생은 교과서에만 의지할 수 없다. 보충교재와 임시교재를 사용해 특수한 당시 수요를 만족시킬 수는 있다.

세 번째, 글자를 익히고 글을 읽는다. 글자를 익힌다는 것은 글자를 알기 위해서 글자를 익히는 것이 아니다. 글자가 모여 글이 되어야지만 의의가 있고, 배울 때에도 비로소 흥미가 생긴다. 또한, 그래야만 "진정으로 글자를 익히고자 하는 목표를 실현했다고 할 수 있다."

네 번째는 활동적인 자료이다. 작은 선생은 사람을 가르치기 시작하고 글을 익히고 책을 읽을 때 교과서의 힘을 빌려야 사람들의 지속적인 향상을 도울 수 있다. 하지만 반드시 여러 가지 기회를 이용하는 법을 배워야 한다. 생활 속에 항상 보이는 사물을 교재로 사용하면 효과가 더욱 좋다.

다섯 번째는 축음기와 라디오다. "작은 선생은 축음기나 라디오 통해 민중의 음악과 국어 선생님이 된다." 아주 새로운 현대화교학 수단을 사용하기 때문에 사람들의 더 많은 흥미를 불러일으켜 발전을 도모할 수 있다.

여섯 번째는 그림책의 기능이다. 각양각색의 그림색은 민중의 마음을 가장 끌어드릴 수 있다. 작은 선생은 반드시 학생들을 지도할 그림들을 많이 찾는 방법을 세워야 하고, 필요할 때에는 스크랩한 내용으로 직접 그림책을 만들 수도 있다.

일곱 번째는 자신이 배운 것을 곧바로 가르치는 것이다. 작은 선생의 임무는 글자를 알도록 가르치는 것뿐만 아니라 "뭔가를 알면 그것을 가르치는 것이다."

여덟 번째는 가르치는 시간이다. 작은 선생의 교육 시간은 30분을 넘어서는 안 된다. 시간이 너무 길어지면 오래 지속하기 어렵기 때문이다. "매일 30분 동안 사람을 가르치는 것은 작은 선생 본인에게나 학생에게나 모두 유익하다. 그래야 평생 가르치고 배울 수 있으며 중도에 그만두지 않는다."

아홉 번째는 게으름을 피우지 않는 것이다. 작은 선생은 학생을 친구처럼 대우해야 하고, 그들의 문제와 어려움을 알아야 한다. 언제든지 학생을 돕고자 하며, 이를 전혀 번거롭게 여기지 않는다는 것을 보여줘야만 학생들이 줄어들지 않을 것이며, 더불어 작은 선생도 이들의 사랑을 받을 수 있다.

열 번째는 겸허한 마음으로 열심히 공부한다. 작은 선생은 열심히 학문을 탐구해야 한다. 책을 통해서만 공부할 것이 아니라 자신의 학생에게도 배워야 하고 '주고받는 식'의 교육을 진행한다. "작은 선생은 그가 자신의 학생이라는 것을 잊어야 하며 학생도 작은 선생이 자신의 선생이라는 것을 잊어야 한다. 그래야 작은 선생도 진보하는 선생이 될 수 있다."

열한 번째는 작은 학생을 하도록 학생들을 가르치는 것이다. 작은 학생의 책임은 학생을 가르치는 것뿐만 아니라, 이들이 작은 선생과 배운 것을 전달하는 선생이 되도록 가르치는 것이다. '알면 곧 전달하기'의 정신을 길러주는 것이다.

열두 번째는 작은 선생 단체이다. 개인의 힘은 작지만 단체의 힘은 크다. 작은 선생들이 '작은 선생 단체'를 결성하여, 개개인의 힘을 모아 공동의 목표를 실현하기 위해 한데 쏟아 붓는다.

열세 번째는 영향력이 끊임없이 증가하도록 한다. 작은 선생은 방문,

통신, 전체집합, 순회지도, 도서의 유통, 참관 등의 방식을 통해서 학생과 연계되어야 한다. 그렇게 되면 작은 선생의 역할과 영향력이 기하급수적으로 커지면서 교육의 보급에 더 많은 공헌을 할 수 있다.

열네 번째는 작은 선생과 학생이 서로를 격려 및 감시하도록 하는 것이다. 작은 선생은 항상성이 있어야 한다. 며칠 혹은 몇 달 가르치고 학생을 그만두는 것은 안 된다. 학생과 더불어 장기적이고 소중한 인간적 관계를 만들어야 한다.

작은 선생은 교육보급운동 중에 크고 중요한 역할을 했을 뿐만 아니라, 적극적으로 생활과 사회에 뛰어들어 시대의 발전에 따라 스스로도 변화, 발전했다. 타오싱즈도 1936년에 출간된 『작은 선생의 사명』에서 작은 선생에게 국난 해결을 위해 공헌해줄 것을 당부했다.

"우리의 작은 선생은 가장 위대한 학교에서 활동하고 있다. 이 학교에는 교사 5억 명, 학생 5억 명이 있다. 우리에게는 민족해방운동이라는 오직 한 과목밖에 없다. 문맹퇴치교육, 과학교육은 모두 민족해방을 위해 실시되는 것이다. 진정한 자유평등의 중화민족의 창조가 성공하면 핍박 받던 사람들도 살기 좋아질 것이다. 그런 날이 와야 비로소 작은 선생의 교육이 끝날 것이다. 전국의 작은 선생이여! 이것은 모든 작은 선생이 함께 짊어져야 할 새로운 사명이다."

3. 생활교육사상의 가치

타오싱즈의 생활교육사상은 중국교육사상사에서 매우 중요한 위치를 차지하고 있다. 대중의 교육, 애국의 교육, 창조의 교육은 그 기본적 가치가 내재되어 있다.

생활교육은 대중의 교육이다. 타오싱즈는 생활교육의 특징은 다음과 같다고 했다.

"진정한 생활교육에서 살펴보면, 대중 모두가 선생이고, 학우이며 학생이다. 교수행위는 하나로 합쳐지는데, 아는 대로 바로 전하는 것은 대중의 생활법이자, 곧 대중의 교육법이다. 한마디로 말하자면, 생활교육은 대중의 교육이고, 대중 스스로 행하는 교육이며, 대중이 생활해방을 위해 행하는 교육인 것이다."

이처럼 생활교육사상이란 기본적으로 대중에 입각한 것이고, 힘들게 노동하는 대중의 현실에서 출발하여 이들을 위해 봉사하는 것이다. 그것은 '현대 여성의 다이아몬드 반지가 아니라 얼음과 눈으로 뒤 덮인 곳에 사는 가난한 사람의 빵과 해진 솜저고리'이다.

생활교육이 바로 대중의 교육이기 때문에 결국은 대중의 생활과 긴밀하게 함께 연결되어 있다. 따라서 대중에게 받아들여지고 환영을 받았으며 생활교육을 제창한 타오싱즈 또한 진정한 '국민교육가'가 되었다.

생활교육은 애국의 교육이다. 타오싱즈는 일찍이 1923년에 그의 여동생인 문미에게 보낸 편지 속에서 "우리는 이 시대를 살면서 일정한 사명을 가지고 있는데, 이 사명이란 바로 우리의 모든 정신을 가지고 국가의 재난을 만회하고, 나아가 평안하게 살고 즐겁게 일할 수 있는 사회를 만들어 후세에게 물려주는 것을 말한다. 이것은 선열에 대한 예이자, 우리의 후대에 대한 책임이기도 하다."라고 말했다.

이렇게 강력한 애국열정을 품고, 국가를 역경으로부터 구해내고, 자손만대에게 행복을 준다는 숭고한 이상은 생활교육사상이 꾸준히 실시될 수 있는 무한한 힘의 원천이 되었다.

조국의 생사가 걸린 위급한 고비에서 생활교육의 주창자들은 항상 그때마다 새로운 형세의 전략 임무를 조정하여 생활교육과 국가의 운명을 긴밀하게 하나로 연결시켰다. 생활교육은 창조적 교육이다. 이는 생활교육의 창시자인 타오싱즈가 제안한 창조교육의 '6대 해방'에 기초할 뿐만 아니라 또한 생활교육사상 본연의 창조성에서 기인한다.

일찍이 1919년에 타오싱즈는 "교육계에는 과감하게 창조하고자 하는 사람이 있는데, 이들은 창조적 교육가이자 용기 있는 개혁가이며 초대의 혁신 교육가이다."라고 말했다.

새로운 교육제도의 초안을 평가할 때에 타오싱즈는 또 건축으로 예를 들어 교육이 가장 답습을 꺼려야 하는 이유를 설명했다. 그는 "건축은 표절을 가장 기피한다. 다른 사람의 도안을 가지고 집을 짓는다면, 경제적이지 못하거나 혹은 풍경 어울리지 않는다거나, 아예 쓸모가 없을 것이다. 그렇게 되면 나중에 후회하더라도 소용이 없다. 중국에 새로 학문이 일어난 이래 맨 처음에는 서양 것을 모방하고, 뒤이어 일본 것을 배우고, 민국 4년엔 독일 것을 취하고, 최근에는 미국 열풍이 불고 있는데, 이는 모두 불건전한 추세이다. 이것을 배우다 저것을 배우는 것은 결국은 아무것도 되지 못한다는 것을 의미한다." 교육사상에 관해 타오싱즈는 선인들의 경험 속에서 좋은 것을 취하여 받아들이고, 이들의 학설에 개선된 내용을 덧붙여 창조를 해야 한다고 주장했다.

1946년 6월 14일 타오싱즈는 류디柳湜과의 담화에서 "나의 교육사상은 대부분 부르주아부터 대지주, 평민에 이르기까지 이들로부터 깨달은 바를 통해 만들어진 것이다. 그러므로 나의 사상은 그들의 것을 답습한 것이 아니다. 그들은 단지 나의 사상의 일부를 깨워주었을 뿐이다. 부분적으로 그들의 것을 반대로 끌어다가 내가 진리로 만들기도 했다. 어떤 것은 생각해낼 수가 없는 것인데 군중들의 시작하고자 하여야 비로소 능히 볼 수 있는 것이었다. 시작이라는 것은 참 중요하다. 시작이 있어야 창조가 가능하다."라고 말했다.

바로 이러한 사상을 바탕으로 타오싱즈는 존 듀이John Dewey의 "교육은 생활이고 학교는 곧 사회이다."라는 명제를 변형시켜 "생활이 곧 교육이고 사회가 곧 학교이다."라는 사상을 내놓았다.

"아는 것은 행함의 시작이고, 행함은 아는 것의 이룸이다."라는 왕쇼우런의 주장을 변형시켜 "행하는 것은 아는 것의 시작이고, 아는 것은 행하는 것의 이룸이다."라는 주장을 내놓았다. 아울러 그것을 '교敎학學주做(실천)합일'이라는 교육론 기초로 만들었다.

그는 아들의 공부에서 연계교수법을 깨달았고, 신안여행단의 경험을 통해 작은 선생제도를 창조했다. 그리고 마침내 독특한 생활교육 사상을 만들어 낼 수 있었다.

치엔쥔루이錢俊瑞는 일찍이 이렇게 그를 다음과 같이 평가했다. "타오싱즈 선생은 보기 드문 훌륭한 사람이다. 그는 엄숙하고 진지하나 또 활발하고 정이 넘치는데, 높은 과학적 지식과 예술적 교양과 창의력을 갖추었으며, 도량이 관대해 끝이 없고 일을 함에 엄격하고 세밀하며, 타인에게는 관대하나 자신에게는 엄격하다. 물질적으로는 극도로 검소하지만 정신세계는 굉장히 풍부하며 세계에 관한 폭넓은 지식과 넘치는 중국적 기백의 소유자이기도 하다. 냉철한 이성을 가지고 있으며 그의 간단하면서도 깊이 있는 잠언은 사람들을 웃게 할 만큼 해학적이다."

이러한 인격적 특징은 타오싱즈의 교육 저서에서 자주 눈에 뜨인다. 특히 그의 교육시가에서 확인할 수 있는데, 이는 중국교육사상사의 값진 자산이다.

그는 심오한 교육철학이론을 생동적이고 용이한 시가형식으로 표현하여 많은 대중들이 쉽게 이해하고 받아들이도록 하였다. 그리하여 생활 교육이론은 가장 광범위한 군중과 독자를 확보하여 교육이 서재에서 나와 군중의 삶으로 들어가도록 한 타오싱즈의 교육이상을 실현했다.

교육이론으로써 생활교육사상 역시 완벽하지는 않았으며 어느 정도 역사와 시대적 제약을 가지고 있다.

듀이의 교육사상보다 월등하고 생활교육 이론구조와 특징을 갖고 있었지만, 체계적인 지식전달과 교사의 주도적 역할, 학교의 역할 등 문제에 관해서는 충분한 관심을 기울이지 못했다.

타오싱즈의 생활교육 이론은 그가 신교육과 평민교육운동을 전개하는 동안, 그리고 혁명과 교육을 실천하는 동안 끊임없이 발전을 거듭했다. 이론의 핵심은 국민 생활을 개선하기 위해 교육은 사회생활실천, 생산노동과 긴밀히 연계되어야 한다는 것이었다.

타오싱즈의 생활교육은 자본주의사회가 발전하면서 나타나는 수요를 만족시키기 위해 나타난 듀이의 실용주의 교육과는 달랐다. 타오싱즈의 교육사상이 검증되어야 할 만한 점이 있기는 하지만, 반식민지 반봉건의 중국에서 그의 교육사상은 5·4 운동 이후 중국교육의 발전에 중요한 영행을 미쳤다. 또한 그의 교육사상관과 견해는 오늘날까지도 이론적 가치를 가지고 있어서 계속 연구하고 참고할 만하다.

09

중국 현대
산교육사상

1979년 7월 14일, 타오싱즈의 부인 우수친의 요청으로, 천허친은 행지중학교 건립 40주년 기념 글을 썼다. 이 고령의 교육가는 떨리는 손으로 감격의 글을 써내려갔다.

우리의 교육전선은 동지들을 이어 주고,

우리의 목표는 우리가 나아갈 길을 열어주며,

우리의 실천 기준은 우리의 사업을 공고히 해주네.

우리의 출생 시기로 말미암아 학우로 만나네.

우리의 해외유학은 같은 학문을 위한 것이고,

우리의 귀국은 다 함께 교편을 잡는다는 것을 의미하네,

우리의 큰 뜻은 타인의 모범이 되는 것이며,

행지중학교는 우리 일생의 모범일지어다.

현대교육사상 타오싱즈처럼 동지가 많은 교육가는 드물다. 천허친은 타오싱즈의 동지였을 뿐만 아니라 동반자이자 동료로서 교육사상을 위해 큰 공헌을 했다.

1. 산교육의 준비와 제기

1914년, 태평양 대안으로 가는 여객선에서 중국 현대교육사상 중요한 사건이 발생했다. 타오싱즈와 천허친은 모두 이 여객선을 타고 있었다. 당시 타오싱즈가 현대과학기술을 구가하는 노래하는 '해풍가'를 쓰고 있었는데, 천허친은 그 때 마침 의학을 포기하고 교육을 선택할 것인가를 고민하고 있었다. "의사는 병을 고치는 사람이지만, 나는 사람을 고치는 사람이어야 한다. 의사는 환자와 짝을 이루어야 하지만, 나는 어린이를 좋아한다. 어린이도 내가 교육과 인연을 맺기를 바란다." 그리하여 여객선에 타고 있던 미래 중국교육의 두 위대한 인물이 깊은 우정을 맺을 수 있었다.

미국에서 유학하는 동안 천허친은 킬패트릭Kilpatric, 몬로Monroe, 손다이크Thorn·dike, 존 듀이 등 저명한 교육가에 대해 공부했고, 특히 듀이의 반전통교육정신의 영향을 받았다. 귀국 후, 그는 중국 아동교육의 개혁에 힘썼고, 지능검사와 교육검사를 소개하고 유아교육실험을 연구하는데 개척자로서 중요한 역할을 했다.

1927년은 '산교육' 사상 준비 과정의 중요한 일 년이었다. 그 해 천허친은 자기가 창립한 고루유치원의 실험연구 결과를 바탕으로 「유치원교육」에 「우리의 주장」이라는 장편의 논문을 발표하여 중국 실정과 중국 아동의 특징에 맞는 유치원을 설립해야 한다는 15개 논거를 제시했다. 그는 아동교육은 반드시 독자적인 논조가 있어야 한다고 지적했다. 만약 "중국이 막 교육 사업을 시작했을 때처럼 일본을 답습했다가 이내 미국을 답습하는 남의 것만을 베끼는 데 급급하면 결국에는 좋은 교육을 할 수 없다.”고 주장했다. 천허친은 유치원과 가정의 협력, 유치원의 교과과정, 설비, 교사, 교수법 등의 문제에 대해 자신의 입장을 분명히 나타냈다. 여기에는 이미 ‘산교육’ 사상이 싹 트고 있었다. 그는 ‘유치원의 교과과정은 자연, 사회’를 중심으로 이뤄져야 한다고 주장했는데 이는 후일 “대자연 대사회를 주교재로 삼고 교과서를 참고자료로 삼아야 한다. 이것이 바로 산교육이며 직접 체험이다.”라고 주장한 것과 연장선 상에 있는 것이다.

그 해 천허친은 「유치교육의 새로운 추세」를 발표하여 세계 유아교육의 새로운 추세를 소개했다. 예를 들면 자유 활동, 야외활동, 교과과정 개정, 기준 제시, 유아의 심리 연구, 유치원과 1학년의 연계관계, 유아원 등을 중시한다는 새로운 흐름이다. 천허친은 “교육은 시세에 맞게 변해야 한다. 시세가 바뀌었는데 교육이 여전히 바뀌지 않으면 그 교육은 ‘죽은 교육’이며 효과가 없다.”라고 했다. 새로운 추세에 적응하고, 규정한 교재를 잘 활용해야만 유치원 교육의 건전한 발전을 이룩할 수 있다. 여기서 그는 처음으로 ‘죽은 교육’이라는 개념을 처음 제시했다.

같은 해 천허친은 타오싱즈가 설립한 난징 효장사범학교를 전력 지지했으며, 이 학교의 지도교사와 제2캠퍼스(유치원사범원)의 원장을 겸임했다. 또 타오싱즈와 함께 영화촌유치원을 설립했으며, 중국의 농촌에 유치원을 보급하는 일에 종사했다. 효장에서 일하는 동안 타오싱즈의 생활교육 이론과 실천은 그에게 많은 영향을 주었다. 천허친은 다음과 같이 회고한 적이 있다.

> 나는 효장 개학 첫날을 아직 기억한다. 몇 백 명의 학생과 농촌 남녀
들이 황무지에서 개학식을 했다. 타오싱즈 선생은 푸른 하늘을 가리키
며 학교의 지붕이라 했고 황색 진흙땅을 가리키며 학교의 바닥이라 했
다. 학생과 농촌 주민들에게 준비과정, 학교설립의 취지, 교학방식과 앞
으로의 계획을 보고했다. 나는 감동한 나머지 감격의 눈물을 흘렸다. 타
오싱즈 선생의 탁월한 정신, 위대한 창조력, 사상의 전진은 전에 없던
것이었다.

효장실험 정신의 격려 아래, 천허친은 개혁의 믿음이 강해졌으며 서
양교육이론의 기초 위에 중국의 현실을 결합시켜 과학화, 현지화한 교
육이론을 창조했다. 이는 전통교육의 대한 일대 변혁이었다.

1937년 항일전쟁 발발 후, 상하이에 설립된 난민교육협회가 난민수
용소 70여 곳의 난민교육을 책임졌다. 천허친과 자오부추 등은 이 협회
의 주요 책임자로 추대되었으며, 상하이 국제구제회 교육부분의 주임
을 담당했다. 국난의 비상시기 때 천허친은 아동교육도 "빠르게 대처
할 수 있는 특수 시설이 있어야 한다. 만약 국가전시 활동에 적극 참여
하지 못 한다면 교육은 무용지물로서 사라져야 한다."고 했다. 이러한
상황에서는 당연히 혁신적이고 항일전쟁에 적합한 교육개혁을 하지 않
을 수 없었다. 천허친은 이와 같은 새로운 교육을 가리켜 "산교육"이라
했다. 그는 "항일전쟁 초기에 이 시대의 위대함을 알았고 이 위대한 시

대에서 교육의 사명이 얼마나 중요한지 깨달았다!"고 했다.

'산교육'이 정식 제시된 것은 1939년이다. 천허친은 「소학교사」의 창간사에서, 타오싱즈가 전통교육에 대해 "죽은 책을 가르치고, 죽은 교육을 하면, 교육은 죽는다. 죽은 책을 읽고, 죽은 공부를 하면, 공부도 죽는다."라고 했던 비판에 근거해, 죽은 교육을 전진적, 자발적이며 활력과 생기가 넘치는 교육으로 바꿔야 한다고 주장했다. 이를 위해 교사는 "살아있는 책을 교육하고, 살아있는 교육을 하면 교육도 산교육이 될 것이고", 학생이 "살아있는 책을 읽고, 살아있는 공부를 하면 공부도 산공부가 될 것이다."라고 했다. 그는 위와 같은 취지를 근거로 "과거를 반성하고 미래를 준비하며 모든 교재를 새로 평가하고 모든 교수법을 다시 검토하여 교사가 살아있는 책을 가르치고 아동은 살아있는 책을 공부하도록 해야 한다."고 했다. 그로부터 얼마 후, 천허친은 반대 세력의 시기와 미움 때문에 박해를 받아 상하이를 떠났다.

1940년, 천허친은 강서성 주석 숑시후이熊式輝 등의 초청으로 강서성에 학교를 설립하고 산교육을 실시하기 시작했다. 5월 15일, 그의 노력으로 남창 실소실지분교가 태화 신지촌에서 탄생했다. 천허친은 그를 일컬어 '살아있는 숲 사이의 학교'라고 했다. 개학식 때, 그는 타오싱즈가 효장사범학교 개학식에서 했던 보고와 유사한 보고 연설을 했다. 그는 이렇게 말했다. "여러분, 오늘 우리가 여기에 온 것은 죽은 책을 읽으러 온 것이 아니라 새로운 세계를 창조하기 위함입니다. 이 학교는 다른 보통학교와 다릅니다. 몇 장의 사진 외에는 벽에 아무것도 없습니다. 이곳의 벽에는 괭이와 호미가 걸려 있으며 이것이야말로 세계를 창조하기에 훌륭한 도구입니다." 말을 마치고 그는 학생들에게 로빈슨 크루소가 무인도를 개척한 이야기를 들려주었으며 학생들과 첫 수업을 했다. 천허친은 기뻐하며 "오늘 '두 손은 만능이다.'를 실현했다. 산교육은 오늘부터 시작됐다."라고 말했다.

일찍이 고루유치원 설립 초기에, 천허친은 이미 유치원사범의 건설의 필요성을 느꼈다. "나는 난징 고루유치원을 설립하고, 중국화의 유치원 설립을 구상했다. 중국식 유치원에는 중국식 교사가 있어야 한다는 사실을 이미 20여 년 전에 깨달았다. 당시 고루유치원은 중국화하고자 했으나 서양식 교사밖에 없었다. 대부분의 교사는 모두 교회에서 세운 유치원사범학교와 유치원사범과에서 왔기 때문이다. 이들은 외국식 훈련을 받았고, 교수법 측면에서 중국적 색채가 옅어서 전국적 수요를 만족시키는데 역부족이었다. 나는 진정한 중국식 유치원을 설립하려면 반드시 중국식 유치원을 세워야 하고 중국식 유아교사 훈련기구를 설립해야 한다고 생각했다. 지난 20여 년 동안 나의 이런 생각은 실현되지 못 했다."라고 그는 말했다. 이제 그는 중국식 유치원사범원 설립 희망을 실현할 수 있게 되었다. 강서성 정부로부터 25,000위안의 경비를 지원받은 그는 최고의 학교를 세우고자 했다. 직접 건축 재료를 구입하고, 학교를 설계하여 3개월 만에 학교를 설립했다. 1940년 10월 1일, 강서성 실험유치사범은 태화현 문강촌 대령산에서 정식으로 탄생했다. 천허친은 그의 피와 땀으로 세운 학교를 위해 열정으로 가득 찬 교가를 만들었다.

유치원 교사! 유치원 교사! 소나무 숲 사이의 소리는 파도의 소리이다. 산골짜기 사이에 흐르는 것은 맑은 물결의 샘물이다. 방학정, 오금관은 우리의 새로운 동반자이다. 그 오래된 탑의 석양, 무산의 푸르름도 있다. 우리의 정서를 함양하고 교육에 힘쓰자. 유치원 교사, 유치원 교사, 아름다운 유치원 교사!

유치원 교사! 유치원 교사! 전진하는 유치원 교사! 가르치면서 배우고 배우면 실천한다. 살아있는 교재, 살아있는 학생, 살아있는 교사, 대자연, 큰 사회는 우리의 일터이다. 팔과 머리를 사용하고, 문과 무를 결합한다. 우리의 새로운 국가를 건설하고 우리의 작은 천사를 지도한다. 유치원 교사, 유치원 교사, 전진하는 유치원 교사!

이 학교는 살아있는 교재, 살아있는 학생, 살아있는 교사로 구성되어 있는 '산교육'의 낙원이고, 천허친의 세운 산교육이론의 '성지'이다. 이곳은 산교육의 3대 교육, 즉 '인간되기, 중국인, 현대 중국인' '대자연, 대사회, 모두 산교육' '한학, 중등교육, 중등교육'의 진보교육을 실시했다. 이곳에서 그가 편집 주관한 『산교육』이 정식으로 창간 발행됐다. 여기에서 그는 산교육의 교학원칙 12개 항목을 지적했다(후에 17개 항목으로 늘어났다). 그는 산교육의 '다섯 가지 활동'을 지적했는데 이는 아동의 건강 활동, 사회활동, 과학 활동, 예술 활동, 문학 활동을 가리킨다. 여기에 『어떻게 '산교육'을 할 것인가』, 『산교육과 죽은 교육』 등의 산교육이론의 문장을 발표했다. 그중 『산교육』은 1941년 1권 제2호의

『산교육과 죽은 교육』에 발표했는데 산교육과 죽은 교육의 근본 차이, 즉 산교육과 죽은 교육이 교과과정, 교수법, 교사, 어린이, 행정, 설비 등에서 나타나는 상세한 차이를 설명했다.

그 후, 천허친은 또 『산교육—이론과 실시』, 『산교육의 창조』, 『산교육의 교수법원칙』 등의 저명한 작품을 써서 산교육의 이론을 정리하고 소개하여 교육계에 중요한 영향을 주었다.

2. 산교육이론의 체계와 원칙

현대 산교육사상은 비교적 완전한 이론체계가 있는데, 이 이론체계는 주로 3가지 지도원칙(목적론, 교과과정과 방법론), 17가지 교수원칙과 13가지 훈육원칙으로 구성된다. 이를 간략하게 소개해보겠다.

(1) 산교육의 삼대 지도원칙

산교육의 삼대 지도원칙은 산교육의 목적론, 산교육의 교과과정, 산교육의 방법론이다.

① 산교육의 목적론

산교육의 목적론은 산교육 이론의 기본 출발점이다. 천허친은 "산교육의 목적은 바로 사람이 되는 것이고, 중국 사람이 되는 것이며, 현대

중국인이 되는 것이다.”라고 명확하게 제시하였다.

산교육의 이론인 '사람이 되는 것'은 사람마다 직면한 문제이고 또한 교육이 먼저 해결해야 할 문제이다. '지식을 획득하여 진학을 준비하기 위한' 전통교육과 달리 산교육은 '아동이 환경에 적응하고 환경을 제어하며 환경을 이용할 수 있도록 능력을 길러주는 것이다. 어떻게 해야 된사람이 되고, 어떻게 사물과 사람을 대해야 하는지'를 중요하게 여긴다. 하지만 사람은 추상적 존재가 아니므로 항상 일정한 시공간에 존재하고 특정 사회, 역사 환경 속에서 생활한다. 그렇기 때문에 교육은 민족성을 띄는 것이며 된사람이 되어야 할 뿐만 아니라 중국 사람이 되어야 한다. 천허친은 중국사회는 그 나름의 발전적 특징이 있기 때문에 중국인의 생활내용과 의의도 자연히 이 특징의 간섭을 받는다고 주장했다. 당시에는 현대 중국인이 되려면 반드시 다음과 같은 임무를 이행해야 했다. “대외적으로 제국주의의 간섭을 반대하고, 민족의 독립을 쟁취하며, 대내적으로는 봉건적 잔여를 추방하고, 과학적 민주주의를 수립해야 한다.” 이러한 책임을 다하기 위해서는 반드시 아래의 조건을 갖추어야 한다.

첫째는 체력을 단련하는 것이다. 산교육의 이론은 체력이 그 사람의 생활, 사업 및 포부에 큰 영향을 준다고 주장한다. 오직 건강한 사람만이 이상이 있고, 낙관적이고, 적극적이며, 의지가 있을 수 있고, 그래야 현대 중국과 세계가 주는 임무를 완수할 수 있다.

둘째는 창조적 능력이다. 산교육이론은 아이들이 풍부한 창조적 잠재력을 가지고 있기 때문에 적절한 훈련을 받기만 하면 창조적 능력을 쉽게 발휘할 수 있다고 주장한다. 이를 위한 방법은 바로 과학지식으로 아이들의 두뇌를 계발하고 이들이 실천 속에서 배우고 실천을 통해 창조할 수 있게 하여 손과 머리를 동시에 사용하여 일하고 창조하도록 도모하는 것이다.

셋째는 봉사정신이다. 산교육이론은 만약 우리가 "지식과 능력은 있으되 봉사하지 않고 오직 사리사욕만 아는 사람을 양성한다면 이는 교육의 목적을 상실한 것이다."라고 주장한다. 동물과 사람의 다른 점이 바로 여기에 있다. 그래서 산교육은 아동에게 봉사정신을 길러주고 이들이 타인을 돕도록 지도해야 한다고 주장한다.

넷째는 협동의 태도이다. 산교육이론은 교육을 통하여 중국사회와 국민성에서 부족한 협동정신을 길러주어 '흩어진 모래알' 같은 중국의 이미지를 쇄신해야 한다고 주장한다. 교육을 하면서 협동하는 자세 양성을 중시함으로써 학생들이 협동과 분업, 양보하고 서로 의논하는 습관을 기르도록 가르쳐야 한다.

다섯째는 세계적인 안목이다. 산교육이론은 중국인이자 나아가서 세계인이 되어야 하며, 세계를 학교로 삼아야 한다고 주장한다. '세계인'이란 개념의 등장은 산교육이론이 이미 민족의 범위에 국한되지 않고 더 높은 관점에서 교육적 문제를 설명하고자 했다는 것을 보여준다. 그러므로 세계적인 안목을 갖춘다는 것은 세계인이 되는 전제적 조건인 것이다. 천허친은 "이른바 세계적 안목이란 세계에 대한 견해이고, 우리가 세계에 대한 정확한 견해를 가지려면 반드시 세계 속의 만물과 대자연이 어떻게 움직이고, 전 사회가 어떻게 발전하는가를 이해해야 한다. 대자연과 전체 사회는 개인의 인생과도 매우 밀접한 관계를 맺는다. 우리는 이를 알고 나아가 세계를 알아야만 안목을 넓힐 수 있으며, 개인의 사소한 이해득실에 연연하지 않게 된다.”고 지적하였다. 세계인이 되려면 세 가지 조건을 만족시켜야 하는데, 이는 ‘나라를 사랑하고, 인류를 사랑하며, 진리를 사랑하는 것’이다.

‘나라 사랑하기’는 국가의 영광스러운 역사를 사랑하고, 국가의 앞날을 사랑하고, 국민을 사랑하며, 역사의 중임을 짊어짐으로써 국가가 날로 진보하고 번영하게 한다. 동시에 민족 박해에 반대하고, 민족의 독립을 쟁취하여, 국가가 국민을 임의로 착취하지 못하게 해야 한다.

‘인류 사랑하기’는 전 세계의 진리를 믿는 대중을 사랑하는 것으로, ‘자신의 이익을 위해 다수의 국민에게 노역을 시키고 생존을 위협하는 소수의 사람’ 증오하는 것이다. 천허친은 “전 인류의 행복은 땀 흘려 열심히 일한 대다수 대중이 만들어가는 것이다. 인류는 반드시 이들 덕분에 찬란한 역사를 창조할 수 있을 것이다. 우리는 다수를 차지하는 대중을 사랑해야 하고, 이들을 이해하고, 동정하며, 도와주어야 한다. 세계의 밝은 미래를 위해, 대중과 함께 우리의 힘을 바쳐 ‘대동 세계’ ‘세계는 하나’라는 인류 최고의 이상을 실현하여야 한다.”라고 주장했다.

‘진리 사랑하기’는 진실을 추구하는 태도를 양성하고 착실하게 실사구시하며 “진리를 얻기 위해서라면 목숨도 아깝지 않게 여길 수 있는 것을 가리킨다.” 산교육이론은 진리란 사라지지 않는다고 여긴다. 진리는 우리가 된사람, 진정한 중국인, 세계인으로 거듭나기 위한 원칙이므로, 반드시 “진리를 알고 추구하며 진심으로 진리를 사랑해야 한다.”

고 주장한다.

② 산교육의 교과과정

산교육의 교육 과정론은 전통교육이 학교와 사회, 교실과 자연을 분리시켜서 학교를 '지식의 감옥'으로 만들었다고 주장한다. 이러한 방법은 교과서를 펼쳐서 아이들의 두 눈을 가리는 것과 같다. 아이들 눈에 보이는 세계는 높이 6촌, 너비 8촌 짜리 책 속 세상에 불과하다. 아침부터 저녁까지 아이들은 작은 책 속 세계에서 지식을 구하고 학문을 탐구하게 하며 인품을 수양한다. 어찌 이를 이상적이라 할 수 있겠는가? 이러한 이유로 산육의 교육과정론은 "우리는 대자연, 대사회를 산교재로 하겠다."고 명확히 선언하였다.

산교육의 제창자인 천허친은 대자연, 대사회는 살아있는 지식의 보고이며, 교육의 주요 임무는 바로 아이들로 하여금 이 지식의 보고에서 영양을 섭취하게 하는 것이라고 하였다. 그는 직접 경험은 '학습의 유일한 통로'라고 지적하였다. 직접 경험이 주가 되어야 비로소 '살아있는 책을 읽고' '살아있는 책을 가르칠 수' 있다고 했다. 교과서의 지식, 간접 경험에 관해서는 단지 학습의 부수적인 도구, 참고자료일 뿐이라고 하면서, 실외 활동, 생활체험을 중시하면서 실물 연구 대상으로 삼고 서적을 보조 자료로 삼아야 한다고 했다. 천허친은 콩인지 보리인지 분별하지 못하고, 미와 추를 가리지 못하는 책벌레들은 결코 책을 읽어서 바보가 된 것이 아니라 그들이 "오로지 책만 읽고, 대자연, 대사회와 접촉하지 않았기 때문에 바보로 변한 것이다."고 지적하였다. 그러므로 '서적 만능'의 잘못된 생각을 버리고 살아있는 직접적인 '지식의 보고'를 탐구하고 연구하여야만 배움에 수확이 있고, 배움에 성과가 있는 것이다.

직접경험은 아이들이 대자연, 대사회 속에서 여러 가지 활동을 통하여 획득한 것이기 때문에 산교육의 교육과정론은 본질상에서 일종의 활동 교육과정 론이다. 천허친은 일찍이 산교육의 내용을 다섯 가지 방면으로 요약하였는데 이른바 '다섯 가지 지도 활동'이다. 그 주요한 내용과 목적은 다음과 같다.

아동 건강 활동 : 체육활동, 개인위생, 공공위생, 심리위생 등을 통하여 아이들의 건전한 몸과 마음을 양성한다.

아동 사회 활동 : 공민, 역사, 지리, 시사 등을 통하여 아이들이 개인과 사회의 관계를 분명히 알게 하고, 사회활동에 참가하여 기능과 취미를 양성하도록 한다. 아이들이 향, 진, 현, 성과 전국의 관계 및 중국과 세계의 상호관계를 이해하게 하고, 나라를 사랑하고 군중 및 민족을 사랑하는 정신을 갖도록 한다. 시사의 변천을 근거로 하여 세계의 새로운 흐름을 탐구하게 하여야 한다.

아동 과학 활동 : 생물, 논리, 공업 및 생산노동을 통해 아이들의 과학 지식을 증진시키고, 아이들이 실험에 흥미를 갖도록 한다. 아이들의 창조능력도 계발한다.

아동 예술 활동 : 음악, 미술, 공예, 희극 등 활동을 포함하는데, 아이들

의 정서를 함양하는 것으로, 심미적 감각을 계발하고 감상능력을 향상시키며 창조능력도 키워준다.

아동 문학 활동 : 동화, 시가, 수수께끼, 이야기, 극본, 연설, 토론, 아동 응용문과 서예가 포함된다. 그 목적은 아이들의 문학에 대한 감상능력과 발표력을 양성하고, 중국문자를 알고 활용할 줄 알도록 하며, 수사법 등 문법에 흥미를 갖도록 하여 이들이 문학 창의력을 갖추도록 하는 것이다.

'다섯 가지 지도 활동'이 순조롭게 진행되도록 천허친은 구체적인 실시 계획을 제정하고 목표, 성질, 교사, 조직, 집회, 교수, 경비 등 사항도 상세하게 규정했다. '다섯 가지 지도활동'은 실제 활동을 중심으로 교재를 구성함으로써, 기존 전통 교육의 문제점을 타파하였다. 그는 전통적인 교육과정 마련과 교과목 분류의 가장 큰 문제점은 그것이 '교육의 원리에 맞지 않고, 사분오열 되었으며, 아이들의 생활과 아이들의 정서에 맞지 않는 것'에 있다고 주장하였다. '다섯 가지 지도활동'은 이러한 잘못을 바로잡고 이상적인 아이들의 생활에서 출발하여 교육과정의 총체성, 연관성, 흡수성을 강조하기 때문에 긍정적인 의의를 띤다.

③ 산교육의 방법론

　산교육의 교수방법론은 활동을 중심으로 하는 교육과정론과 일치하며 '하다'를 강조하는 것을 기조로 한다. 천허친은 1941년「산교육」잡지 창간사에서 "실천 속에서 가르치고, 실천 속에서 배우며, 실천 속에서 진보를 추구한다."는 산교육의 방법론을 명확하게 제시하였다.

　산교육의 방법론은 듀이의 "배우는 것을 실천에 맡기다."라는 주장에서 시작된 것이긴 하지만 듀이의 주장보다 진일보 한 것이다. '실천' 하면서 배울 뿐 아니라 '실천'하면서 가르치라고 했고, '실천'하면서 가르치고 배우라고 했을 뿐만 아니라 또 '실천'하면서 끊임없이 진보해야 한다고 했기 때문이다.

　산교육의 이론은 '실천'을 통해 아이들이 참된 지식을 얻을 수 있으며 이는 아이들이 학습하는 참뜻이기도 하다고 했다. 천허친은 "아이들의 세계는 아이들 스스로가 탐구하고 발견하는 것이다. 스스로 추구한 지식만이 참된 지식이고, 스스로 발견한 세계만이 진정으로 아이들의 세계인 것이다."고 말하였다. 그는 만약 아이들이 할 수 있는 것을 못하게 하고 아이들이 생각할 수 있는 것을 생각 못하게 하면, 이들의 심신의 성장을 방해할 것이며 이들의 자발적 탐구정신을 제약하게 될 것이라고 주장하였다.

　산교육이 주장하는 '실천'은 결코 간단한 유희, 노동 혹은 학습이나 시행착오를 경험하는 것이 아니라, 손과 머리를 쓰는 것을 결합시킨 '실천'으로 사고하는 '실천'이다. 천허친이 말한 바와 같이 "교학은 실천의 기초를 닦을 뿐만 아니라 사고하는 데에도 공을 들여야 한다."

"생각은 행동의 어머니이며, 생각이 단련시키지 않으면 맹목적으로 행동하고 경거망동하게 된다." 그러므로 아동에게 '실천'은 몸과 마음을 조화롭게 발전시킬 수 있는 기회인 것이다.

산교육이론에서는 "학생들이 실천 속에서 배우면 교사들도 실천 속에서 가르쳐야 하며 단편적인 학습이어서는 안 된다."고 주장하였다. 교사의 "실천 속에서 가르치다."의 관건은 학생들에게 "실천 속에서 배우다."를 가르쳐서 알도록 하는 것이고, 학생들의 "실천 속에서 배우다."를 위하여 양호한 환경과 조건을 창조하는 것이다. 하지만 여기에 달성하려면 관건은 학생들과 함께 '실천'하는 것이다. 천허친은 일찍이 학생에게 수영을 가르치는 것을 예로 들어 아이를 수영하게 하려면 반드시 물속에서 가르쳐야 하며, 아이 스스로 실제 물속에 들어가는 것이 수영하는 광경을 보는 것보다 훨씬 효과적이라고 했다. '실천 속에서 가르치는' 과정을 통해 교사는 학생이 지식과 방법을 정확히 알도록 이끌어야 하고 이들이 과학적으로 일하고, 과학적 방식으로 지식을 탐구하게 해야 한다."고 설명하였다. 그는 "만약 가르치지 않고 아이들이 직접 부딪쳐보게 한다면 매우 비경제적이므로 인류의 모든 경험을 이용해야 한다."고 말하였다. 이 같은 지도는 결코 월권행위가 아니라 학생이 자발적 적극성이 충분한 발휘 될 수 있도록 하는 가르침이다.

산교육이론은 교수과정을 네 단계로 나누었다. 첫 번째 단계는 실험 관찰이다. 주로 학생들이 관찰과 실험을 통하여 직접 경험을 하도록 한다. 학생들을 이끌 때 전체를 포함하는 전면적 관찰, 정밀 분석하는 비교 관찰, 명확한 목표를 가지는 체계적 관찰, 모든 감각기관을 다 사용하는 관찰이 이뤄지도록 해야 한다. 이것은 교수과정 가운데 감성적 단계이며, 최선을 다해 학생들이 문제를 발견하도록 해야 한다.

두 번째 단계는 참고서 읽기이다. 직접 실험하고 관찰하는데 적용하기 어려운 지식이 많다. 그렇다고 경험에만 의존해서는 사물을 완벽하게 이해하기 힘들다. 그래서 산교육이론은 실천하면서 배우는 과정에서 문제를 발견하면 많은 참고서를 읽어 의문점을 해소해야 한다고 말한다. 이는 학생들의 감성적 경험 부족을 보완해주고, 이들이 '주관적, 경험적 편향성에 빠지는 것'을 막아준다.

세 번째 단계는 성과 공개다. 이 단계에서는 학생의 관찰하고 서적을 참고하여 얻은 것들을 정리하고 서로 결합시켜 자신의 경험과 학습 성과로 만들도록 한다. 학생은 이야기, 보고서, 연설 등 여러 가지 형식을 통해 자신의 창조력을 마음껏 발휘할 수 있다.

네 번째 단계는 비평검토이다. 이 단계에서 교사와 학생은 함께 학습의 성과를 점검한다. 상호 학습과 비평, 체험을 돌아보고 교훈을 얻는다. 도출해낸 결과를 생활에 적용하고, 또 이를 새로운 학습을 위한 기반으로 삼는다.

위의 네 가지 단계는 하나의 완벽한 교수 완전과정이다. 매 단계를 거치면서 학생의 지식과 능력은 진보하며 교사의 학식과 능력도 향상된다. "가르침의 향상이란 학습의 향상이며 이는, 즉 실천 속에서 진보를 추구하는 것이다."

(2) 산교육의 교수원칙

천허친은 아동심리학의 연구 성과와 자신의 교수경험을 근거로 산교육의 교수원칙을 체계적이고 명확하게 밝혔다. 이 원칙들은 월간지 「산교육」에 발표되었고, 1948년에 이를 모아 화화서점에서 서적으로 출판했다. 산교육의 주요 교육원칙은 다음과 같다.

① 아이들이 스스로 할 수 있는 것이라면 스스로 하게 한다

산교육의 이론은 '실천'이란 교수의 기본원칙이며 근육을 이용한 것이든 감각기관을 이용한 것이든, 아니면 신경을 이용한 것이든 모든 학습은 '실천'이 있어야 성공할 수 있다고 주장한다. 오직 '실천' 만이 학생이 직접 사물과 접촉하고 경험하고 행함의 어려움을 알게 하며 사물의 특성을 인식하게 한다고 보았다. 실천할수록 더 많은 흥미가 생기고 능력도 강해진다. 그러므로 가능한 한 학생들이 할 수 있은 스스로 하도록 해야 한다.

② 아이들이 스스로 생각해낼 수 있는 것은 직접 생각하도록 한다

산교육의 이론은 학교교육 중 "가장 위험한 것은 아이들이 생각할 기회가 없는 것이다."라고 주장한다. 그러므로 교사는 반드시 학생들이 스스로 사고하는 것을 좋아하고 사고하는 능력을 갖추도록 교육해야 한다. 아이들에게 결과를 말해줄 것이 아니라 이들이 스스로 실험하고 생각함으로써 결과를 탐구하도록 해야 한다. 교사의 책임은 '아이들 곁

에서 아이들이 어떻게 탐구하고 어떻게 사고해야 하는지 지도하는 것'
이고, 스스로 사물의 발생과 발전을 탐구하도록 아이들을 깨우쳐서 올
바른 문제해결 방법을 찾도록 하는 것이다.

③ 아이들이 어떻게 행동하길 바란다면, 그 방법을 어떻게 터득하는지를
　가르쳐야 한다

산교육이론은 이론과 실제가 괴리된 교수방식을 반대하고 실제 생활
에서 적용할 수 있으며 이를 통해 지식을 구할 것을 강조한다. 천허친
은 수영을 예로 들어, 육지에서 수영을 배운다면 서용이 없기 때문에
물에 들어가면 익사한다고 했다. 밥 짓기를 예로 들어서는, 교실에서
이론적으로만 밥을 짓는 법, 야채를 볶는 법, 생선을 굽는 법, 고기를
삶는 법만 가르치면 학생들은 여전히 음식을 할 줄 모른다고 했다. 그
러므로 학생들이 적절한 환경에서 학습하도록 해야 한다고 말했다.

④ 아이들이 자신의 세계를 발견하도록 격려하여야 한다

산교육이론은 아이들의 세계는 매우 크기 때문에 그 곳에는 계절마
다 눈부시게 아름다운 화초와 나무가 자라고, 각양각색의 곤충, 어류,
날짐승과 길짐승, 변화무쌍한 바람, 서리, 비와 눈, 오며하고 신비로운
일월성신으로 이뤄진 위대한 자연이 있다고 주장한다. 또한, 가정, 도
시와 농촌의 관리, 풍습의 형성, 나라의 부강함, 세계의 진보 등으로 이
뤄진 커다란 사회도 있다고 주장한다. 이는 모두 아동들의 지식의 보고
이자, 이들의 '살아있는 교과서'이다. 교사는 학생들의 향학열을 자극

하여 스스로 탐구하고 발견하도록 해야 한다.

⑤ 적극적인 격려는 소극적인 제재보다 낫다

산교육이론은 소극적인 제재란 그다지 교육 효과가 없고, 학생들의 반감만 살 뿐이며 학생들을 움츠러들게 한다고 주장한다. 그러므로 반드시 칭찬은 많이 하되 비평은 적게 하며, "격려하는 방식으로 아이들의 행위를 제어함으로써 아이들이 지식을 탐구하도록 이끌어야 한다."

⑥ 대자연 대사회는 우리의 산 교재이다

산교육이론은 책 속의 지식은 모두 간접적인 지시이므로 직접적인 지식을 얻으려면 반드시 대자연과 대사회 속에서 탐구해야 한다고 주장한다. 천허친은 당시의 역사, 지리를 예로 말하였다. "우리는 왜 하필 꼭 하나의 살아 있는 지리를 사분오열하여 아이들더러 무조건 외우고 맹목적으로 읽으라고 가르치는가? 우리는 왜 하필 아이들에게 하나의 관점에서 쓰인 중화민족사를 무조건 외우고 읽으라 하는가?" 만약 항일전쟁을 역사지리 연구의 중심과 출발점으로 한다면 교사의 가르침은 훨씬 생동감 넘치고 깊이도 생겨 학생들도 흥미롭게 배울 수 있을 것이다.

⑦ 비교교수법

산교육이론은 비교교수법은 학생이 직접 사물을 감별할 수 있도록 하는 가장 효과적이면서 간단한 방법이다. 학생이 이미 배운 사물에 대하여 "특히 정확하게 인식하고, 오래 기억하게 한다."고 하였다.

⑧ 경쟁하는 방법으로 학습의 효율을 증진시킨다

산교육이론은 대부분의 아이들이 시합과 경쟁을 좋아한다고 본다. 교사는 반드시 이러한 아동의 심리를 이용하여 아이들의 흥미를 배가하여 학습의 효율을 높여야 한다. 학교에서 개최되는 글짓기대회, 연설대회, 독서대회, 회화대회, 과학대회, 건강대회 등에 참가하면서 아이들은 협동, 희생, 서로 돕기 등 정신과 이기면 겸손할 줄 알고 지더라도 실망하지 않는 자세를 익힐 수 있다.

⑨ 적극적인 암시는 소극적인 명령보다 낫다

산교육이론은 언어나 문자, 그림, 행동을 막론하고 아이들은 강한 암시를 소극적인 명령보다 더 잘 받아들인다고 주장한다. 교사는 솔선수범하여 학생들에게 직접적인 암시를 통해 좋은 영향을 미치도록 해야 한다.

⑩ 대체 교수법

산교육이론은 아이들이 강한 호기심과 탐구심을 가지고 있다고 본다. 움직이는 것을 좋아하는데 "마음대로 가지고 할 수 있는 놀이 대상을 주지 않으면 아동은 소란을 피우거나 물건들을 망가트릴 것이다. 그러므로 아이들 스스로 놀이의 대상을 만들어내도록 가르쳐야 한다." 아이들은 여럿이 함께 있는 것을 좋아하므로 이들이 정식으로 집단을 형성하고 이끌 수 있는 능력과 공동체 정신을 길러줘야 한다. 다시 말해 여러 가지 대체 방법을 통해 아이들의 욕구를 충족시켜주고 이들의 개성과 인격을 키워주어야 한다.

⑪ 환경에 관심을 갖고 잘 활용한다

산교육이론은 대자연 대사회 속에서 많은 살아있는 교재와 살아있는 교육용 도구를 찾을 수 있다고 주장한다. 성공한 교사가 되려면 반드시 환경에 관심을 갖고 잘 활용해야 한다. 천허친은 "주변 환경에는 여러 가지가 포함되는데, 처음에는 당신이 가르치는 것과 무관한 것 같아도 자세히 보면 훌륭한 교재와 도구가 될 수 있는 것들이 많다."고 말하였다. 그가 만든 아동장난감과 교육용 도구들은 모두 생활에서 흔히 볼 수 있는 주사위나 오락용 도구를 개조한 것들이다.

⑫ 조를 나눠 학습하고, 공동 연구하기

산교육이론은 집단학습이 교수의 주요 형식이라고 주장한다. 사람의 사고란 자극이 필요하며, 자극을 받으면 향상된다. 집단학습으로는 조별 토의와 수업이 있으며 조별 연구, 단체 토론 방식으로 진행한다.

⑬ 교육에 게임을 접목시키기

산교육이론은 게임은 인생의 중요한 활동으로서, 나이 성별을 떠나 누구나 게임을 좋아한다고 본다. 그러므로 학습활동을 게임처럼 바꿔 본다면 공부가 더 흥미롭고 즐거울 것이며 향상도 빠를 것이다. 교육

방식에 게임을 적용시키고자 한다면, 교사는 게임을 위한 게임이 아니라 교육적 목적을 이루기 위한 방법이 되도록 해야 한다. 또한, 모든 아이들에게 참여할 수 있는 기회를 제공해야 한다.

⑭ 교수 이야기화

산교육이론은 이야기란 아이들의 중요한 마음의 양식이라고 본다. 아이들은 이야기를 통해 정서적으로 교감하기 때문에 아이들의 감정이 이야기 속에 투영된다. 신기한 줄거리는 아동의 호기심을 충족시켜주고, 상상력을 자극하여 아이들이 상상의 나래를 펼치게 도와준다. 탄탄한 구조의 이야기는 아이들에게 학습의 동기를 부여하기에 적합하다. 그러므로 교재 편찬 시 이야기를 활용한 구성을 고려해야 한다.

⑮ 교사가 교사 가르치기

산교육이론은 재직교사가 어떻게 교직에 충실하고 스스로의 능력을 향상시킬 것인가는 매우 중요한 문제라고 주장한다. 시범수업이나 순회 연수단을 조직하여 교사가 다른 교사를 가르치도록 하면 교사의 수준 향상에 도움이 된다.

⑯ 아동이 아동 가르치기

산교육의 이론은 아동이 아동을 가르치는 것이 어른이 아동을 가르치는 것보다 강점을 가진다고 주장한다. 아동은 성인보다 같은 아동의 수준이나 상황을 더 잘 이해하기 때문이다. 아동이 다른 아동을 격려하는 것도 성인이 했을 때보다 더 큰 효과를 가져 온다. 아동이 아동을 가르치면 교학상장의 효과를 기대할 수 있다. 타오싱즈의 '작은 선생' 제도는 아동이 아동을 가르치는 것을 원칙으로 한다.

⑰ 정밀 관찰

산교육이론에서 관찰이란 지식을 얻는 기본 방법이며, 정밀관찰은 진리의 보고를 여는 열쇠이다. 이 열쇠만 있으면 과학의 진리에 다가갈 수 있다. 교수방식으로써의 관찰이란 현장학습을 통해 아이들을 가르치거나 실제 실험을 통해 아이들이 관찰력과 학습 태도를 양성하는 것이다. 이는 학습 효과 향상에 도움이 된다.

산교육의 17가지 교수원칙은 현대 중국교육사상 중 체계적이고 영향력이 큰 아동교육이론이다. 이 17가지 원칙은 '실천'적 정신을 고수하며, 이론과 실제의 결합이라는 원칙에 부합한다.

(3) 산교육의 훈육원칙

산교육의 이론은 훈육이 전체 교육 영역에서 가장 어려우면서도 가장 중요하다고 본다. 훈육의 기본원칙을 정하는 것은 여행할 때 가이드가 있고, 항해할 때 나침반이 있는 것만큼 중요하다. 왜냐하면 이렇게 해야만 비로소 근거가 있어 갈피를 잡지 못해 헤매는 것을 방지할 수 있기 때문이다." 천허친은 다음 13가지 산교육 훈육 원칙을 제시하였다.

① 어릴 때부터 성인이 될 때까지

산교육이론은 사람을 교육시키려면 반드시 어릴 때부터 시작해야 한다고 주장한다. 예를 들어 말은 어떻게 해야 하고, 평가는 어떻게 해야 하며, 예의 바른 사람이 되기 위해서 타인을 어떻게 대해야 하는지는 모두 어려서부터 가르쳐야 하는 것이다. 올바른 시작이 있어야 유종의 미를 거둘 수 있다는 것이다. 어려서부터 교육과 훈련을 통해 바른 습관을 길러주면 적은 노력으로 더 많은 효과를 거둘 수 있다.

② 사람의 가르침에서부터 규칙(법 포함)의 가르침에 이르기까지

산교육이론은 사람의 가르침과 규칙의 가르침의 가장 큰 차이란, 전자는 환경 변화의 영향을 받기 쉽지만, 후자는 일정한 기준이 마련되어 있다는 점이라고 했다. 교사가 시켜야만 아이들이 손을 씻는 것은 사람의 가르침에 따른 효과이다. 반면 건강을 위해 손을 씻어야 하는 것은 규칙의 가르침을 따르고자 하는 결과이다.

③ 규칙의 가르침에서 심리를 이해하기까지

산교육이론은 사람의 가르침에서 규칙의 가르침을 따르게 된 것은 아주 커다란 발전이지만 "법의 이치를 따르기까지 훈육의 모든 문제를 해결한 것은 아니다."라고 보았다. 학생들이 복종에서 자각으로, 수동적으로 받아들기만 하던 것에서 자발적으로 자기 것으로 만들려는 자세를 갖추도록 하려면 반드시 학생의 심리를 알아야 한다. 그래서 천허친은 교사란 학생들의 심리에 밝아야 한다고 강조하면서, 초등학교 교

사는 아동심리를 알아야 하고, 중고등학교 및 대학교 교사는 청년과 군중의 심리를 알아야 한다고 했다. 만일 심리를 이해하지 못하면 실패한 교육이 될 것이라 경고했다.

④ 대립에서 하나로

교사와 학생 사이의 간극을 없애기 위해 교사와 학생의 관계가 교육이라는 공동의 목표를 가진 벗의 관계가 되어야 한다고 산교육이론은 주장한다. 함께 학문을 탐구하고 훌륭한 인품을 형성하기 위해 꾸준히 노력하는 것이다. "교사는 학생을 자신의 자녀로 여기고 학생은 교사를 자신의 부모처럼 섬겨야 한다. 교사와 학생은 학교에서 함께 생활하고 연구하며 사람으로서의 인격 수양을 연구해야 한다."

⑤ 깨닫지 못함에서 깨닫기까지

사람의 마음속에는 저마다 '사자'가 한 마리씩 있다고 산교육이론은 주장한다. 이 사자란 개개인의 무한한 잠재능력을 가리킨다. 많은 사람들 마음속의 '사자'는 깊은 잠에 빠져 있기 때문에 설사 쉽게 발휘되지 않는다. 훈육의 임무란 바로 어리석고 분명하지 않은 '깨닫지 못함'의 상태를 '자각', 즉 깨달은 상태로 전환시키는 것이다. 학생들 마음속의 '사자'를 깨워 힘을 발휘하게 하는 것이다.

⑥ 수동적인 사람에서 능동적인 사람으로

학생들은 훈육과정 중 일반적으로 세 가지 단계를 거친다. 전적으로 교사의 관리를 받는 단계, 조직의 관리를 받는 단계와 스스로를 관리하는 단계이다. 첫 번째와 두 번째 단계는 수동적이지만 세 번째 단계는 능동적이다. 수동적 단계에서 능동적 단계로 발전해가면서 학생들은 자기관리를 능력을 습득한다. 가령 시험을 볼 때 시험 감독관이 필요하지 않으며 학생 스스로 자신의 인격과 도덕을 감시하게 하는 것이다.

⑦ 자아에서 협동으로

산교육이론은 사람과 동물의 중요한 다른 점은 동물의 이기심은 억제할 수 없는 것이지만, 사람의 이기심은 숭고한 도덕관념으로 억제할 수 있는 것이라고 주장하였다. '남을 위해 자신을 버리는 것'은 사람으로서 최고의 경지이며, 훈육과정에서 학생들에게 자아에서 협동으로 나아가게 교육시켜야 하며, 차츰 최고의 경지에 매진할 수 있도록 하여야 한다.

⑧ 아는 것에서 행동으로

산교육이론은 알고도 행하지 않고, 오직 '이론'만 있고, '실천'이 없다면 아무 일도 이루지 못한다고 주장한다. 오직 "끊임없이 실천하여 습관이 된 후에야 지속적으로 성과가 나타난다." 그러므로, 훈육의 중요한 사명은 바로 학생이 알고 행하도록 것으로, 이론과 실제를 결합시키는 것이다.

⑨ 형식에서 진심까지

산교육이론은 단지 형식적이고 진심이 상실된 훈육은 실패한 훈육이라고 하면서 형식에만 머물러서는 안 된다고 주장한다. 예를 들어, 일부 교사는 학생들이 그에게 존경을 나타내기를 원하며, 만났을 때 인사하기를 바란다. 학생이 진심으로 교사에게 인사하고자 했는지, 혹시 속으로는 교사를 저주하고 욕하지는 않았는지 등에는 관심이 없다. 형식만 있고 마음은 고려하지 않는 교육이 이로울 리 있겠는가?” 그러므로, 훈육의 가장 높은 경지는 학생이 ‘진심이 밖으로 드러나도록 하며’, 형식뿐 아니라 진심까지 갖추도록 하는 것이다.

⑩ 나누는 것에서 하나로

산교육이론은 훈육과 교수(도덕교육과 지식교육)는 마땅히 하나여야 하며, 그렇지 못하면 어느 한 쪽도 성공할 수 없다고 주장한다. 학교에서 전문적으로 가르치고 이끄는 사람은 훈육 계획 및 여러 가지 시행방법을 관리할 수 있다. 교직원이라면 누구나 실질적으로 학생들을 가르치고 이끌어야 하며 두 개로 나뉜 훈육과 교수를 다시 하나로 결합시켜야 한다.

⑪ 상호괴리에서 연계로

산교육이론은 만약 학교와 가정의 틈이 지나치게 벌어지면 적절히 함께 역할을 담당할 수 없으므로 훈육의 효과가 약화될 수 있다고 보았다. 그래서 훈육을 담당하는 교사는 자주 가정방문을 하거나 학교의 여러 가지 활동에 학부모를 초대하여 가정과 학교를 하나로 연결시켜야 한다.

⑫ 소극적인 것에서 적극적인 것으로

산교육이론은 학생이 잘못을 저지르거나 정당하지 못한 행위를 범하면 반드시 잘못을 하게 만든 원인과 동기를 없애야 하며, 그저 소극적으로 방지하거나 제재하여서는 안 된다고 주장한다. 천허친은 아이들에게 싸우지 말라고 가르치는 예를 들어 다음과 같이 설명했다. "어린 아이들이 왜 그렇게 싸우기 좋아하는지 연구해야 한다. 아이들은 움직이는 것을 좋아하며 에너지를 분출할 곳이 필요하다. 그러므로 학교에서는 반드시 운동기구와 오락시설들을 더 많이 설치하여 아이들의 요구를 만족시켜 주고, 심신 건강을 증진시켜야 한다." 그러므로 훈육은 가능한 한 부정적인 제재가 아니라 긍정적 해결방안을 찾아야 한다.

⑬ 입으로 하는 교육에서 솔선수범하는 교육으로

산교육 이론은 훈육작업의 관건은 학생들이 교사를 믿고 따르는지 여부라고 주장한다. 믿고 따른다는 것은 학생이 교사의 도덕과 학식을 존중, 존경했을 때만 가능하므로, 교사가 학생을 기만하거나 권위를 이용해서는 얻을 수 없다. 만약 교사의 도덕 품행에 흠결이 있다면, "매일 입에 침이 마르도록 학생들에게 사람으로서의 도리를 말하더라도 아무 소용이 없다." 그러므로 훈육을 하는 교사는 반드시 도덕적으로 문제가 없어야 하며 항상 솔선수범하여야 한다.

3. 산교육사상의 공헌과 한계

1940년 2월 강서성 지방정부의 송스후이 주석이 천허친을 강서성에
학교를 설립할 것을 제안했다. 그는 천허친에게 중국교육계에는 4명의
선구자가 있는데, 그중 타오싱즈 선생은 농촌교육의 선구자이고 옌양
추 선생은 평민교육의 선구자이며 황옌페이 선생은 직업교육의 선구자
라고 하면서 친허친을 일컬어 아동교육의 선구자라 해도 손색이 없다
고 했다. 이는 중국 현대교육에 대한 천허친의 공헌과 그에 대한 평가
가 어떠한지를 보여준다. 친허친이 제창한 산교육사상은 현대교육사상
사에서도 중요한 의의를 지닌다.

산교육사상은 5·4 운동 이후 중국에서 형성된 교육개혁이론이다.
자각과 자발적인 노력을 통해 중국적인 교육이론을 탐구하고 중국 실
정에 맞는 교육적 시도를 했다는데 그 의의가 있다. 산교육이론 등장
이전에도 설계수학, 돌턴 플랜Dalton laboratory plan, 워쉬번 교육개별화
등이 유행했지만 외국의 교육이론을 그대로 답습한 것에 불과해 중국
에 제대로 뿌리내리지 못하고 결국 사라질 수밖에 없었다. 그러나 산교
육이론은 중국에서 중국 사회를 기반으로 탄생한 교육이론이기 때문에
중국의 교육적 수요에 부합하였다. 그렇기 때문에 중국에 심대한 영향
을 미칠 수 있었다.

산교육 사상이 듀이의 실용주의의 영향을 받았다는 것은 부인할 수
없는 사실이다. 산교육의 교육 방식과 이론체계 등이 듀이의 실용주의
와 매우 유사한 것은 사실이지만, 산교육이론은 처음 형성되었을 때부

터 자체 창조적인 내용이 많았다. 천허친은 "우리가 제창한 산교육은 전 세계 신교육의 사조를 받아들이기도 했지만, 동시에 스스로 이론과 방법을 창조했다."라고 선언한 바 있다. 그는 타오싱즈의 주장과 듀이의 주장은 형성 시기만 다른 것 같지만, 사실상 타오싱즈의 교육적 주장이야말로 가장 선진적인 현대 생활교육이론이라고 말했다.

산교육사상이 타오싱즈가 주장한 생활교육의 영향을 받았다는 점도 주목할 만하다. 천허친은 "내가 최근에 제창한 '산교육'과 타오싱즈 선생의 '생활교육'이론은 매우 유사한 점이 있다."고 말했다. 실제로 산교육의 "실천하면서 배우고, 실천하면서 발전한다." 방법론은 타오싱즈의 '손과 두뇌의 함께 사용'과 '교육, 학습, 실천의 합치' 사상의 영향을 받아 제시한 것이다. 또한 "아동이 아동을 가르친다."는 교학원칙도 타오싱즈 선생의 '작은선생 제도'를 본 따서 만든 것이다.

산교육사상은 동서고금을 막론하고 교육사상의 정수를 모으고 이를 기반으로 중국적 특색을 가진 교육이론을 형성한 것이다. 교육이론이 중국의 국내 사정에 부합해야 할 뿐 아니라 세계교육사상 발전에도 공헌해야 한다는 천허친의 뜻을 실현하였다.

산교육사상은 전통문화사상에 전면적으로 도전한 것으로서, 활력과 실천성을 상실한 전통교육에 대해 비판의식을 갖고 생겨났다. 산교육사상은 낡은 것을 타파해야 새로운 것이 만들 수 있다고 주장했다. 교육 목적에 관해 산교육은 전통문화교육의 일방적인 지식의 주입에 반대하면서 학생의 자발성을 강조했다. "앞으로 교육은 무지한 학생을 교육하여 알도록 하는 것 외에 학생이 바른 사람이 되도록 하는데 주로 힘써야 한다고 했다. 심신의 조화, 세계적 사관 등을 길러주어야 하며, 이것이 산교육의 교육성과를 결정짓는다고 보았다. 교육 내용에 관해서 산교육은 전통교육이 아동이 틀에 박힌 교과서적 사고를 하게 만들고, 아동의 활동범위를 교실로 제한하는 것을 지적하면서 대자연, 대사회를 산교재, 산교육도구, 교사로 삼는 개방식 교육방식을 제시했다. 교사와 학생의 관계에 관해서는, 교사 중심의 전통교육에 반대하면서 모든 활동은 반드시 아동이 중심으로 이루어져야 하며, 모든 교내 활동은 아동이 스스로 실천하고 스스로 배우는 것이 주가 되어야 한다고 강조했다. 이는 아동의 자각 능력과 학습 흥미를 불러일으키는 좋은 방법이다. 교육 방법에 관해서, 산교육은 전통교육의 주입식 교수법, 무조건 암기식 학습법, 학생의 잘못을 지적하기만 하는 관리방식을 비판하면서 학생들이 스스로 깨우치도록 이끌어주고 잘했을 때 격려와 칭찬을 아끼지 않는 교사의 태도가 필요하다고 주장했다. 더불어 아동 스스로 연구하고 창조할 수 있는 능력을 길러야 한다고 했다.

두 번째, 산교육사상은 일련의 연구와 실험을 근거로 한 것이며, 뚜렷한 과학적 정신을 가지고 있다. 천허친은 귀국한 이듬 해 그의 큰 아들을 대상으로 관찰 및 연구를 하였다. 장장 808일 동안 관찰 및 연구 내용을 자세히 글로 기록했을 뿐 아니라 사진도 남겼다. 이 연구는 아동의 신체, 행동, 언어, 심리 등의 규율에 심도 깊은 분석을 한 것으로써, 천허친이 훗날 산교육의 교육원칙을 제시하는 데 좋은 근거자료가 되었다. 천허친은 그 후 3년간 백화문 90여만 자를 분석해 상용어 4,719개를 추려낸 다음 한자자전 자료를 편찬함으로써 한자의 과학적 연구의 새로운 장을 열었다. 『아동심리연구』, 『가정교육』에서부터 『어체문 응용자휘』까지 모두 천허친 연구의 성과물이다. 이밖에 천허친은 고루유치원에서 장종린 등인의 도움을 받아 수십 년에 걸쳐 교육 실험과 연구를 하기도 했다. 1924년 타오싱즈는 중국교육을 소개하는 글을 통해 "국립 동남대학 천허친 교수의 유아교육의 실험 역시 중요한 의미를 지닌 훌륭한 연구이다."라고 밝힌 바 있다. 고루유치원은 유치원의 교과과정, 이야기, 읽는 법, 교육시설과 유치원생의 습관 등에 대해 전면적인 실험을 했다. 이 유치원은 중국 유아교육의 중심지로서, 중국적인 유아교육이론 정립에 지대한 공헌을 했으며, 천허친의 교육사상 형성에도 중요한 역할을 했다.

실험을 중시하는 과학정신은 산교육사상이 일관되게 중요시 하는 부분이다. 1927년 『유치교육』의 창간사에서, 천허친은 중국교육연구의 대다수가 이론만 중시한 채 실천과 실험을 소홀히 하고 있어서 현실성이 결여되거나 현실에 부합하지 않는다는 점을 비판했다. 그는 교육적 실천으로써 실험을 실시해야 한다고 적극 주장하면서, 실험을 하기 위해서 시간과 노력이 필요하기는 하나 그만큼 수확이 크다는 점을 강조했다. 산교육사상이 점점 자리를 잡아가면서, 천허친이 "산교육이론은 실험과 함께 한다."를 입장을 본격적으로 보여주었다. 이를 위해 천허친은 강서성 국립유치사범학교를 설립하고 국립중정대학부속초등학교國立中正大學附屬小學, 성립남창실험초등학교省立南昌實驗小學를 연합하여 산교육의 실험과 연구를 함께 진행했다. 이처럼 실험을 중요하게 생각했기 때문에 산교육사상이 끊임없이 발전하여 오늘날까지 이어져 올 수 있었고, 중국 현대교육사상사에 큰 획을 그을 수 있었던 것이다.

산교육사상은 심리학의 기초를 중시하며 이론체계는 아동심리학의 학문적 토대 위에 형성되어 아동의 심진 건강 및 성장을 돕는다. 천허친은 "아동은 단순한 '소인'이 아니다. 아동의 심리와 성인의 심리는 다르므로 아동기를 성인의 준비기간으로 보면 안 되며, 아동기는 아동기 본연의 가치를 지닌다. 그러므로 아동의 인격을 존중하고 아동의 순진무구함을 사랑하고 지켜주어야 한다."고 지적했다. 그래서 산교육은 아동교육의 성인화경향을 반대하면서 아동의 생리, 심리적 특징에 따라 교육의 아동화를 추구해야 한다고 주장했다. 천허친은 유아원의 교육과정 편제를 예로 들어, "아동심리 보호와 성장을 위해서는 성인의 경험을 근거로 딱딱하고 무미건조하며 심오한 교재를 만들어 아동이 자신도 모르는 사이 모호하고 무질서한 지식을 얻지 않도록 해야 한다."고 했다.

산교육사상 체계 중 교학원칙과 훈육원칙에서 보면, 대부분이 심리학을 근거로 한다. 구체적으로 예를 살펴보면, 산교육은 '긍정적 격려'를 제창하고 '부정적 제재'에 반대했으며, 적극적 암시는 제창했지만 '소극적인 명령'에는 반대했다. 이는 아동학습의 자각과 적극성을 충분히 동원하고 아동이 매우 활발하게 학습하도록 이끌어주는 중요한 역할을 하였다. 산교육은 '교육의 놀이화' '교육의 이야기화' 및 '경기방식을 통한 학습 효율 증진'을 제창하였다. 학생이 학습에 대해 깊은 흥미를 갖도록 하고, 생동적인 교학과정을 통해 지혜를 키우고 성품을 도야하는 데 도움을 주었다.

과학적 아동교육을 실시하기 위해 천허친은 미국 심리학자인 프리드
먼Friedman의 명저『초등학교 교과심리학』을 번역하였다. 그는 번역서
의 서문에서 교육에 대한 심리학 성과의 의의를 재차 강조했다. 천허친
은 "근대교육은 아동심리를 고려하여 탄생했고, 그 가운데 교과심리는
아동심리를 교학과 접목시켰다. 하지만 교사들은 아동심리만 알고 교
과심리를 모르고 있어 이상적 교육을 실천하기에 역부족이다. 교사는
아동이 어떻게 학습하는지 연구하면서 어떤 교재를 만들어야 하는지도
연구해야 아동심리 뿐 아니라 아동의 능력에 맞는 교육을 할 수 있다."
고 했다. 현대중국교육에서 심리학을 가장 중시했던 산교육사상은 심
리학의 학문적 기초를 바탕으로 교육이론을 마련했으며, 그 만큼 아동
심리에 대해 가장 깊이 연구했다.

산교육사상도 미흡한 점이 있었다. 주로 다음 두 가지로 나타난다.
첫째, 주로 아동에게만 적용할 수 있는 원칙과 방식을 일반화시켜 모든
연령대의 교육대상에 확대 적용하려 했다. 산교육의 실제 적용 대상은
유치원생부터 초등 6학년까지의 아동으로, 이들은 유아교육과 초등교
육 단계에 속한다. 그러나 천허친은 산교육이론이 거의 모든 교과, 학
년, 장소에 적용될 수 있다고 생각했다. 예를 들면, 교육의 놀이화가 어
른과 아동, 일이나 학습을 막론하고 어디에나 적용할 수 있다고 생각함
으로써 교육사상의 지나친 일반화 오류를 범했다.

둘째, 산교육사상은 전통교육의 폐단을 없애는 과정에서 지나침이
있었다. 학생의 주체성을 지나치게 강조한 나머지 교사의 지도를 과소
평가했고, 실천을 지나치게 강조한 나머지 체계적인 지식을 전달하는

교육을 소홀히 했다. 이 때문에 산교육은 전통교육을 완전히 부정하는 극단적인 교육으로 변질되었다. 특히 산교육은 교과서 지식의 학습을 간과하고 간접 경험의 중요성과 간과하면서 직접 경험을 과도하게 강조했다. 마오쩌둥은 "존재를 막 인식한 단계에서는 본질을 이해하지 못 한다. 존재의 본질을 이해할 수 있을 때만 정확하게 존재를 인식할 수 있다. 인식이란 문제의 표면적 현상만 해결할 수 있지만, 이해하고 파악하면 문제의 본질을 해결할 수 있다. 이때가 바로 실천이 필요한 순간이다."라고 하여 산교육사상의 문제점을 지적했다.

10

중국 현대 해방구의 혁명교육사상

　　1927년 4월 12일, 장제스는 상하이에서 반혁명 쿠데타를 일으키고 중국공산당을 숙청하기 시작하면서 중국의 혁명이 한 차례 시련을 겪었다. 8월 1일, 중국공산당은 남창봉기의 총성을 시작으로 혁명을 위한 공농홍군을 조직했다. 10월 7일, 농공혁명을 이끄는 마오쩌둥은 정강산 북쪽 산기슭의 영강현 모평에 도착한 후 정강산을 투쟁의 근거지로 삼았다. 그 후, 토지혁명전쟁, 항일전쟁과　해방전쟁 기간동안 중국공산당은 호남성, 호북성, 강서강, 하남성, 안휘성, 복건성, 절강성, 섬서성, 감숙성, 영하성, 산서성, 하북성, 차하얼, 산동성, 하남성, 동북, 화북 등에 또 다른 혁명 근거지와 해방구를 만들었다. 해방구는 정치, 경제 혁명 추진 외에 문화교육 분야에서도 새로운 시도를 하여 마오쩌둥, 쉬터리, 우위장으로 대표되는 혁명교육사상을 형성했다.

1. 해방구의 교육방침

중국공산당 창당 후, 공농운동을 지도하면서 교육문제에도 많은 관심을 기울였다. 1922년 7월, 공산당은 두 번째 당 대표회의에서 "교육제도를 개선하고, 교육을 보편화한다."와 "여자도 정치, 경제, 사회, 교육에서 평등한 권리를 누릴 수 있다."고 선언했다. 또한, 노동자교육과 농민교육운동을 적극 실시하고 차오난자수대학, 상하이대학, 샹장대학과 농민운동강습소를 세웠다. 이는 중국공산당이 교육적 경험을 쌓고 교육을 통하여 사람들의 지혜와 능력이 얼마나 발휘될 수 있는지 깨닫게 했다.

1931년 11월 공산당 지도 하에 300여 현과 인구 3천만 명을 아우르는 중국소비에트공화국이 성립되었다. 전국 대표회의는 '중국소비에트공화국헌법대강'을 통해 최초로 해방구의 교육취지를 명백히 밝혔다. "중국소비에트는 민중의 교육 받을 권리를 보장한다. 국내 여건이 허락하는 범위 내에서 무상 보급교육을 실시해야 한다. 먼저 청년노동자의 모든 권리를 보장하고 이들이 정치와 문화 혁명에 참여하여 사회 역량 강화에 보탬이 되도록 한다."는 해방구교육 취지와 교육정책의 목표를 밝혔다. 1934년 1월 두 번째 소비에트 대표회의 보고를 통해 마오쩌둥은 해방구 문화교육건설의 경험을 바탕으로 소비에트문화 교육건설의 종합지침을 발표했다. 마오쩌둥은 "혁명전쟁의 승리와 소비에트정치의 발전, 대중의 적극적 개혁 참여, 혁명의 새 시대 창조를 위하여, 소비에트는 반드시 문화교육을 개혁하고 새로운 소비에트 문화를 창조한다.”고 발표했다.

문화교육을 개혁하고 새로운 소비에트 문화를 창조하기 위한 기본 이념이란 “공산주의 정신으로 대중을 교육하고 문화교육이 혁명 투쟁과 계급 투쟁에 도움이 되도록 하며, 교육과 노동을 결합시켜 중국민중이 문명의 혜택을 누릴 수 있도록 한다.”는 것이었다.

마오쩌둥이 제시한 해방구 최종 교육방침의 주요 내용은 다음과 같다.

① 교육은 반드시 혁명전쟁과 계급투쟁에 공헌해야 한다.
② 교육은 반드시 농업과 공업, 중국민족이 문명의 혜택을 누리도록 하는데 공헌해야 한다.
③ 교육은 반드시 생산노동과 연계되어야 한다.

이 세 가지 분야의 내용은 항일전쟁과 해방전쟁 시기와는 다소 다른 내용도 있지만 본질은 같다. 항일전쟁 시기에 마오쩌둥은 교육의 근본 방침에 관해 다음과 같은 내용을 밝힌 바 있다.

제1. 학제를 개정하고, 불필요한 교육과정을 폐지하고, 관리제도를 변화시킨다. 필수 교과과정 위주, 학생의 학습적극성 촉진을 원칙으로 한다.
제2. 간부학교를 설립, 확대하여 항일간부를 대거 양성한다.
제3. 민중교육을 광범위하게 실시한다. 보습학교를 세우고, 문맹퇴치,

연극운동, 노래하기운동, 체육활동을 실시하며, 각 지방에 신문사
를 만들어 민족문화를 발전시키고 민족자각을 도모한다.
제4. 초등학교 의무교육을 통해 민족정신을 다음 세대에 교육한다.

마오쩌둥은 "정책의 관건은 항일전쟁과 항일전쟁 교육을 결합시켜
모든 교육제도가 항일전쟁에 도움이 되도록 하는 것이다. 이 정책의 본
질은 교육이 혁명전쟁과 민중을 위해 봉사하도록 하는 것이다."라고
했다. 1945년 4월 발표한 '연합정부를 논함'에서 마오쩌둥은 신민주주
의 시기의 교육방침에 대해 "중국은 민족적, 과학적, 민족의 신지식과
신교육 수립해야 한다."고 덧붙었다.

마오쩌둥은 제2차 소비에트 전국 대표회의에서, 공장 근로자와 농민
의 자녀는 우선적으로 교육을 받을 권리가 있다고 주장하면서 대중성
과 과학성, 민족성을 모두 민주주의교육의 기본 성질로 삼아야 한다고
밝혔다. 마오쩌둥은 지금까지는 교육과 대중의 생활이 괴리되어 있었
고, 중국인이 교육의 기회와 권리를 누리지 못했음을 지적했다.

이는 해방구의 심각한 문제점 가운데 하나였다. 해방구 건립 이전 해
당 지역은 농촌이었다. 국민당과 봉건지주의 지배로 문화교육은 뒤쳐
졌고, 노동자와 농민은 문맹이었다. 부녀자노동자들은 아주 적은 교육
의 권리조차 누릴 수 없었다. 지주와 자본계급은 봉건제도를 통해 노동
자를 착취했던 것이다.

마오쩌둥의 '차오난 농민운동 고찰보고'에서 "중국에는 지주에게만
문화가 있다. 농민에게는 문화가 없는 것이다. 그런데 사실 지주의 문

화는 농민이 창조한 것이다. 지주는 바로 농민의 노동력을 약탈해가고 있는 것이다.”라고 말하면서 진정한 해방구 건설이 필요함을 역설했다. 그는 ‘문화행복의 사회’의 필요성을 언급하면서 해방구의 인민이 문화행복을 누릴 수 있고 농민의 문화로 바로서야 하며 교육은 대중을 대상으로 해야 한다고 했다.

농민들은 지식교육의 필요성을 인식한 후, 적극적으로 교육에 참여하기 시작했다. 1933년 12월, 마오쩌둥은 ‘창평현 조사’에서 교육에 대한 해방구 인민의 태도를 언급했다. “야간학교 9개에는 약 300명의 학생들이 재학 중이다. 남학생이 30%, 여학생이 70%를 차지한다. 열여섯 살에서 마흔다섯 살까지 연령대가 다양하다.”

1934년 제2차 소비에트 대표회의 때 발표한 통계에 따르면, 강서성, 복건성, 광동성에 당시 보습야간학교가 6,462개 있었고 학생은 수는 9,457명이었으며 글을 알았던 32,388개 조의 구성원 수는 155,371명이었다고 한다. 전체 현의 야간학교 학생은 15,740명이었으며 남성이 4,988명으로 31%를 차지했고 여성이 10,752명으로 69%를 차지했다. 글자를 아는 작은 조가 3,387개 있었고 총 구성원은 22,529명이었다. 항일전쟁 시기에, 해방구도 농민이 겨울 농한기에 글을 배우는 학교 설립을 중요하게 여겼다. 그래서 사립학교를 설립하여 청장년농민에게 배움의 기회를 제공했다. 1940년 당시 섬서강 주변에는 겨울 농한기 농민에게 글을 가르쳐주는 학교가 965곳 있었다. 학생 수는 21,689명이었다. 다양한 학교 설립은 순조롭게 이루어졌으며 사람들은 학교교육을 통해 지식을 익힐 수 있었다.

교육과 생산노동의 결합은 마르크스주의의 원리, 중국혁명 당시 상황과 서로 결합하면서 나타난 추세였다. 해방구의 교육과 생산노동의 서로 결합은 구체적으로 다음 두 가지 의의가 있다.

우선, "중국소비에트공화국 초등학교제도 임시 규정 개요"를 통해 "생산노동을 하지 않는 계급의 교육을 없애고, 교육으로 생산노동의 지식기술을 재고시켜 교육과 노동을 통일한다."는 것을 규정했다. 상술한 '개요'는 "해방구 설립 초기에는 문화와 경제 수준이 낮았고 생산효율도 높지 않았다. 발전하려면 반드시 생산력을 향상시켜야 한다. 이를 위해서는 농민이 교육도 받고 생산에도 종사하게 해야 한다. 이들 뿐 아니라 간부와 학생도 노동에 참가해야 한다. 이밖에도 생산지식과 기술도입 역시 필요하다."라고 밝혔다.

해방구의 교육과 생산노동의 결합은 교육적 실천에도 중요한 의미를 지닌다. 류아이펑은 1946년 「교육일선」 제6권 3호에서 "① 교육과 시간, 노동생산을 적절히 결합시켜야 한다. 농민학교 교사는 농민집회나 휴식시간을 이용하여 학생들에게 생산 현황이나 문맹 퇴치에 관한 신문을 읽어줌으로써 노동 현장에서 교육이 이뤄질 수 있도록 한다. 교육대상, 계절에 따라 시의적절하고 수요에 맞게 유연성 있는 교육을 한다. ② 교육내용과 생산 활동을 결합시킨다. 교육을 통해 노동생산 지식을 증진시켜서 배운 것을 실천에 적용할 수 있도록 한다. ③ 아동이 생산 활동에 참여하도록 지도한다. 아동이 품앗이와 가계 생산 활동, 학교의 단체 생산 활동에 참여케 하여, 생산 과정에서 직면하는 어려움을 스스로 해결하도록 가르친다."고 해방구의 국민교육과 생산을 결합시킨 경험에 대해 소개했다.

당대의 「소녀들의 생활」 잡지는 옌안여자대학 학생들의 교육과 노동, 생산 활동경험에 대해 다음과 같이 묘사했다. "그녀들은 공부뿐만 아니라, 노동에도 종사하였다. 수확기에는 새벽 하늘빛이 흐린 가운데 서둘러 산을 올랐다. 처음에는 서툴렀지만 나중에는 무성하게 자난 벼 이삭 줄기를 능숙하게 베었다. 해질 무렵 수확한 벼를 짊어지고 돌아오는 소녀들의 얼굴엔 웃음꽃이 활짝 폈다. 곡식 한 알 한 알이 이들의 땀과 노력이었다. 노동으로 단련된 건강한 소녀들은 맑고 고운 목소리로 노래를 부르며 석양이 질 때가 돼서야 학교로 돌아왔다. 그리고는 다함께 모여 풍성한 수확을 축하했다."

2. 해방구의 학교운영사상

일찍이 해방구 건립 전에, 중국공산당은 여러 가지 농공교육과 간부교육 방식을 만들어 해방구 학교운영을 위한 경험을 쌓은 바 있다. 토지개혁에서부터 시작하여, 중국공산당은 마오쩌둥이 해방구에 직접 제정한 교육 총 방침에 따라 역사상 전례가 없는 교육의 탐색을 하였고, 또한 많은 특색이 있는 해방구의 학교운영사상을 형성하였다.

(1) 대중에 의한 학교 설립사상

마오쩌둥은 섬서성·감숙성·영하성의 문화 교육인 회의에서 강연을
한 적이 있는데, 그 때 대중에 의한 학교설립 사상에 대해 설명했다. 그
는 중국 문화란 인민의 문화임을 강조했다. "문화계 종사자는 반드시
인민을 섬기고자 하는 열정이 있어야 하며, 반드시 대중과 함께여야 한
다. 대중과 함께 하려면 대중의 수요를 만족시켜야 하며, 대중을 위해
일해야 하고, 모든 것이 대중으로부터 출발해야 한다. 모든 것은 대중
의 참여가 필요한 일이다. 만약 대중의 자각과 참여가 없다면, 형식에
만 치우쳐 결국은 실패하게 될 것이다."

마오쩌둥이 제창한 "교육은 대중의 수요를 만족시켜야 한다."는 해
방구교육의 기본원칙이 되었다. 대중에 의한 학교운영원칙 하에 해방
구는 '사립공조'라는 교육과 학교운영 방식을 만들었다. 즉 대중 스스
로 필요에 의해 학교를 설립하여 생산 활동처럼 교육을 자신들의 이익
을 위해 실시한다. 그리고 이에 국가기관이 도움을 주는 것이다.

이러한 사립학교는 교육사업에 열정적인 사람들이 앞장서서 추진하
는데, 때로는 노동자나 농민들이 주도하기도 하였다. 이밖에 품앗이조
직이나 협동조합이 학교를 설립하기도 하고 문맹퇴치 기관이 정식 학
교가 되기도 하였다.

사립학교의 재원의 출처는 모금, 절약, 개학전(모두가 모여 밭을 개간
하여 그 수입을 학교 운영비로 쓴다), 문교 협동조합(학생의 부모가 일정 금
액을 협동조합에 내면, 협동조합이 운영한다. 이를 통해 거둔 이익금은 자녀가

졸업할 때까지의 학비로 충당된다), 품앗이 조직이 목재를 팔아 마련한 기금 등이었다. 사립학교는 해방구 혁명교육사상가의 인정을 받았다. 쉬터리徐特立는 미지현에서 방직업에 종사하는 조여사 미지동관 소학교를 세우자, 교육의 의무화에서 권리화를 실현했다며 조여사의 업적을 높이 평가했다. 과거에는 벌을 주더라도 공부하러 오지 않았으나 민간에서 자발적으로 사립학교를 운영하기 시작한 것이다. 마오쩌둥 사상 중 대중입장의 원칙이 주효했음을 보여준 일이었다.

이에 따라 섬서·감숙·영하성 지방 정부는 1944년 4월 19일 소학교 사립공조 제창하는 지시를 공표하기도 했다. 이는 대중의 창조적인 교육운영 형태를 높이 평가한 것이며, 이에 몇 가지 제안을 덧붙인 것이었다.

① 사립소학교의 설립과 운영방침은 일률적이지 않고 각 현의 상황에 따라 달리 시행하였다. 현대 각지 인민의 소학교 설립요구는 매우 많으며, 새로 세워진 학교는 완전한 사립도 있고 공·사 협력 학교도 있었다.

② 일반적으로 소학교와 중학교는 국민들이 사립으로 전환하기를 원하는 경우, 인수 및 경영할 능력만 있다면 즉시 사립으로 전환할 수 있도록 허락했다. 사립소학교의 학제, 교육내용 등에 관하여 대중의 의견을 존중하고 일률적인 교육제도, 수업시간을 강요하지 않았다. 대중의 수요가 없는 과목은 폐기할 수 있었다. 글자 익히기, 글자 쓰기, 주산만 필요로 하는 경우 다른 것은 가르치지 않아도 되었다. 과

거의 교재가 아닌 『잡자(암송하기 쉬운 시집)』, 『백가성』 등의 책으로 공부하기를 원하는 경우, 이러한 의견 역시 받아들였으며 대중이 직접 기존의 형식과 새로운 내용을 가지고 교과서를 펴내기도 했다.

③ 대중이 가장 신임하는 사람을 교사로 선정했다. 학생 정원, 교지 선정, 경비, 교원대우 등도 전적으로 대중이 결정하게 할 수 있었다. 교사는 항상 검사, 관리를 책임지고 수시로 대중들의 어려움을 해결하며 잘못된 성향을 고쳐주었다. 이와 같은 교육가, 정부의 제창 아래 해방구 학교 설립이 진전을 거두었다. 1944년 말의 통계에 따르면, 섬서·감숙·영하 성에 세운 학교만 730개에 다다랐다. 이는 전국 공립학교 1,181개의 61%였다.

(2) 학교 설립의 신로개척사상

중국공산당이 이끈 중국 혁명은 세계 공산주의 운동사에서 신로를 개척하여 성공을 거둔 혁명이다. 이것은 먼저 농촌에 혁명근거지(해방구)를 건립하고, 농촌으로 도시를 에워싸 최종적으로 정권을 쟁취해 내는 것이었다.

만약 해방구에서 학교 설립을 할 때 도시의 학교 설립방법을 기계적으로 모방했다면 이와 같은 성공을 거둘 수 없었을 것이다. 마오쩌둥은 중국 혁명전쟁의 특징을 설명할 때 마르크스주의의 근본, 마르크스주의의 살아있는 정신인 구체적인 상황, 구체적인 분석을 강조하였다.

또한 "중국 혁명전쟁의 특징을 이해하지 않고서는 중국 혁명전쟁을 지도할 수 없고 중국혁명전쟁을 승리로 이끌 수 없다."고 지적했다. 이러한 사상 아래, 해방구의 혁명교육 사상가들은 모두 비교적 교육하는 일의 실사구시의 풍조와 신로 개척의 창조성을 중시했다.

그 예로, 우위장은 옌안대학교 개학식에서 "중국학술과 교육은 모두 허무하고 비현실적이다. 이것은 큰 결함이다. 학교운영은 반드시 현실과 부합해야 한다."고 강조하면서 "일 잘하고 중국의 국정을 이해하는 청년을 배양해야 한다."고 덧붙였다.

그가 입안한 옌안대학교 교육방안 중, 방침, 학제, 커리큘럼과 학교의 각 방면에서부터 신로개척의 창조성을 구체적으로 드러냈다. 쉬터리도 해방구의 학교설립을 영도하는 실천의 과정 중, 해방구의 실제에 주의 하는 것으로 출발하여 창조적으로 학교를 세우는 것을 자각했다.

그는 "해방구에까지 소련의 경험을 그대로 들여올 수는 없으며, 도시의 학교운영 방법을 그대로 가져오는 것 역시 적절치 않다. 우리는 중국, 해방구, 전시, 농촌의 상황이다. 만약 타국을 표방하고, 도시의 교육방법을 모방한다면 발전할 여지가 조금도 없다."고 지적했다. 쉬터리 전후 세워진 예녕사범학교는 루쉰사범학교와 옌안자연과학원 등 단과대학과 달리 학제, 학생모집, 커리큘럼, 교학 등에서 철저히 전통적인 형식을 타파하였다.

예로, 1932년 세워진 예녕사범 학생은 각급 소비에트 정부가 보낸 빈곤한 농민자제였고, 학습 기한이 3~6개월이었다. 섬서성陝西省·감숙성甘肅省·영하성寧夏省 해방구는 초기 루쉰사범학교를 창립하고 문맹, 반문맹자들을 모집하고 그들에게 새로운 문자를 가르쳐주고, 아주 짧은 기간의 학습을 통해 졸업 후 돌아가 소학교 교사를 담당했다. 해방구 경제건설의 필요성에 부합하기 위해 설립된 옌안자연과학원은 항일전 쟁시기 공산당이 창립한 첫 번째 학교였다. 일반학교와 달리 대학부, 고등부, 초·중부와 청년기술자학교가 있었고, 교사와 학교업무 관계의 평균연령이 30세 미만이었다. 가장 어린 학생은 고작 12~13세였다.

상술한 사범대학은 학급 시간대를 아침반, 점심반, 저녁반으로 나누 었다. 방학기간은 도시처럼 봄, 여름, 겨울 방학으로 규정하지 않고 농 번기 방학을 실시했다. 주로 응용문, 편지쓰기, 통행증 쓰기, 장부기록, 생산지식 등을 가르쳤다.

(3) 다양한 형식의 학교설립사상

해방구교육의 특성은 다양한 형식의 학교 설립에 있었다. 마오쩌둥 은 '홍국조사' '장풍향조사' '재계향조사'에서 해방구의 예녕소학, 야 학, 평민야학, 식자반, 신문 열독단 등 다양한 유형의 학교설립을 높이 평가했으며 대중이 자발적으로 학교운영 경비를 마련하고 문맹 퇴치를 위해 힘쓰는 것에 큰 의미가 있다고 생각했다. 우위장, 쉬터리 등 교육 사상가들 역시 해방구는 마땅히 다양한 형식의 학교 설립(운영)의 길을 가야 한다고 여러 번 제의했다.

해방구의 교육은 홍군교육 또는 군대교육, 간부교육, 농공업무 외 여 가시간에 진행되는 교육과 어린이 교육의 네 가지 기본 유형으로 나눌 수 있다. 이들은 각기 다른 학교 운영 형식을 채택했다. 해방구의 창조적이고 모범적인 문맹퇴치 교육을 통해 학교운영 형식의 다양성을 엿볼 수 있다.

① 문맹퇴치반과 문맹퇴치조

교사나 학생 수, 수업 시간이 고정되지 않았다. 수업 방식도 한 가지만을 고집하지 않았기 때문에 별도교육을 할 수 있고, 모여서 함께 교육할 수도 있고, 서늘한 바람을 쐬며 차를 마시며 교육할 수도 있고, 밭, 부뚜막에서 할 수도 있었다. 처음에는 땅을 종이 삼아 조장 혹은 반장이 조원에게 글자를 가르쳤다. 그 다음엔 모든 사람들이 노트를 한 권 준비하고 글 쓰는 것을 연습했다. 글자는 생활에 필요한 것과 공구 명칭부터 가르치기 시작했다.

② 글자칠판

마을주위 길목과 통행증을 검사하는 곳에 글자칠판을 설치했다. 야학 교사 또는 문맹퇴치조장은 조의 교육 진도에 따라 매일 혹은 격일로 칠판에 2~3개의 단어를 쓰고, 보초서는 사람에게 먼저 가르쳤다. 그러면 보초서는 사람이 통행하는 사람에게 그 글자를 물어보았다. 만일 대답을 못 하면 그 사람에게 가르치고 종이에 글자를 써 준 다음 걸어가며 연습하도록 한다.

③ 문화강(언덕)

글자 칠판과 유사한 점이 있다. 마을 어귀 글자칠판과 문답질판을 설치하여 매일 이곳을 지나는 행인에게 질문을 한다. 대답이 맞으면 지나 가게 하고 틀리면 완전히 이해한 후에야 지나갈 수 있었다.

④ 물건을 보고 글자를 깨우치다

섬서성陝西省·감숙성甘肅省·영하성寧夏省 교외에 있는 마을 밭마다 농작물의 이름을 쓴 돌이나 목패를 세워놓는다. 농기구에다가도 그 이름을 쓰고 벽, 나무, 가구 모두 글자로 가득 채워 글을 깨우칠 수 있는 환경을 조성한다. 사람들은 고개만 들면 글자를 만날 수 있다.

⑤ 사건을 기록하고 글자를 알다

어떤 일이 생기면 그와 관련된 글자를 배울 수 있었다. 예를 들어 부평오구의 여객선 식당에서 선생님이 한 청년에게 기름 200그램을 사오라고 했다면, 청년은 "기름 파는 사람이 오면 좋은 기름을 산다."를 쓸 줄 알게 된다.

⑥ 작은 선생이 글자를 가르친다

한 어린 학생은 자신의 가족이나 교육받을 기회가 없는 아이들을 가르치고, 나중에는 이들의 가족까지 가르쳤다. 작은 선생은 새로운 글자를 각 가정이나 일터에 전해주는 역할을 했다.

⑦ 생산조의 글자교육

생산 조를 단위로 하여 글자교육을 했다. 예를 들어 신발 만드는 조,

방직 조, 품앗이 조, 운송 조 등을 기본 단위로 하여 글자교육을 했다. 운송대는 나귀 안장 위에서 쪽지 한 장을 붙이거나 패를 하나 걸어 글씨를 써서, 걸어 다니면서 사람들을 가르칠 수 있었다. 그리고 매일 새로운 글자로 바꿨다.

(4) 각고분투의 학교운영 사상

해방구는 물자가 부족했다. 그래서 해방구 창건 초기 홍군의 학교운영은 기본적인 종이와 연필 공급이 불가능했다. 마오쩌둥은 급히 각고분투의 학교운영 사상을 제시했다. 손가락은 연필로, 땅은 종이로 삼자며 대중에게 호소했다.

홍군사병은 적극적으로 호응했고 여러 어려움을 극복하면서 부지런히 공부하였다. 거의 모든 사람들이 나뭇가지를 깎아서 나무 연필을 만들어 들판이나 언덕에 글씨 쓰는 연습을 했다.

해방구 예녕소학교도 대부분 낡은 사당이나 묘당 안뜰에 자리했다. 책상과 의자는 빌려온 밥상이나 걸터앉는 긴 의자였고 분필은 산에서 캐온 석고로 만든 것이었다. 잉크는 주워온 선홍토를 갈아 가루를 만들어 가공했다. 이에 따라 소학교는 그 명맥을 유지할 수 있었을 뿐 아니라 큰 발전이 있었다.

쉬터리는 인적, 물적 자원과 자금이 부족한 상황에서 예녕사범대, 노쉰사범대, 연안자연과학대를 설립했다. 그는 낙관적 태도로 어려움에 대처하며 "비록 이렇게 어렵지만 진정으로 세상을 개조하는 것은 결국 선진의 당과 인민이다. 깊은 근심은 걸출한 인재를 낳을 것이며, 고난은 나라를 부흥케 할 것이다."라고 말했다.

그래서 그는 황무지에 옌안자연과학대를 만들었다. 기숙사가 없어서 모두 함께 굴을 파서 기숙사를 세웠으며, 학생들이 벽돌과 나무로 의자를 만들고 두 무릎으로 책상을 대신했다. 종이와 연필이 없어서 닭털이나 나뭇가지로 땅에 써서 계산을 했다. 큰 교실과 강당이 없어서 동굴 둑에서 수업을 했다. 당시의 시가는 해방구의 각고분투의 학교운영 상황을 이렇게 묘사하였다.

우리의 생활은 어렵고 또 긴장감이 감돌지만

우리의 혁명열정은 오히려 날로 높아진다네.

누가 우리에게 교실이 없다고 하나요?

우리는 세상에서 제일 큰 교실이 있지요.

파란 하늘은 우리의 지붕

높은 산은 우리의 벽

누가 우리에게 교구가 없다고 하나요?

자연산 교구가 더 예쁘답니다.

누가 둑은 교실이 될 수 없다고 하죠?

우리의 믿음은 태산보다 튼튼하지요.

우리의 의지는 강철보다 더 강하지요.

조국의 신생과 인민의 해방을 위해

어떠한 고난도 우릴 막을 수 없지요.

중국공산당이 해방구에 학교를 세운 것은 물질적 조건이 극히 부족한 상황 아래 각고분투와 부지런히 학교를 운영하여 얻어낸 성공이다. 당시 중국에 유행하던 향촌교육과 평민교육사상과 비교해 보면, 해방구의 교육이 전혀 새로운 길을 걸어왔다고 할 수 있다.

3. 해방구의 인성교육사상

사상정치교육과 인격성품교육은 해방구 교육의 핵심 내용이다. 홍군 조직 초기에 마오쩌둥은 정치 공작이란 홍군 작업의 생명선이며, 모든 공작의 영혼이라고 했다.

1929년 12월 '중국공산당 홍군 제4군 9차 대표대회결의안'에서 마오쩌둥은 당내교육을 강화하여 군사관점, 극단적 민주화, 비조직적 의식, 절대적 평등주의 등 비 계급의식의 잘못된 사상을 바로잡아 홍군이 숭고한 이상과 견고한 세계관을 가지도록 도와야 한다고 했다.

항일 전쟁 승리를 앞두고 마오쩌둥은 또 한 번 "확실한 사상교육을 하는 것은 전 당이 단합해 위대한 정치투쟁을 하는데 있어 핵심이다."라고 했다.

해방구에서 각종 교육은 모두 정치교육과 도덕교육을 매우 중시하였다. 홍군교육은 현재의 정치 형세 분석, 홍군의 임무와 계획, 혁명의 현재 단계와 그 미래, 토지 혁명 등 혁명임무교육이 주를 이루었다. 홍군 상식교육은 홍군과 백군의 비교, 소련홍군, 홍군표어 해석 등이었으며,

군사지식교육에는 무장조직 및 전술 , 유격구역의 지리와 정치 경제상
식 등이 있었다.

  군민관계 교육은 3대 기율 8항 주의사항(최초는 6항목의 주의 사항이었
다), 어떻게 군중업무를 하는지 등이 포함되었다.

(1) 해방구의 인성교육업무내용

  마오쩌둥의 혁명교육사상가들은 세 가지 방면의 내용에 역점을 두어
논하였다. 첫째는 애국주의와 국제주의교육이다. 마오쩌둥은 항일전쟁
시기에 "중국공산당원은 반드시 애국주의와 국제주의를 결합해야 한
다. 우리는 국제주의자이자 애국주의자이다. 우리의 구호는 '조국을 보
호하고 침략을 막기 위해 전쟁한다'이다."라고 말했다.

  『신민주주의』에서 그는 또 애국주의와 국제주의의 가슴을 가지고 비
판적으로 인류역사의 우수한 문화유산을 계승해야 한다고 요구했다.
그는 "중국은 마땅히 외국의 대량의 선진문화를 받아들여, 자신의 문화
양식의 재료로 삼아야 한다. 과거에는 이런 일들이 너무 부족했다."라
고 했다.

  사회주의 문화와 신민주주의 문화뿐만 아니라 외국의 고대문화, 예
를 들어 각각의 자본주의 국가가 계몽하던 시기의 문화, 우리가 오늘날
사용하는 것들은 모두 받아들여야 한다고 생각한 것이다. 마오쩌둥은
애국주의의 품성을 갖춰야만 조국을 사랑할 수 있고 국가의 주권을 수
호할 수 있으며, 국제주의적 마인드를 가져야만 시야를 넓혀 인류의 우
수한 문화를 학습할 수 있다고 생각했다.

그래서 마오쩌둥은 모든 기회를 활용해 언제나 간부와 참여자들에게 애국주의와 국제주의 교육을 진행하였다. 예를 들어『민족전쟁 가운데 중국공산당의 지위』에서 그는 "우리 민족은 수천 년의 역사를 가졌고, 고유한 특성이 있고 수많은 유산을 지니고 있다. 반면, 우리는 아직 소학생이다. 오늘날의 중국은 역사중국의 한 발전단계에 있다. 우리는 마르크스주의의 역사주의자이다. 우리는 역사를 단절시켜서는 안 된다. 공자에서 쑨원에 이르기까지 모든 역사를 돌아보고 계승해야 한다." 이것은 사람들이 조국의 역사 문화유산을 소중히 하고, 나라를 사랑하도록 만들었다.

1939년 12월, 『닥터 노먼 베쑨을 기념하며』에서 마오쩌둥은 캐나다 출신 닥터 노먼 베쑨을 높이 평가하며, "외국인이 자신의 이익과 상관없음에도 불구하고 중국인민의 해방을 자신의 일로 여긴 것은 무엇 때문인가? 국제주의 정신과 공산주의 정신이 있었기 때문이다. 모든 중국 공산당원은 이 정신을 배워야 한다."라고 썼다.

그 후 사람들로 닥터 노먼 베쑨의 국제주의, 공산주의 정신을 배우기 시작했다. 또, 애국주의와 국제주의 정신은 해방구의 인성 교육의 중요한 구성요소가 되었다. 더욱이 항일 전쟁 당시 애국주의교육은 여러 교육기구를 통해 민중에게 전해져 외국으로부터의 굴욕에 저항하는데 지대한 작용을 했다.

둘째는 시사정치 교육이다. 류쑹타오는 '화북 항일근거지 농민교육의 경험'에서 "항일전쟁 때에는 교통이 불편하고, 적의 상황이 매일 변하며 적들이 헛소문을 퍼뜨리고 기만한다. 그러므로 시사 정치 교육이 중요하다. 이 교육이 잘 진행되면 많은 인민의 정치인식이 향상될 뿐만 아니라, 대중들이 승리를 확신하게 되어 모든 항일 공작이 촉진될 것이다."라고 적은 바 있다. 이 해방구의 특정 환경과 전쟁, 특정 분위기 속에서 시사정치 교육을 실시한다는 것은 아주 중요한 의미가 있었다.

마오쩌둥은 시사정치 교육에 많은 관심을 보이며 혁명의 중요한 전환점에 이르러 친히 글을 짓고 강연을 하였다. 전당, 전군, 전 국민이 시국을 분석하도록 하고 시사정치 교육을 실시했다. 『성성의화, 가이료원』(1930), 『상하이 태원 함락 이후 항일 전쟁의 형세와 임무』(1937), 『지구전을 논함』(1938), 『국제정세에 대한 신화 조간신문 기자의 담화』(1939), 『항일전쟁 승리 후 시국과 우리의 방침』(1945), 『직면한 국제정세에 대한 몇 가지 예측』(1946), 『목전의 형세와 우리의 임무』(1947) 등은 모두 유명한 시사 정치보고 또는 논문이다. 이 중 상당 부분은 당시의 시사 정치 교재로 사용되었다.

해방구 건립 초기에, 일부 사람들은 혁명이 그리 오래가지 않을 것이라고 생각했다. 마오쩌둥은 『성성의화, 가이료원』에서 다음과 같이 직설적으로 언급했다. "시국에 대해 분석해본 결과, 우리 당내에 정확한 인식이 부족한 동지가 있음을 깨달았다." 마오쩌둥은 혁명이 곧 절정기에 도달할 것이라 예측했다.

마오쩌둥의 제창과 실천 아래, 해방구의 시사교육과 정치교육은 역동적으로 이루어졌다. 주로 신문과 통속 간행물을 발행하고 때와 장소에 적합한 시사 정치선전을 했다. 항일전쟁 기간 동안 해방구에 적지 않은 신문이 생겨났다. 그 가운데 영향력 있는 간행물로는 「중국인민」, 「항전생활」,「적의 동태」 등이 있었다.

대중들은 '신문독서조'를 구성하고 벽보를 이용했으며, 무장 선전대
는 해방구 인민들이 정세를 파악하고 사기충천하도록 시사정치 선전을
했다.

세 번째는 인성교육이다. 해방구의 혁명교육 사상가는 공산주의의
인성교육을 매우 중시했다. 교육을 받는 사람들은 좋은 도덕성품을 갖
추어야 했다. 마오쩌둥은 「닥터 노먼 베쑨을 기념하며」에서 "우리는
노먼 베쑨 선생의 이타심을 배워야 한다. 그러면 인민에 유익한 사람이
될 것이다. 사람의 능력에는 차이가 있기 마련이지만 노먼 베쑨 선생의
정신을 기린다면 숭고한 사람, 순결한 사람, 도덕적인 사람, 인민에게
이로운 사람이 될 수 있다."고 했다.

마오쩌둥은 공산당원들에게 숭고한 정신을 갖출 것과 말에는 믿음이
있고 행동에는 책임이 따르며 오만하지 말 것을 주문했다. 그리하여 각
급 정부가 청렴하고 공정하며 성실하게 열심히 일하되 보수는 덜 받는
모범이 되어 줄 것을 요청했다.

마오쩌둥은 또한 "공산당원은 언제 어디서나 개인의 이익을 우선시
하지 않으며 민족과 민중의 이익에 복종해야 한다. 그러므로 이기주의,
태만, 부패와 자기과시 등은 가장 부끄러운 행위이고, 열심히 노력하고
민중을 섬기는 정신은 존경 받아야 할 정신이다."라고 했다.

도덕 품성 교육에 관해서 마오쩌둥은 대중적 관점의 교육, 단체주의
의 교육 등을 여전히 여러 번 강조했다. 또한 유기적으로 심리 성품 교
육, 세계관교육과 연계시키기도 했다.

(2) 인성교육의 원칙과 방법

　해방구 인성교육사상의 주요 원칙과 방법은 아래의 몇 가지로 나뉜
다.

　① 이론과 실제의 연계

　마오쩌둥은 마르크스주의 책에 있는 각각의 결론과 개별 원리를 기
억하기만 하고 중국의 실제문제에 적용하지 못하면 소용이 없다고 생
각했다.

　그는 "마르크스주의의 이론을 충분히 이해하고 응용할 줄 알아야 한
다. 이해의 목적은 응용에 있다. 만약 당신이 마르크스 레닌주의의 관
점을 응용하여 실제로 문제를 설명할 수 있다면, 해방구의 문제 역시
해결할 수 있을 것이고, 사람들로부터 호평 받을 것이다. 당신이 설명
하는 것이 많아지고, 보편화되고, 깊어질수록 당신에 대한 평가도 높아
질 것이다. 이는 인성 교육이란 단순히 몇 가지 원리, 개념만 아는 것이
아니라 이를 통해 현실 문제를 해결하는 것이다. 특히 중국혁명의 실제
적 문제를 해결하는 것이다. 이것이야 말고 견고하고 깊은 도덕의식을
형성할 수 있는 것이다."라고 지적했다.

　② 모범교육의 중시

　모범은 구체적인 도덕적 이미지와 큰 교육적 영향력을 가진다. 혁명
교육가는 모범교육을 매우 중시한다. 마오쩌둥이 만든 장쓰더, 노먼 베

쑨 등의 훌륭한 이미지는 수많은 사람들이 인민을 섬기는 마음가짐을 갖도록 만들었다. 그는 '연안문예 좌담회 연설'에서 해방구의 문화예술인에게 모범으로 삼을 대상으로 루쉰을 제시했다.

마오쩌둥은 "모든 공산당원, 모든 혁명가, 모든 혁명문예인은 루쉰을 본받아 무산계급과 인민대중의 일꾼이 되어 죽을 때까지 나라를 위해 온 힘을 다해야 한다."라고 말했다. 해방구에서 모범교육은 이미 인성교육에서 제일 자주 사용하는 방법이 되었다. 영웅들의 모범적 일화를 소개한 모우춘의 『춘정삼자경』은 촌민 교육에 사용되었다.

그중 한 단락에 이렇게 쓰여 있다. "우리 마을은 어떤 곳인가? 고전적이고 모범적이며 영웅을 배출한다. 량원야오 청년은 현재 지도요원을 맡고 있다. 학습 조를 맹렬히 몰아붙여 각 조원들이 열심히 공부한다. 6~7명으로 구성된 조원들이 석 달에 300자를 익혔다. 믿으면 다 쓸 수 있다." 다른 단락에서는 "정치 모범 량춘롄도 영웅이었지만 우대를 받지 않고 경작지를 주어도 쓰지 않았다. 약했지만 새벽부터 황혼 무렵까지 인내하면서 품앗이를 하고 선봉에 서서 열심히 일을 했다."고 말했다. 형상화된 본보기 교육은 감화력과 영향력이 매우 컸다.

③ 교육과 자아교육의 결합

당시 국제 교육언론계는 교육의 미래를 다음과 같이 예측했다. "미래의 학교가 교육할 대상은 자기교육의 주체인 자신 자신이어야 한다. 자신이 자신을 교육하는 교육의 구도적 변화는 향후 수십 년 내에 과학과 기술혁명을 통해 교육이 직면하게 될 가장 어려운 문제일 것이다."

해방구의 많은 학교들은 교육과 자아교육의 결합을 인성교육의 기본 원리로 삼았다.

삼변공립 중학부의 사상 교육 경험 가운데 이런 말이 쓰여 있다. "생각의 결점은 행위의 오류를 만든다. 만약 생각의 결점을 해결하지 않으면 행위의 오류는 막을 수 없다. 그러나 생각의 문제 란 단순히 조직의 힘만으로는 해결할 수 없다. 그들 스스로 깨닫고 의식이 높아지면서 자연스레 자기반성을 하면서 해결되는 것이다. 그러므로 서로 문제를 인식할 수 있도록 도움을 주고받으면 깨닫는 바가 있어 의식도 높아질 것이다. 스스로 인식해야만 자아가 반성하고, 진보해야만 발전할 수 있다. 그러나 학생의 진보란 직선으로 나타나지 않는다. 만약 어려움을 겪고 좌절한다면 생각은 다시 흔들릴 것이다. 그러므로 교사는 언제라도 구체적인 도움을 줄 준비가 되어 있어야 한다. 계속 세심하게 교육을 할 때 바르게 사고하도록 만들 수 있다."

이는 해방구 인성이론이 이미 상당한 수준에 다다랐음을 보여주는 것이다. 교육과 자아교육의 관계를 밝혔을 뿐 아니라, 인성교육과정의 장기적이고 반복적인 특징에서부터 교육과 자아교육의 상호 결합의 필요성까지 밝혔다.

4. 해방구의 교수이론

해방구에서는 효과적으로 교육을 실시하기 위해서 마오쩌둥으로 대

표되는 혁명교육사상가들의 교육문제에 관한 견해에 대해서도 연구하
고, 이밖에 실제 교육 경험을 바탕으로 독특한 해방구 교수이론을 제시
하였다.

(1) 이론과 실제 결합의 교육 원칙

　이론과 실제의 결합 원칙은 인성교육뿐 아니라 교수방식에도 적용
한, 교육의 기본 원칙 중 하나이다. 마오쩌둥은 항상 이론과 현실의 결
합을 중시하였다. 마오쩌둥은 책도 읽어야 하고 책 밖의 현실도 공부해
야 한다고 말하며, 5·4 운동 때 캉유웨이 등 개량주의자들이 사회나
생활의 현실에 대한 고찰을 소홀히 함을 비판했다. 1930년, 마오쩌둥
은 「교조주의에 반대하다」에서 다음과 같이 말했다. "마르크스주의의
'교과서'를 배우면서 중국의 현실에도 부합해야 한다. 교육은 현실을
떠나서는 존재할 수 없다. 철학을 통해 중국혁명의 논리를 가르쳐야 하
고 경제 교육을 통해 학생들에게 중국 경제의 특색을 가르쳐야 한다.
또, 정치 교육을 통해서는 중국 정치의 전술을 가르쳐야 하며 군사 교
육은 중국의 군사적 특색과 관련이 있어야 한다. 이론과 현실이 분리된
교육으로는 학생들을 바르게 이끌 수 없다. 학생들이 학습에 대한 흥미
를 잃도록 만들 뿐이다."

(2) 교수법 사상의 개혁

이른 1920년, 마오쩌둥은 '호남자수대학 창립 선언'에서 전통적인 교수법을 매섭게 비평했다. "획일적이고 기계적인 교수법과 관리법은 인성을 손상시킨다. 사람들마다 능력이 다르기 때문에 뛰어난 사람과 그렇지 못한 사람은 이해하는 능력도 다르다. 그런데 학교는 차이를 고려하지 않고, 획일적인 방식으로 모든 사람을 교육하고 있다."

마오쩌둥은 주입식 교수법도 지적했다. "학생을 수동적으로 만들어 개성을 없애고 똑같은 교육을 주입하고 있기 때문에 뛰어난 학생들이 능력을 발휘할 수 없다." 이 때 마오쩌둥은 처음으로 교수법의 개혁을 언급하였다.

해방구의 건립 후, 그는 「중국공산당 홍군 제4군 제9차 대표회의의 의안을 결정하다」에서 정식으로 교수법 개혁 구상을 제시했다. 이것이 바로 '십대교수법'이다. 그 내용은 다음과 같다.

① 계몽식(주입식을 폐지한다) 방식을 사용한다.

② 가까운 것부터 시작해 먼 것으로 접근한다.

③ 쉬운 문제에서 어려운 문제로 심화한다.

④ 말은 쉽게 한다.(새로운 명사는 알기 쉬운 말로 해석하여야 한다)

⑤ 말은 명확하게 해야 한다.

⑥ 말은 유머가 있어야 한다.

⑦ 말할 때는 적절한 손동작을 사용한다.

⑧ 전에 배운 개념을 복습한다.

⑨ 미리 개요를 마련한다.

⑩ 간부반은 토론식 수업을 한다.

　　마오쩌둥이 말한 '십대교수법'은 해방구 교수법 개혁에 큰 영향을 끼쳤고 해방구의 교수이론과 실천의 기초를 마련했다. 1934년 반포한「초등학교 교육과정 강의 개요」의 '초등학교 교수법 원칙'은 다음과 같다.

① 아동 연령의 특징을 고려하여 아동을 사회활동에 참가시키고 교육받도록 한다. "아동능력에 맞는다는 조건 하에 대중혁명투쟁에 참여케 하고 수업 외의 학생회, 아동단 활동에 참여하도록 한다."

② 교재 및 교수업은 이론과 실제를 접목시켜야 한다. 규정에 따라 "초등학교 교사는 교과서 외에 현지의 교육적 자료(예를 들면, 향토지리, 당지의 혁명역사)를 채택해야 한다. 학생회나 아동단 활동과 관련된 자료를 교재로 활동하기도 한다."

③ 교육은 직관적이면서 계몽적인 방식으로 진행해야 한다. 소비에트의 교육은 계몽식 교수법을 활용해야 하며 아동의 능력과 창의력을 충분히 길러주고 실물을 사용하여 설명하며, 각종 기관단체를 참관하고, 자연계의 산물과 현상을 관찰하고, 아동 스스로 투표를 통해 문제를 해결하도록 한다. 적절한 질문으로 과목에 대한 아동의 흥미를 유발시키고 스스로 사고하여 답을 찾는 능력을 길러준다.

④ 구체적인 것에서 추상적인 순으로 가르친다. 소비에트의 초등학교 교수법이란 구체적 것부터 시작해 추상적인 것에 이르는 교육이다.

과학적 원칙과 지나치게 추상적인 개념, 전문용어를 설명한 다음 일률적인 방식으로 증명하게 하지 않는다.

⑤ 반드시 사물 간의 관계를 설명해야 한다. "복합적이고 통일된 교수법을 활용하며, 생활 속 모든 사물을 교육 도구로 삼고, 사물간의 관계(예를 들어, 덧셈과 곱셈의 긴밀한 관계 등)를 설명한다. 끊임없이 또는, 갑자기 변화하는 모든 현상(예를 들어, 풍설현상, 식물의 성장과 수확 하락 등)도 보여준다."

⑥ 아는 것에서부터 아직 이해하지 못한 부분 순으로 가르쳐야 한다. "연상법을 이용하여 아동이 이미 알고 있는 지식에 어떤 것이 있는지 파악한 다음 새로운 지식을 받아들이도록 가르친다."

이처럼 해방구는 마오쩌둥 교수법 개혁 사상의 지도 하에 실천적 경험을 정리하고, 이를 바탕으로 독자적인 변증법적 유물주의 교육법 기초를 마련하였다.

(3) 독학 사상을 강조한다

독학은 해방구 교수의 중요한 특색 가운데 하나이다. 해방구는 인재와 교사가 부족하고 학교 설립에 어려움이 많았기 때문이다. 이밖에, 해방구의 혁명사상가들이 독특한 교육경력과 교육사상을 갖고 있기 때문이기도 했다. 마오쩌둥 역시 독학 경험이 있다. 그는 잊을 수 없는 자신의 경험을 다음과 같이 소개했다.

"나는 대학에서 공부한 적도, 유학을 한 적도 없다. 내가 가장 오랫동안 공부한 곳은 호남 지역의 제1사범대학이다. 이곳에서 내 평생 가장 좋은 교육을 받을 수 있었다. 그 후 호남도서관에서 반년 동안 독학했는데 당시는 신해혁명이 일어난 지 1년이 지난 후였다. 그 때 나는 이미 19세였다. 책 몇 권밖에 공부하지 않았기 때문에 어떤 책이 우리가 반드시 공부해야 할 책인지 알 수 없었다. 어디에서부터 읽어야 할지 알지 못했다. 한 권 한 권씩 공부했으며 모두 새로운 내용이라고 느꼈다. 새롭게 배우는 것이었으므로 최선을 다해 노력해야 하고 가능한 한 많은 책을 여러 번 읽기로 결심했다. 나는 필사적으로 읽고 또 읽었다. 흡사 소가 농가의 채소밭에 뛰어들어 채소의 맛을 본 뒤로 필사적으로 채소를 먹어치우는 것 같았다."

독학의 효과를 간파했던 마오쩌둥은 1921년 중국 최초 무산계급혁명 대학, 즉 호남자수대학을 창립하였다. 자수대학의 학습방법은 고대에 학문과 현대 학교의 장점을 취하고, 학생들끼리 자유롭게 연구하고 책을 보며 스스로 생각하고 토론을 하는 것이 주를 이루었다. 교사는 보조적으로 지도하는 역할을 담당했다. 교사는 문제를 내서 학생이 스스로 책을 보고 생각하고 토론하여 답을 알아내도록 한 다음, 학생들의 과제물을 고쳐주는 역할을 했다. 때로는 교사가 도서 목록을 알려주고 연구방법을 제시주면, 학생들이 답을 연구하고 질문을 하는 방식을 사용하기도 했다.

이와 같은 자습식 교육방식은 마르크스주의자 배출해내면서 전국적인 영향력을 키워갔고, 차이위앤페이 등으로부터 호평을 받았다.

인성교육에서 교수와 자아교육 즉 스스로 학습의 결합을 강조했던 것처럼, 마오쩌둥도 교사의 강의와 학생 독학이 서로 결합되어야 한다고 강조했다. 학생들도 독학방식 위주로 공부하였다. 마오쩌둥의 이 교육사상은 해방구에서 널리 실천되었다. 옌안대학의 교육방침은 다음과 같다. "본교는 자기학습 위주의 교수법을 채택한다. 교사와 학생이 함께 공부하고 교과 지식과 실제 경험을 서로 교환 및 공유한다. 동시에 교육의 민주성을 강조하고 질문과 적극적 토론 참여를 장려한다. 이를 통해 독립적으로 사고하고 비판할 수 있는 능력을 기른다." 사실상, 옌안대학뿐 아니라 항일군정대학 등 모든 대학은 독학 방식을 주로 하고, 교수는 보조적인 역할을 담당했다. 자기학습을 기반으로 하고, 단체협동을 통한 조직 활동도 중요하게 생각했다. 이는 학생이 다독, 다작하도록 도왔으며 많이 생각하고 질문을 많이 하는 습관을 길러주어 학생들의 학습능력과 독립정신을 길러주었다.

(4) 교육과정 설정과 교재편찬의 사상을 중시한다

교육과정 마련과 교재 편찬은 해방구의 혁명교육사상가들이 많은 관심을 보였던 문제였다. 중앙 소비에트지구는 전문적으로 교재를 편집하고 심사하는 위원회를 조직하고, 교재를 편집하고 심사하는 모임을 만들었다. 쉬터리가 위원회의 주임을 담당하였다. 그는 직접 교재를 심사하여 결정했을 뿐만 아니라, 『자연상식』, 『농업상식』, 『지리상식』 등 많은 책을 저술하였다. 마오쩌둥도 교육과정 설정과 교재편찬의 사회화, 정치화, 노동화, 실제화를 강조하고 교육과정, 교재의 정치적 방향과 전쟁 및 경제를 위한 교육의 문제를 중요하게 생각했다. 마오쩌둥은 "교육의 옛 제도, 옛 교과과정을 개혁하고, 항일구국을 목표로 하는 신제도, 신교육과정을 실천해야 한다. 불필요한 수요와 불필요한 교육과정을 폐지해야 한다. 전시에 필요한 내용을 가르친다."고 말했다. 이에 근거하여, 마오쩌둥은 여러 중·고등학교와 사범학교를 설립한 후 '교외지역 건설' '생산지식'과 '의약지식' 세 가지의 교육과정을 마련하고 가르쳐야 한다고 주장했다.

해방구의 교육과정 설정과 교재 집필은 정치성과 문화성, 사상성과 과학성의 통일을 중요하게 다루었으며, 이는 지식교육과 노동교육, 정치교육의 결합 원칙에 충실한 것이었다. 1944년 4월 7일 마오쩌둥은 〈해방일보〉에 「보통교육에 근거한 개혁」이란 글을 개제하고 교육과정과 교재내용의 연계에 대한 의견을 밝혔다. "대중 생활의 기초가 가정과 농촌이므로 대중 교육은 대상을 막론하고 언제나 가정과 농촌을 고려해야 한다. 가정생활과 농촌생활에 실제 필요한 지식은 교육의 주요 내용 또는 중요한 부분이 되어야 한다. 한편, 간부교육과 소학교 및 중학교 교육은 문화와 과학적 지식의 기초를 소홀히 해서는 안 된다." 마오쩌둥은 해방구 중국공산당 중앙 위원회의 당 간부 학교 학생에게, 각종 문화교육을 익히고 문화수단을 익히는 것은 마르크스주의의 기초를 배우는 것이며, "이론을 배우려면 먼저 문화를 배워야하고 문화를 배운 후에는 마르크스주의를 배워야 한다."고 했다. 그는 학생들에게 국어, 역사, 지리와 자연 상식 등 문화교육을 열심히 공부할 것을 당부했다.

　쉬터리의 교재 집필에 관한 견해는 매우 뚜렷하고 명확했다. 그는 교재란 사상성 외에도 사회 현실과 실제 학생의 생활과 관련이 있어야 한다고 했다. 사상성과 지식성을 모두 중시하여 치우침이 없어야 하며 교재의 난이도를 적절히 조절하고 학년별 구분이 있어야 하며 교재 내용을 끊임없이 보완해야 한다고 했다. 1933년 5월, 쉬터리는 해방구의 초등학교 국어책을 심사할 때 정치에 편중된 데 반해 일상생활과 관련된 내용이 너무 적고, 난이도의 차이가 없으며 단계적 교육원칙을 지키지 않은 것을 지적하였다. 쉬터리는 소학교 국어 교재는 "백과사전처럼 내용이 다양해야 한다. 정치사상에 관한 내용뿐 아니라 자연 상식, 사회 상식과 생산 상식도 포함되어 있어야 한다."고 했다. 그는 1948년 화북 인민정부의 초등학교 국어교과서를 심사할 때에도 다음과 같이 지적했다. "각 권별 연계와 과목별 상호 연관성, 국민이 필요로 하는 낮은 단계의 지식 포괄성과 계획성은 모두 신해혁명 전후 변화가 없었다. 이는 중국 역사상 근 백 년 동안 해결되지 않고 있는 문제이자 시급히 해결해야 할 문제이다." 교재의 과학성과 사상성 통일과 교재의 논리 체계와 단계성에 관해서도 식견 있는 견해를 밝혔다.

5. 해방구 혁명교육사상의 계시

　마오쩌둥이 정강산井岡山에 첫 번째로 혁명 근거지를 개척한 1927년

부터 중화인민공화국 성립된 1949년까지 해방구는 혁명전쟁의 전략기
지 일뿐 아니라 정치, 문화의 많은 영역에서도 놀랄만한 역사의 변화를
실현했다. 교육에 관해 해방구는 노예화 교육, 봉건주의와 파시즘의 교
육을 폐지하여, 중국의 교육사를 새로 썼다.

(1) 해방구의 교육사상은 창조적이다. 외국의 것을 모방하지 않은 것으
    로, 마르크스주의 교육원리와 해방구의 실제 상황 및 교육 현실을
    잘 결합해 독자적 특색을 가진 교육이론 체계를 창조했다.

   해방구의 건립 그 자체가 창조였다. 마오쩌둥은 중국과 영국, 프랑
스, 독일, 러시아의 국가 상황이 모두 다르다고 하면서 중국은 반식민,
반봉건적 국가라고 했다.
   당시 중국은 국내적으로 아직 민주제도가 없고 봉건제도의 압박을
받고 있었으며 대외적으로는 민족 독립을 실현하지 못해서 제국주의의
압력을 받고 있었다. 이밖에 무산계급(프롤레타리아)이 적은 반면 농민
이 전체 인구의 80% 이상을 차지하고 있었다. 이 때문에 중국혁명의
핵심은 곧 농민문제였으며, 혁명전쟁이란 곧 무산계급 지도 하의 농민
전쟁이었다.
   따라서 마오쩌둥을 중심으로 하는 중국공산당원들은 대혁명 후반기
부터 토지문제를 중심으로 하는 농민운동에 주목했다. 코민테른(국제
공산당)이 중국의 현실에서 벗어나 '도시중심론'을 주장하는 것에 반대
하면서 중국 실정에 맞는, 농촌이 도시를 포위하여 최종 혁명의 승리로

이어지는 노선을 선택했다. 해방구는 이와 같은 배경을 바탕으로 건설되어 끊임없이 발전하였다.

해방구의 교육사상은 창조성을 강조했다. 이는 마오쩌둥을 대표로 하는 혁명교육가와 해방구 인민이 20여 년간 분투하여 만들고 축적한 것이다.

해방구는 역사상 전례 없는 것이었기 때문에 해방구 교육사상 또한 전례 없는 새로운 것이었다. 해방구는 외국의 교육이론과 경험의 실천을 답습하거나 중국에서 유행하고 있는 기타 교육이론을 맹목적으로 답습할 수 없었다. 전통 교육이론을 그대로 가져다 쓸 수도 없었다.

그래서 해방구교육사상가는 마르크스주의의 교육원리와 중국혁명의 구체적인 현실을 결합하였다. 해방구 교육에 마르크스주의 교육원리를 창조적으로 응용했으며, 해방구의 교사들과 학생들이 힘을 모아 현지 상황에 맞는 교육방식을 만들어냈다.

해방구교육은 교육방침, 학교운영사상에서부터 인성 및 도덕교육과 교학이론에 이르기까지 모두 뚜렷한 해방구 특색을 가지고 있다.

교육과 생산노동이 서로 결합한 교육방침을 예로 들어보자. 마르크스는 주로 사람의 전면적 발전을 강조했지만 해방구의 교육사상은 노동인민의 문화수준 향상과 해방구의 생산 능력을 향상, 신민주주의 혁명의 지속성과 간부 양성 및 아동교육을 위하여 새로운 의미를 부여하였다.

또한 역사적 제약 때문에 해방구의 학교는 주로 교육과 생산노동의 결합을 사상품성교육의 방법으로 삼았다. 그 외에 노동을 통해 체력노동의 기술을 배우고 체력을 단련하였다. 이는 당시 시대적 조건 하에 나타난 특수 형태였다. 물론 이 특수성은 신민주주의 혁명적 성질과 해방구 소작농의 경제, 수공업에 의해 결정된 것이었다.

기타 해방구 부대교육과 간부교육, 노동자와 농민의 여가교육, 학교교육이라는 새로운 형태의 교육 제도, 독특한 학제, 학교운영 형식 등은 중국교육역사상 창조성을 강조한 결과로 얻은 성과였다.

(2) 해방구의 교육사상은 혁명성을 가지고 있었다. 중국공산당의 지도에 따라 혁명전쟁과 계급투쟁을 위해 공헌하고, 대중과 함께 민족적이고 과학적인 신교육 사상을 실천했다.

해방구의 교육사상은 당의 원칙을 충실히 지켰다. 토지혁명전쟁, 항일전쟁, 해방전쟁 동안 해방구 교육방침, 정책은 중국공산당의 각각의 역사 단계의 총노선 기초 위에 마련되었다.

해방구의 교육사상은 또한 혁명전쟁과 계급투쟁에 공헌하였다. 예를 들면 혁명전쟁이 대량의 간부를 필요로 하자, 이에 부응하기 위해 해방구의 교육가들은 '간부교육 제일'의 원칙을 제기했다.

그 후 해방구에 고급 혁명 간부를 배양하는 홍군 대학, 소비에트 대학, 마르크스 공산주의 대학, 연안 대학, 항일 군정대학, 중국공산당 중앙당 학교 등의 간부학교가 탄생했다. 해방구의 각급 정부 역시 여러 유형의 각 부문에 필요한 훈련을 담당하는 간부 학교를 세웠다. 또한, 현직 간부 교육을 창립해서 해방구를 위하여 수백만에 달하는 간부를 육성했다.

이는 수많은 농공간부 아울러 전사(병사) 가운데 발탁한 군사 행정 간부도 문화, 과학, 정치 교육을 받을 기회가 있었으며, 농공 간부의 지식화를 실현했다는 것을 보여준다. 혁명에 참가한 수많은 지식 청년들은 사상정치교육과 전문교육을 받을 수 있었고 이를 통해 혁명 간부로 성장하였다.

간부들은 군사, 정치, 경제와 문화 등 각자 자신의 전투 직책에서 핵심인물이자 선봉대로서의 역할을 하여 혁명전쟁과 해방구의 건설에 큰 공헌을 했다.

해방구의 교육 사상가는 교육이 대중을 위해 봉사해야한다는 원칙을 중시했다. 마오쩌둥은 해방구의 두 번째 소비에트 대표 대회에서 다음과 같이 지적한 바 있다. "여기 모든 문화 교육 기관은 농업과 공업으로 고생하는 대중의 것이다. 노동자와 농민 및 자녀들은 교육의 우선권을 누릴 수 있다."

이는 해방구 교육의 혁명성과 국민 친화적 특징을 보여준다. 해방구는 적극적으로 교육을 보급하고 실천하면서 소학교 교육을 개혁 발전시켜 새로운 국민을 양성하고 미래의 주인공을 양성하기 위해 노력했다. 또한 적극적으로 대중교육을 확대·보급해 나가면서 각종 민중학교, 문맹 퇴치반을 만들고, 끊임없이 대중의 계급과 문화 수준을 높여 나갔다.

여기서 언급할 만한 것은, 당시 중국 국내에서 실시되었던 평민 교육운동과 농촌 교육운동에 비해 해방구의 대중 교육운동은 교육사상가들의 이상을 무턱대고 대중에게 주입하거나 대중의 일부 문제만 해결하는 구제교육이 아니라, 대중이 자발적으로 참여하고 직접 실천한 교육사업이었다는 점이다. 이 때문에 대중은 해방구 교육이 평민교육과 농촌교육운동보다 더 큰 열정과 창조성을 갖춘 운동이라 평가했다. 해방구의 많은 학교 설립과 경영 방식은 모두 대중이 만들어낸 것이었다.

(3) 해방구의 교육사상은 건국 이후의 중화인민공화국의 교육이론과 실천에 중요한 영향을 끼쳤으며, 해방구의 교육사상을 해석하고 현대교육을 건설하는 데 크게 기여했다.

　사회주의 교육은 신민주주의 교육의 계승과 발전이며, 해방구의 축적된 교육경험과 해방구 혁명교육사상가의 교육사상은 사회주의교육과 사회주의 시기의 교육사상 발전에 큰 영향을 끼쳤다.

　이처럼 공헌할 수 있었던 것은 사람들이 의지 외에도 다른 노력이 있었기 때문이다. 첫째, 사회주의 교육과 신민주주의 교육은 모두 중국공산당의 지도 하에 진행되었다. 둘째, 마오쩌둥, 우위장, 쉬터리 등 중국교육계의 유명한 지도자와 교육 사상가의 활동이 있었다.

　이와 같은 행정과 사상의 계승과 통일은 신중국이 순조롭게 해방구의 교육 경험을 학습하도록 좋은 여건을 마련해주었다. 해방 후 대대적으로 해방구 교육 사상을 학습하고 재조명한 것은 신중국교육 건설에 중요한 의의가 있다.

　신중국의 교육사상은 교육방침에서부터 학교 운영 사상, 교수법의 개혁 등 다각도로 해방구의 교육사상을 받아들였다. 물론 사회주의교육과 신민주주의교육에 차이가 있기 때문에 역사와 시대적 변천에 따라 교육사상도 계속 변화하고 발전할 필요가 있었다. 무조건적으로 해방구의 교육경험과 교육사상을 받아들인 것은 전시 상황의 어쩔 수 없이 선택이었지만 이로 인해 신중국의 교육의 아쉬운 점 가운데 하나이다.

| 저 자

주영신(朱永新)

1958년생으로 중국中國 강소성江蘇省 대풍大豊 사람이다.

현재 중국의 전국정협상위全国政协常委, 민진중앙상위民进中央常委, 소주시 부시장苏州市人民政府副市长, 소주대학 교수苏州大学教授, 박사생지도교수博士研究生导师, 북경사범대학北京师范大学, 남경사범대학南北京师范大学 겸임교수兼职教授, 교육부 교사교육전문가위원회위원教育部教师教育专家委员会委员, 대학교 심리학교학지도위원회위원高等学校心理学教学指导委员会委员, 중국심리학회이사中國心理学会理事 등을 맡고 있다. 그는 강소사범대학江蘇師範大學, 상해사범대학上海師範大學, 동제대학同濟大學, 복단대학復旦大學 등에서 연구한 바 있다. 그의 저서는 〈주영신교육문집朱永新敎育文集〉(인민교육출판사 2004년판) 10권에 대부분 수록되어 있다. 이외에도, 《당대일본교육총서当代日本教育丛书》 《교육온라인문고敎育在線文庫》 등 30여 종을 주편하고, 《신세기교육문고新世纪敎育文庫》의 편집·출판을 주관한 바 있으며, 국내외 학술간행물에 200여 편의 논문을 발표하기도 하였다. 게다가 주영신 교수는 여러 차례 유네스코에서 위탁한 연구프로젝트, 국가자연과학기금 프로젝트, 국가사회과학기금 프로젝트 및 성급省級 연구프로젝트를 추진하여 여러 차례 수상한 바 있다.

| 역 자

최영준(崔泳準)

1961년 전북 남원 출생.

전북대학교 중문학과 및 동대학원을 졸업하고, 전남대학교에서 박사학위, 중국 복단대학에서 박사학위를 취득하였다. 역서로는 〈중국번문선〉, 〈중국역대명인명문〉, 〈대학―신구주 합역〉, 〈소식의 시세계와 평론―동파제발1, 2〉, 〈고문사류찬―논변류, 서발류〉 등이 있다.

1995~1996년, 1999~2001년 중국 소주대학 교환교수를 역임한 바 있으며, 1991년 이후 현재 전북대학교 중문학과 교수로 재직 중이다.

중국 주영신 교육문집 3

소통과 융합―중국 근현대(近現代) 교육사상사

초판 1쇄 발행일 ┃ 2009년 12월 28일

저자 ┃ 주영신
역자 ┃ 최영준
펴낸이 ┃ 박영희
표지 ┃ 강지영
편집 ┃ 이선희·남혜리
교정·교열 ┃ 이은혜
책임편집 ┃ 강지영
펴낸곳 ┃ 도서출판 어문학사
　　　　132-891 서울특별시 도봉구 쌍문동 525-13
　　　　전화: 02-998-0094 / 팩스: 02-998-2268
　　　　홈페이지: www.amhbook.com
　　　　e-mail: am@amhbook.com
　　　　등록: 2004년 4월 6일 제7-276호

ISBN　978-89-6184-084-2　94370
　　　　978-89-6184-081-1 (set)

정가 ┃ 25,0000원

※ 잘못 만들어진 책은 교환해 드립니다.